沙区生态产业理论与实践丛书

沙区生态产业技术推广与商业模式

赵 吉 钱贵霞 等 著

科学出版社
北京

内 容 简 介

本书重点阐述沙区生态产业技术推广与商业模式。评价沙区生态修复与治理技术的生态承载力和适用性，构建生态产业技术发展评价指标体系，分析国内外沙区生态产业创新技术发展的关键因素；揭示沙区生态产业技术的扩散机理，拓展生态产业技术推广模式；评估沙区产业融合发展的效益，提出生态产业融合发展的新模式；分析价值共创视角下的产品技术生态化商业模式及其实现路径；探究生态型企业在生态技术产业化过程中实现价值创造、传递和分享的互动机制；设计生态企业典型商业模式和实施路径。书中提供诸多案例分析，提出沙区生态产业发展模式与路径，以期推动北方沙区生态产业的可持续发展。

本书可供从事生态学、环境科学、经济学、管理学研究的科研人员，荒漠化防治、沙区生态产业等相关领域的技术人员，以及企业和政府有关部门的管理人员参考借鉴。

图书在版编目(CIP)数据

沙区生态产业技术推广与商业模式/赵吉等著. —北京：科学出版社，2021.10
（沙区生态产业理论与实践丛书）
ISBN 978-7-03-070012-4

Ⅰ. ①沙⋯ Ⅱ. ①赵⋯ Ⅲ. ①沙漠–产业–研究–中国 Ⅳ. ①F323.211

中国版本图书馆 CIP 数据核字(2021)第 206899 号

责任编辑：朱 丽　董 墨　白 丹 / 责任校对：何艳萍
责任印制：吴兆东 / 封面设计：无极书装

科学出版社 出版
北京东黄城根北街16号
邮政编码：100717
http://www.sciencep.com

北京捷迅佳彩印刷有限公司 印刷
科学出版社发行　各地新华书店经销

*

2021年10月第 一 版　开本：B5 (720×1000)
2021年10月第一次印刷　印张：20 1/4
字数：392 000
定价：178.00 元
(如有印装质量问题，我社负责调换)

"沙区生态产业理论与实践丛书"编委会

顾问委员会

赵新全　赵学勇　李秀彬　丁国栋　王　堃　杨　屹
吴新宏　甄江红　牛建明　梁存柱　高　永

主　编

赵　吉

副主编

杜凤莲　秦富仓　钱贵霞　许端阳　张铜会　孙永强

编　委（按姓氏汉语拼音排序）

包英爽　程磊磊　崔向新　杜凤莲　郭月峰　贾云洁
贾志斌　李　琳　李　龙　李钢铁　李金花　李友东
刘东伟　刘瑞香　刘新平　刘艳琦　罗亚勇　马　慧
潘　韬　钱贵霞　秦富仓　饶良懿　孙永强　孙志宏
田　欣　王　越　王锋正　温　璐　乌义汉　许端阳
薛继亮　杨　超　杨伟民　杨志坚　张　洁　张　雷
张建成　张启锋　张铜会　张唯佳　张晓娅　张旭光
赵　吉　赵卉琳

主要著者简介

赵吉 内蒙古大学生态与环境学院教授、博士生导师,内蒙古自治区环境污染控制与废物资源化重点实验室主任。现任内蒙古自治区科学技术协会主席。主要从事微生物生态学等生态环境领域研究,曾获内蒙古自治区青年科技奖、教学成果奖一等奖及"草原英才"称号。承担科技部"973"计划前期课题以及国家自然科学基金项目等省部级以上课题20余项。在国内外学术刊物发表论文100多篇,出版专著6部。国家重点研发计划项目"沙区生态产业技术推广模式及政策研究"首席科学家。

钱贵霞 内蒙古大学经济管理学院教授、博士生导师,主要从事产业经济、农业经济、畜牧业经济等方向的研究,获内蒙古自治区哲学社会科学优秀成果政府奖二等奖1项和三等奖2项,农业农村部软科学项目优秀成果奖三等奖1项,为自治区突出贡献专家,"草原英才"工程创新团队负责人,入选全国教育扶贫和乡村振兴专家人才库。承担国家自然科学基金项目、国家重点研发计划项目子课题、农业农村部软科学项目等省部级以上课题20余项。出版专著2部,发表论文68篇。

刘东伟 内蒙古大学生态与环境学院教授,主要从事土壤风蚀模型方面的工作。主持国家自然科学基金4项,省部级其他项目十余项,发表科研论文30余篇。

孙志宏 内蒙古农业大学经济管理学院副教授,硕士生导师,主要从事会计和财务分析的教学工作。出版教材2部,发表论文20多篇,参加科研项目十余项,其中参加国家自然科学基金项目2项,主持国家重点研发项目1项,主持林业公益基金1项。主要从事农林经济、资源与环境经济方向的研究。

王锋正 内蒙古大学经济管理学院教授、博士生导师,现任内蒙古大学经济管理学院副院长。主要从事创新创业与战略管理、商业模式创新等方向的研究,获内蒙古自治区哲学社会科学优秀成果政府奖二等奖3项,三等奖1项,是内蒙古自治区"草原英才"和"511人才工程"入选人才。承担国家自然科学基金项目、教育部人文社会科学研究项目及内蒙古自治区哲学社会科学重点研究基地招标重点项目等省部级以上课题20余项;出版专著2部,发表学术论文近50篇。

杨志坚　内蒙古大学经济管理学院讲师，主要从事计量经济学、农业政策分析以及数据模型分析方面的研究。主持完成了国家自然科学基金项目、内蒙古自治区自然科学基金项目各1项。撰写提交了30余篇政策咨询及行业、政府规划类项目报告。

张铜会　中国科学院西北生态环境资源研究院研究员，博士生导师。主要从事沙漠化治理、沙地生态水文、沙地生态恢复及沙地农业等研究工作。先后承担和主持完成国家"973"课题、国家自然科学基金面上项目、国家重点研发计划项目、科技支撑项目、生态环境长期监测等工作。

◆ 丛 书 序

中华文明传承五千多年，积淀了丰富的生态智慧。习近平生态文明思想是新时代我国生态文明建设的科学指南，为沙区生态产业发展提供了根本遵循。我国西北地区沙地与沙漠是独特的自然景观，在干旱、半干旱地区具有防风固沙重要的生态功能，同时是非常宝贵的自然资源，属于天然地下水库和生物多样性宝库，构成"沙"与"湖"的生命共同体，也是沙产业发展的自然资源基础。沙区生态产业高质量发展，对于探索生态优先、绿色发展的高质量发展新路径，构建新空间经济带和新发展格局，推动生态、经济、社会的可持续发展，维护我国西北地区生态安全屏障意义重大，推动生态文明建设都有重要理论意义和实践价值。沙区资源的合理利用与开发，将资源环境禀赋转变为经济发展动力，将生态优势转化为特色产业优势，拓展沙区生态产业发展空间，也是黄河流域生态保护与高质量发展这一国家战略的关键路径。

近年来，我国荒漠化防治工作得到了国际社会充分肯定。我国荒漠化和沙化土地主要集中在西北干旱、半干旱地区，长期存在着生态环境脆弱和产业发展滞后的"两难"问题。沙区生态建设要量水而行，要走出高效利用水资源的绿色发展之路。沙区生态产业刚刚起步，正在呼唤新产业、新业态和新模式。但发展过程中仍存在诸多体制机制障碍，制约了其健康快速发展。例如，沙区生态安全与生态系统服务功能被弱化，荒漠化治理技术产业化发展滞后，沙区生态产业有待生态化与绿色化升级、相关理论体系与政策保障机制尚不健全等。

国家重点研发计划项目"沙区生态产业技术推广模式及政策研究"由内蒙古大学联合八家单位共同承担。该项目以沙区生态产业理论体系为基础，构建市场导向沙区生态产业绿色技术创新体系，优化与调控沙区生态产业结构与功能，创新沙区生态产业技术推广与商业模式，培育新产业模式、新业态模式、新商业模式，推进荒漠化防治技术创新的政策与管理机制，主导服务于以乌兰布和沙漠和科尔沁沙地为示范的产业园区，系统集成典型沙区生态治理、生态产业、生态富民相结合的技术与管理方案。

沙区生态产业理论与实践丛书重点涵盖沙区生态产业的理论体系与产业创新、技术推广与商业模式，荒漠化治理技术产业化的理论与实践、政策与管理等内容。全书以"理论、模式、政策、实践"为主线，以政策驱动市场、市场主导治理、技术培育业态、模式引领商业、商业带动产业为理念。在理论上，构建沙区生态产业理论体系；在技术上，创新研发并培育生态产业新业态；在推广上，建立沙区生态产业技术推广及商业模式；在政策上，构建荒漠化治理技术产业化和促进生态产业发展的政策机制体系；在实践上，主导园区试点并对政策、技术和理论进行探索验证。通过多学科交叉，将理论创新、技术推广、业态培育、产业扶贫、政策驱动、园区示范等深度融合，提出沙区生态产业可持续发展新路径。

多年来，我国沙产业发展已经取得许多重大成就，荒漠化治理技术产业化方面也积累了诸多宝贵经验，为沙区生态产业发展打下良好基础。沙区生态产业健康发展可以有力推动沙区生态环境治理，助推科技、经济融合发展及有效协同，实现沙区农牧民增收致富，成为落实生态文明战略部署、践行"两山理论"、统筹"山水林田湖草沙"综合治理的科学实践，实践"生态产业化、产业生态化"，建立生存、生态、生活、生产"四生协同"的新型模式，推动在沙区形成以生态化、知识化、规模化、网络化和商业化为特征的新一轮产业革命。

在项目执行和丛书撰写过程中，项目组得到了咨询专家组赵新全、赵学勇、李秀彬、丁国栋、王堃、杨屹、吴新宏、甄江红等专家学者的倾力支持，跟踪专家李秀彬、赵学勇始终给予悉心帮助，傅伯杰院士等中期检查和评估专家给出了诸多有益的指导意见。科技部管理部门和中国21世纪议程管理中心生态专项对本项目的执行给予了指导和监督。项目组全体研究人员和各课题负责人杜凤莲、秦富仓、钱贵霞、许端阳、张铜会、孙永强等积极配合，通力合作，为书稿完成付出了辛勤工作和创新贡献。在此一并表示衷心的感谢！

本丛书汇集了项目层面各个课题的最新研究成果，其内容涉及诸多领域，由于作者知识水平所限，书中难免存在不足和疏漏之处，恳请指正！丛书出版以期对沙区生态产业发展起到示范和引领作用，为生态学、环境科学、经济学、管理学及荒漠化防治、沙区创新产业等领域的研究工作者和科普人员提供科学借鉴。

"沙区生态产业技术推广模式及政策研究"项目负责人 赵吉
2020年12月于呼和浩特

前　言

《沙区生态产业技术推广与商业模式》是国家重点研发计划项目"沙区生态产业技术推广模式及政策研究"中第3课题"沙区生态产业技术推广与商业模式"的研究成果，由内蒙古大学联合内蒙古农业大学等单位共同完成。本书重点阐述沙区生态产业的技术推广模式和商业模式，提出沙区生态产业发展的八个主要原则。建立沙区环境资源承载力估算方法，评价内蒙古典型沙区生态承载力，并对典型沙区进行水资源可开发利用评估，获取典型沙区地表、地下水变化对产业的影响。构建生态产业技术发展评价指标体系，识别国内外沙区生态产业创新技术发展的关键因素，提出沙区生态产业发展的原则和战略。评估沙区生态产业技术的适应性和应用经济效益，拓展沙区生态产业技术的推广模式。梳理总结沙区生态产业发展模式，评价其综合效益。揭示沙区典型生态企业价值链传导机制及其瓶颈，提出适应沙区生态产业的可推广示范的典型商业模式及其实现路径。结合科尔沁沙地研发实践，重点在藜麦种植、蒙中药材种植、固沙植物饲用化以及有机固废资源化等方面进行案例分析。

全书汇集沙区生态产业技术推广与商业模式的主要研究成果，在课题组成员通力合作下，完成了全部调查、资料整理、理论创新、案例分析等工作，形成本书。本书共分7章，各章完成人如下：第1章由赵吉、王锋正、张启锋和钱贵霞主笔，第2章由刘东伟主笔，第3章由孙志宏、张旭光主笔，第4章由杨志坚主笔，第5章由钱贵霞、田欣和李琳主笔，第6章由王锋正、张启锋、李友东和王越主笔，第7章由张铜会、罗亚勇、刘新平、张雷和刘瑞香主笔，全书由赵吉和钱贵霞统稿。

由于作者水平有限，书中难免有疏漏之处，欢迎各位读者批评、指正。

"沙区生态产业技术推广与商业模式"研究课题组

2020年12月

目　　录

丛书序
前言

第1章　引论 ... 1
1.1　我国沙区生态产业发展现状分析 ... 2
　　1.1.1　沙区生态产业发展概况 ... 2
　　1.1.2　沙产业主要发展成效 ... 3
　　1.1.3　沙产业发展主要问题 ... 6
1.2　沙区生态产业发展的自然资源基础 ... 8
　　1.2.1　沙区自然资源概况 ... 8
　　1.2.2　乌兰布和沙漠的自然资源及其特征 ... 9
　　1.2.3　科尔沁沙地的自然资源及其特征 ... 11
1.3　沙区生态产业发展的经济基础 ... 14
　　1.3.1　沙区经济结构 ... 14
　　1.3.2　沙区经济增长 ... 16
　　1.3.3　财政收入与支出 ... 17
1.4　沙区生态产业发展的社会基础 ... 19
　　1.4.1　沙区人口结构基础 ... 19
　　1.4.2　沙区教育与人才资源基础 ... 20
　　1.4.3　沙区医疗社保结构基础 ... 20
1.5　沙区生态产业发展的理论基础 ... 21
　　1.5.1　资源基础理论 ... 21
　　1.5.2　循环经济理论 ... 22
　　1.5.3　价值链理论 ... 23
　　1.5.4　环境政策规制理论 ... 24
　　1.5.5　绿色创新理论 ... 25
　　1.5.6　可持续发展理论 ... 25

1.6 沙区生态产业发展的基本原则 26
1.6.1 生态工程建植配置原则 26
1.6.2 生态网络循环进化原则 27
1.6.3 生态系统有限耐受原则 27
1.6.4 水沙资源协调承载原则 27
1.6.5 光热资源耦合利用原则 28
1.6.6 空间资源关联共享原则 28
1.6.7 生物资源本土选育原则 28
1.6.8 生态产业价值共创原则 29

第2章 沙区生态产业资源环境承载力分析 31
2.1 沙区生态产业发展的资源环境本底要素 32
2.1.1 土地资源 32
2.1.2 水资源 32
2.1.3 生态资源 33
2.2 沙区生态产业发展的水资源约束 34
2.2.1 内蒙古西部沙区水资源现状及问题分析 34
2.2.2 水资源承载力相关概念与内涵 36
2.3 沙区水资源承载力评价方法 38
2.3.1 常用的水资源承载力评价方法 38
2.3.2 乌兰布和沙漠生态沙产业区水资源供需平衡 42
2.4 乌兰布和沙漠生态沙产业示范区水资源承载力评价 46
2.4.1 评价产业的选择 46
2.4.2 乌兰布和沙漠概况 47
2.4.3 评价结果 48

第3章 沙区生态产业技术发展评价 53
3.1 国外沙区生态产业技术的发展与成就 54
3.1.1 国外沙区生态产业技术的演变历史 54
3.1.2 国外沙区生态产业技术的推广应用 55
3.1.3 国外沙区生态产业技术特点总结 63
3.2 我国沙区生态产业技术的发展与成就 64
3.2.1 我国沙区生态产业技术的演变历史 64
3.2.2 我国沙区生态产业技术的推广应用 68

3.2.3　我国沙区生态产业技术特点总结 ················· 75
3.3　沙区生态产业技术发展评价 ·························· 76
　　3.3.1　沙区生态产业技术发展评价必要性 ················ 76
　　3.3.2　沙区生态产业技术发展水平测度 ················· 78
　　3.3.3　沙区生态产业技术适用性评价 ··················· 86
　　3.3.4　评价结果 ································ 98
3.4　沙区生态产业技术发展战略分析 ····················· 100
　　3.4.1　沙区生态产业技术发展瓶颈分析 ················ 100
　　3.4.2　沙区生态产业技术发展的基本原则 ··············· 102
　　3.4.3　沙区生态产业技术发展的基本战略 ··············· 103

第4章　沙区生态产业技术扩散及推广模式 ····················· 107
4.1　沙区生态产业技术的类型及特征 ····················· 108
　　4.1.1　沙区生态产业技术概述 ······················ 108
　　4.1.2　沙区生态治理修复技术的类型及特征 ·············· 115
　　4.1.3　沙区资源利用技术的类型及特征 ················· 118
4.2　沙区生态产业技术扩散方式及其演变 ·················· 122
　　4.2.1　沙区生态产业技术扩散的方式 ·················· 122
　　4.2.2　沙区生态产业技术扩散方式的发展阶段 ············· 123
4.3　沙区生态产业技术推广模式 ························ 125
　　4.3.1　综合治理利用模式 ························· 126
　　4.3.2　全程服务托管模式 ························· 129
　　4.3.3　专项承包转让模式 ························· 132
　　4.3.4　产业渗透参与模式 ························· 134
　　4.3.5　自主研发转化模式 ························· 136

第5章　沙区生态产业典型发展模式及效益分析 ··················· 139
5.1　沙区生态产业业态发展现状 ························ 140
　　5.1.1　沙区现代农牧业 ··························· 140
　　5.1.2　沙区加工制造业 ··························· 140
　　5.1.3　沙区生态旅游业 ··························· 141
　　5.1.4　沙区高新技术产业 ························· 141
　　5.1.5　沙区生态产业园区 ························· 142
5.2　沙区生态产业发展模式 ··························· 142

5.2.1　单一产业型 142
　　　5.2.2　交叉融合型 142
　　　5.2.3　产业延伸型 143
　　　5.2.4　技术渗透型 143
　　　5.2.5　全产业链型 143
　5.3　不同发展模式的沙区生态产业价值链特征 144
　　　5.3.1　单一产业型——以某现代农业公司为例 144
　　　5.3.2　交叉融合型——以某生态集团为例 144
　　　5.3.3　产业延伸型——以某农业投资公司为例 145
　　　5.3.4　技术渗透型——以某生态集团为例 146
　　　5.3.5　全产业链型——以某药业集团为例 147
　5.4　沙区生态产业价值链成本收益与资源消耗 147
　　　5.4.1　沙区生态产业成本收益分析 147
　　　5.4.2　沙区生态产业资源消耗分析 149
　5.5　不同发展模式的沙区生态产业综合效益评价 150
　　　5.5.1　评价方法与指标体系构建 150
　　　5.5.2　沙区生态产业综合效益评价 154
　　　5.5.3　沙区生态产业综合效益影响因素 155

第6章　沙区生态产业商业模式及其创新 159
　6.1　商业模式创新 160
　　　6.1.1　商业模式创新概念 160
　　　6.1.2　商业模式创新要素 163
　　　6.1.3　商业模式创新动力 164
　　　6.1.4　商业模式创新途径 167
　　　6.1.5　商业模式创新趋势 169
　6.2　典型商业模式 170
　　　6.2.1　植物资源化开发型 171
　　　6.2.2　动物资源化开发型 181
　　　6.2.3　空间资源化开发型 193
　6.3　企业价值链优化 203
　　　6.3.1　价值链特征 203
　　　6.3.2　价值链构成 204

		6.3.3 价值链分析	205
		6.3.4 价值链优化	208
	6.4	商业模式的创新及其实现路径	210
		6.4.1 价值共创与商业模式创新	211
		6.4.2 产品生态化商业模式	220
		6.4.3 技术生态化商业模式	223
		6.4.4 实现路径	226

第7章 沙地生态产业发展实践——科尔沁沙地案例 229

7.1	藜麦种植、加工及产业化模式	230
	7.1.1 背景与现状	230
	7.1.2 技术要点	234
	7.1.3 产业发展模式	239
	7.1.4 前景分析	240
7.2	蒙中药材种植、加工及产业化模式	244
	7.2.1 背景与现状	244
	7.2.2 技术要点	246
	7.2.3 产业化发展模式	259
	7.2.4 前景分析	263
7.3	固沙灌木饲用化开发模式	266
	7.3.1 背景与现状	266
	7.3.2 技术要点	273
	7.3.3 产业化发展模式	277
	7.3.4 前景分析	278
7.4	有机固废资源化利用模式	279
	7.4.1 背景与现状	279
	7.4.2 技术要点	281
	7.4.3 产业化发展模式	290
	7.4.4 前景分析	291

参考文献 293

第 1 章

引　论

1.1 我国沙区生态产业发展现状分析

1.1.1 沙区生态产业发展概况

我国沙产业已具有 30 多年的发展历史，沙区生态产业方兴未艾，结合实地调研资料、沙产业概念界定以及已有相关文献对沙产业的类别进行划分，将沙产业体系中的产业划分为沙产业种植繁育业、沙产业加工制造业、沙产业旅游生态服务业以及沙产业科学技术服务业四大类，并将据此对其发展情况展开介绍。

1. 沙产业种植繁育业

沙产业种植繁育业主要包含沙生植物种植、沙生动物繁育两大类，其中沙生植物种植又包括沙生农产品种植与沙生林木的培育与种植；沙生动物繁育又包括禽畜饲养、沙生野生动物驯养繁殖。沙区沙生植物资源非常丰富，主要种类有肉苁蓉、枸杞、葡萄、沙柳、甘草以及文冠果等，主要分布沙区有乌兰布和沙漠、柴达木沙漠、库布齐沙漠以及科尔沁沙地。其中肉苁蓉种植主要集中于阿拉善盟、德令哈市等地区，截至目前，阿拉善盟人工种植梭梭林 421 万亩[①]，人工接种肉苁蓉 64.3 万亩，年产干肉苁蓉 1500t。仅在内蒙古境内，从事肉苁蓉的企业就有 12 家，已开发出肉苁蓉产品达 30 余种；酿酒葡萄种植超过 5.5 万亩，其中种植面积超过 10000 亩的企业有 3 家；沙柳种植主要集中于库布齐沙漠一带，现有沙柳林 436 万亩，主要沙柳加工企业超过 5 家，其中某集团建成了 300 万亩的沙柳种植基地；甘草种植面积达 45 万亩，主要集中于乌兰布和沙漠境内；文冠果主要种植于科尔沁沙地，2018 年全年种植面积将近 50 万亩。沙生动物品种以骆驼、绵羊、黄牛、猪等为主，如阿拉善左旗以放养骆驼和绵羊为主，存栏数分别为 32556 峰、1116291 只；通辽市境内科尔沁沙区以牛、羊养殖为主，目前牛有 30 万只，羊有 130 万只；河西地区采用温棚养殖技术，建立规模超过 10000 头的养猪场超过 22 个、养猪户 16 万户、养殖示范村 532 个。

2. 沙产业加工制造业

沙产业加工制造业主要包括沙生非木材农林产品加工制造业，以沙生木材和藤、草为原料的加工制造业，沙生动物产品的加工制造业，沙的加工制造业。其中沙生非木材农林产品加工制造业主要包含食品加工制造、饮料（包含酒）制造；以沙生木材和藤、草为原料的加工制造业包含木材加工制造，木、藤等加工制造，纸

[①] 1 亩≈666.67m^2。

品制造等；沙生动物产品的加工制造业包含沙生动物食品加工制造、沙生动物毛皮革加工制造；沙的加工制造业主要包含砂土资源的开发利用。沙生非木材农林产品加工制造企业主要涉及食用油加工、水果坚果加工、蜜饯制作、葡萄酒酿造、饮料制造等，如某葡萄酒业股份有限公司、某实业发展股份有限公司等。以沙生木材和藤、草为原料的加工制造业主要从事刨花板、纤维板、纸张等的加工制造，沙生动物产品的加工制造业主要是肉制品与副产品等的加工制造以及动物毛皮革加工制造，如某人造板有限责任公司等。沙的加工制造业主要是指硅砂产品的开发与利用，如鄂尔多斯市某生态工业治沙有限责任公司、华东某硅砂公司等。

3. 沙产业旅游生态服务业

沙产业旅游生态服务业以沙漠旅游与休闲服务为主。国内拥有丰富的沙漠旅游资源，巴丹吉林沙漠总面积为 4.7 万 km^2，拥有世界最大的鸣沙区，已探明的湖泊超过 144 个；腾格里沙漠面积为 4.3 万 km^2，分布着 440 个大小湖泊；塔克拉玛干、古尔班通古特、巴音温都尔、乌兰布和、库布齐沙漠等，新月形沙链广布、美不胜收（资料来源：国家林业和草原局）。著名的沙漠旅游景点有茶卡盐湖湿地景区、丹丹乌依里克古城、响沙湾旅游景区、恩格贝尔生态旅游区、玉龙沙湖、巴丹湖景区、额济纳旗胡杨林旅游区、巴丹吉林沙漠旅游区、定远营古城旅游区等，仅内蒙古境内就有 5A 级沙漠旅游景区 2 家，4A 级沙漠旅游景区超过 40 家。旅游与休闲服务功能不断拓展，骑骆驼、滑沙、湖泊观光、沙漠探险、越野等深受人们喜欢，沙漠文化演出、竞技比赛等项目吸人眼球、引人体验。

4. 沙产业科学技术服务业

沙产业科学技术服务业主要包含沙产业科学技术服务和公共管理。沙产业科学技术服务包括沙产业研究和试验发展，包括新发现、新理论，新技术、新产品以及新工艺的研发，如某集团专门成立的生物科技研究院；还包括沙生动植物及其加工制造品等所需的质检技术活动，如调查、监测和兽医服务，以及与沙产业相关新事物的推广活动，如通辽市科学技术局定期举办的林木种植技术的推广。公共管理主要涉及与沙漠化野生动植物相关的检查、监督等活动，以及为更好地发展沙产业而成立的专业性团体和行业性团体，如 1952 年成立的辽宁省固沙造林研究所，2002 年成立的内蒙古沙产业、草产业协会，2012 年成立的青海防沙治沙暨沙产业协会以及 2016 年成立的中国科学院西北生态环境资源研究院等。

1.1.2 沙产业主要发展成效

我国位于亚洲东部、太平洋西岸，地形复杂多样，境内有八大沙漠、四大沙地，其总面积达 433.32 万 km^2，分别占国土总面积的 27.2%、17.9%，是全球沙化土地最为集中、危害最为严重的国家之一[①]。除东部浑善达克、科尔沁等沙地外，沙产业主要涉及内蒙古西部阿拉善盟、鄂尔多斯市、巴彦淖尔市等以及新疆、西藏、甘肃及青海等个别区域的荒漠及草原化荒漠、沙漠区域。受自然因素与人为因素的双重作用，沙化面积逐年扩张，直逼耕种良田，严重威胁生物多样性，生态环境较为严峻。为此，我国各级政府始终高度重视防沙治沙工作，按照预防为主、科学治理、合理利用的方针，积极探索因地制宜的防护措施和长足有效的产业战略，沙产业正发生着由农牧民个体经营到龙头企业带动、资源简单转化到产业链的延伸、小基地示范到大集团加盟等方面的可喜转变（魏名邦，2009），初步实现控、治、用相结合，沙地增绿、农民增收、资源增值融合的良性循环。

1. 促进沙生植物开发利用

依赖于独特的气候条件和地理优势，国内沙区大力种植具有生态功能的经济类作物，进行多形式、多角度的探索，因地制宜地开发利用沙生植物，延伸沙生植物种植加工产业链，拓展沙生植物固沙食用医疗观赏等功能，获得了显著的综合效益，成为沙区生态环境改善、农牧民增收、区域经济可持续发展的重要方向。当前沙区境内种植的作物主要有沙柳、文冠果、甘草、麻黄、肉苁蓉、锁阳、沙棘、葡萄、枸杞、苹果等，见表 1-1。这些沙生植物用途广泛、开发潜力巨大，在长期种植过程中释放出巨大的生态效益和经济效益。以某宏魁苁蓉集团为例，该企业始创于 1995 年，是国内首家同时对野生白梭梭、肉苁蓉进行保护、培育及种植，并开展阿拉善肉苁蓉药理研究、药品保健品研制的企业集团。目前 2 条生产线，年产量达 600t，企业在积极开发地方特色产品（如驼奶及衍生品）的基础上，不断拓展基地+沙产业建设，目前建成基地 5 万亩，增加了整体林地面积，起到了防风固沙作用。此外，企业主要从农户收购原料，直接促进当地农牧民收入增长，每户每年收入达到 30 万左右，生态与经济效益明显。

表 1-1　我国沙产业常见作物品种及其特征

作物名称	根茎结构	使用部位	经济用途	代表企业/区域
沙柳	灌木	枝条	发电、造纸、刨花板	内蒙古东达蒙古王集团有限公司
肉苁蓉	草本	根茎	药用	内蒙古阿拉善宏魁苁蓉集团等
甘草	草本	根茎	药用	内蒙古蒙草生态环境（集团）股份有限公司、内蒙古伊泰集团有限公司、内蒙古金沙苑生态集团有限公司等

[①] 根据 2014 年全国第五次荒漠化和沙化土地监测数据整理。

续表

作物名称	根茎结构	使用部位	经济用途	代表企业/区域
苦豆子	灌木	果实、茎叶	药用	亿利资源集团有限公司等
文冠果	小乔木	种子	榨油	科尔沁沙地
杨柳	木本	枝条	板材、造纸	敦化市大石头源源木材加工厂等
麻黄	草本	叶	药用	北疆药业、广州康臣药业有限公司等
沙棘	灌木	果实	食用、药用	高原圣果沙棘制品有限公司、内蒙古宇航人高技术产业有限责任公司等
苜蓿	草本	根、茎、叶	饲料	内蒙古蒙牛圣牧高科奶业有限公司等
花棒	灌木	叶、嫩茎、果实	饲料、榨油	库布齐沙漠
锁阳	草本	根茎	药用	内蒙古曼德拉沙产业开发有限公司等
葡萄	灌木	果实	食用	武威、甘肃莫高实业发展股份有限公司、黄台等
啤酒花	草本	花、茎	食用、药用	河西地区等

资料来源：通过对企业实地调研及相关资料整理所得。

2. 拓展高新科技的研发应用

正如第 1 章概念界定部分所阐释的沙产业定义，沙产业作为在荒漠及半荒漠化地区发展起来的特殊产业，如何立足生态保护，又让沙漠资源服务于产业发展与经济建设，其战略支撑点就在于科技创新（舒涛，2011）。若不能加速科技创新、高效合理利用技术，发展沙产业不免成为空谈。国内沙区经过长期发展，高新技术研发与应用方面初见成效：科尔沁区农牧业高新科技示范园区积极推进产学研结合，重点推广了玉米"浅埋滴灌"技术、水肥一体化技术，为沙区农作物节水种植提供可能；通辽市科学技术局研发 13 项技术发展林果业，组建了内蒙古通辽玉米产业技术创新战略联盟。获批并实施国家及自治区下达科技项目 62 项，争取科技项目资金 6137.5 万元，全年完成技术合同交易额 2215.1 万元，为后续新科技问世夯实基础；阿拉善盟推进乌兰布和生态沙产业示范区建设，专利申报数超过 15 项，技术标准制定多于 12 部，更有研发项目入选国家"863"计划，如锁阳高值化产品研发项目；沃诗金的"沙漠土壤化"技术已投入示范使用等。总之，高新科学技术已在沙产业产业化发展过程中发挥作用。

3. 构建局部龙头企业辐射网

沙产业见效周期较长，无论是防沙治沙，还是使沙漠生金，都需要各方参与并付诸艰辛的努力。企业在沙产业发展过程中具有无可替代的作用，是产品研发、产业发展、经济进步的重要参与者。截至目前，我国已有沙产业加工企业超过万家,仅河西地区制种产业企业就已超过 50 家、中药材加工企业多于 3 家、农业及农产品加工企业 3100 家左右,逐步形成"企业+专业合作社+农户"型、"基地+农户+企业"型等模式,与广大农户共同建立经营实体,实现了企业发展、农民增收与生态改善的高效统一。因此,沙区龙头企业生态修复与经济增生带动网络初步形成。

4. 推动部分区域品牌打造

品牌建设有助于产业发展,而产业发展又会进一步推动品牌打造,具体表现为:①重视地理标志产品商标注册,如柴达木枸杞、河套肉苁蓉、磴口哈密瓜、巴彦淖尔先锋枸杞、科尔沁黄牛、阿拉善肉苁蓉、杭锦旗甘草等。②逐步挖掘地理品牌在经济发展、生态保护过程中的巨大潜力,如肉苁蓉的种植。肉苁蓉可单独种植,也可以嫁接在梭梭上,是一种特色沙漠植物,不仅具有丰富的营养价值和药用价值,而且还具有难得的生态价值。在某购物平台,一根一斤①重的新鲜肉苁蓉最低价为 80 元,且最高可卖到 2999 元,种子可卖到 20000 元/kg。此外,一棵梭梭可防风固沙 $10m^2$,大规模种植梭梭林嫁接肉苁蓉可有效改善沙土流失。③相关产业链得到延伸拓展,如内蒙古阿拉善宏魁苁蓉集团,其目前主要对苁蓉和锁阳加工,生产苁蓉酒、苁蓉膏、苁蓉、锁阳切片等原生药材,并提取苁蓉中的成分,做成护肤品和皂类,建设肉苁蓉产业化项目(刘红旗,2018)。

1.1.3 沙产业发展主要问题

沙产业发展取得了一些成效,但不可否认的是在其发展过程中依然存在很多问题,具体表现在以下几个方面。

1. 沙区特性认识需深化

沙区环境不同于其他环境,以东部沙区内的科尔沁沙地为例,从地理特征来看,该区域地处于我国最东部内陆地区,为东北平原向内蒙古高原的过渡地带,生态环境脆弱。从气候特征来看,该区域属于大陆性半干旱季风气候区,年平均气温为 5.8~6.4℃,年降水量为 343~451mm,且 70%集中于夏季,年潜在蒸发量为 1500~2500mm,无霜期为 90~140d,年均风速大于 8 级,风势强劲,大风日数为 25~40d。从土壤特征来看,土壤类型主要为栗钙土、黑钙土与栗褐土,但是由于沙漠化的影响,部分土壤已演变为风沙土,土壤机制不稳定。因为对沙地环境资源认识不明确,部分产业发展存在明显地区不适宜性与不可持续性。产业布局不合理,如沙区降水量少,而水稻与玉米产业的发展

---

① 1 斤=500g。

几乎完全依赖地下水资源，大力发展这类产业使得科尔沁沙区的地下水补给逐渐减少，不断增加的地下水使用和相对减少的补给会造成地下水采补不平衡，甚至导致地下水位继续下降和沙区生态环境的破坏。可见，走"寅耗卯水"的沙产业发展道路，无法实现沙区沙产业的可持续发展，也无法使人们因地制宜地认识沙区和沙区的资源性，更无法将沙区资源真正纳入防沙治沙路径中认识和思考。

2. 政策支持缺乏针对性

沙产业从其产品角度、产生源头以及产业链发展这三个方面与其他产业区别较大。其产品常具有很强的生态效应或经济效应，或者两方面兼而有之；其产生源头既包括荒漠化防治，也包括沙漠沙地的开发和应用。从产业链的角度看，沙产业包括沙漠沙地治理，还包括沙生动植物种养，沙生动植物、沙漠风光热、旅游等资源加工制造以及利用。因为沙产业界定不够清晰，针对性政策不多，且不具有系统性，在发展沙产业的经济优惠政策和产业扶持政策方面支持力度不够。目前，我国虽已形成较多特色的优势沙产业企业，但整体发展水平较低，绝大多数未形成完整的产业体系，产业化能力不足致使企业融资困难；相关扶持力度不够，企业无法进行扩大化再生产，难以形成循环、闭合的产业链。

3. 龙头企业参与度相对不足

沙产业见效周期较长，无论是防沙治沙，还是使沙漠生金都需要付诸艰辛的努力。国内沙区一些生态产业龙头企业的实力虽然不容小觑，但数量相对不足，带动力较弱，且面临着融资不足、管理不善、营销不畅、人才匮乏等诸多问题，难以显示其辐射、引导功能。龙头企业与政府、基地以及农户联系不紧、沟通不力，无法形成政府拓市场、市场牵龙头、龙头带基地、基地连农户的"龙型"生产经营体系，因此无法发挥区域资源优势，难以依托产品进行专业化生产，发展优势、特色沙产业。总体沙产业企业参与数量与程度不够，缺乏长期资金注入，没有形成完整的生态产业链。另外，沙产业链中的各主体间协调关联程度较差，也限制了沙区沙产业的产业化。

4. 沙区高新生态技术研发不足

沙产业的核心是多用光、少用水、新技术、高效益。也就是说，沙产业是一个以科学技术为支撑的知识密集型产业。近年来，我国政府积极改变传统落后的治沙思想，不断推动沙产业发展，但资金使用不通畅的现象屡见不鲜，科技含量低、创新力度小已是普遍现象。这是由于沙区产业发展和技术研发推广资金主要依赖于国家财政投入，拓展资金来源的难度相对较大，积极性不足，从而使投入机制单一，沙科技不足。

5. 沙区区域品牌建设相对滞后

我国沙产业企业已经生产出肉苁蓉、葡萄、黄牛、甘草、枸杞等优势产品，营养和保健价值比较高，但因为区域品牌建设落后，缺乏核心竞争优势，与国外同种产品相比，整体产业竞争力较弱。例如，肉牛产业，我国肉牛产品质量绝大多数都属于中低档，所以国际竞争力很薄弱。此外，肉牛产品品种比较单一，市场占有率有限，市场潜力不足，可开发市场较窄。而来自国内外的肉牛竞争日益增强，根据中华人民共和国海关总署数据，2017 年我国进口牛肉 69.51 万 t，同比增长率超过 19.9%，主要进口国家有巴西、新西兰、澳大利亚以及乌拉圭等肉牛产业发展相对发达的国家。

1.2 沙区生态产业发展的自然资源基础

沙区生态产业的发展依赖于沙区的气候条件，水资源、动植物资源、矿产资源等特有资源，这些资源的开发一方面是沙区生态产业发展的起点；另一方面是沙区所面临的环境和生态问题的源头。

1.2.1 沙区自然资源概况

中国沙区主要分布于新疆、内蒙古、西藏、青海、甘肃 5 省（自治区），依据《第五次中国荒漠化和沙化状况公报》，这五个地区沙化土地面积占全国沙化土地总面积的 93.95%，分别为 74.71 万 km^2、40.79 万 km^2、21.58 万 km^2、12.46 万 km^2、12.17 万 km^2，中国八大沙漠和四大沙地都位于这五个省（自治区）。

1. 沙区气候条件

中国沙区主要分布于西部和北部地区，气候属于典型的中纬度沙漠气候，是极端的大陆性气候，夏季炎热，冬季寒冷，同时沙区昼夜温差大、日照时间长、日照强度大、风沙大、降水量少。例如，中国最大的塔克拉玛干沙漠年最高气温为 39℃，昼夜温差在 40℃以上，平均年降水量只有 20～50mm。

2. 沙区水资源

沙区的腹地一般由于降水少、蒸发量大，水资源总体缺乏，但在沙区的边缘以及一些绿洲却存在着可满足其地表植被生长所需的水资源，这些区域面临的更多问题是如何有效、合理利用水资源和保护地下水资源。

3. 沙区植物资源

《第五次中国荒漠化和沙化状况公报》指出，中国沙化土地上的植被以草本和灌木为主，植被覆盖为草本型的沙化土地面积为 71.89 万 km^2，占全国沙化土地总面积的 41.77%；植被覆盖为灌木型的沙化土地面积为 38.51 万 km^2，占 22.37%；植被覆盖为乔灌草型的沙化土地面积为 6.08 万 km^2，占 3.53%；植被覆盖为纯乔木型的沙化土地面积为 0.52 万 km^2，仅占 0.30%。无植被覆盖型（指植被盖度小于 5%和沙化耕地）的沙化土地面积为 55.13 万 km^2，占全国沙化土地总面积的 32.03%。具体到各沙区的植物覆盖品种则存在着一定差异，如塔克拉玛干沙漠腹地的主要植被是柽柳、灌丛和芦苇，沙漠边缘则有胡杨、胡颓子、骆驼刺、蒺藜及猪毛菜，沙漠四周生长着密集的胡杨林和柽柳等，古尔班通古特沙漠以白梭梭、梭梭、苦艾蒿、白蒿、蛇麻黄、囊果草和多种短命植物为主，巴丹吉林沙漠以胡杨、梭梭、柠条、骆驼刺等植物为主。

1.2.2 乌兰布和沙漠的自然资源及其特征

乌兰布和沙漠位于阿拉善高原东部，是中国八大沙漠之一，北至狼山，东近黄河，南至贺兰山北麓，西至吉兰泰盐池，总面积约 1 万 km^2。

1. 气候条件

乌兰布和沙漠地区气候终年为西风环流控制，属于中温带典型的大陆性气候，年均气温为 7.8℃，绝对最高气温为 39℃，绝对最低气温为-29.6℃，年均蒸发量为 2258.8mm，无霜期为 168d。乌兰布和沙漠光照充足，各月平均日照率在 60%以上，太阳能资源十分丰富，光照 3181h，年总辐射量为 200~204W/km^2，大于 10℃的有效积温为 3289.1℃。终年盛行西南风，主要灾害风为西北风，风势强烈，年均风速为 4.1m/s，风沙危害为主要自然灾害。

2. 水资源

乌兰布和沙漠地区降水稀少，年平均降水量为 102.9mm，最大年降水量为 150.3mm，最小年降水量为 33.3mm，因此，地表水难以形成径流。沙区地下水渗流汇集形成大小湖泊 116 个，估计可蓄水量 2 亿 m^3，沙区水资源总量约为 6 亿 m^3，每平方千米水资源量 6 万 m^3，而我国平均水资源量为 2900 万 m^3/km^2，沙漠地区总体上水资源极其缺乏。

3. 植被资源

乌兰布和沙漠的植被以荒漠植被为主,有53个科,176个属,342个种。主要为藜科、柽柳科、蒺藜科、蓼科、菊科、禾本科、豆科。代表植物有梭梭、沙米、碱蓬、盐爪爪、红沙、柽柳、白刺、霸王、沙拐枣、油蒿、沙芦草、沙竹、芦苇、沙冬青、甘草、苦豆子、柠条等。为了改善沙区的生态环境,建设了树种丰富、结构多样的封沙育草阻沙区,以及以杨树、柳树、沙枣等为主的网格防护林体系。这些防护林本身形成了新的植被资源。

内蒙古自治区农作物播种面积占区域总面积的 7.6%,每平方千米粮食产量为 27.5t,而乌兰布和沙漠周边区域是粮区和牧区,磴口县农作物总播种面积占区域总面积的 21.6%,每平方千米粮食产量为 52.0t。2000~2019 年乌兰布和沙区的农作物总播种面积增加了 299%(图1-1)。

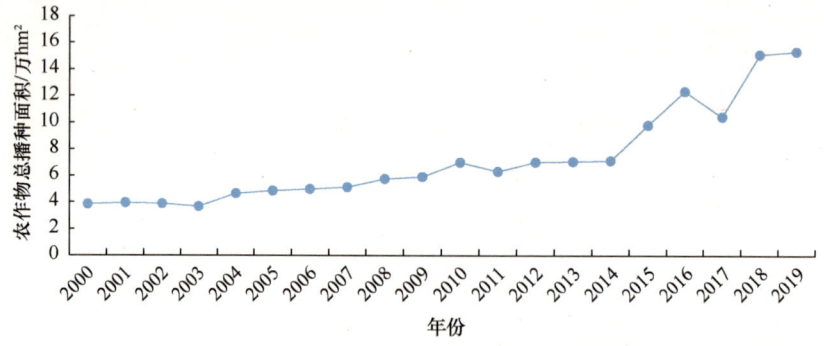

图1-1　2000~2019年乌兰布和沙区农作物播种面积
数据来源:历年《内蒙古统计年鉴》

4. 动物资源

沙区的动物资源主要指养殖业动物,2017 年底磴口县的生猪存栏为 49243 头,牛存栏为 104418 头,羊存栏为 994104 只。人均生猪和羊存栏数远高于内蒙古自治区平均水平,磴口县 2017 年每平方千米生猪存栏 10.8 头、牛存栏 17.7 头、羊存栏 107.6 头,高于内蒙古自治区每平方千米生猪存栏 4.3 头、牛存栏 5.5 头、羊存栏 51.7 头的水平。养殖业依然是乌兰布和沙区重要的产业,磴口县 2017 年肉总产量为 4.3t/km^2,远高于内蒙古自治区的 2.2t/km^2,每万人肉总产量为 1365t,高于内蒙古自治区 1049t 的水平。2019 年乌兰布和沙区奶类产量为 55.5 万 t,是内蒙古自治区总产量的近十分之一。2000~2016 年乌兰布和沙区牲畜数如图1-2所示。

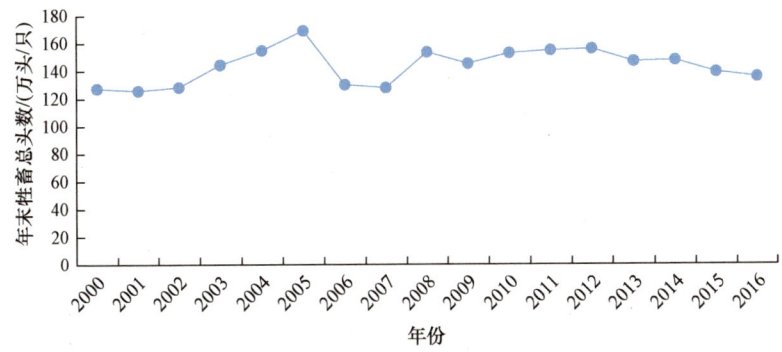

图 1-2　2000～2016 年乌兰布和沙区牲畜数
数据来源：内蒙古自治区农牧厅统计数据、历年《内蒙古统计年鉴》、
历年《磴口县国民经济和社会发展统计公报》

5. 矿产资源

乌兰布和沙漠及其周边地区矿产资源丰富，已发现矿产 60 多种，无烟煤、湖盐、花岗岩、磷等探明储量居内蒙古之首。无烟煤探明储量 7 亿 t，烟煤探明储量 10.7 亿 t，湖盐探明储量 1.3 亿 t，花岗岩探明储量 2.6 亿 m^3。金属矿有金、银、铜、铁，非金属矿有红柱石、白瓷石、大理石、硅石、钾长石、云母、建筑用砂石，此外，还有放射性矿产铀。

1.2.3　科尔沁沙地的自然资源及其特征

科尔沁沙地位于内蒙古自治区东部，是我国四大沙地之中面积最大的沙地，具体范围是在松辽分水岭以南，冀北山地以北，大兴安岭南段以东，松花江和东辽河以西区域。科尔沁沙地横跨内蒙古、吉林和辽宁三省（自治区），总面积为 7762.5 万亩。其中吉林省占 5.1%，辽宁省占 2.5%，赤峰市占 33.1%，兴安盟占 6.6%，通辽市占 52.7%，是科尔沁沙地的主体地区，是全国土地沙化最为严重、生态环境非常脆弱的地区之一。

1. 气候条件

科尔沁沙地属于温带半干旱大陆性季风气候区，冬季寒冷漫长，春季多风干燥，夏季炎热多雨，秋季凉爽短促。全年平均日照时数为 2950h，日照率为 66%～70%，大于 10℃的有效积温为 3130℃，平均无霜期为 150d。科尔沁沙地风力强劲，全年平均风速为 3.3～4.4 m/s，其中春季风力较强，平均风速为 4.2～5.9 m/s，春季风、旱同步出现，为土壤风蚀提供了条件。

2. 水资源

科尔沁沙地的降水量与蒸发量严重失衡，水资源短缺，地表水是农业灌溉和生活用水的主要来源。地表水主要来自西拉木伦河、老哈河、教来河、乌力吉木伦河等，年总径流量为22亿m^3，地表水总储量大约为26亿m^3。

3. 植被资源

科尔沁沙地主要有典型草原、草甸草原、沼泽、盐生、沙生等植被类型。典型草原以多年生丛生禾本科植物为主，其他为一年生旱生杂草类，也有稀疏的山杏和榆树。草甸草原主要优势植物有线叶菊、狼针草、羊草等。沼泽植物有芦苇、水莎草、菖蒲等。沙生植物分布在不同沙丘类型上，固定沙丘上普遍生长有榆树，并与灌丛、禾草组成沙地疏林草原，半固定沙丘上一般只稀疏生长有半灌木和草本植物。

科尔沁沙区是内蒙古自治区重要的粮食产区，2000~2019年农作物总播种面积增加了70%（图1-3），粮食产量增长了296%（图1-4）。

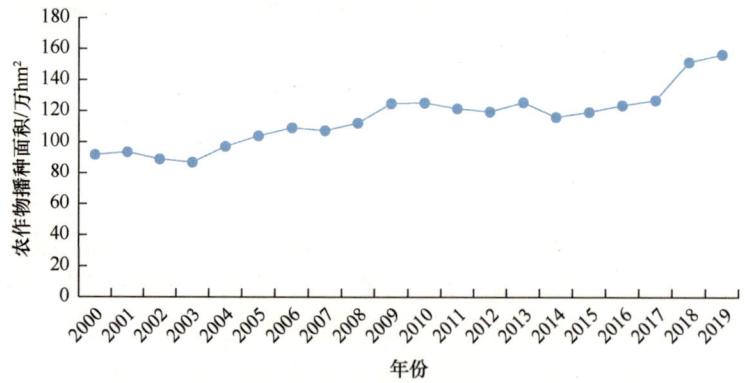

图1-3　2000~2019年科尔沁沙区农作物播种面积
数据来源：历年《内蒙古统计年鉴》

1978年国家实施"三北防护林"建设工程，1999年通辽市在"三北防护林"建设工程实施中，出台并实施了"5820"林业生态工程，2014年实施了科尔沁沙地"双千万亩"综合治理工程，以及通辽周边"双百万亩"绿化工程等。据国家林业和草原局最新监测，科尔沁沙地每年绿化面积大于沙化面积约75万亩，这些人造林形成了新的植被资源。

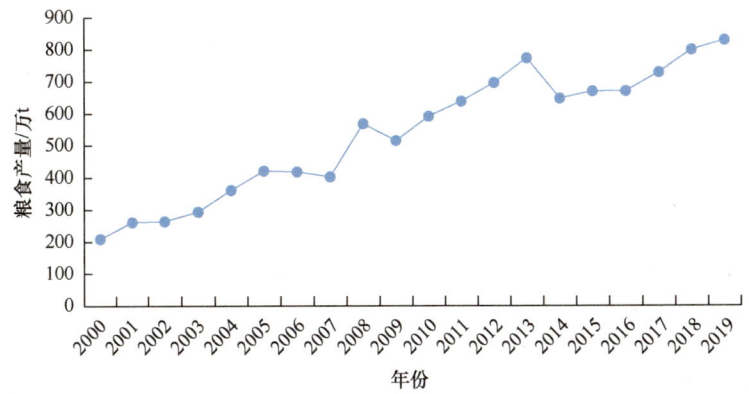

图 1-4　2000～2019 年科尔沁沙区粮食产量

数据来源：历年《内蒙古统计年鉴》

4. 动物资源

科尔沁沙区是内蒙古自治区主要肉类产区，其中 2019 年肉总产量占内蒙古自治区总产量的 14.5%。2017 年生猪存栏数为 109 万头，占内蒙古自治区总存栏数的 21.6%；牛存栏数为 112 万头，占内蒙古自治区总存栏数的 17.0%；羊存栏数为 462 万头，占内蒙古自治区总存栏数的 7.6%。2000～2016 年科尔沁沙区牲畜总数如图 1-5 所示，2000～2019 年科尔沁沙区肉类总产量如图 1-6 所示。

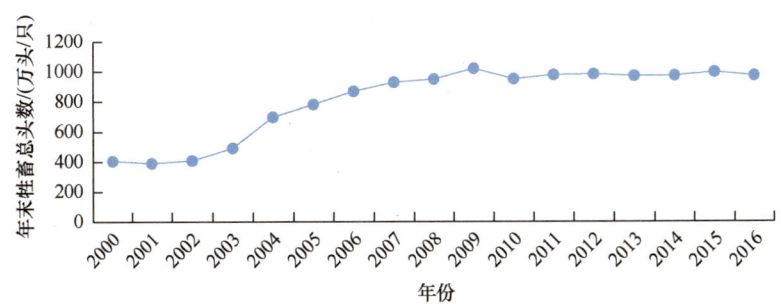

图 1-5　2000～2016 年科尔沁沙区牲畜总数

数据来源：历年《内蒙古统计年鉴》、历年《内蒙古自治区国民经济和社会发展统计公报》

5. 矿产资源

科尔沁沙区主要矿产资源有石油、煤炭、金、银、硅砂等。据国土资源部数据，开鲁盆地陆家堡凹陷预测总储量达 2.1 亿 t 左右，敖汉旗已探明远景储量黄金 125t，科尔沁左翼后旗已探明煤炭储量 1.3 亿 t，硅砂远景储量 350 亿 t。

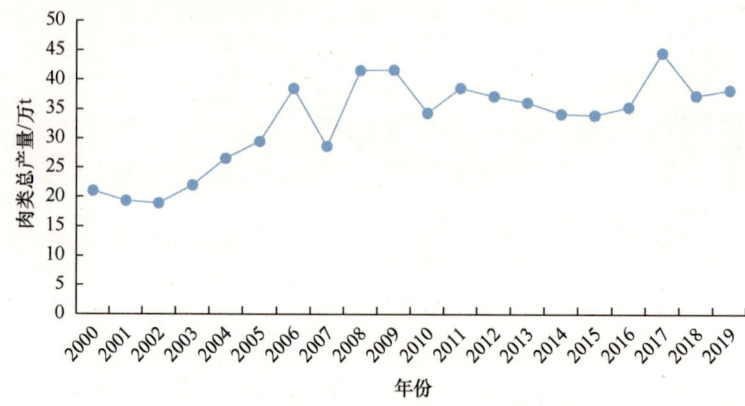

图1-6 2000~2019年科尔沁沙区肉类总产量
数据来源：历年《内蒙古统计年鉴》、历年《内蒙古自治区国民经济和社会发展统计公报》

1.3　沙区生态产业发展的经济基础

经济发展以行政区划为单位进行研究，无法以地理特征为区划，因此在研究沙区经济发展和产业发展时，以地级或县级区划代替沙区。新疆沙区的经济发展使用巴音郭楞蒙古自治州、阿克苏、喀什、和田、阿勒泰、塔城、昌吉回族自治州、吐鲁番的经济数据代替，内蒙古沙区的经济发展使用阿拉善盟、通辽市、鄂尔多斯市的经济数据代替，青海沙区的经济发展使用海南藏族自治州、海西蒙古族藏族自治州的经济数据代替，甘肃沙区的经济发展使用酒泉的经济数据代替。其中，重点关注的乌兰布和沙漠区域的经济发展用巴彦淖尔市的磴口县和阿拉善盟的阿拉善左旗的经济发展代替，科尔沁沙地区域经济发展用通辽市的奈曼旗、库伦旗、科尔沁左翼后旗、科尔沁左翼中旗、开鲁县和赤峰市的敖汉旗、翁牛特旗的经济发展进行代替。

1.3.1　沙区经济结构

通过分析新疆、内蒙古、青海和甘肃沙区和全省（自治区）的国民生产总值中第一、第二、第三产业比例以及人均GDP指标可描述沙区经济结构的某些特征。2019年新疆沙区第一产业占比22.9%，第二产业占比40.1%，而新疆整体第一产业占比15.5%，第二产业占比39.0%，人均GDP沙区为37717万元，新疆整体为47921万元。2019年内蒙古沙区第一产业占比8.1%，第二产业占比51.2%，而内蒙古整体第一产业占比10.8%，第二产业占比39.6%，人均GDP沙区为94488万元，内蒙古整体为67852万元。2019年青海沙区第一产业占比9.6%，第二产业占比61.0%，而青海整体第一产业占比10.2%，第二产业占比39.1%，人均GDP沙区为 84342 万元，青海整体为 48981 万元。甘肃沙区第一产业占比 15.1%，第二产业占比 41.1%，而甘肃整体第一产业占比 12.0%，第二产业占比 32.8%，人均 GDP 沙区为 54729 万元，甘肃整体为 32995 万元。总体上沙区主要依赖于其生物或矿产资源实现经济增长，其第二产业主要是矿产资源的开发和利用，而较高的第二产业占比也使得沙区经济增长相对较快，人均 GDP 较高，新疆沙区人均 GDP 低于新疆整体水平，应该是沙区第二产业和新疆整体占比相当，但第一产业占比较高导致的。

下文从更微观的县级层面上考察乌兰布和沙区和科尔沁沙区，在产业结构上这两个区域呈现出明显的差异，也造成了其在经济增长特征上的差异。2019 年乌兰布和沙区经济规模占内蒙古自治区总体经济规模的 1.7%，科尔沁沙区占比为 4.8%，两个沙区相加占比为 6.5%。2000~2019 年两个沙区的总经济规模在 6.0%~12.5%波动。2000~2019 年乌兰布和沙区及科尔沁沙区经济规模占内蒙古自治区比例如图 1-7 所示。

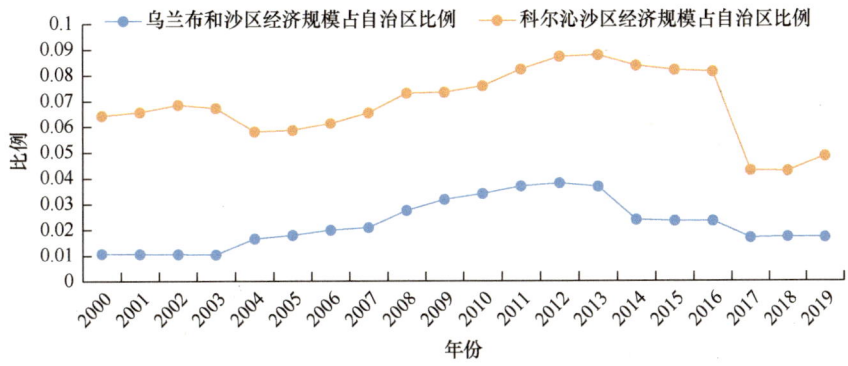

图 1-7　2000~2019 年乌兰布和沙区及科尔沁沙区经济规模占内蒙古自治区比例
数据来源：相关地区历年统计年鉴

两个沙区呈现出不同的经济结构和不同的经济发展态势。乌兰布和沙区工业占比更大，2019 年第一产业占比 7.4%，第二产业占比 57.3%，第三产业占比 35.3%，阿拉善左旗的煤炭、有色金属、石材、能源产业为工业的主要产业，磴口县工业则集中于农牧产品加工和新能源领域。工业的快速增长为沙产业的发展奠定了良好的工业基础。2000~2019 年乌兰布和沙区第一、第二、第三产业产值如图 1-8 所示，2000~2019 年科尔沁沙区第一、第二、第三产业产值如图 1-9 所示。

科尔沁沙区农牧业占比更大，2019 年第一产业占比 36.1%，第二产业占比 18.8%，第三产业占比 45.1%。科尔沁沙区是内蒙古自治区重要的粮食和肉产品产出基地，承担着内蒙古自治区重要的农牧业生产任务，农作物总播种面积占内蒙古自治区的 17.6%，粮食产量占内蒙古自治区的 22.7%，肉类总产量占内蒙古自

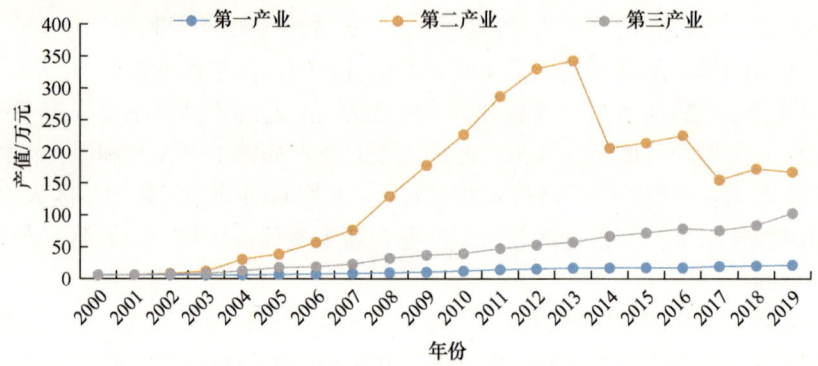

图 1-8　2000~2019 年乌兰布和沙区第一、第二、第三产业产值
数据来源：相关地区历年统计年鉴

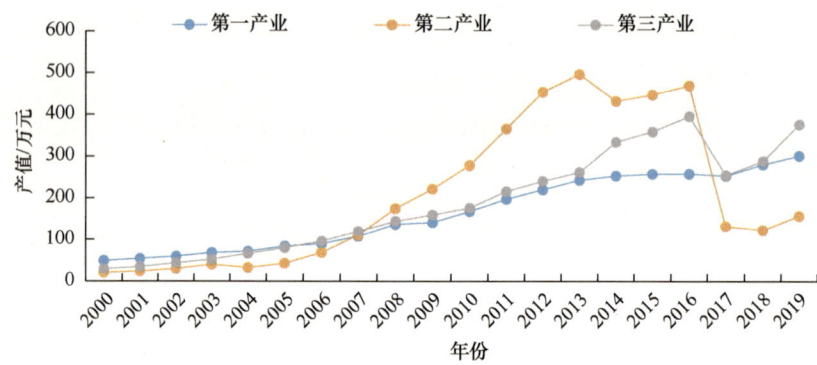

图 1-9　2000~2019 年科尔沁沙区第一、第二、第三产业产值
数据来源：相关地区历年统计年鉴

治区的 14.5%，其中，生猪存栏占内蒙古自治区的 27.7%，牛存栏占内蒙古自治区的 22.2%，羊存栏占内蒙古自治区的 9.3%。由于科尔沁沙区经济农业占比较高，其沙产业的发展呈现出与乌兰布和沙区不同的特点。

1.3.2　沙区经济增长

沙区整体经济稍快于本省（自治区）整体增长速度，新疆沙区地市 2018 年 GDP 比 2000 年增长了 893.7%，新疆整体增长了 794.6%。内蒙古沙区盟市 2019 年 GDP 比 2001 年增长了 1294.3%，内蒙古整体增长了 1013.5%。青海沙区 2018 年 GDP 比 2001 年增长了 963.6%，青海整体增长了 820.1%。甘肃酒泉地区 2019 年 GDP 比 2001 年增长了 3011.2%，甘肃整体增长了 674.7%。但某些沙区的发展却慢于本省（自治区）整体增长速度，如吐鲁番只增长了 419.0%，通辽只增长了 629.5%，塔城地区只增长了 727.7%，巴音郭楞蒙古自治州增长了 731.4%。

2001~2019 年乌兰布和沙区及科尔沁沙区的经济都快速发展，乌兰布和沙区生产总值规模 2019 年比 2000 年增长了 16.8 倍，达到 293.7 亿元，科尔沁沙区增长了 7.4 倍，规模达到 833.4 亿元。图 1-10 描述了两个沙区 20 年间生产总值的变化。

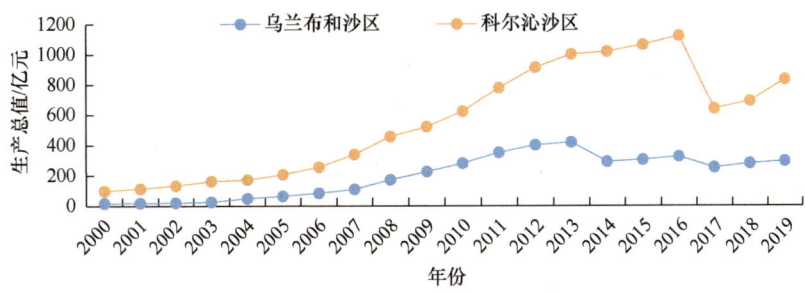

图 1-10　2000~2019 年乌兰布和沙区及科尔沁沙区生产总值
数据来源：相关地区历年统计年鉴

在两个沙区的经济增长中，科尔沁沙区经济增长率基本保持与内蒙古自治区相同，而乌兰布和沙区经济增长由于受工业需求影响而波动更为剧烈，尤其在经济快速发展或经济下行中波动更为明显（图 1-11）。

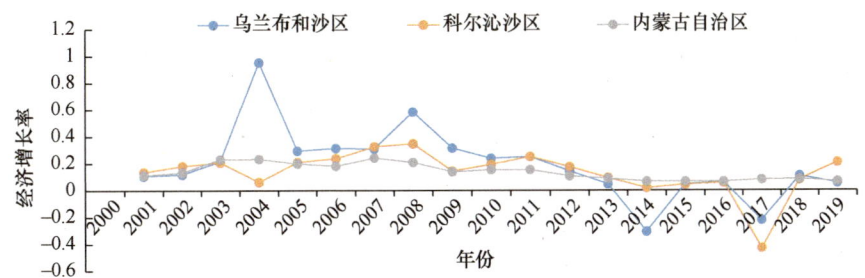

图 1-11　2000~2019 年乌兰布和沙区及科尔沁沙区经济增长率
数据来源：相关地区历年统计年鉴

两个沙区人均 GDP 呈现不同特征，乌兰布和沙区人均 GDP 增长快速，并与内蒙古自治区的人均 GDP 拉开差距，而科尔沁沙区人均 GDP 增长相较于内蒙古自治区增长较慢，这主要是由经济结构的差异导致的。

1.3.3　财政收入与支出

沙区的一般财政预算支出与收入之比反映了一般公共预算的收支缺口特征。2019 年新疆沙区一般财政预算支出与收入之比为 4.62，新疆整体一般财政预算支出与收入之比为 3.26。内蒙古沙区的一般财政预算支出与收入之比为 1.85（其中鄂尔多斯市为 1.25，通辽市为 5.01，阿拉善盟为 3.90），内蒙古整体为 2.48。青海沙区的一般财政预算支出与收入之比为 4.69，青海整体为 4.08。甘肃沙区的一般财政预算支出与收入之比为 4.26，甘肃整体为 4.65。当前沙区所体现出来的一般公共预算的收支缺口特征使得沙区必须由国家、地方政府和企业共同来治理，单纯依靠沙区地方政府难以有效支撑。2000~2019 年乌兰布和沙区一般财政预算收入和支出如图 1-12 所示，2000~2019 年科尔沁沙区一般财政预算收入和支出如图 1-13 所示，2000~2019 年科尔沁沙区和乌兰布和沙区一般财政预算支出如图 1-14 所示。

乌兰布和沙区的两个旗县和科尔沁沙区的 8 个旗县收支缺口呈现不断放大的趋势，乌兰布和沙区 2017 年收支缺口达到 45 亿元，科尔沁沙区达到 248 亿元。两个沙区一般财政预算支出/一般财政预算收入的比值不断上升，使得地方政府主动投入资金开展沙区生态治理和发展沙产业的条件并不具备，需要国家和引入外部资金解决投入问题。

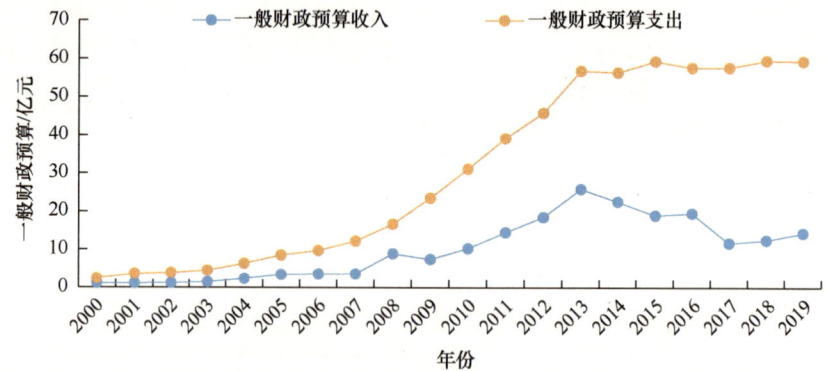

图 1-12　2000~2019 年乌兰布和沙区一般财政预算收入和支出
数据来源：历年《内蒙古统计年鉴》、历年《内蒙古经济社会调查年鉴》

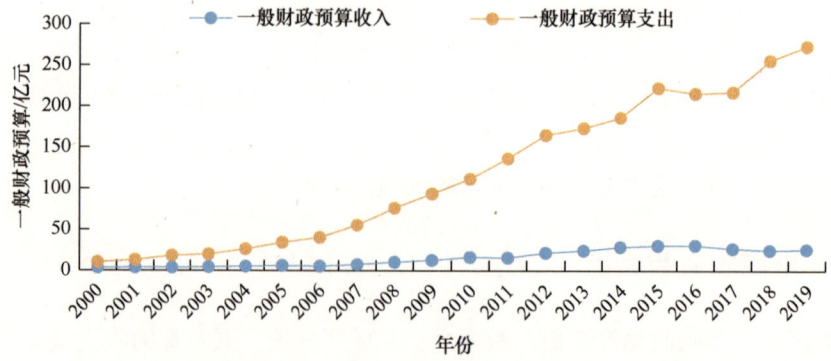

图 1-13　2000~2019 年科尔沁沙区一般财政预算收入和支出
数据来源：历年《内蒙古统计年鉴》、历年《内蒙古经济社会调查年鉴》

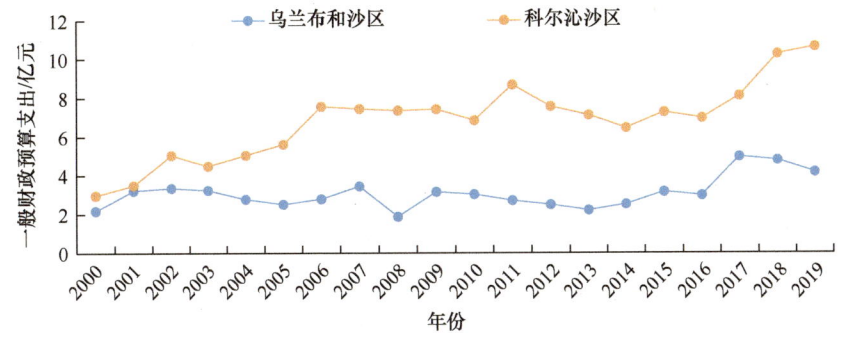

图 1-14　2000～2019 年科尔沁沙区和乌兰布和沙区一般财政预算支出
数据来源：历年《内蒙古统计年鉴》、历年《内蒙古经济社会调查年鉴》

1.4　沙区生态产业发展的社会基础

沙区生态产业发展的社会基础主要考察沙区人口数量及其结构变化情况、沙区教育和专业人才数量变化情况，以及沙区社会基础保障情况。新疆、内蒙古、青海、甘肃整体社会发展水平与全国有着较大差距，这同样体现为沙区的社会发展基础薄弱，人口增长和城镇化进程缓慢，教育落后，人才资源缺乏，社会基础保障体系仍需完善。

1.4.1　沙区人口结构基础

乌兰布和沙区和科尔沁沙区周边人口数近 20 年没有大的变化，2019 年末乌兰布和沙区户籍人口 25.9 万，2017 年常住人口 31.7 万。2019 年末科尔沁沙区户籍人口 301.7 万，2017 年常住人口 277.6 万。20 年中两个沙区乡村人口占比分别维持在 40%和 80%左右（图 1-15，2013 年前使用年末总人口，2013 年后使用户

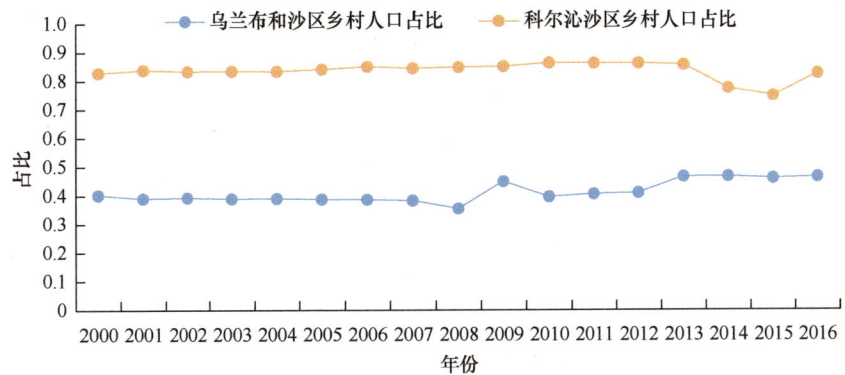

图 1-15　2000～2016 年乌兰布和沙区和科尔沁沙区乡村人口占比
数据来源：历年《内蒙古统计年鉴》

籍人口），城镇化进程缓慢。在全社会从业人员中，第一产业从业人员占比两个沙区都在持续下降，但仍维持在较高的水平，乌兰布和沙区2016年从事第一产业人员占比为35.8%（图1-16），科尔沁沙区从事第一产业人员占比更是高达64%以上（图1-17）。

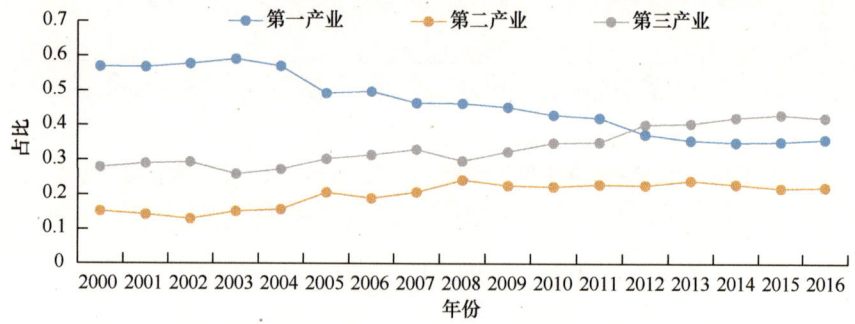

图1-16　2000~2016年乌兰布和沙区第一、第二、第三产业从业人员占比
数据来源：历年《内蒙古统计年鉴》

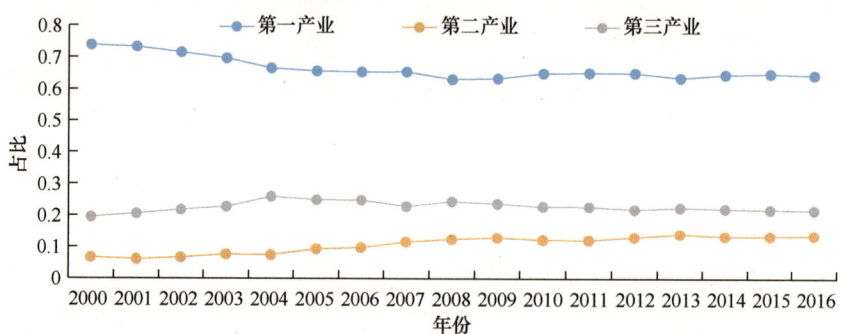

图1-17　2000~2016年科尔沁沙区第一、第二、第三产业从业人员占比
数据来源：历年《内蒙古统计年鉴》

1.4.2　沙区教育与人才资源基础

乌兰布和沙区和科尔沁沙区基础教育快速发展，根据历年《内蒙古自治区国民经济和社会发展统计公报》数据，乌兰布和沙区高中入学率从2002年的29%增长到2016年的84%，科尔沁沙区从2002年的23%增长到2016年的64%。乌兰布和沙区各类专业技术人员从2000年的2554人增长到2016年的14551人，科尔沁沙区从2000年的39615人增长到2016年的46565人。

1.4.3　沙区医疗社保结构基础

根据历年《内蒙古统计年鉴》，乌兰布和沙区及科尔沁沙区医疗卫生条件得到了很大改善，乌兰布和沙区医疗机构床位数从 2000 年的 836 张增长到 2019 年的 2267 张，每千人床位数从 2000 年的 3.2 张增长到 2013 年的 4.9 张；科尔沁沙区医疗机构床位数从 2000 年的 4138 张增长到 2019 年的 14353 张，每千人床位数从 2000 年的 1.4 张增长到 2013 年的 2.8 张。乌兰布和沙区卫生技术人员从 2000 年的 1549 人增长到 2019 年的 2724 人，每千人拥有卫生技术人员数从 2000 年的 5.9 人增长到 2013 年的 7.8 人；科尔沁沙区卫生技术人员从 2000 年的 7270 人增长到 2019 年的 14991 人，每千人拥有卫生技术人员数从 2000 年的 2.5 人增长到 2013 年的 2.8 人。城镇基本养老保险和新型农村合作医疗参保人员占户籍人口比例，2017 年乌兰布和沙区为 76.7%，科尔沁沙区为 76.8%。

1.5 沙区生态产业发展的理论基础

沙区生态产业是依托沙区生态系统承载能力构建的生态功能递增的新型生态化产业，一般具有生态农业、生态工业、生态服务业的产业融合特征，形成产业新业态、商业新模式。本质在于以生态优先为导向，生态技术创新为先导，集中体现生态和经济双赢目标，促进"生命、生活、生产、生态"协同融合，实现绿色高质量发展。有关沙区生态产业发展的理论包括资源基础理论、循环经济理论、价值链理论、可持续发展理论、绿色创新理论和环境政策规制理论（图 1-18）。

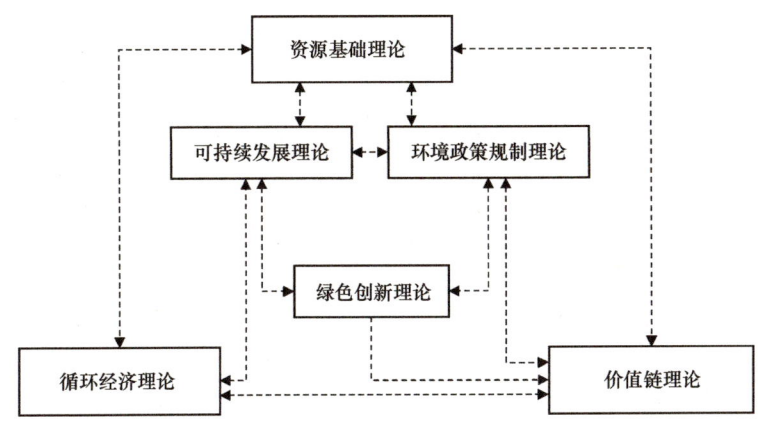

图 1-18　沙区生态产业发展理论基础关系图

1.5.1　资源基础理论

该理论认为企业竞争优势来源于其特殊的异质资源，且这种资源是难以模仿、无法复制的。我国西部沙产业发展过程中就有很多企业依据沙区不同的资源，发展不同的沙区治理与沙产业开发模式（吴頔等，2016）。例如，内蒙古某沙产业有限公司立足于沙区丰富的沙资源,开创出一个以用沙为标志的战略性新兴产业——砂产业,开辟了"以砂兴水、以砂兴农、以砂建筑、以砂治沙、以砂精铸、以砂增油、以砂兴艺"七大产业领域,发展出一条科学用砂治沙新途径,形成绿色可循环的工业型"砂产业"(施勇和白净,2011);中国某奶业有限公司则认为沙区地域辽阔、沙土干燥洁净,能够为奶牛提供天然的卧床,因此将沙地作为一种土地资源,开发出沙地养殖新模式,并逐渐发展为沙区种植养殖+生产的全产业链模式。随着信息网络的发展,原有的一成不变的商业模式无法使得企业在市场中获得竞争优势,沙区生态产业需要通过其独特的自然资源和能力资源,形成无法轻易复制的商业模式,通过商业模式创新获得竞争优势,推动经济发展。企业自身的学习能力、资源配置能力、企业家对于时机的把握、风险偏好的把控等都是企业能够掌握的促进商业模式创新的异质性资源(魏名邦,2009),有助于沙区生态企业在市场中获得竞争优势,从而可持续地发展下去。

1.5.2 循环经济理论

该理论强调减少价值传递过程中的废物排放,增加资源循环重复利用,也就是通过"减量化、再利用、资源化"3R 原则,把经济活动组织成一个"自然资源—产品和服务—再生资源"的反馈式流程,所有的物质和能源要能够在这个不断进行的经济循环中得到最合理和最持久的利用,从而把经济增长对资源及环境的影响降至最低限度(方莉华和张才国,2005;诸大建和朱远,2013)(图 1-19)。

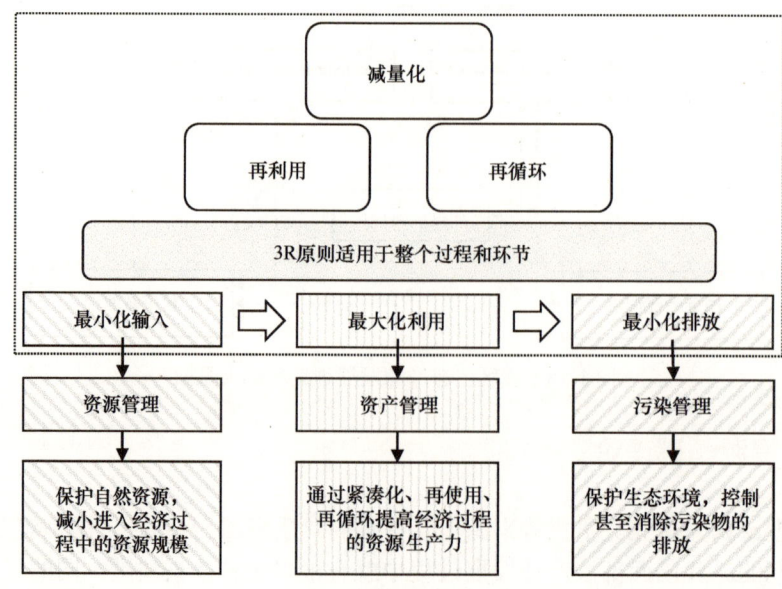

图 1-19　循环经济理论 3R 原则在企业中的应用(诸大建和朱远,2013)

随着循环经济模式研究的深化,需要将 3R 原则用于物质流的各个端口,强调资源管理、资产管理和污染管理的方法,以便保证"最小化输入、最大化利用和最小化排放"这一目标的实现(图 1-19)。孙博(2012)在应用循环经济理论探讨矿区商业模式时发现,物质可以在企业内部、生态产业链层面乃至整个矿区内循环。对于沙区生态产业而言,循环经济理论在商业模式方面具有一定的应用性,其创新应以生态系统中物质循环的规律为依据,促进在生产、流通以及消费等过程中进行资源再利用,减少资源浪费,形成环境友好型的绿色商业模式。

1.5.3 价值链理论

价值链(value chain)概念首先由迈克尔·波特于 1985 年提出。最初,波特所指的价值链主要针对垂直一体化公司,强调单个企业的竞争优势。随着国际外包业务的开展,波特于 1998 年进一步提出了价值体系(value system)的概念,将研究视角扩展到不同的公司之间。企业要生存和发展,必须为企业的股东和其他利益方,包括员工、顾客、供货商以及所在地区和相关行业等创造价值(杨松华,1998)。如果把"企业"这个"黑匣子"打开,可以把企业创造价值的过程分解为一系列互不相同但又相互关联的经济活动,或者称为"增值活动",其总和即构成企业的"价值链"(图 1-20)。

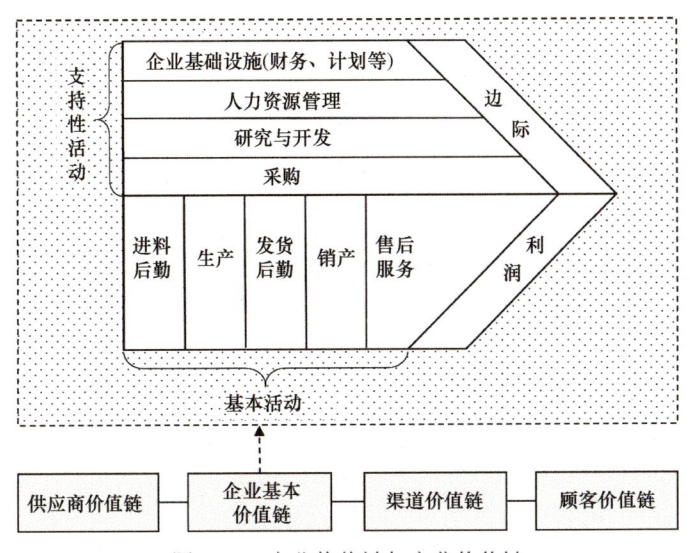

图 1-20　企业价值链与产业价值链

企业是各项活动的聚合体,既包括产品的设计和生产活动,也包括销售、交货和售后等活动,每一项经营管理活动都是这一价值链条上的一个环节。企业的价值链及其进行单个活动的方式,反映了该企业的历史、战略、实施战略的方式以及活动自身的主要经济状况。价值链的各环节之间相互关联，相互影响。一个环节经营管理的好坏可以影响到其他环节的成本和效益。价值链的增值活动可以分为基本增值活动和辅助性增值活动两大部分。企业的基本增值活动，即一般意义上的"生产经营环节"，如材料供应、成品开发、生产运行、成品储运、市场营销和售后服务等，这些活动都与商品实体的加工流转直接相关；企业的辅助性增值活动包括组织建设、人事管理、技术开发和采购管理。价值链的各环节之间相互关联，相互影响。企业价值链同时与上游的供应商价值链、下游的渠道价值链和顾客价值链相连，构成一条完整的产业价值链。

该理论认为，对于生态产业而言，最关键的一点就是要不同于传统产业高污染、多废弃的发展模式，尽可能减少其至避免对环境造成危害，实施循环经济，令经济发展与环境保护并重，促进经济模式由线性经济向生态型经济转变的有效途径。实施生态产业的关键在于构建企业间生态产业链，通过企业模仿自然生态系统中的生产者、消费者和分解者，以资源为纽带形成具有产业衔接关系的企业联盟，形成战略合作伙伴关系，实现物质循环使用、能量梯级利用和资源共享，获取竞争优势（王兆华等，2003）。在此过程中，单个企业完成一系列价值增值活动的一部分，这些活动相互叠加构成整条"产业增值链"（武春友，2006），每个企业通过缔结联盟调整自身的增值活动以适应价值链上的其他企业，从而使整条产业链上企业之间在联盟中发挥出强大的整合优势，通过和生产环节中的上游或下游伙伴合作，使双方各自将自身的主要资源集中于价值链中的核心增值环节，进行互补生产，合作创造更大的价值（陈一君和郭耀煌，2002）。

1.5.4　环境政策规制理论

该理论认为，环境政策是推进生态产业发展的关键力量，对于引导生态产业实现可持续发展、推动生态产业创新具有重要意义。当前，中国经济进入了经济新常态，人民对美好生活的需求与优质生态环境供给能力不足之间的矛盾日益突出，严峻的生态环境问题成为制约经济增长的瓶颈，如何推动经济、社会以及环境协调发展，成为决策者和研究人员面临的重大命题（王馨康等，2018）。环境政策作为国家保护环境的大政方针，有助于解决经济活动引起的环境负外部性问题（曲格平，1988），进而推动企业与各类组织开发、应用、传播环境友好型技术和产品，是在绿色发展理念背景下对传统产业政策的变革，其本质涉及经济模式、技术条件和制度结构的深刻调整。对生态产业而言，环境政策涉及财政、税收、金融、国土、环保、文化旅游等多个方面，为生态产业进行商业模式创新、实现高质量发展提供了全方位的支持。

1.5.5 绿色创新理论

该理论认为，相比于其他创新，绿色创新是具有低环境影响的创新，这些创新可能是产品、工艺等技术上的创新，也可能是组织、制度和市场等非技术方面的创新，其目标是致力于节约能源、控制污染、减轻环境负担，或向市场提供绿色产品、环保服务，从而提高环境、社会、经济达成多赢局面的可能性。21 世纪初，环境问题日益突出，人们已经开始意识到企业的经营不仅要考虑经济效益，同时还应该兼顾社会效益和生态效益，只有整个社会系统良性循环，企业才有可能实现持续发展。沙区生态产业作为当今社会中与生态环保关系最紧密的产业之一，承担着尤为重要的责任和使命，其绿色驱动商业模式创新也成为时下热点。

1.5.6 可持续发展理论

20 世纪 80 年代，人们提出了可持续发展概念，该概念于 1987 年首次出现在世界环境与发展委员会做出的《我们共同的未来》报告中，即"既满足当代人的需要，又不对后代人满足其需要的能力构成威胁的发展"，得到国际社会的广泛认同。可持续发展理论（sustainable development theory）强调自然界生态环境的承受能力和自然资源是有限的，经济和社会的发展不可能长期超越自然生态环境的承载能力。因此只有建立在生态环境平衡稳定的基础上，即兼顾资源可持续利用与生态良性循环，经济的发展才是可持续的，人类社会也能得以永续发展（图 1-21）。

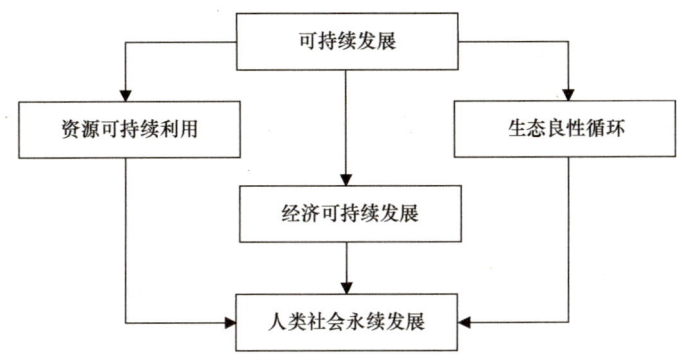

图 1-21 可持续发展理论基本框架

有关学者认为，可持续发展是一种新的人类生存方式，贯彻可持续发展战略必须遵循公平性、持续性和共同性原则（蔡守秋，2002）。公平性原则认为可持续发展是一种机会、利益均等的发展，它既包括同代内区际的均衡发展，即一个地区的发展不应以损害其他地区的发展为代价；也包括代际间的均衡发展，即既满足当代人的需要，又不损害后代的发展能力。持续性原则认为人类经济和社会的发展不能超越资源和环境的承载能力，人类在满足自身发展需求的同时，一定要将当前利益与长远利益有机结合。共同性原则认为实现可持续发展的总目标，需要不同发展模式、不同历史、不同文化的所有国家共同努力，将人类的局部利益与整体利益结合起来，解决全球问题，实现协调发展。

当然，可持续发展也是一种系统性概念，既涉及经济建设和环境保护，又涉及自然科学和社会科学，包含了诸多领域，如环境保护、资源可持续利用、清洁生产、可持续性消费、科技进步、法制建设、公众参与及国际合作等内容。经过长期的发展，可持续发展战略形成了自身的核心理论：资源永续利用理论认为人类社会能否实现可持续取决于人类赖以生存的资源能否持久地延续下去；外部性理论认为人类把一切环境和资源视为可永久免费享用的"公共产品"；财富代际公平分配理论的核心观点是当代人过多地占有和使用了本应属于后代人的财富，尤其是自然财富；三种生产理论则强调人的生产、物质生产和环境生产应当保持协调一致。

一直以来，生态产业被看作兼顾经济效益和绿色发展的新兴绿色产业，其发展是实现经济社会可持续发展的必由之路。而可持续发展理论也将指导生态产业更好地发展。

1.6 沙区生态产业发展的基本原则

沙区生态系统保护与利用应遵循其内在机理与规律，发展沙区生态产业必然存在一些基本原则，以下八个基本原则作为沙区生态产业发展的科学原理（赵吉等，2020），进而为产业的可持续发展提供科学支撑。

1.6.1 生态工程建植配置原则

生态系统是一个复杂的网络系统，生物多样性是生态系统稳定性的基础，充分认识沙区特殊环境，在尊重自然条件的前提下，充分发挥乔木、灌木、草本植物各自的生物生态学特性，营建配置有序且能逐步自然修复的防护植被。对于干旱、半干旱区，应该根据水分条件，倡导低覆盖度疏林或稀疏灌丛种植。降低生态用水量，这一点对于干旱区绿洲的防沙、治沙更加重要。根据地区的特点种植原生沙生植物，推广沙草产业，对保护沙地脆弱的生态系统，并恢复沙地原有的生态服务功能具有促进作用。目前，我国沙区的生产力水平远低于其生产潜力，选用本土经济植物结合低密度合理建植，其生产和生态功能都会得到相应的恢复和提升，为沙区生态产业发展奠定生态基础。

1.6.2　生态网络循环进化原则

生态系统遵循物质循环和能量流动规律,系统中没有一种物质是"废物",都有其去向,同时能量不能被消灭和创生。植物将太阳能转化为化学能,生物与生物之间通过捕食和被捕食等方式在生态系统中传递能量,形成食物链,许多食物链彼此交织进而形成食物网络。生物在食物链、食物网中都有自己特定的生态功能,可划分为生产者、消费者和分解者。在自然生态系统中"一切都是最好的安排",人工合成物如果无节制地作用于生态系统或者随意被丢弃于生态环境中,则往往是多余的,甚至是有害的。

生态产业链应实现工艺流程间的横向耦合与资源要素间的循环共享,化害为利。在沙区构建生态产业链应依据现有产业系统中物质、能量、信息流动的规律以及各企业之间在类别、规模、空间上的匹配关系,进行产品供应、副产品、能量废物等的交换,形成有效的"食物链"和"食物网",以实现物质、能量和信息的交换,不断完善物质循环和网络进化。

1.6.3　生态系统有限耐受原则

生态系统具有整体性、开放性、多样性、稳定性、自组织性、动态性、复杂性和耐受性等特征。生态系统具有自我维持和自我调节功能。但是,生态系统的忍耐是有限度的,一定要遵循其极限规律。如果天灾和人祸的干扰没有超过生态系统的最低耐受程度,即在生态阈值范围之内,生态系统可以通过自身调节恢复到初始状态;当外界干扰超过生态阈值时,生态系统将会出现系统失衡、失控乃至崩溃。生态系统是一个整体,内部各种因素及各子生态系统之间相互联系,具有功能和结构的依赖性。沙区生态系统的管理需要遵从生产与生态功能相兼顾、生态优先的原则,优化沙区生态产业结构。对荒漠化地区进行生态修复和适度利用,生态功能将逐步递增。

1.6.4　水沙资源协调承载原则

生态承载力,特别是水资源承载能力是沙地生态产业发展的基本保障。我国西北干旱、半干旱地区降雨较少,沙、林、草系统各产业发展都有不同程度的水资源需求,发展沙区生态产业以及设施生态农业,合理灌溉、滴灌是其获得水分的主要途径。在沙区引进无土栽培技术,发展智慧农业也是提高水分利用效率的一个新方向。无论如何,采取生态节水措施,提高水分利用效率是关键。此外,为从根本上破解沙区水资源约束瓶颈,在充分论证基础上,假如能够实施"南水北调"西线"黄河增水"工程，以及"东水西输"海水淡化"绿水西输"管道供水等调水工程，必将对我国西北荒漠化地区实现高质量发展起到决定性支撑作用。

1.6.5 光热资源耦合利用原则

科学认识沙地、沙漠、戈壁等荒漠化地区的生态价值与功能，大力发展绿色生态产业，"多采光、少用水、新技术、高效益"，将资源环境优势转变为经济发展动力。我国西北地区资源环境禀赋特征是"地广、光强、风多"，在加强生态保护的基础上，融合发展沙生生物产业和再生能源经济有着巨大潜力。沙产业关键是提高太阳能转化率，提升特色沙生植物资源利用的科技支撑能力，延伸新型沙生野生植物资源产业链，发展沙漠生态经济，并可推动沙化土地的治理。大力发展荒漠再生能源产业，充分利用丰富的风、光、热资源，构建风力发电和光伏发电等优势产业，优化能源空间布局。发展荒漠能源经济，进而实现沙区可持续发展和绿色化发展的良性发展目标。

1.6.6 空间资源关联共享原则

生态系统具有不同的组织层次，不能分割开来、孤立地存在。生态系统中生物各有分工，沿着食物链网传递和流动，体现了生态系统的统一性。生态系统中各种生物之间相互依存、密切相关，同时也相互制衡、此消彼长，维持着整个系统的和谐与稳定。生态系统的各种因素、各个部分在系统相互作用中重新创造价值，其价值在生态系统层次上表现出来。沙区无疑具有广阔空间资源优势，在特定区域构成产业生态系统或复合生态体，可实现生态功能增效和经济价值增益的双赢局面。沙区生态产业健康可持续发展与自然、社会、经济、生活和文化等方面息息相关，仅靠某项单一政策、技术、措施、小规模示范等并不能达到理想状态，需统筹规划、顶层设计和科学管理相结合。

1.6.7 生物资源本土选育原则

在沙区适宜区域种植当地原生沙生植物，如种植梭梭、白刺发展沙草产业，可以保护沙地生态系统，恢复绿色植被。养殖骆驼、獭兔等动物可以发展种-养-加-科-工-贸一体化产业链。在充分认识沙漠地区特殊环境下，对各类植物、动物和微生物的生物生态学特性进行深入、系统的科学研究，诸如提纯寄生植物肉苁蓉、锁阳等的有效成分，形成绿色、有机、野生、高附加值的生态品质产品，挖掘生物医药资源和进行产品开发，对于人们身体保健、人类生存发展都有巨大价值。

1.6.8 生态产业价值共创原则

作为一种新型价值创造模式，基于利益相关者与企业共同创造价值的价值共创（value co-creation），已经成为企业构建战略资本和塑造核心竞争力的全新取向。国内外关于价值共创理论的研究可以归纳为两个分支：一个是基于消费者体验的价值共创理论（Payne et al.，2008），另一个是基于服务主导逻辑的价值共创理论（Vargo and Lusch，2010）。无论哪个分支，根据合作理论，个体与组织之间的合作主要源于对彼此资源的需要，而且只有通过各方合作，相关资源才可能被获取并利用（Shang et al.，2017）。沙区生态产业的发展势必追求满足各方利益相关主体需求的包括生态、经济、社会的综合价值创造。鉴于此，沙区生态企业必须联合消费者、农牧民、合作伙伴、科研院所、政府部门等各方利益相关者，形成利益联结机制，在共同参与价值创造、价值传递、价值分配、价值获得等全过程活动的基础上，展开价值共创。

第 2 章
沙区生态产业资源环境承载力分析

2.1 沙区生态产业发展的资源环境本底要素

2.1.1 土地资源

内蒙古西部沙区主要包括乌兰布和沙漠、库布齐沙漠、巴丹吉林沙漠、腾格里沙漠、巴音温都尔沙漠、毛乌素沙地等，所涉及的盟市主要有五个，分别为包头市、乌海市、鄂尔多斯市、巴彦淖尔市、阿拉善盟。根据2018年内蒙古自治区土地利用现状变更调查数据，内蒙古西部五盟市土地总面积为41.88万km^2。其中未利用地总面积为25.79万km^2，占内蒙古西部五盟市土地总面积的61.58%；草地面积为12.33万km^2，占29.44%；其他土地面积为3.76万km^2，占8.98%。

内蒙古西部沙区地处欧亚大陆架腹地，气候干旱，风力强劲，是我国生态环境脆弱的地区。由于特殊的地理位置和自然条件，加之历史上人为不合理的开发利用，自然环境遭到不同程度的破坏，土地沙漠化、荒漠化、土壤盐渍化、草场退化、水土流失等土地退化问题比较严重，土地生态环境脆弱。近年来，随着治理力度的加大，生态状况初步实现了整体遏制、局部好转。由于自然条件和历史原因，内蒙古西部五盟市耕地面积占五盟市土地总面积的4.25%，牧草地面积占29.78%，建设用地面积占1.27%。全区的林地相对集中分布在山区，广大的牧区、农区及农牧交错区是少林区，反映出内蒙古自治区在土地利用上的单一性及用地结构的不合理性。

2.1.2 水资源

内蒙古西部沙区的河流，除黄河以外，大部分为内流河，主要有乌拉盖河、塔布河、艾不盖河、额济纳河等。额济纳河位于阿拉善高原西部的额济纳旗境内，上游由黑河和临水等河流汇合而成，在额济纳旗阿拉斯特分为东西两河，下游分别注入东、西居延海。河西走廊—阿拉善内流区共有河流585条，湖泊63个，$10km^2$以上湖泊有东居延海、草木次克、呼尔木图、茨湖、吉兰泰盐湖。

依据《内蒙古自治区水资源综合规划》成果可知，内蒙古自治区多年平均自产水资源总量为545.95亿m^3，其中，地表水资源量为406.6亿m^3，地下水资源量为236.22亿m^3，地表水与地下水之间的重复计算量为96.87亿m^3。内蒙古西部五盟市多年平均自产水资源总量为47.27亿m^3，其中地表水资源量为15.71亿m^3，地下水资源量为41.09亿m^3，地表水与地下水之间的重复计算量为9.53亿m^3（表2-1）。

表 2-1 各盟市多年平均水资源量　　　　（单位：亿 m³）

盟市	地表水资源量	地下水资源量	水资源总量
包头市	2.13	6.13	7.26
乌海市	0.12	0.55	0.27
鄂尔多斯市	11.2	20.55	29.23
巴彦淖尔市	1.89	9.15	7.18
阿拉善盟	0.37	4.71	3.33
总计	15.71	41.09	47.27

内蒙古自治区自产水资源可利用总量为 285.02 亿 m³，其中，地表水资源可利用量为 169.95 亿 m³；地下水资源可开采量为 120.69 亿 m³，地表水资源可利用量与地下水资源可开采量之间的重复计算量为 5.62 亿 m³。内蒙古西部五盟市多年平均水资源可利用总量为 31.59 亿 m³，其中，多年平均地表水可利用量为 3.64 亿 m³；多年平均地下水可开采量为 28.09 亿 m³，地表水可利用量与地下水可开采量之间的重复计算量为 0.14 亿 m³（表 2-2）。

表 2-2 各盟市水资源可利用量汇总表　　　（单位：亿 m³）

盟市	多年平均地表水可利用量	多年平均地下水可开采量	多年平均水资源可利用总量
包头市	1.03	5.12	6.14
乌海市	0.01	0.50	0.51
鄂尔多斯市	1.66	12.22	13.89
巴彦淖尔市	0.94	7.21	8.13
阿拉善盟	0.00	3.04	2.92
总计	3.64	28.09	31.59

《国务院办公厅转发国家计委和水电部关于黄河可供水量分配方案报告的通知》（国办发〔1987〕61 号），明确黄河地表水可分配量为 370 亿 m³，其中内蒙古自治区分配水量为 58.6 亿 m³。根据黑河"97"分水方案，内蒙古自治区分配水量为 8 亿 m³，用于改善额济纳绿洲生态环境。内蒙古西部沙区（西部五盟市）自产水资源可利用量为 31.59 亿 m³，黑河分配水量为 8 亿 m³，还有部分黄河分水量。

2.1.3 生态资源

内蒙古西部五盟市生态环境总体良好。依据优先保护、积极治理、合理开发等原则，内蒙古西部五盟市生态环境经过多年的建设，大力保护森林、草原、湿地、沼泽、滩涂、水域等基础性生态用地，加强自然保护区、地质公园保护和建设，积极协调土地利用与生态环境保护的关系，认真组织实施京津风沙源治理、围封转移、天然林保护、"三北"防护林建设、毛乌素沙地治理、黄河中上游及嫩江流域黑土区水土流失治理等国家及自治区重点生态建设工程，使内蒙古西部五盟市的生态环境进入新的发展阶段。但随着经济的快速发展，生态环境保护方面仍存在较多问题。

根据调查及遥感影像分析，内蒙古全区退化草场面积达 21.3 万 km^2。草场退化导致草群变矮、覆盖率下降、不良牧草比重增加，自然生产力下降。生物多样性损害严重，野骆驼、野驴、盘羊、青羊已很少见到；大鸨、蒙古百灵、猛禽也迅速减少。随着沙化的扩大，位于荒漠区的残遗植物，如梭梭、胡杨、裸果木、肉苁蓉等植物生存空间逐渐缩小。另外，水资源匮乏，地区分布不均衡，水生态失衡。内蒙古人均水资源占有量仅为全国平均水平的 1/3，且地区分布不均，尤其是中西部干旱、半干旱地区水资源严重不足。干旱、风沙、洪涝、冰雹、冻融侵蚀、霜冻、雪灾、塌陷等自然灾害和地质灾害时有发生，且种类多、分布广。自然湿地面积较少，随着气候变化，降水减少及人为作用等导致湿地面积萎缩、生态功能下降，湿地生态系统面临威胁，对区域生态环境的调剂功能减弱。

2.2　沙区生态产业发展的水资源约束

2.2.1　内蒙古西部沙区水资源现状及问题分析

1. 内蒙古西部沙区水资源现状

根据土地类型分类发现，内蒙古自治区沙漠与沙地主要集中在西部地区。内蒙古西部沙区主要包括乌兰布和沙漠、库布齐沙漠、巴丹吉林沙漠等，所涉及盟市主要有五个，分别为包头市、乌海市、鄂尔多斯市、巴彦淖尔市、阿拉善盟。由于山脉阻隔，夏季湿润气流无法进入内蒙古西部地区；沙漠之间在风力作用下互相派生，相互影响，导致内蒙古西部地区常年处于干旱或半干旱状态；全球气温不断上升，使沙漠地区蒸发量增多，水资源压力较大。

内蒙古西部沙区供水来源主要分为降水、地表水、地下水。西部沙区降水特点是量少，总量变化趋势不明显，乌海市多年平均降水量在 150 mm 左右，但鄂尔多斯市多年降水量是 220~300 mm，西部沙区降水时空分布不均匀，其平均年降水量远低于全区平均年降水量，属于降水稀少地区。西部沙区地表水资源量多年变化趋势较为平稳，约为 6.3 亿 m^3，占全区地表水资源总量的 3%。西部沙区地下水资源量空间分布不均匀，乌海市多年地下水资源量约为 0.47 亿 m^3，而鄂尔多斯市多年地下水资源量约为 20 亿 m^3。

西部沙区水资源总量空间分布不均匀，从西到东总体呈现增多趋势，其中西部沙区五盟市中乌海市水资源总量最少，鄂尔多斯市水资源总量最多，阿拉善盟、巴彦淖尔市、包头市水资源总量变化比较平均；2013~2016年，西部沙区水资源总量逐年增加，2017年略微减少。

西部沙区五盟市中鄂尔多斯市水资源总量占西部沙区水资源总量比例最大，沙区涉及的其他盟市所占比例均在2%以下，这说明西部沙区水资源处于紧张状态，地表水与地下水资源均不丰富。西部沙区水资源总量占全区水资源总量比例逐年升高，2017年占比比2013年占比高8.7%。

根据用水目的可以将西部沙区的用水主要分为农业用水、工业用水、生活用水与生态用水四大类，其中根据用地类型不同，农业用水又分为农田、林果地、草场、牲畜鱼塘四部分用水。根据《内蒙古自治区水资源公报》（2013~2017年），西部沙区农业用水占比最大，占比年际变化趋势不明显，为70%~80%，生态用水与工业用水年均占比约为10%，由于当地工业用水采取提高回用水利用率、开展特色低耗水产业等有效节水措施，工业用水量与占比逐渐呈现下降趋势，生活用水量无明显变化，占总用水量的3%左右。

从用水现状可以看出，农业用水占总用水量的主要部分，工业用水与生态用水占比较少，生活用水占比最少。由于节水技术提高且节水产业结构优化，农业用水与工业用水占比呈减少趋势。西部沙区水资源可利用量常年低于水资源需求量。

2. 内蒙古西部沙区水资源问题分析

黄河流经内蒙古西部沙区，但利用率偏低。水资源总体时空分布不均，土壤保水能力较差、水资源开发利用成本高等，使目前内蒙古西部沙区水资源主要有以下几方面问题。

1）水资源供需不平衡，总量短缺

内蒙古西部沙区气候干燥，蒸发强盛，降水量少，地表多沙质，很难形成地表径流。供水利用度较高，供水利用率为100%。2013~2017年，西部沙区五盟市缺水率常年在20%~80%，尤其是阿拉善盟、巴彦淖尔市五年缺水率均在65%以上，其可利用水资源不能满足当地用水需求，甚至出现用水缺口，常年呈缺水状态。

2）水环境问题突出，水土流失严重

内蒙古西部沙区常年缺少湿润气流，地表多为松软沙质，黄河为主要径流河，每年挟带大量泥沙入海，"输沙模数"这一概念用来表示河流断面以上单位面积上所输移的泥沙量，根据《内蒙古自治区水资源公报》（2013~2017年），2013~2017

年西部沙区输沙模数总体呈下降趋势，2017 年西部沙区输沙模数最低，为 1680t/km^2，但仍是西部沙区多年平均输沙模数的 3.4 倍。

3）水生态配置不合理，结构待优化

西部沙区水资源用水方式主要是农业用水，约占总用水量的 70%以上，而工业用水与生态用水占 10%左右，生活用水大概占 3%。由于水资源缺口较大，地广人稀，大量水资源用以保障农业用水与工业用水。目前，节水灌溉技术已比较成熟，工业也由多耗水产业逐渐向节水型产业转变，用水结构正在逐渐调整。

2.2.2 水资源承载力相关概念与内涵

1. 水资源承载力相关概念

水资源承载力是一门多学科交叉学科，其产生与发展得益于可持续发展理论与生态学以及其他多种学科的发展，自 1980 年以来，水资源承载力的研究已经取得了长足的进步与发展，但其作为资源承载力的一个重要分支，目前依然没有统一定义。水资源承载力与社会发展、经济状况、生态现状与科技水平等因素密切相关，其定义应基于当前技术与社会经济水平，视角应转向未来技术手段与社会发展规模。

为协调区域水资源所支持的社会、经济和生态环境之间的发展规模，需通过合理开发与优化水资源配置来加强并维护生态良性发展。水资源承载力不仅能反映水资源满足社会经济系统的能力，而且能反映当地水资源开发程度。水资源承载力取决于许多因素，如区域自然条件、水资源总量、技术、社会经济结构、驱动力等。

在国际上，与水资源承载力研究相关的单个项目很少取得突破，仅在可持续发展理论中有过简单考虑。有学者使用"可持续用水""水资源的生态极限""水资源的自然系统极限"等来表达与水资源承载力相近的含义。

我国学者对水资源承载力概念的理解不尽相同：①惠泱河等（2001）认为水资源承载力是某一区域的水资源条件在自然–人工二元模式影响下，以可预见的技术、经济、社会发展水平及水资源的动态变化为依据，以可持续发展为原则，以维护生态环境良性循环发展为条件，经过合理优化配置，对该地区社会经济发展所能提供的最大支撑能力；②何希吾（2000）认为水资源承载力是一个区域内在不同阶段的社会经济和技术条件下，在水资源合理开发利用的前提下，当地水资源能够维系和支撑的人口、经济和环境规模总量；③许有鹏（1993）认为水资源承载力是在一定的技术经济水平和社会生产条件下，水资源可最大限度供给工农业生产、人民生活和生态环境保护等用水的能力，也就是水资源最大开发容量；

④夏军和朱一中（2002）认为水资源承载力是在一定水资源开发利用阶段，满足生态需水的可利用水量能够维系该地区人口、资源与环境优先发展目标的最大的社会–经济规模；⑤Jia 等（2018）认为水资源承载力在数量上代表水资源的供给能力，是水环境承载力的支撑基础；⑥Mourad 和 Alshihabi（2015）认为水资源承载力是通过合理配置，在遵循可持续发展原则下，确保良好的生态环境、人口、农业、工业和其他工业发展规模的水资源量。

归纳起来，水资源承载力概念主要强调三个方面：一是综合水量承载力；二是水资源可承载人口数；三是水资源可承载的社会经济发展规模。根据研究侧重点不同，可将众学者对水资源承载力的理解大致分为两类：一类是水资源的可持续发展能力理论，认为水资源承载力是维持一个社会良好生活水平的能力，以惠泱河、何希吾、许有鹏等学者为代表；另一类是水资源开发规模理论或容量理论，认为它是度量一个区域社会经济发展和人类活动能力受水资源制约的一个阈值，以夏军、Z.Jia 和 K.A. Mourad 等学者为代表。这些观点的差异大多是因为研究者所研究地区自然环境与研究目标不同。

水资源承载力具有自然与社会属性，涉及因素众多，包括但不限于人口、可得性资源、环境、生态、社会、经济与技术。这些因素既是因果关系又是制约关系，既是积极反馈又是消极反馈。其中一些重要指标（如人口水平、供水能力、绿化面积等）较依赖经济政策、发展速度等政策因素。

信息技术与科学技术的进步给水资源承载力研究提供了新方法与思路，尤其是地理信息系统、遥感等技术应用，使数据获取、定量评价都更加可靠，水资源承载力的概念也将日渐完善与统一。

2. 沙区水资源承载力的内涵

一般来说，水资源承载力的讨论背离可持续发展战略框架或背离社会可持续发展模式是没有意义的。水资源与其他资源相比具有的特征有可再生性、可循环性、分散性、不确定性。它受自然因素、社会经济地位、国家政策（包括水资源政策）控制水平与社会协调增长机制等诸多方面的影响与制约。

与生态环境条件良好的生态区相比，生态环境条件脆弱的干旱区与半干旱区在相同的水资源条件下，生态需水量较高，可用于社会经济发展的水资源量相对较少，区域水资源承载力往往较低。

各专家学者在水资源研究过程中发现，任何水体，包括河流、湖泊和地下水提供的水资源都有一个阈值。水资源被认为是经济和农业发展以及维持区域内生态平衡不可或缺的部分，若产业发展超出水资源承载阈值，产业将不能发展到预期规模，也很难收到预期经济效益，并且还会破坏当地水资源平衡，使生态条件进入恶化周期。

若研究区靠近河流或水源充沛位置，一般气候湿润，降水较多，蒸发偏少，则水资源供给一般与降水和径流调节分配有关。但干旱区与半干旱区水资源系统的特点是干旱严重，水资源利用程度极高，生态环境条件严峻。根据研究区不同，干旱区与半干旱区水资源承载力主要分为三类，分别是城市、区域与流域，流域部分多以内陆河流域为主要研究对象，这类研究区降水较少，蒸发量大，供水主要依靠径流或引水调节，居民用水与经济发展很依赖水资源储量，同时受地下水资源量与降水量影响较大，2000年以来，我国大部分干旱区水资源状况被评价适应性差、脆弱性高或严重，其生态环境特殊性明显，生态环境与水资源承载力之间的响应关系会是未来干旱区和半干旱区水资源承载力研究的重要部分。干旱区与半干旱区水资源利用需采取"据供定需"模式，应根据可利用水资源总量确定发展模式与规模，而不是直接根据发展模式确定需水量。

明确沙区水资源承载力的概念对评价起着至关重要的作用，是建立评价指标体系与评价内容的基础。沙区水资源承载力是指在水资源合理开发利用的前提下，在国家政策允许范围内，在可持续发展目标下，依托当前科学技术水平，发展沙产业的地区可利用水资源总量所能支撑的最大的产业发展规模的能力。

2.3　沙区水资源承载力评价方法

2.3.1　常用的水资源承载力评价方法

1. 生态足迹法

生态足迹法是资源环境承载力评价方法中最常用的方法之一。生态足迹法是1992年由William E. Rees和Mathis Wackernagel提出的一种承载力评价方法，将承载力定义为"可以无限期持续的资源收集和废物产生的最大极限，而不会逐渐损害相关生态系统的生产力和功能完整性"（Rees，1996）。1997年，Mathis对生态足迹理论进行补充，将其引入水资源研究范畴，提出"水生态足迹"概念。Collins与Flynn（2007）指出，足迹分析是一种对特定范围的人口或经济发展规模的消费资源水平或消纳废弃物吸收水平进行度量的方法。

水足迹是指在一定物质生活水平下，一定数量人口（个人、城市或国家）生产产品和服务所消耗的水资源量。对于某个区域来说，水资源生态足迹主要表现在三个方面：①生活用水，主要是某个区域人类在生活中所消耗的水资源量；②生产用水，包括农业、工业、林业、畜牧业等在生产过程中消耗的水资源量；③生态环境用水，是区域维持自身自然环境消耗的水资源量。水生态足迹将足迹面积用作衡量水资源可持续的综合指标。

水生态足迹主要包括水产品足迹、水资源生态足迹、水环境生态足迹。其中每类账户中也包括水生态足迹、水生态承载力以及水生态盈亏。水生态足迹延伸出的万元 GDP 水生态足迹与人均水生态足迹概念都被用以衡量水资源是否可持续发展。万元 GDP 水生态足迹越小，表示水资源被利用率越高（于航和何俊仕，2017）；人均水生态足迹是反映人类对水资源的消耗足迹，人均水生态足迹越低，表示人类对水资源的消耗量越小。

水生态足迹法在国内外应用广泛。Hoekstra 和 Chapagain（2006）计算了 1997~2001 年世界各国水生态足迹，结果表明美国平均水生态足迹为中国平均水生态足迹的 3 倍，是全球平均水生态足迹的 2 倍。Mwambo（2015）在 2015 年使用生态足迹法预测丹麦 2050 年前逐步淘汰化石燃料后生态承载力的变化情况，结果表明 1988~2008 年，生态足迹不断增加，2050 年生态足迹将会远低于 2013 年，使用可再生能源代替化石燃料有助于缓解丹麦的生态环境压力。Chun 和 Jim（2016）利用水生态足迹法分析水资源直接与间接用水量，主要研究首尔用水现状及相关水政策，了解水生态足迹概念的潜在适用性，研究表明利用水生态足迹概念来补充当前以供水控制为重点的用水管理的局限性具有潜在价值。

在国内，1998 年吴志峰等（2006）应用生态足迹理论与方法，采用水资源与水产品消耗统计数据，对广州市 1949~1998 年水生态足迹变化进行时间序列建模分析，模拟广州市 1999~2003 年人均水生态足迹状况。2007 年邢清枝等（2009）应用水生态足迹法，对陕北地区 1997~2006 年水资源承载力与水生态足迹进行核算，结果表明 10 年间，陕北地区水生态赤字增加近 2 倍，这对于该地区社会经济可持续发展造成很大威胁。刘子刚和郑瑜（2011）以浙江省湖州市为例建立水生态足迹模型，计算湖州市 2000~2007 年水生态足迹与水生态承载力，结果显示当地水资源承载力为可承载状态。2015 年孙才志和张智雄（2017）运用水生态足迹法对水资源进行流量资本与存量资本区分，测算分析中国多个省份 1997~2014 年水生态足迹广度与深度，结果表明水生态足迹广度与深度均存在明显的空间集聚现象，为水生态足迹分析提供新的研究思路。

采用生态足迹法计算水资源生态足迹的原理易理解，可以对其进行定量评价，但不能明确指出具体使生态系统超载的因素，在计算水资源承载力方面，需要将相关指标转化成水资源数据来进行间接计算，结果与实际存在一定偏差。目前，除了计算生态足迹或水生态足迹外，许多科研工作者提出一些改进生态足迹法的思路，包括只计算除 CO_2 以外的温室气体生态足迹法、从生态足迹中去除碳足迹的生态足迹法以及能值生态足迹法等（Marcelo et al.，2005；Walsh et al.，2009）。

2. 系统动力学法

系统动力（system dynamics，SD）学是 1956 年由美国教授 J.W.Forrester 创建

的一种综合、复杂的计算机实验系统。将研究问题设定成高度复杂、相互关联的系统，基于系统结构导致系统行为的理念，通过计算机仿真技术，整合定性和定量分析，更好地掌握整个系统的反馈关系。系统动力学研究思路主要是，确定研究问题，描述整个系统，将整个系统分成几个必需子系统，选用一定数量的决策变量，通过设定各种方案，考虑各个子系统之间的相互关系，通过系统模拟出不同结果，得出水资源承载力状况，将各种方案结果对比，可以得出研究区水资源承载力动态变化情况。

我国有许多科研工作者使用系统动力学模型来计算水资源承载力。2009年，冯绍元等（2009）通过系统动力学模型建立了8个子系统，分析了石羊河流域各个方案供需水量关系，并计算了规划年研究区水资源可承载的生态规模。Zhang等（2014）采用系统动力学模型与层次分析（analytic hierarchy process，AHP）法相结合的方法，建立区域水生态承载力评价指标体系与系统动力学仿真模型，对比不同规划方案，模拟与评价四平地区2008~2020年发展趋势，为四平地区社会经济与水生态环境协调发展提供科学依据。Wang 等（2014）使用系统动力学、ANN 与 CA-Markov 对水生态系统进行建模，内容涉及社会成分、水资源与水环境容量，讨论不同政策下不同国家造成水生态承载力状态差异的原因。杨明杰等（2018）利用系统动力学模型定量模拟玛纳斯河灌区水资源供需状况，在分析影响因子的基础上，提出六种模拟方案，对玛纳斯河灌区未来水资源供需平衡状况进行分析，结果表明只有治污与节水相结合的管理措施，才能从根本上解决研究区水资源供需不平衡状况。

系统动力学方法通过定性与定量相结合，不仅可以解决参数选择困难的问题，还可以动态预测研究区水资源承载力情况，对多种水资源规划方案结果进行比较，得到客观的水资源承载力结果。使用系统动力学方法建模时，对研究者科研水平有较高要求，建模方式与所选的评价指标受研究者主观局限性，系统参数变量选取存在偏差。

3. 模糊综合评价法

模糊综合评价法是一种由我国学者汪培庄构建的基于模糊数学原理对多因素、多层次的复杂问题进行综合评价的方法。模糊综合评价法通过构建评价对象与反映评价对象之间关系的模糊集合，构造合适的隶属度函数，经过模型运算得出评价对象分级结果，依据分级情况进行评价。适合对难以定量描述的、复杂的对象进行分析，得到的模糊向量作为结果，同时设定评判等级，根据计算结果所在区间得到最终评价等级。

罗军刚等（2008）将熵值理论与模糊综合评价模型相结合，建立区域水资源短缺风险评价指标体系，解决了主观指标赋权的难题，使指标赋权过程客观、有依据。陈守煜和王子茹（2011）基于对立统一与质量互变定理，改进了水资源模糊评价方法。Gao 等（2012）根据合肥市水资源状况、社会经济发展水平和经济结构特点构建评价指标体系，运用模糊综合评价方法对合肥市水资源承载力进行评价。

模糊综合评价法可以对评价过程中产生的因素过多、评价标准模糊等问题通过隶属度函数进行定量评价，应用范围广泛。在评价过程中，需主观赋权、主观分设等级，较依赖于研究者的经验，且不同的研究者对指标权重赋值不同，结果评价会存在一定偏差。

4. 供需平衡法

水资源承载力主要受供水和需水两方面影响，因此夏军等提出供需平衡法，根据供水量与需水量来计算水资源平衡程度，需引入水资源平衡指数（index of water supply and demand，IWSD），用来表示水资源承载力的情况：

$$\text{IWSD} = 1 - W_D/W_S \tag{2-1}$$

式中，IWSD 为水资源平衡指数；W_D 为研究区水资源需求总量；W_S 为研究区可用水资源总量：

$$W_D = W_P + W_I + W_A + W_E \tag{2-2}$$

一般来说，水资源需求总量（W_D）包括生活用水（W_P）、工业用水（W_I）、农业用水（W_A）与环境用水（W_E）。

$$W_S = W_L + \partial \cdot W_G + W_T \tag{2-3}$$

可用水资源总量（W_S）包括地表水资源（W_L）、地下水资源（W_G）和跨流域引调水（W_T），其中地下水资源需要考虑地下水开采率。

由式（2-1）可知，当 IWSD 小于 0 时，可用水资源不能承载和支撑经济社会环境发展，水资源处于不可承载状态；当 IWSD 等于 0 时，可用水资源恰好能够承载经济社会环境发展，水资源处于弱承载状态；当 IWSD 大于 0 时，可用水资源能承载经济社会环境发展，水资源处于可承载状态。

曲耀光和樊胜岳（2000）基于供需平衡法对黑河中游水资源承载力进行分析，结果表明，当地水资源情况可承载当地社会经济发展 50 年。2011 年，Song 等（2011）通过供需平衡法对天津市水资源承载力指数（CI）与 IWSD 进行评价，采用相关资源承载力法（carrying capacity of related resources，CCRR）对天津市水资源承载力指数及其动态趋势进行评价。

供需平衡法具有数据易获取、原理易理解与评价方式简便等优点，可通过需水量与供水量平衡计算，得到剩余量或缺水量，通过详细分析供水途径与需水途径，能够明确用水结构，提出针对性建议，更加准确、详细地进一步分析论证并做出规划方案，其指标中包含的生态需水量估算模型不同、部分参数数据难确定，因此是需要侧重考虑的方面。

2.3.2 乌兰布和沙漠生态沙产业区水资源供需平衡

1. 可供水量计算

1）年降水量（W_p）

研究区位于乌兰布和沙漠黄河西岸部分，属于气候干旱区，降水极少。研究区内不设气象站点，因此多年平均降水量由国家气象科学数据中心磴口站与乌海站 2006~2016 年降水量平均数据计算得到，磴口气象站与乌海气象站位于乌兰布和沙漠东缘，是距离研究区最近的两个气象站点，因此数据有较高的参照性。

研究区年降水量计算公式如下：

$$W_p = W_{p'} \cdot S' \tag{2-4}$$

式中，W_p 为年降水量（m³）；$W_{p'}$ 为气象站点多年平均降水量（mm）；S' 为规划年园区面积（m²）。

2）年引黄河水量（W_y）

研究区主要可利用的地表水资源是黄河水，相关资料显示，2020 年引用黄河水的主要方式是通过乌兰素海扬水泵站与老崖滩扬水泵站进行引用，其中乌兰素海扬水泵站每年可取黄河水量 0.5 亿 m³，老崖滩扬水泵站每年可取黄河水量 0.4 亿 m³，2020 年研究区引用黄河水量共 0.9 亿 m³；2030 年研究区引用黄河水增加磴口分洪区水库途径，年供水总量为 2.3 亿 m³。

3）地下水可用水资源量（W_g）

研究区地下水补给量主要来源为黄河侧向渗入补给及地表降水入渗。地下水可用资源量与地下水资源总量、地下水开采系数有关。相关资料显示，沿河每千米可产地下水 1 万 m³/d，2020 年研究区沿河长 60km，2030 年研究区沿河长 85km，计算可知 2020 年地下水资源总量为 2.19 亿 m³，2030 年约为 3.1 亿 m³，另外参考李清河等在乌兰布和沙漠东北部绿洲灌区研究结果，结合其他多名学者研究的地下水开采系数结果，认为研究区地下水开采系数采用 0.9（李清河等，2005；彭飞等，2017）。其地下水可用资源量计算公式为

$$W_g = \partial \cdot W_g' \tag{2-5}$$

式中，W_g 为地下水可用水资源量（m³）；W_g' 为地下水资源总量（m³）；∂ 为地下水开采系数。

4)可供水量(W_s)

可供水量是指在不同规划水平年、不同保证率或不同频率考虑产业需水要求,研究区能够提供的可供水资源量:

$$W_s = W_y + W_p + W_g \tag{2-6}$$

式中,W_s 为可供水量(m^3);W_y 为年引黄河水量(m^3);W_p 为年降水量(m^3);W_g 为地下水可用水资源量(m^3)。

2. 需水量计算

1)产业需水量(W_a)

研究区生态沙产业重点发展节水农业、科技沙草产业、葡萄产业与生态养殖产业,生态养殖产业配有特色农畜产品精深加工集聚区。各类产业根据经济效益与作物特点,规划种植面积与规划用水定额均各有不同。结合产业分布情况,根据不同产业用水定额,采用分类加和法,得到研究区产业总需水量。

2)生态需水量(W_e)

生态需水量是反映生态系统安全的阈值。目前生态需水量没有统一概念,但大多数学者认为维持现有生态系统功能,遏制其不再继续退化的最小需水量为区域生态需水量。

常用生态需水量估算方法主要包括:①面积定额法。此方法适用于计算基础条件较好区域的植被生态需水量。②潜水蒸发法。此方法适用于计算干旱区依赖地下水生存的植被生态需水量,其原理是,地表土壤蒸发和植物蒸腾所有消耗的土壤水分中来自潜水的蒸发量,土壤水分因蒸散发而不断减少,而潜水通过毛管又不断加以补充,使地下水位下降,在一定时段内,地下水所失去的水量就是该时段的潜水蒸发量。在该地区植被实际蒸散是由潜水向上形成土壤水供给的,而影响植物生长的土壤水分状况取决于潜水蒸发量的大小,可以通过计算潜水蒸发量来间接估算植被生态需水量。③水量平衡法。此方法适用于计算大尺度区域植被生态需水量。④基于 RS 与 GIS 计算方法。此方法适用于长时段尺度植被生态需水量。目前,计算植被生态需水量的常用方法为面积定额法及潜水蒸发法。研究区属于干旱区,植被生长依赖地下水,因此采用潜水蒸发法估算生态需水量,即用某一植被类型在某一潜水位的面积乘以该潜水位下的潜水蒸发量与植被系数,得到该面积下该植被生态需水量,各种植被生态需水量之和即区域植被生态需水总量。计算公式为

$$W = \sum A_i \cdot W_{gi} \cdot K_c \tag{2-7}$$

$$W_{gi} = a \cdot (1 - h_i / h_{\max})^b \cdot E_{20} \tag{2-8}$$

式中，W 为区域植被生态需水总量（m³）；A_i 为第 i 类型植被的面积（m²）；W_{gi} 为第 i 类型植被在某一地下水位的潜水蒸发量（mm）；K_c 为植被系数；a、b 为经验系数；h_i 为第 i 类型植被的地下水埋深(mm)；$h_{\max}$ 为地下水蒸发的极限深度(mm)；E_{20} 为 20cm 小型蒸发皿水面蒸发量（mm）。

计算采用胡顺军等提出的不同埋深时的植物植被系数 K_c，以及经验系数 a、b 的值，即 0.62、3.2；$h_{\max}$ 为地下水蒸发的极限深度，在干旱区有植被盖度的区域以 5 m 为限，若极限地下水深大于其深度，其潜水蒸发量可近似为 0，这也是目前水文地质计算中普遍采用的值，因此取 $h_{\max}$ 为 5 m；20cm 小型蒸发皿水面蒸发量取磴口气象站与乌海气象站 2006~2016 年小型蒸发皿平均数据计算得到，其值为 3100 mm；h_i 为第 i 类型植被的地下水埋深，其值位于潜水既不发生强烈的蒸发，又不完全不发生蒸发之间，参考李清河等（2005）对乌兰布和沙漠东北部天然植被动态以及生态用水量的研究以及其他多名研究者研究的荒漠植被的地下水埋深数据：科技沙草地下水埋深一般为 3~4 m；沙地葡萄种植地下水埋深为 1 m 左右；节水农业中甘草种植地下水埋深一般为 1~2 m。不同潜水埋深的植被系数见表 2-3。

表 2-3　不同潜水埋深的植被系数

潜水埋深/m	植被系数
1.0	1.98
1.5	1.63
2.0	1.56
2.5	1.45
3.0	1.38
3.5	1.29
4.0	1.00

数据来源：周丹等（2015）。

3）生活用水量（W_l）

生活用水量预测一方面考虑随着社会进步与发展，城乡居民生活条件逐渐得到改善，用水标准不断提高；另一方面考虑干旱区与半干旱区随着节水水平提高与需水管理完善，用水定额增长趋势将逐步变缓。研究区人均用水参照《城市给水工程规划规范》（GB 50282-2016）及《室外给水设计规范》，并考虑研究区规划年内将发展生态旅游，人口数会增多，因此选取人均综合生活用水定额为 150L/（人·d）。人口数根据研究区社会经济发展规划进行预测。2020 年研究区人口大约为 4 万人，2030 年人口扩充至 10 万人，管网漏失率按照用水总量的 12%考虑。

$$W_l = P \cdot W_l' + \ell \cdot P \cdot W_l' \qquad (2\text{-}9)$$

式中，W_l 为生活用水量（m³）；P 为研究区规划人口数（人）；W_l' 为人均综合生活用水定额[L/（人·d）]；ℓ 为管网漏失率（%）。

4）年蒸发量（W_m）

研究区年蒸发量主要包括土壤蒸发量与植物蒸腾量。美国宇航局（NASA）研制的中分辨率成像光谱仪（moderate-resolution imaging spectroradiometer，MODIS）目前是研究区域尺度与全球地表覆盖变化过程有利的信息获取仪器。MODISA16 的蒸发蒸腾数据包括全球陆地植植物蒸腾与土壤蒸发数据。本书选取 NASA 的 MODIS 接收存档的 2000~2013 年多年平均 Terra 卫星接收的 MODISA16 的蒸发蒸腾数据来表示研究区 2020 年与 2030 年的蒸发量。

5）研究区需水总量（W_d）

$$W_d = W_a + W_e + W_l + W_m \qquad (2\text{-}10)$$

式中，W_d 为研究区需水总量（m³）；W_a 为产业需水量（m³）；W_e 为生态需水量（m³）；W_l 为生活用水量（m³）；W_m 为年蒸发量（m³）。

3. 水资源承载力平衡指数（IWSD）计算

$$IWSD = 1 - W_d / W_s \qquad (2\text{-}11)$$

式中，IWSD 为水资源承载力平衡指数；W_d 为研究区需水总量（m³）；W_s 为可供水量（m³）。

采用供需平衡法判断水资源承载力的依据为：当 IWSD＞0 时，水资源系统可承载；IWSD=0 时，水资源系统弱承载；IWSD＜0 时，水资源系统不可承载。

水资源承载力供需平衡指标如图 2-1 所示。

4. 水资源能承载的主要沙产业植物的种植面积

本书所计算主要产业的水资源能承载的种植面积阈值是指在规划年的水资源状况下，所选择评价的葡萄种植业、科技沙草产业（包括肉苁蓉种植、锁阳种植、沙柳种植）、甘草种植业能够种植的最大面积，表现了研究区水资源对于主要类型沙产业的最大承载能力，主要依据研究区的水资源平衡剩余量与主要类型产业每亩不同的耗水量进行计算，其公式如下：

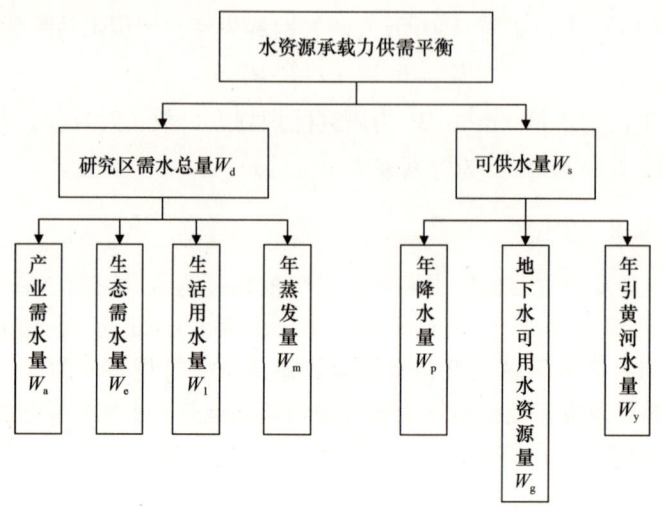

图 2-1 水资源承载力供需平衡指标

$$S_i = S_p + \frac{W_s - W_d}{W_p} \quad (2-12)$$

式中，S_i 为规划水量所能承载第 i 类主要类型沙产业的最大种植面积（万亩）；S_p 为规划产业面积（万亩）；W_s 为研究区可供水量（m³）；W_d 为研究区需水总量（m³）；W_p 为各产业规划每亩用水量[m³/(亩·a)]。

2.4 乌兰布和沙漠生态沙产业示范区水资源承载力评价

2.4.1 评价产业的选择

乌兰布和沙漠生态沙产业示范区发展的产业体系包括生态沙产业、新能源产业、生物技术产业、环境保护产业、高技术服务业、现代物流产业和沙漠旅游产业七大产业门类，选择生态沙产业、新能源产业、生物技术产业、环境保护产业为四大重点发展产业；配套发展高技术服务业、现代物流产业、沙漠旅游产业三大现代服务业。

生态沙产业是第一产业、第二产业、第三产业交叉结合而成的产业体系，经营方式多种多样，主要围绕沙漠特色生物开展。乌兰布和沙漠生态沙产业以沙区特种资源综合开发与利用为主导趋势，并积极探究节水灌溉技术，满足产业用水需求。

乌兰布和沙漠生态沙产业示范区生态沙产业重点发展节水农业、科技沙草产业、葡萄产业与生态养殖四类。围绕该区中养殖品种（葡萄、沙草、奶牛等）开展研究,逐步建立技术新体系、培育新品种。其中,围绕甘草种植、饲草种植等大力发展沙漠节水农业,利用沙荒地发展甘草、牧草人工种植基地;围绕沙生中药材、林板一体化等大力发展科技沙草产业;以人工梭梭林和白刺种植为基础,发展肉苁蓉人工种植基地与锁阳人工种植基地;以金沙堡地生态旅游区为龙头,加快建设葡萄种植基地;以优质奶牛、骆驼、黄河渔业等为重点发展沙漠特色生态养殖。

本节基于与实际相结合和数据可获得性原则,选择具有代表性的葡萄产业、科技沙草产业、节水农业三种生态沙产业,其中科技沙草产业包括肉苁蓉种植产业、锁阳种植产业、沙柳种植产业,节水农业则以甘草种植产业为代表(图 2-2)。

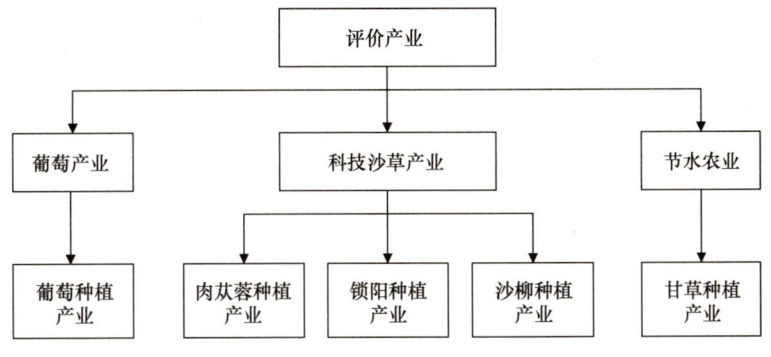

图 2-2 评价沙产业选择图

2.4.2 乌兰布和沙漠概况

1. 地理位置

乌兰布和沙漠生态沙产业示范区位于黄河沿岸西侧,属于乌兰布和沙漠综合治理区,位于乌兰布和沙漠东缘、阿拉善左旗黄河西岸巴彦木仁苏木境内,东部隔黄河与乌海市相邻,南部与阿拉善盟乌斯太经济开发区相接,北部与巴彦淖尔市磴口县交界处锁营子相连。由南至北长 81 km,由东向西宽 8~12 km,地理坐标为 106.56°E~106.86°E,39.67°N~40.23°N,总体面积大约为 1000km^2,基本为未利用的沙漠土地。

黄河西岸乌兰布和沙漠主要地貌类型属于内陆高平原,海拔为 1000~1250 m,南部地区海拔高于北部地区,主要含有新月形沙丘以及半月形沙丘,沙丘高度为 5~50 m,多为流动性沙丘,极少部分为半固定沙地或固定沙地。

2. 气候条件

乌兰布和沙漠生态沙产业示范区气候主要属于典型温带大陆性气候,主要特点是干旱、高温、多风。该区主要天气灾害来自大风与沙尘暴，西北风是当地主要灾害风，每年一、二季度多为东南方向风，三、四季度多为西北方向风，长年受风沙侵害，沙丘分布广、植被稀疏、自然条件差。当地大多为晴朗天气，大气辐射度强，全年日照时数较长，通常在2950~4500h，光热资源是当地丰富的自然资源之一，这种资源特点给当地特色种植业发展带来极大优势，该区也适合发展特色清洁能源类产业。由于受黄河流域小气候带的影响，从东部到西部降水量逐渐减少，年蒸发量则与年降水量变化趋势相反，气温逐渐升高，年平均气温为8~9℃，年平均无霜期约为160d。

3. 水文地质

研究区蒸发强盛，降水量少，地表多沙质，地表处难以形成径流。黄河水是研究区主要地表水源，自南向北从高新区东缘流过，黄河水是该地区从事农、牧、林业生产最有价值的水资源。黄河海勃湾水利枢纽工程以及磴口分洪区水资源通过侧渗补给，为黄河西岸乌兰布和沙漠发展生态沙产业提供部分地下水资源量。该区地下水资源相对于周边地区较为丰富，地下水埋深一般为30~50m，目前该区现有牧业井30多口，最大单井涌水量为100 m^3/h，地下水水质较好，由东向西水位逐渐加深，矿化度逐渐增大。

该区土壤类型主要为五种，分别为风沙土、棕漠土、龟裂土、原始沼泽土、草甸土。南部、中部与北部为高密度与中密度植被覆盖区，低密度植被覆盖区主要位于中南部。

2.4.3 评价结果

1. 2020年乌兰布和沙漠生态沙产业示范区水资源承载力评价

关于2020年乌兰布和沙漠生态沙产业示范区水资源承载力状况的研究，根据各需水量与供水量指标数据计算得到2020年该区水资源供需平衡表（表2-4），并通过水资源平衡剩余量与所选择五类沙产业规划每亩用水量，计算出其2020年水资源可承载的最大种植规模（表2-5）。

表2-4 2020年乌兰布和沙漠生态沙产业示范区水资源供需平衡表

需水量/$10^6 m^3$					供水量/$10^6 m^3$				IWSD
产业需水量	生态需水量	年蒸发量	生活用水量	合计	地下水可用水资源量	年引黄河水量	年降水量	合计	
57.22	138.8	148	2.453	346.473	197.1	90	60.1	347.2	0.002

表 2-5　2020 年乌兰布和沙漠生态沙产业示范区主要沙产业水资源
供需平衡剩余量与可承载最大种植面积表

产业名称	水资源供需平衡剩余量/$10^4\,\text{m}^3$	水资源可承载最大种植面积/万亩
葡萄种植产业	3.41	3.02
肉苁蓉种植产业	6.83	6.17
锁阳种植产业	6.83	6.17
沙柳种植产业	5.69	5.14
甘草种植产业	5.69	5.02

分析表 2-4、表 2-5 与图 2-3 可知，2020 年乌兰布和沙漠生态沙产业示范区水资源主要来源于地下水与引用黄河水量，其中，地下水可用水资源量占比 56.77%，年引黄河水量占比 25.92%，年降水量占比 17.31%。IWSD 为 0.002，处于可承载状态，在选择评价的五类主要沙产业中，水资源可承载最大种植面积分别为：葡萄 3.02 万亩，肉苁蓉与锁阳分别为 6.17 万亩，沙柳为 5.14 万亩，甘草为 5.02 万亩。

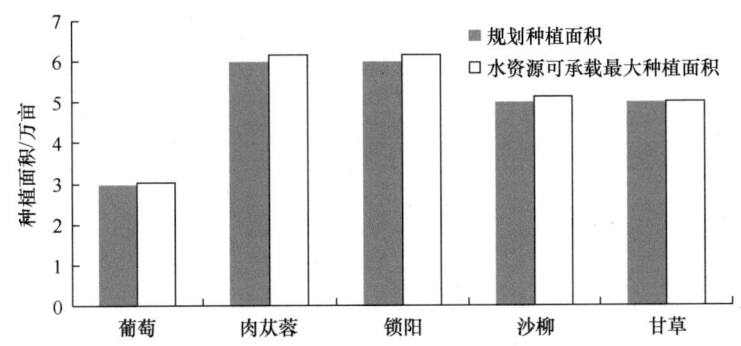

图 2-3　2020 年乌兰布和沙漠生态沙产业示范区主要沙产业规划种植面积与水资源
可承载最大种植面积对比图

乌兰布和沙漠生态沙产业示范区属于干旱自然环境，与蒸发量相比，降水量极少，沙产业主要水源是地下水与以灌溉形式所引用的黄河水，且研究区土壤类型、沙丘类型多样，根据各自产业发展特点所能够选择利用的土地类型有限。区域对于当地水资源治理与保护的响应政策也影响当地水资源承载力。尽管水资源承载力可以承载该区产业发展，但再开发潜力有限。在沙产业发展过程中应当积极采用高新农业节水灌溉技术，因地制宜，统筹安排；生产用水做到使用过程中节约用水，利用先进工艺提高水的重复使用效率；积极利用高新技术开发利用低品质水源，节约使用高品质饮用水源。

2. 2030 年乌兰布和沙漠生态沙产业示范区水资源承载力评价

对 2030 年乌兰布和沙漠生态沙产业示范区水资源承载力状况进行计算，并根据需水量与供水量指标数据的计算,得到 2030 年该区水资源供需平衡表(表 2-6),通过水资源平衡剩余量与选择评价的五类沙产业规划每亩用水量,计算出其 2030 年水资源可承载的最大种植规模(表 2-7)。

分析表 2-7、表 2-8 与图 2-4 可知,2030 年乌兰布和沙漠生态沙产业示范区水资源主要来源于地下水与引用黄河水,其中地下水可用水资源量占比 42.55%,年引黄河水量占比 35.08%,年降水量占比 22.37%。IWSD 为 0.0005,处于可承载状态。在选择评价的五类主要沙产业中,水资源可承载最大种植面积分别为:葡萄 13.02 万亩,肉苁蓉与锁阳种植业分别为 16.10 万亩,沙柳为 8.05 万亩,甘草为 8.01 万亩。

表 2-6 2030 年乌兰布和沙漠生态沙产业示范区水资源供需平衡表

需水量/$10^8 m^3$					供水量/$10^8 m^3$				IWSD
产业需水量	生态需水量	年蒸发量	生活用水量	合计	地下水可用水资源量	年引黄河水量	年降水量	合计	
1.472	3.2	1.82	0.0613	6.5533	2.79	2.3	1.467	6.557	0.0005

表 2-7 2030 年乌兰布和沙漠生态沙产业示范区主要沙产业水资源供需平衡剩余量与可承载最大种植面积表

产业名称	水资源供需平衡剩余量/$10^4 m^3$	水资源可承载最大种植面积/万亩
葡萄种植产业	3.14	13.02
肉苁蓉种植产业	3.86	16.10
锁阳种植产业	3.86	16.10
沙柳种植产业	1.93	8.05
甘草种植产业	1.93	8.01

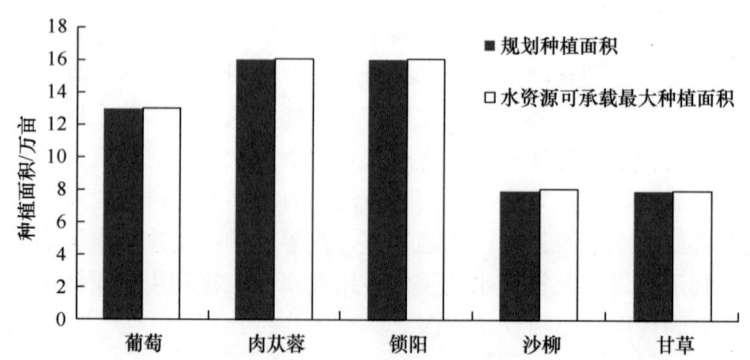

图 2-4 2030 年乌兰布和沙漠生态沙产业示范区主要沙产业规划种植面积与水资源可承载最大种植面积对比图

各类沙产业因需水量不同,水资源可承载最大种植面积也不同,因此要根据产业规划面积与产业耗水量等特点合理配置水资源。2030 年水资源承载状态比 2020 年弱,这主要是因为 2030 年研究区产业面积与类型都大范围扩展,水资源来源有限,造成水资源利用状况紧张,但该区 2030 年会增加磴口分洪区的水源,使水资源供给能保障产业发展。随着科学技术的进步,2030 年节水、调水与蓄水等技术都会有更大的突破与进展,农业节水灌溉的效率有所提升,节水方式有所增加,届时能缓解该区用水紧张的状况,水资源承载力也会发生变化。

第 3 章

沙区生态产业技术发展评价

沙产业是立足于生态建设，以高新技术推动沙区生态、社会、经济可持续发展为目标，以沙漠资源高效开发利用以及沙漠治理为基础的第一、第二、第三产业，包括沙漠生态农业、工业、旅游业等。可以说，沙产业是一个跨学科、跨地区、跨行业并与其他产业相互交叉的产业，反映了资源、环境和经济协调发展的可持续发展。伴随着沙区生态产业技术的不断革新，目前沙产业已经发展为以"多采光、少用水、新技术、高效益"为产业技术指导，结合利用温室大棚等各种技术，在沙漠戈壁建立的一种充分发挥阳光优势发展沙区经济的产业模式。沙区生态产业技术的不断发展为实现沙漠增绿、草场增值、农牧民增收、企业增效的良性循环目标指明了方向。本节主要依据国外沙区生态产业技术的发展与成就以及我国沙区生态产业技术发展与成就，从沙区生态产业技术发展水平测度与适用性评价及沙区生态产业技术发展战略三个方面对沙区生态产业技术发展进行综合评价。

3.1 国外沙区生态产业技术的发展与成就

3.1.1 国外沙区生态产业技术的演变历史

随着世界人口的发展和需求，地球上易于开垦利用的土地基本上都已被开发利用，剩下来的只有冰川、沼泽和沙漠等地域，在这些大自然不轻易奉献给人们的地域中，沙漠算是比较容易开发的地域。利用得当，还会增加无穷的财富。但是，沙漠环境也是地球上生态系统最脆弱的、最不稳定的自然地理环境。要想开发沙漠，发展沙区生态产业，就必须采取一定的技术措施保护沙漠，利用沙漠而不是去制服沙漠。可以说，沙区生态产业技术的发展首先是治沙技术的发展。目前，世界治沙的历史已有 600 多年，早在 18 世纪，国外就开始尝试利用沙漠资源。其中，德、法等国以海岸治沙而成为世界治沙的鼻祖。后来，美、英等国在植物治沙方面做了深入研究与大量应用。

目前，世界各国根据本国优势，形成了各具特色的治沙技术及沙区生态产业技术。纵观国际沙产业发展历程，大体上可以将国际沙区生态产业技术的发展与演变总结为以下阶段。

1. 专注于风沙危害防治的技术发展阶段

早期，国外治沙及沙区生态产业技术更多的是专注于对风沙危害的防治，主要开始于海岸沙丘的治理，其防治技术及模式基本上都是先采取工程措施阻沙、固沙，改善环境条件后再种植固沙植物。其防治技术及模式表现出的最大特点就是荒漠化防治采用的材料、技术及模式因地制宜、富有特色。此阶段国外治沙技术的发展大体经历了如下发展过程。

1）海岸沙地造林过程

从 14 世纪初到 18 世纪末，延续了 400 年之久，主要取得了三项成果：①从理论上提出采用造林恢复植被治理流沙；②创造了沙丘造林的特有方式——配置沙障；③筛选出了对沙地适应性强的树种，此外也试验了种草固沙。

2）植物治沙过程

第二阶段前后大约 150 年，沙障沙地植被得到进一步发展，种草固沙得到了很大的发展，而且灌木固沙成为干旱地区、半荒漠和荒漠地区的主要固沙措施，单一栽植乔木的沙地造林阶段发展到乔、灌、草相结合的植物治沙阶段。

3）综合治沙过程

20 世纪 60 年代以来，亚洲、非洲、拉丁美洲、大洋洲等很多地区都开展了治沙工作，进入了综合治沙阶段，以植物治沙为主。

2. 风沙危害防治与适度开发利用相结合的技术发展阶段

进入 21 世纪，科技、知识与经济的全球化进程明显加快，科技实力的竞争已成为世界各国综合国力竞争的核心。在科技不断进步的同时，世界各国围绕沙漠及各种沙地区域，不再单纯局限于风沙危害防治技术的研发，而是开始逐渐探索研究风沙危害防治与适度开发利用相结合的技术手段。此阶段，世界的众多国家将着重点放在研究适合自己国家的现代化沙产业发展的措施与技术创新。世界科学技术的巨大进步已成为推动世界沙产业发展的强大动力，各国沙产业的快速发展离不开各国科技实力的突飞猛进。

目前国外沙产业的开发主要体现在运用现代生物科学研究成果，配套水利工程、材料技术、计算机自动控制等前沿高新技术，充分利用沙区的光、热、风力、土地等资源，建立知识密集型产业，有力地推动了沙产业的快速发展，处于干旱、半干旱沙区的国家创造了许多沙产业开发的典型实例。例如，以色列，干旱缺水国家，在荒漠化治理中，采用高技术、高投入的战略，一方面通过法律措施制止过载放牧，提倡植树造林；另一方面加大农产品及植物开发的研究，发展干旱农业，从而在荒漠化治理及沙产业发展方面取得显著成效。

3.1.2 国外沙区生态产业技术的推广应用

科技的突飞猛进有力地推动了沙产业的快速发展。世界各国在不断推动沙区生态产业技术科学研究的同时，也非常重视成果的应用与推广。例如，温室和滴灌技术在以色列的应用，高度机械化及良种花卉在美国的发展，日本的生物化学、机械技术，荷兰的工厂化设施等，最终使沙漠问题日益优化，当地的生态环境得到了有效的改善，同时也提升了当地居民的经济收入等。

1. 以色列沙区生态产业技术的推广应用

以色列荒漠面积占总国土面积的75%，自然条件差，没有更多可依赖的资源，治理荒漠成了民族生存大事，所以从一定意义上讲，以色列的建国史就是一部开发和利用荒漠的历史。

以色列荒漠开发和整个经济发展的成绩都是在国家强有力的支持下取得的。以色列政府非常重视沙漠的研究与开发工作，除了农业研究院和一些大学从事防治荒漠化的研究外，政府还于1973年在内盖夫沙漠地区建立了沙漠研究所，专门从事沙漠生态环境、沙漠地质、气象、干旱地区水资源、沙漠植物生物技术、控制环境的沙漠农业、沙漠动物的适应性和畜牧业、沙漠中的渔业养殖等方面的研究。另外，民用研究也很发达，据统计，以色列民用研究与开发支出在国内生产总值的占比远高于美国、法国、加拿大等国家。以色列在荒漠开发方面的研究成果斐然。在科学研究进步和深入的同时，以色列更重视成果的应用推广。例如，魏茨曼科学研究所是世界上最先建立组织机构、负责把自己的研究成果转化为商业用途的研究所之一。

目前，以色列的沙产业开发已经走在了世界前列。众所周知，以色列是建立在沙漠上的国家，目前它有"欧洲冬季厨房"的名称，这关键在于以色列充分运用现代化最新科学成果，根据沙漠阳光充沛、水源短缺的特点，成功地使用了温室及滴灌两项关键技术，利用温室控制生境使植物能够充分利用太阳能和利用滴灌技术减少干旱沙漠地区气候土壤的蒸发，防止土壤盐渍化。利用微咸水和污水，并应用生物技术，培育生产了大量优质蔬菜和水果，可以说，运用现代高新技术手段，加强环境与经济的协调发展，以及市场机制引导的有效管理是以色列发展沙产业的核心。在实际发展中，以色列突破传统思维的束缚，改变传统农业生产方式，扬长避短，在干旱荒原上建立自己独到的、以提高光合作用效率和有效控制水分消耗为特征的沙漠农业。在喷滴灌技术、微咸水利用技术、设施农业技术等方面的研究与利用上独具特色。

1）灌溉技术

经过多年的研究与开发，以色列已经研制出世界上最先进的喷灌、滴灌、微喷灌和微滴灌等节水灌溉技术，完全取代了传统的沟渠漫灌方式。滴灌将水、肥直接送到植物最需要水的根部，能够通过持续缓慢的供水来维持作物根区最合适的土壤水分含量，也可以通过选择滴头的出口速率与滴头间距来控制水分在土壤剖面中的分布。这种封闭的输水和配水灌溉系统有效地减少了田间灌溉过程中的渗漏和蒸发损失，特别适用于干旱和半干旱地区的沙漠土壤的灌溉，比传统的灌溉方式节约用水和节省肥料，极大地提高了作物的产量。以色列内盖夫沙漠中的温室栽培、果树种植以及部分大田作物的种植都使用喷灌和滴灌设备进行灌溉。

2）微咸水灌溉技术

在淡水资源奇缺的情况下，以色列自 1970 年就开始研究微咸水灌溉技术，在内盖夫沙漠建立了专门从事微咸水研究的中心，组建了由农业研究院、大学和农业推广服务体系人员参加的科研队伍，经过几十年的研究与探索，在利用地下微咸水灌溉方面已经取得重要的研究成果。在以色列，可以将地下的微咸水抽到地面，对不同作物、作物的不同生长期以及微咸水与淡水的不同配比进行灌溉试验，研究表明，对于一些作物来讲，适量的微咸水灌溉可以增强它们的抗逆（干旱、低温等）能力，还可提高某些农产品的质量，增强一些果实的硬度、颜色，并提高甜度。内盖夫地区地下水位深达几百米，因而微咸水灌溉不会发生次生盐渍化的问题，必要时，可进行一次淡水压盐。目前该中心已经开始用微咸水灌溉大面积种植甜瓜、西红柿、土豆、花卉、橄榄、葡萄和其他水果等。此外，地下微咸水还可以用来在冬季加热温室。

3）径流农业技术

内盖夫的大部分地区年平均降雨量少，年蒸发潜力高，在这样的条件下进行农作，没有灌溉是不行的，但利用集流系统（坡面和导水渠）将地表径流引导到耕作区而存于土壤的剖面中，使作物生长成为可能。以色列本古里安大学沙漠研究所的径流农业实验室在内盖夫沙漠设立了两个实验农场，这两个农场完全依靠径流灌溉，栽培橄榄、无花果、葡萄、杏、金合欢、桉树以及多种单年生作物，特别是由金合欢和苏丹草组成的农林系统，一方面深根的木本和浅根的草本的间作可以充分利用储存于土壤剖面中的径流水；另一方面这种系统提供的薪材和饲草可以缓解干旱和半干旱地区由乱砍滥伐和过度放牧引起的荒漠化。这种农林系统已得到国际社会的重视，并准备向干旱地区的发展中国家推广。

4）沙漠中水产和家禽养殖技术

虽然干旱地区存在着水源紧缺、蒸发量大、气温日变化大等不利于水产养殖的条件，但也具有光照强、温度高等有利条件，以色列利用内盖夫沙漠充足的光温条件、在封闭的反应器中养殖藻类，可以有效地增加产量，降低耗水。以色列科学家开发沙漠中的集约化养鱼技术，通过在沙漠地区修建大棚覆盖的防渗鱼塘来发展高密度的集约化养鱼,既可有效地降低水分的蒸发和渗漏,又可缓冲鱼塘内温度、湿度的骤变,生物过滤器可使鱼塘的水多次循环使用,养鱼后的循环水可用于农田灌溉,集约化养鱼极大地提高了产量。此外,通过研究开发,温室养鸡和露天养殖鸵鸟的技术都已开始在内盖夫沙漠推广。

5)温室、大棚栽培技术

温室栽培技术为以色列的农业带来了一场变革,农民完全改变了传统的种田观念,使以色列的农业逐步走上产业化的道路。温室栽培的优点是其产量和利润远远大于普通农田栽培;降低了病虫害和自然灾害所导致的损失,特别是在沙漠地区使作物基本上不受风沙、霜冻、干旱等自然灾害的影响;提高水肥利用率和劳动生产率,实现不受季节影响的连续性生产。根据以色列沙漠气候特点,以色列的科学家开发出高架、具有独特的屋顶通风设计的温室和太阳能温室,在温室的保温材料、滤光材料以及覆盖物等方面都开发出独特的技术。

2. 埃及沙区生态产业技术的推广应用

埃及政府多年来不断加大治理开发沙漠的力度,对沙漠地区实行综合治理开发,有效促进了沙漠治理和沙产业发展。埃及位于非洲东北部,是世界上受沙漠威胁最严重的国家之一。埃及沙漠面积占其国土面积的96%,人口集中于尼罗河流域和靠近地中海的三角洲地带。与沙争地,与沙争粮,成为埃及人民极其重要的一项任务。埃及沙区生态产业技术的推广应用思路如下。

(1)充分开发利用水资源。埃及历届政府十分重视对水资源的利用与开发,通过拦河蓄水、修渠引水和大力开发地下水资源,为沙漠治理开发打下了坚实基础,创造了重要条件。例如,图什卡灌渠、和平灌渠和阿斯旺高坝、纳赛尔人工湖等水利工程都发挥了重要作用。

(2)实行优惠政策,利用一切可以利用的条件,扩大治理开发沙漠的资金来源范围。为了吸引国内外投资商参与治沙工程,埃及政府出台了一系列优惠政策,主要有以优惠价格出售沙地;用于沙漠开发的机械设备免除进口关税;开发期间减免税收等。

(3)以科学治沙为依托。以托西卡工程为例,埃及政府与国外的相关公司合作,进行一系列沙漠治理和开发的科学技术活动,其中包括运用现代科技对沙漠进行航空拍照和测绘,并对一些沙漠地区的土质、气候、风力、引水渠的造型、走向、居民区的布局、基础生活设施的配备、生活污水及农业废水的处理、地下水的开发利用等进行了全面的考察、设计和规划。在此基础上,制定了跨世纪西部沙漠开发整体规划。埃及政府重视科学治沙还体现在开垦后的土地种植方向上。埃及政府规定在新开垦的土地里禁止使用化肥和农药,提倡施用有机肥和开展生物治虫。种植的植物和种子要经过认真检验,以防止病虫害发生。为了科学合理使用宝贵的水资源,政府规定沙漠地区农作物的灌溉一律采用先进的滴灌和喷灌方式。由于事先进行多方科学考察论证,使科学治沙有的放矢,收到好的效果。

(4)调动青年大学生广泛参与沙产业技术推广与开发。埃及政府早在20世纪80年代就注意研究和解决沙漠治理开发与青年大学生创业、就业有机结合。由穆巴拉克总统提出、政府启动的青年治理开发沙漠垦殖工程,较好地解决了开发沙漠与就业相结合的问题。这一治理开发沙漠工程的具体做法是将新开垦的沙漠低价出售给大学毕业生种植,以缓解大学毕业生的就业困难。与此同时,大学生运用学到的科学文化知识,对沙漠进行科学开发,推广科学治沙和科学种田,取得很好的经济效益。

(5)建立相应的组织机构,推动治理开发沙漠战略实施。埃及政府早在20世纪50年代就成立了埃及沙漠开发总局,为埃及治理沙漠相关政策的出台和推进政府实施治沙战略,发挥了组织、协调的重要作用。

3. 澳大利亚沙区生态产业技术的推广应用

由澳大利亚的地形地貌可知,澳大利亚其实只有沿海城市适宜居住,整个内陆几乎是沙漠。目前,澳大利亚干旱、半干旱土地主要分布在西部和中部地区,属于热带沙漠,如大沙沙漠、吉布森沙漠、维多利亚沙漠和辛普森沙漠,是世界上受荒漠化影响严重的国家之一。从20世纪80年代开始,澳大利亚联邦和州政府就采取措施,依靠监测技术和科技手段进行综合治理。由于政府采取了有效的防沙治沙政策、机制和措施,澳大利亚虽然地处世界上四大"沙尘窝"之一,近几年却没有发生过大的沙尘暴。在防沙治沙的同时,澳大利亚在1990年提出了"沙漠知识经济"的概念,其定义可以阐述为:"通过运用传统或现代的治理沙漠的知识在沙漠及其周边地区进行治理和发展,并取得经济效益和社会效益"。这个理念的推行使澳大利亚土著人在沙漠地区居住经营,开办私人农场和发展生态农业等,促进了北方沙漠地区经济取得快速的发展。

澳大利亚地广人稀,农业以畜牧业为主,土地退化是影响生态环境和畜牧业生产的主要因素。各级政府部门十分重视土地荒漠化问题,进行了大量科学研究和技术推广,积累了很多土地保护管理的措施、办法和经验,并取得了明显成效。例如,澳大利亚南部沿海沙漠中打造出的高科技温室,利用当地丰富的免费资源——阳光和海水,种植各种无污染蔬果作物。如今,"沙漠温室"的农作物产品已实现量产并上市销售,被视为生态农业的成功典范、解救世界粮食危机的福音。

此外,政府还在全国各地建立了大批保护性耕作试验站,从事免耕技术等方面的研究。试验表明,少耕和免耕技术使土壤含水量增加、土壤结构和肥力改善。同时,澳大利亚的干旱、半干旱土地面积比较大,盐碱化严重,引起了政府的高度重视，联邦和州政府就采取措施，依靠监测技术和科技手段进行综合治理，主要加强对沙化土地监测，利用遥感技术实时掌握草场植被的变化，并采取相应的措施。利用卫星监测沙尘暴的起沙源区，有针对性地进行防护、预警和治理，并实时掌握沙尘暴的移动情况，及时调查灾后损失；大力发展灌木林，增加干旱、半干旱区土地的地表植被，并依据测定的土壤、雨水、地表植被等各种因子，科学编制沙化土地防治规划，实行综合治理。被称为大漠"红心脏"的澳大利亚北方地区，如今沿途沙地上都铺满了绿色植被，甚至还有较大面积的沙漠绿洲，沙漠农场也是瓜果飘香。

4. 美国沙区生态产业技术的推广应用

在美国，由于长期存在着大量的所谓"自由土地"，农民实行原始的轮荒耕作制。随着边疆的开拓，移民的西进，掠夺式的土地经营几乎贯穿于整个美国土地开发历史。第一次世界大战中，破坏达到了高峰。森林过度的砍伐，草原不加限制地开发，以及长期粗放式的滥垦和不合理的种植制度，终于导致了大自然对人类的惩罚。1934年5月11日起，美国发生了震惊世界的一连串"黑风暴"，弥漫的风沙遮蔽天日，受到不同程度风蚀的土地到处可见，这是美国有史以来，土地资源遭到破坏的最严重的结果。经历了这场噩梦般的黑风暴后，国会很快通过了一系列法案，以立法的形式治理土地。罗斯福政府接连采取的荒漠化治理措施，给大平原地区带来了生机。到1938年，南部大多土壤已被固定住了，在此基础上建立的自然保护区共有144个。依靠"人退"的方法，美国在一定程度上遏制住了沙尘暴。

为了控制大平原的土地荒漠化和沙尘暴，美国进行了一场旷日持久的生态保卫战，从多年的惨痛摸索中，美国形成了一套全方位作业的防沙经验，并成功减少了沙尘暴的发生。1934年，在土壤侵蚀局的组织领导下，土壤保护示范项目得以实施，土壤侵蚀局的土壤科学家和其他专家、农民共同合作，研究并展示新的耕作方式和技术，如横坡耕种技术、带状耕作、梯田等。横坡耕种技术是沿等高线耕犁撒种，这样有助于保持水土和农作物的生长，在此之前美国通常采用顺坡耕种的方式，加剧了水土流失；带耕种是将坡耕地修筑成带状格田，格田周围筑起小埂，便于保持水土，提高抗旱能力；梯田是把坡耕地修成梯田状，以便保水、保土、蓄水拦泥，形成稳产高产农田。这些新的耕作方式和技术的使用和推广，可以有效地阻止水土流失、保持土壤质量、提高农业产量。目前，美国沙区的种植业实现了高度机械化和良种化，其手段主要是通过技术创新。同时，美国政府积极配合媒体对防沙治沙重要性的宣传，采取对沙土拥有者积极的治沙行为进行奖励、对达不到治沙标准的行为进行处罚等措施，其防沙治沙效果十分显著。

5. 日本沙区生态产业技术的推广应用

日本的沙地多分布在海边，海岸沙地、湖岸沙地及河畔沙地总面积约占国土面积的 0.64%，遍布四面环海的土地上，对其治理及开发利用具有重要意义。

在日本的古代，由于风沙、含盐海风和季风形成的流沙危害，人们把海岸沙丘地叫作死亡地带。为防御这些灾害，当地竭尽全力完成了许多造林工程。由此可见，日本固定沙丘的时间要比欧洲国家（18~19 世纪）早得多。

政策保障、投入多样、技术措施运用得当，大大促进了日本海岸沙地的综合治理及开发利用。在近 400 年的历史里，以生态安全为基本保障和出发点，日本走出了对沙地资源进行简单防控到合理、有效地治理、保护和综合开发利用的科学发展道路，在有效防护日本海岸生态，合理发展沙地休闲旅游，拓展商用、民用及农用土地资源等方面，均做出了不可磨灭的贡献。同时在增强日本在国际社会中的地位等方面也起到了立竿见影的效果。

日本海岸沙丘的治理与开发利用大致可分为固定流沙和沙地农业利用 2 个阶段。固定流沙阶段，采用树枝或用竹篾片设置立式沙障，带状行列配置或设置格状沙障，然后在沙障中栽植先锋草、灌木等固沙植物，同时也栽植乔木。植物匍匐蔓延，使流沙地表先得到稳定，为乔木生长创造良好条件。为了防止从日本海吹来强劲的西北风，保护公路、田园免受风蚀沙埋，主要采取下列固沙防沙措施：①扎设草方格沙障，固定沙面，之后在方格内种植固沙植物，先障后草，以草代障。②埋设立式沙障，称作堆沙垣，拦截风沙流，起阻沙作用，防止沙流淹埋道路。③格状立式沙障，称作静沙垣，起固沙阻沙作用，方格内栽植灌木，在当地效果极佳。④埋设防沙栅，多在沿公路线有沙害地段迎风侧埋设，材料有木板、水泥板、铁皮和塑料网，以塑料网最常见，有一定的透风度，因此个别地段路面上可见薄层积沙。⑤铺树皮碎屑，这种方法主要在果园沙地上应用，树皮碎屑可有效地保护沙面免遭风蚀，碎屑腐烂之后可增加土壤有机质，起到改良土壤的作用。此外还通过方格沙障治沙，即通过营建风障控制沙丘移动，在风障中再填充秸秆或人工造林减少流沙的入侵，这与人们目前广泛应用的草方格沙障类似。

在沙地农业利用方面主要引进特色耐旱植物品种，为进一步提高自身在防沙治沙技术领域的研究能力，1998 年在日本鸟取大学旱地研究中心专门建立了室内沙生植物引进与栽培试验室，其引进了中国北方地区常见的小叶锦鸡儿、沙枣等强耐旱植物。

6. 其他国家沙区生态产业技术的推广应用

1）伊朗

盛产石油的伊朗是世界上主要沙漠分布的国家之一，在沙化治理及沙产业技术发展中很重视以流沙固定为主的治沙工程措施,并在长期的实践中总结出石油覆盖技术和植物固沙技术配套的沙化治理技术(利用原油、重油或沥青直接固定流沙,改善植物生存条件,然后种植固沙植物)。

伊朗是世界上遭受沙漠化危害最严重的主要国家之一,大面积的流动沙丘及风蚀地对邻近的绿洲及石油产地造成极其严重的危害。因此,伊朗政府对以流沙固定为主的治沙和开发沙产业工程十分重视,并采取植物固沙、设置沙障等措施防沙治沙。伊朗还利用本国丰富的石油资源,广泛采用石油产品覆盖固沙技术。这项技术就地取材,成本低廉,规模较大,效果不错。石油产品覆盖技术是将加热后的原油、重油或沥青,用高压设备喷洒在沙丘表面上,借助其与沙粒的黏结作用,使沙丘表面固结起来,免遭风蚀。石油产品覆盖固沙技术的使用,使撒播的种子和移栽的幼苗不易被风吹走刮倒,同时也较好地阻止沙丘中水分的蒸发,有利于植物的萌发生长。目前,伊朗利用这项技术,由西南部到中部,不断扩大喷油范围,石油覆盖固沙面积已达几十万平方千米,使昔日茫茫的流沙为茂盛的植物所覆盖。阿拉伯联合酋长国和沙特阿拉伯等国家,也采用了这项技术。

2)阿尔及利亚

阿尔及利亚沙漠面积约占国土面积的83%,北部沙漠分布不均,南部沙漠多为流动沙丘。针对这种情况,阿尔及利亚政府采取了相应的对策。一是对流动沙丘所包围的绿洲实行人工生态工程。具体做法是,利用绿洲地下水资源,选择丘间平地,进行人工挖掘,形成人工小盆地,使地面接近地下水位。由于人工盆地底部接近地下水位,可以利用这种特点种植枣椰,既省水又好管理。对于盆地中所开掘的土井,则用来灌溉枣椰林下栽培的谷类和蔬菜。这种多结构的种植方法,对保护人工小盆地的绿洲,阻挡延缓沙丘流动,改变局部生态环境起到了非常显著的作用,也带来了可观的经济效益。二是为保护沙漠中开发的绿洲,在绿洲的沙丘及沙地上设置沙障或防沙土墙,以此阻挡流沙对绿洲造成的危害。这种防护措施虽然较为原始,但在风向较为单一的情况下,在沙漠绿洲边缘设置的呈"八"字形、大致与风向平行或成30°以下夹角的防沙土障,可以起到保护沙漠绿洲的阻沙作用。

3)印度

在印度,人口增长和贫困导致印度自然资源过度使用,造成土壤侵蚀,进而发生荒漠化,使土地的产出能力降低。印度东南的安得拉邦默哈布纳格尔区土地荒漠化严重,大部分人口在贫困线以下,很多年轻人因营养不良而迁移。20世纪90年代,该地区通过修建围堰来改善灌溉条件,并放弃在山坡上种植高耗水农作物,改种芒果和酸枣;社区检查员安装了用于灌溉的水管;在政府的帮助下,建设了水库或积水池，用来收集雨水，库区周围农民趁着湿度增加，增加了谷类作物的种植，还在山上种植了树木。

3.1.3 国外沙区生态产业技术特点总结

综上所述，可将当前国际上的沙区生态产业技术发展进程概括为下列三点：一是在技术实施对象方面，已从以沙质荒漠的内陆沙丘为主，转向以与人民生存环境、经济发展有关的半干旱及其半湿润地带和海岸沙丘为主。二是在技术体系方面，已不局限于流沙的固定，而是把沙丘的改造与开发利用，恢复沙漠化土地的生产力结合起来，形成一个完整的治理体系，达到环境整治、生态改善和经济发展的目的。三是在技术手段方面，已从早期的固沙造林、机械沙障等方法发展到应用新技术，如干旱区封闭温室农业，充分利用干旱区水资源发展滴灌等技术，以及吸水剂、保水剂和固沙剂等化学措施的应用。具体地，可将当前国外沙区生态产业技术特点总结如下：

（1）水资源利用高度节约化。沙漠地区水资源非常缺乏，提高水资源利用效率、节约用水是沙区生态产业技术的重要特点。以沙产业技术较为发达的以色列为例，其常年干旱缺水迫使以色列千方百计用好每一滴水。整个国家淡水资源的利用实行高度集约化管理，国家对城市居民、单位和工农业生产用水都设有指标控制，超标用水加倍收费。正是由于这个制度，诞生了以色列农业发达的节水灌溉系统。滴灌技术应用使以色列农业用水总量减少，而农业产出却增长了许多倍。以色列研制的防堵塑料管、接头、过滤器、控制器等都是高科技的结晶。如今，输水管道连接着无数滴灌系统，滴灌管道遍布以色列大地，电脑自动控制的水、肥、药，使每寸土地都融入了高科技，这不仅使部分沙漠变成绿洲，而且还成了以色列现代农业的基础。以色列极其缺水的国情也促使以色列研究利用微咸水，沙漠地下微咸水成为以色列沙产业主要农业用水。其开发利用技术与滴灌技术一样，是荒漠种植业发展中的又一大亮点。以色列的污水处理再利用程度很高，其将城市污水处理净化后用于农业灌溉，远可送到南部的沙漠地区。

（2）土地资源高度集约化。沙漠地区耕地十分紧缺，人均土地耕种面积较小，而且严重干旱，盐碱化高。当前国外沙区生态产业技术大多从提高土地产出效率入手，提高土地资源高度集约化程度。例如，世界各国普遍采用的温室生产、无土栽培技术与育种技术。其中国外应用较多的温室技术主要有如下特点：①覆盖材料多样化。北欧国家多用玻璃，法国等南欧国家多用塑料，美国多用双层聚乙烯膜，日本应用聚氯乙烯膜。覆盖材料的保温、透光、遮阳、光谱选择性能渐趋完善。②大力发展温室生物防治技术。为防治温室内部化学物质污染，发达国家重视在温室内减少农药使用量,大力发展生物防治技术。③向机械化、自动化方向发展。设施内部环境因素,如温度、湿度、光照度、二氧化碳浓度等的调控由过去单因子控制向利用环境、计算机等多因子动态控制系统发展。发达国家的温室作物栽培已普遍实现了播种、育苗、定植、管理、收获、包装、运输等作业的机械化、自动化,尤其是注重提高沙漠地区土地资源高度集约化,因地制宜,开展高效沙漠农业模式。

(3)充分运用现代生物科学研究成果,配套水利工程、材料技术、计算机自动控制等前沿高新技术,最大限度利用沙区的光、热、风力、土地等资源。并且,国外在沙产业技术推广中,注重基于最新科技手段建立知识密集型产业,以各种类型的产业为依托,有力地推动沙产业的快速发展,提高沙产业技术的经济产出。

(4)有相应的政府组织机构提供研发支持。例如,埃及政府成立埃及沙漠开发总局,任务是对全国的沙漠治理开发项目进行科学论证,为政府决策提供依据。类似地,美国于 1794 年颁布土地法,授权出售国有荒漠化土地给个人,使整个西部荒漠开发立于土地市场经济的基础之上。此外,19 世纪末,国会还试图推行鼓励移民荒漠政策,以荒漠经济产权换取荒漠生态建设;而素来以水资源匮乏闻名的以色列于 1959 年通过立法,明确规定由国家对水资源进行全权监管,科学技术与政策调控双管齐下,成功创造了"边缘水资源",发展知识密集型农业,为其他国家发展沙漠农业提供了宝贵经验;还有荷兰、澳大利亚、尼日利亚等国家也十分重视制定的配套系列防治土地退化的法律法规,并围绕沙产业技术研发相关事项,不断加强政府财政支持,对参与沙产业技术研发的公司提供各种政策优惠,以加大沙产业技术的成果转化与合理产出。

3.2 我国沙区生态产业技术的发展与成就

3.2.1 我国沙区生态产业技术的演变历史

1. 我国沙区生态产业的发展阶段

回顾中国沙产业理论的发展历程,其大体经历了农业型沙产业理论、生态型沙产业理论、生态经济型沙产业理论、知识密集型沙产业理论四个阶段。

1)沙产业的启蒙和萌芽阶段(1949 年以前)

从我国沙产业发展历程来看,古代沙区农牧民就已经开始了沙产业初期实践活动,并在与自然斗争中取得了一些成功经验。早在秦代,与荒漠相伴而生的绿洲农业可以看作我国沙产业的雏形。据史料记载,绿洲农业的发展是分区推进、逐步在不同地理部位发展的过程，并且军屯和民屯是绿洲农业开发的主要方式。同时，内地先进农具及农耕技术的引入加快了绿洲农业发展的步伐，促成了绿洲单一脆弱的游牧经济向农牧经济并存的经济结构过渡，使中国农业区域扩大，自然资源得到充分利用。其中单一脆弱的游牧经济向农牧经济并存的经济结构过渡的干旱地区农业生产就是沙产业早期的实践。

中华人民共和国成立后，我国西北地区，特别是甘肃、青海、新疆在建设大西北的号召下，屯田开发又进入新的发展时期。以自然绿洲为依托，引用河水灌溉开辟新的人工绿洲，如新疆、甘肃河西和青海，这种河流中游的人工绿洲开发就是具体沙产业活动的体现，而且沙区的农牧民在防沙和治沙过程中，也一直自觉和不自觉地从事着沙产业的实践。因此，可以说今天各种高效生态农牧业和各种节水方法技术、各种节水材料的问世和推广使用，都凝结着人类从事沙产业实践的成果。这些成果为今天沙产业理论的形成和发展提供了宝贵的理论和现实依据。

总结此阶段的发展特点不难发现，人们对干旱地区水土资源耦合关系只是浅显的认识，人类在从事以农业为主的沙产业活动中，不合理利用水土资源，同样导致了部分绿洲沙漠化，而以农业为主的沙产业开发时断时续，表现出不连续性。

2）沙产业的探索与实践阶段（1984~1995年）

1984年沙产业的概念首次提出后，众多专家学者对沙产业理论和实践进行了深入的探讨和积极的探索，许多沙产业组织相继成立，促进了沙产业的发展。例如，1991年3月中国林学会在北京香山召开了第一次沙产业研讨会；1993年9月在北京成立了中国治沙暨沙产业学会等。而西部众多地区也相继制定了一些治沙优惠政策和区域沙产业发展规划，如甘肃省出台了4个支持沙产业发展的政策：一是鼓励"四荒"地租赁、拍卖、承包，实行国家集体个人三结合，共同投资搞农业综合开发；二是制定和颁布了森林、草原、水资源、水土保持、野生动植物资源、野生药材资源保护和全民义务植树等一系列有关法律法规，从法律上保障沙产业健康发展；三是积极推行水管体制改革，逐步形成以水养水、自我滚动、自我发展的良性循环用水机制，形成全民办水、全社会办水的新局面，促进水利建设快速发展；四是制定减轻农民负担的细则，认真贯彻国务院关于减轻农民负担的有关规定，保护和调动农民开发沙产业的利益与积极性，制定了治沙贴息贷款优惠政策。

3）沙产业的快速发展阶段（1995年至今）

随着人们对沙产业认识的不断深化，干旱、半干旱地区沙产业的社会、生态和经济效益不断提高,沙产业理论和实践得到了政府、企业、农户的重视,其理论和实践呈现快速发展趋势。2000 年,第二次甘肃省沙产业开发工作会议在河西走廊召开;2002 年 12 月,内蒙古自治区成立了沙草产业协会;2003 年 3 月,甘肃省成立了沙草产业协会;2003 年 11 月,中国(北京)首届沙产业博览会在北京举办;2006 年,国内第一家中国沙产业、草产业网站建成;2012 年,中国政府把生态文明建设纳入中国特色社会主义事业"五位一体"总体布局,并确定了到 2020 年 50% 可治理沙化土地得到治理的目标;2018 年 9 月《联合国防治荒漠化公约》第十三次缔约方大会于内蒙古鄂尔多斯市审议并通过了大会报告及《向中华人民共和国政府及其人民表示感谢》的决定,通过并发布了《鄂尔多斯宣言》,这些事件进一步推动了我国沙产业的发展。

与此同时,产业融合的动力因素不仅在于政府的经济性管制放松,更在于包含国家、省(自治区)以及其他地方政府等的政策性引导,主要体现在税收优惠政策、信贷支持政策以及规范管理制度的确立与实施方面,具体包括《林业贷款中央财政贴息资金管理办法》《全国防沙治沙规划(2011~2020 年)》《国家林业局关于进一步发展沙产业的意见》等政策文件的出台与实施。地方发展方面,如甘肃省委、省政府制定了《甘肃省贯彻〈中华人民共和国防沙治沙法〉实施办法》;内蒙古自治区党委、内蒙古自治区人民政府把沙产业写进了"十三五"规划,并制定了《加快防沙治沙及沙产业发展的决定》,推动沙产业的快速发展。目前,在地方政府的主导下,在甘肃的河西走廊、内蒙古的鄂尔多斯与阿拉善盟、新疆和宁夏等地的沙区相继建立了以种植业、加工业为主的沙产业开发示范区、示范点和一批龙头企业,沙产业发展的集约化程度稳步提高,产业化特征初步显现,沙产业进入了全面开发、快速发展的新阶段。

总之,中国防治荒漠化的有效做法和成功经验,中国科技人员和沙区人民在治沙中的非凡智慧,中国人民在防治荒漠化中的感人故事和精神力量,向世界展示了防治荒漠化的"中国态度""中国方案""中国智慧""中国成就""中国精神"。

2. 我国沙区生态产业技术的历史沿革

沙产业,或者阳光农业,是新的理论指导下的一项高科技、高效益的新兴产业。钱学森指出沙漠并非不毛之地,在沙漠中也可以搞事业,关键在于"要用科学技术来经营",可见,科学技术对沙产业发展的作用显著。

早期,传统的沙产业主要倾向于治沙绿化,沙产业技术也大多停留在简单地开发利用沙区,包括传统的防沙、治沙和开发利用传统的沙区生物产品等。此阶段中国的沙产业发展科技含量还比较低,产业链条短、产品结构单一,尚未形成规模效益和品牌效益。随着社会的发展,人们倾向于将农业和农产品加工业作为主导产业,通过重点发展农产品的精深加工业,将农产品转化为工业产品来开发沙产业，形成沙产业经济理论。

当前，随着新能源开发利用等各项高新技术的出现，沙产业技术也逐渐呈现出"恢复生态、发展生产、提高农牧民生活"，即生态效益、经济效益和社会效益"三效统一"的特点，形成了沙产业的生态理论，即沙产业发展必须与荒漠化防治有机结合，在生态恢复和生态保育的基础上，保证流域和区域水资源的合理利用，维护生态安全和生态平衡，促进沙漠地区生态、经济和社会的协调、可持续发展。

目前，我国形成的现代沙产业技术形式主要有如下几类。

1) 现代农业型沙产业技术

沙区虽然有干旱缺水等不利自然条件，但阳光充足、昼夜温差大，具有发展现代农业型沙产业得天独厚的条件。现代农业型沙产业技术主要表现出积极发展沙区种植业和养殖业，提升林畜产品的精深加工水平的特点，具体通过发展沙区设施农业，利用地区优势，通过设施改善光合作用条件，将阳光转换为人们所需要的生活资料和生产资料。例如，水果坚果加工，蜜饯制作，葡萄酒酿造，饮料制造，刨花板、纤维板、纸张等的加工制造，肉制品与副产品等的加工，以及动物毛皮革加工、硅砂产品的开发与利用等。

2) 沙区新能源产业技术

应大力发展沙区太阳能产业和风能产业。沙区地势高、云量少、光照时间长，而且面积广阔，为发展太阳能等沙区新能源产业技术创造了极佳条件。同时，沙区风力能量密度大、风速变化小、年有效发电时间长，风电场建设条件好，实现风能产业技术的应用具有优越条件。风电、光伏产业作为一种清洁能源，不仅不会给环境造成压力，而且密度较大的风力发电装置可使风速减缓，减轻风沙危害。同时，风电产业的发展又带动了制造业、旅游业等新兴产业的发展，促进"三化"同步发展，从而逐步实现人与自然的和谐相处。例如，内蒙古在中部的辉腾希勒草原上建设了世界上最大的风电场，通过发展风力发电，把大风变成了可再生的电力资源。

3) 工业型沙产业技术

工业型沙产业技术主要是指充分利用沙漠地区的盐湖资源、盐藻资源和泥炭资源，发展沙漠工业，提高沙区资源产业的附加值。工业型沙产业技术的应用能够积极培育特色砂石产业，研发各类新型沙料建筑产品，同时可因地制宜地与煤电、煤化工等进行优化配置，实现多种能源协同发展。例如，以风积沙为原料，生产用于铸钢件和铁件的覆膜砂，生产用于沙漠水稻的透气防渗砂，生产用于建筑、汽车、制镜、工艺等深加工领域的白玻璃或颜色玻璃等技术工艺。

4）其他类型沙区高新产业技术

其他类型沙区高新技术主要以沙产业发展环节为基本依托，利用现代生物技术、互联网技术等对沙产业内部发展环节的作用，推动产业结构变动升级和经营管理方式的优化。例如，包含物联网、云计算、大数据在内的信息技术对沙产业的促进，能够实现沙产业产品智能化管理、市场信息共享，从而减少企业运营成本，获得更大的利润空间。

3.2.2 我国沙区生态产业技术的推广应用

近年来，在沙产业理论不断丰富的同时，各地沙产业也得到了蓬勃发展，并且依据各地不同的地理及自然条件，所发展的沙产业各具特色，整体来看，大多是在充分利用沙漠资源的基础上，重点发展节水农业，进而带动第二、第三产业的发展，并且伴随着沙产业的蓬勃发展，生态环境也得到改善，沙漠化治理取得丰硕成果，初步形成了以"产业"带动"治理"的局面。

1. 内蒙古沙区生态产业技术的推广应用

内蒙古自治区横跨我国东北、华北、西北，既有辽阔的草原、绿色的林海，也有浩瀚的大漠，境内分布有五大沙漠和五大沙地，是全国荒漠化和沙漠土地最为集中、生态最为脆弱、受风沙危害最为严重的省区之一。近年来，内蒙古自治区在防沙治沙、生态文明建设的基础上，将发展沙产业作为国民经济重要产业，以资源转型增值刺激资源增长，实现沙区生态改善与产业发展协调进步。内蒙古各级政府投入大量资金实施退牧还草、退耕还林、三北防护林以及天然林保护和自然保护区建设等生态工程，使内蒙古生态环境有了明显改善，并打造了苁蓉、锁阳、沙地葡萄、文冠果、醉马草等产业。例如，内蒙古自治区阿拉善盟规划了乌兰布和生态沙产业示范区，进行生态治理和农牧业开发，吸引了数十家企业，大力开展沙生植物种植、葡萄酒酿造、驼绒生产等，并且内蒙古政府通过与商业企业签订合作开发框架协议的形式，实施开展生物制药、太阳能和风能发电、沙漠旅游、特色养殖、湿地保护、有机农产品生产等工程，集中发展生态沙草产业和新型能源产业，极大地促进了内蒙古自治区沙产业的发展。

内蒙古半干旱区沙产业正发生着由农牧民个体经营到龙头企业带动、资源简单转化到产业链的延伸、小基地示范到大集团加盟等方面的可喜转变。其中，内蒙古沙产业发展的主要类型有以下六种：一是中草药种植和产业化经营；二是实施林纸一体化经营；三是沙区特种资源的综合开发利用；四是沙区旅游的开发；

五是主要沙生植物种植与开发利用；六是节水灌溉和风能利用。例如，以甘草、苦豆子、肉苁蓉为主的中药产业，以沙柳资源发展的造纸业和绒山羊养殖业等。其特点如下。

1) 以科技推动沙产业技术的发展

沙产业的产业定位就是知识密集型高科技产业，科技创新是沙产业的生命线。科技支撑贯穿于内蒙古沙产业发展的全过程。内蒙古利用现代先进科技提高沙产业光合作用效率和控制水分消耗，探索以滴灌技术为核心的投入低、用水量低、经济价值高的发展模式灌溉工程，并且在先进的农业技术应用方面，积极推进沙生植物的培育、大棚种植、林果种植等。例如，通辽市沙区果木栽培技术、浅水低灌以及利用物理特性凝聚沙土的沙漠土壤化技术等都具有较强的推广意义；在生物技术方面，如微型藻类培育种植、奶牛性别控制与品种改良等在相关植物素提取、太阳能转化以及奶牛养殖方面发挥了极为重要的作用；同时，还在沙土资源的开发利用过程中生产出诸多新材料技术创新性产品；另外，内蒙古在光伏产业、风力发电以及沼气利用等新能源技术方面也有所创新，为沙区资源的转化利用提供了技术支撑；在沙区管理技术方面，如利用大数据与物联网的草原生态大数据平台等提供了智能化管理与研究沙产业发展的新途径。例如，应用现代信息技术、大数据以及目前我国荒漠化监测关键技术——"3S"技术对区域内沙漠、沙地进行全局及局域性检测；积极探索机械装备技术提升沙产业效益，如内蒙古农业大学研制出"4DGY-1500 型多功能沙生灌木集运装载设备"成功破解我国沙生灌木机械化平茬无法满足需求的瓶颈。

可见，沙产业的发展离不开科技的支撑，当下我国沙区正在充分发挥大学等科研单位的沙产业科研区域优势，开展沙生动植物品种选育、种植养殖、加工等技术，为沙产业发展提供了强大的科技支撑。

2) 以农牧业产业化促进沙产业技术的发展

将沙产业与农牧产业化紧密结合起来，积极探索，不断实践，通过农牧业产业化，延伸产业链条，实现农牧业与沙产业在链条上的衔接，从而促进了沙产业发展。内蒙古以农牧业产业化促进沙产业技术发展的经典案例不在少数。例如，以水稻种植、野鸭养殖等为主打造的农业休闲型园区、葡萄种植观赏林、葡萄酒品鉴、酿酒过程观光等体验式旅游项目等。

3) 以龙头企业带动沙产业的发展

通过龙头企业、生产基地与农民之间利益机制的构建，鼓励企业扩大和完善"订单农牧业"、股份合作、资产入股等利益连接方式，进一步推动了利益连接方式向紧密型发展。注意企业与农牧民的购销合同关系，使企业通过定向投入、定向服务、定向收购等方式，建立稳定的农畜产品生产基地。同时，采取建立风险金、实行保护价收购、返还利润等多种方式，在增加企业、农牧民收入的同时，有效降低了生产经营风险，激发了企业、农户发展沙产业的积极性。

4) 以多种模式交融促进沙产业发展

a. 互联网产业与沙产业的交融发展

互联网产业与沙产业的交融发展主要是互联网企业集团通过线上形式，利用手机客户端推出在线植树造绿、远程操控等功能，线上线下互动以提高沙产业的快速发展。例如，用户可在线上兑换不同能量值的虚拟树木，并选择种植的地点，由公益组织、环保企业等负责在现实某地域种下实体的树。当下内蒙古正在利用蚂蚁森林，实现沙化土地利用综合效益的提升，在建设沙区生态经济林的同时，带动农牧民致富。以鄂尔多斯市为例，截至2019年，共有蚂蚁森林数十处，其中主要种植沙柳、梭梭、樟子松。这些项目将会为企业提供苗木种植管理补贴，提高直接经济收入。通过引入社会资本、金融资本来参与林草沙产业建设，一定程度上解决了沙产业发展建设资金短缺的问题。

b. 旅游业与沙产业的交融发展

内蒙古在发展沙产业方面，十分重视旅游业与沙产业的交融发展，促进全市旅游产业结构调整与发展路线拓展。其中，沙漠草原旅游已成为鄂尔多斯市的重点旅游资源。

c. 文化产业与沙产业融合发展

文化产业与沙产业融合发展的意义主要在于：优化区域产业结构，转变沙产业的经营管理模式和发展路径，推出新的产品和服务。在文化产业与沙产业的融合发展中，创意和科技提供动力，地方政府提供服务。例如，某沙区将沙产业理论转化为生产力，重点发展阳光农业循环经济示范园区、有机农业生产基地、现代节水灌溉技术示范基地、特种生物规模化培养示范基地、高科技沙生植物园、沙漠特色动物园等，并将文化产业与沙产业有机融合。通过沙漠休闲、创意农业、精神家园、沙漠科学馆、沙漠治理示范等产业融合项目，文化产业与沙产业的融合发展，使得当地的文化资源更好地向产业资源和品牌资源转化。

2. 宁夏沙区生态产业技术的推广应用

近年来，宁夏在防沙治沙及沙区生态产业技术推广实践中，形成了许多发展沙产业的典型和成功经验，为加快发展沙产业奠定了良好的基础。

1) 沙地生态林建设的滴灌技术应用

在银川平原腹部沙地进行沙地生态林建设中，借鉴以色列先进的节水灌溉技术，根据林木的配置、树木的需水特性、立地土壤条件等因素配备相应滴灌设施。通过灌溉参数的设计、树种搭配选择、灌溉方式的试验与研究，结果表明，在生态防护林和景观生态林建设中用滴灌系统，比修筑渠道节约资金，同时节约用水、用工，在同样的立地条件下节约用水 59.1%，造林成活率提高 6.1%，生长量提高 9.0%。滴灌造林，虽一次性投入较高，但具有节水、不用平沙整地（可随沙丘起伏设置毛管）、排盐、防盐（湿润范围内的土体形成淡化空间）、造林成活率高、减少灌溉管理用工等优点。在水资源紧缺的干旱地区，滴灌等节水灌溉已成为营造防护林的必要条件。生态防护林滴灌技术可在我国北方干旱地区绿洲外围以井灌为主的流动和半流动沙地的造林治沙、营建沙地经济林，以及铁路、公路、输水干渠防护林等方面广泛应用。其已经在宁夏境内、内蒙古乌海、甘肃兰州、嘉峪关等地大面积推广应用。

2）沙地鲜食葡萄栽培配套技术应用

在宁夏，近年来不断开展沙地优质鲜食葡萄无公害栽培技术试验。鲜食葡萄品种引种试验表现较好的品种有红地球、京秀、八月皇家、森田尼、兴华一号、里扎马特、维多利亚、奥古斯特、优无核等。总结出一整套"宁夏沙地葡萄栽培配套新技术"。土壤改良的方式以定植沟换入客土并增施底肥的土壤改良方案效果显著。应用自动化控制的节水滴灌系统开展了供水周期、供水量等方面的试验研究，滴灌的节水率为 40%～60%，节水效果显著；采取膜下滴灌，阻断了地表蒸发的途径，减少了地表蒸发量，提高了节水效果，提高了地温，促进了土壤养分的分解和根系的吸收，加强了滴灌下土壤的排盐碱作用，还抑制了杂草的生长。在滴灌条件下大量元素的利用率为 N 60%～75%，P 40%～65%，K 65%～75%，利用这些参数和其他试验数据能够较为准确地计算出全年施肥量，然后按照葡萄不同时期的养分需求量，及时配比随滴灌分次施入，定量供给，施肥精确、速效，提高了肥料的利用率，比传统施肥方法节省 30%～45%的肥料，且降低了劳动成本，提高了产量和品质。在生产管理方面，严格按照绿色食品的相关规定，制定了相关的"鲜食葡萄生产技术规程"和"质量管理手册"，生产的鲜食葡萄经过中国绿色食品发展中心的严格审核，各项指标均符合绿色食品的 A 级标准，并于 2002 年 10 月获得了中国绿色食品发展中心颁发的绿色食品证书，起到了良好的示范作用。目前红提等鲜食葡萄已在银川腹部沙地示范区完成了试验示范任务，已在青铜峡、灵武等地推广种植。

3）沙地设施农业技术应用

宁夏由政府部门牵头把科研与生产紧密结合起来，充分利用沙荒地区光热资源，改变传统温室的建造工艺，克服传统温室结构中的弊端，开发建设更适用于沙荒地区建设的新型节能日光温室，推广新型日光温室建造技术和设施栽培技术，创新沙漠设施农业技术，正在试验探索一条以沙治沙发展沙产业的致富之路。以宁夏中卫市为例，2008年以来，中卫市组织科研攻关，多年在沙漠边缘平沙整地，建设腾格里沙漠农业科技示范园区，现已建成日光温棚和沙漠弓棚千余座。沙漠设施大棚有独特优势，如沙漠的沙质和空气都非常洁净，光照长，昼夜温差大，病虫害少，不施农药，沙漠果蔬口感好，品质高，绿色有机无污染。中卫市充分利用示范园区龙头企业的带动作用，企业投资修建，农民可以承包经营，也可以在温棚打工，政府和企业共同提供技术服务。例如，沙漠有机蔬菜瓜果现在已有2类7个品种获得"有机认证"，其中个别产品还远销国外。因为其是"沙漠绿色"品牌，其价格每千克比同类产品高出1元左右。现在沙漠设施农业集治理沙漠、增加耕地、增收致富于一体的效应不断放大，企业和农民尝到了甜头。示范园区已聚集数十家农业产业化企业，生产高峰期每天可解决一千多名失地农民和下岗待业人员的就业，同时拉动了商贸、流通、深加工等配套产业发展。中卫市将在沙漠设施农业示范园区的基础上，将防沙、治沙、用沙有机结合起来，努力变"沙害"为"沙利"，继续探索扩大沙漠现代农业示范基地规模的方法，做优做特沙漠设施农业及沙区瓜果产业。

4）其他技术推广应用

宁夏也十分重视工业型沙产业技术的应用，如某纸业集团有限公司在风沙危害极为严重的西风口区域实施林纸一体化工程，该工程原料林基地位于宁夏中卫市以北的腾格里沙漠南缘，以荒漠地为主兼以丘陵。黄河自西向东从原料林基地贯穿而过，项目实施区有丰富的土地资源、水资源、旅游资源和交通优势。项目的实施将产生非常好的社会效益、经济效益和生态效益，项目完成后将为中卫市筑起绿色屏障，并且为该企业提供充足的造纸原料，为该企业的发展奠定坚实基础。

在沙漠旅游业发展方面，宁夏注重打造沙漠旅游业品牌效应，以宁夏中卫市沙坡头旅游区为例，其2007年被列为首批全国5A级旅游景区。20世纪50年代，为保证世界上第一条沙漠铁路包兰铁路安全运行，治沙专家在沙坡头创造了草方格固定沙丘妙法，曾经肆虐的流沙被固定，包兰铁路运行以来安然无恙，被认为是"世界治沙史上的奇迹"。许多人慕名而来感受人类征服沙漠的伟大，不知不觉间沙漠旅游兴盛起来。沙坡头确实拥有丰富的旅游资源，应在保护沙漠资源的基础上，努力将其打造成中国沙漠旅游第一品牌。为拓展和丰富沙漠旅游产业项目，从2009年开始，中卫市对腾格里沙漠、绿洲、荒漠等进行整合，开发出沙漠湿地旅游景区，对沙坡头旅游区实施"南扩北延东进西推"工程，建设了黄河文化长廊、沙雕广场、沙漠观海楼等。同时，宁夏按照建设"国际沙都，魅力中卫"的理念，聘请中国科学院顶尖团队设计了宁夏国际沙漠博览园，拟建设沙漠文化创意区、世界防沙治沙成果展示区、沙漠珍稀动物园、沙漠会展区等，沙漠旅游产业已成为具有鲜明特色和竞争力的优势产业之一。

3. 新疆沙区生态产业技术的推广应用

新疆维吾尔自治区以其独特的地理环境，具有丰富的风、光、热能资源，生物多样性非常丰富。随着生态建设工程及沙产业的发展，植被不断增加，生态不断恢复，形成经济林果、沙漠旅游、灌木资源开发等特色沙产业，与此同时，新疆维吾尔自治区不断促进种、养、加、储、运、销等相关产业发展，产业链不断延长，产值不断增加，农民不断增收。

新疆根据沙区水资源紧缺、光能资源极为丰富的特点，通过提高光能利用率，培育多采光、少用水的沙产业，合理开发利用沙区药用、食用、饲用及其他可作为工业原料的生物资源，开发科技含量高、市场前景广阔的高附加值产品。在保持沙区生态环境的同时，形成了一个科学合理、适销对路、附加值高的沙区产业链，提高了沙区群众的经济收入，促进了沙区经济和社会的可持续发展。主要特点和模式有以下三种。

林草业结合的沙产业开发模式：以肉苁蓉、麻黄、甘草、枸杞等荒漠植被为主体的产业正在兴起。此外，绿洲农业区的棉花和番茄等具有地方特色的节水农业已成为新疆的支柱产业。

以旅游业带动沙产业的开发模式：新疆拥有多彩的民族风情，在干旱荒漠化地区具有极其丰富的旅游资源和自然景观。例如，新疆楼兰、尼亚、高昌、罗布泊、魔鬼城等地沙漠、戈壁、风蚀地貌、草原、河流、塞里木和伊宁湖泊等自然景观，塔里木河两岸分布的原始胡杨林和其他一些荒漠植被有极高的科研价值和观赏价值。众多旅游公司积极参与特色沙区旅游业开发，不断推出新的旅游路线，使沙漠旅游不断向规模化、产业化方向发展。沙漠旅游的蓬勃发展为沙产业提供了大量的资金，带动了沙产业的发展。

从重点示范到经济效益带动的沙产业开发模式：以政府为主导，由企业、公司、基地和农户、农民组织等多种形式参与。20世纪90年代末期，随着"退耕还林""三北"四期等林业五大工程和森林生态效益补偿试点工作的开展，新疆沙产业得到了前所未有的发展机遇。沙区各地采用合资、股份等形式，广泛吸收社会资金，加大了对沙产业的投入力度，重点是科技创新能力研究资金的投入，增加了治沙贴息贷款的额度及落实资金。根据沙区资源特点，确定了沙产业开发的重点，坚持"谁开发，谁投资，谁受益"的原则，调动全社会各方面的力量参与沙产业的开发、利用。将生态保护与沙产业发展同步规划,协调实施,分区指导,因地制宜,集约经营,引导沙产业健康发展。在资源利用、资金和信贷上给予支持,建立非公有制企业在新疆沙产业的主导地位。建起一批龙头企业和示范基地,以"公司企业基地农户"的形式扶持龙头企业的发展,增加了农户的收入。

4. 甘肃省沙区生态产业技术的推广应用

早在 20 世纪 80 年代末 90 年代初,第一次在甘肃开展了有关沙产业的研讨和实践活动。在政策的引导下,武威、张掖、酒泉分别制订了一些治沙优惠政策和各自沙产业发展规划。为了鼓励沙产业发展,又先后出台了防沙治沙优惠贴息贷款等政策,从资金投入上给予支持。在政府的主导下,河西沙区相继建立了以种植业、加工业为主的沙产业开发示范区和示范点等,运用集地膜覆盖、温室种植、暖棚养殖和微藻等生产方式以及加工贸易于一体的多种经营管理形式进行生产经营,集约化程度稳步提高,产业化特征初步显现,沙产业进入了全面开发、快速发展的新阶段。例如,张掖地区应用日光温室、地膜覆盖、节水灌溉种植反季节蔬菜,或进行日光暖房养猪,兴办沙区资源产品加工企业。武威市阳光产业示范园区已成为社会主义新农村的实践者、全国沙产业的样板工程和甘肃省循环农业的示范基地。依据丰富的自然资源优势,以市场为导向,以科技为依托,以效益为纽带,初步形成了以种植业、养殖业、食品加工业、饮食服务业等为主的沙产业建设框架,特别是葡萄产业、红枣产业、草产业、苗木产业、花卉产业的发展,有力地促进了地方经济的振兴。甘肃省沙产业发展主要特点如下。

(1) 积极发展高效特色沙产业。利用地表地膜覆盖技术,发展以棉花、向日葵、美国食葵、茴香、金盏花、无壳瓜籽、优质牧草等为主的高效节水作物种植。大力发展日光温室、大棚栽培、小拱棚栽培等设施型"阳光农业"。重点发展了茄果类蔬菜和优质特色瓜类生产。开发了瓜类、蔬菜生物保鲜技术,提高瓜菜的采后分级、包装、保鲜、储藏、配送等商品化处理水平。加快了农产品产地批发市场建设,形成产—供—销一条龙的专业化协作和市场化运作机制。

(2) 积极发展中药材生产。大力发展以板蓝根、甘草、党参、大黄、柴胡、黄芪、肉苁蓉等为主的中药材种植和深加工。积极发展暖棚舍饲养殖,发展了以暖棚式养羊、养猪和奶牛养殖为主的养殖业。

(3) 发展龙头企业。依托主导产业,建起了一批市场前景好、带动力强、科技含量高、经济效益好的农产品加工龙头企业,大大提高了农产品的加工增值转化能力,成为当地农民增收、企业增效、财源增长的主要支柱。

（4）积极发展生态旅游业。进一步提高了天祝"三峡"、冰沟河省级 A 等国家森林公园和省级森林公园的基础设施建设水平。结合三峡和冰沟河省级 A 等国家森林公园开辟了武威荒漠野生动物园、邓马营湖沙漠探险、民勤红崖山水库、民勤沙生植物园及天梯山石窟等多条沙漠旅游观光线，建立了黄羊河葡萄、凉州沙产业示范园区、民勤红枣产业基地、古浪马路滩林场、石羊河扎子沟五个生态经济旅游观光园。

3.2.3 我国沙区生态产业技术特点总结

目前，我国的沙产业得到了长足发展，已在沙漠化地区展示出巨大的潜力。具体可将我国沙区生态产业技术特点总结如下。

（1）"多采光、少用水"体现在对太阳能、沙土等沙区自然资源的直接转化与利用。"多采光、少用水"实际是直接根据沙区的自然特征，采取的"扬长避短"措施发展沙区自然资源，形成的沙产业类型包括沙生植物的种植、旅游资源的开发与能源产业发展等。其中，我国沙产业技术中的"多采光"就是基于地球表层生态系统的能源是阳光，光合作用是这个巨大系统能源的"入口"，把万象之源的能量最大限度地采收下来。"少用水"就是把天然降水和其他降水变成径流和渗入地层的地下水合理利用，节省用水是沙产业发展的关键技术。例如，我国不同地区塑料膜和温室技术的应用以及滴灌渗灌配套设施的推广等，不但将使现有的水资源得以更为合理、充分的利用，还将引起农业型生产的革命性变革，并向商品输出型转化，为农业型沙产业的开发提供技术保证。而在我国部分沙区发展的工业型沙产业方面，这一技术特点体现得也较为明显，具体表现就是通过工业技术的应用与开发以及直接转换沙区太阳能、风能和沙土等为有价值的沙产业产品，进而实现在光伏产业、风力发电以及沼气利用等方面的创新，生产出诸多如渗水砖、保水砂砖、刨花板等创新性产品，为沙区资源的转化利用提供技术支撑。

（2）"新技术、高效益"体现在对沙区种养产品及资源的高精深化，注重打造沙产业产品，并通过商业运营实现沙产业产品市场化。可以说，我国沙产业技术中的"新技术、高效益"体现了当代科学和技术的进步，即通过高新技术的应用，一方面可以改造传统的产业经营方式；另一方面是为了减少企业经营中人、财、物的投入，从而极大地提高劳动生产率。其中，主要技术表现是以沙产业发展环节为基本依托，利用现代生物技术、互联网技术和电子商务等技术等对沙产业内部发展环节的作用，推动产业结构变动升级和经营管理方式的优化。就具体应用而言，技术要素在沙产业链中具体的应用模块与应用程度将决定高新技术产业对沙产业的渗透型融合是否产生结果或产生什么样的结果。例如，生物技术在沙产业中的应用模块主要在生产资料提供阶段，技术应用的结果为沙产业品种改良等；智能化技术在沙产业中的应用模块主要在加工生产阶段，技术应用的结果是自动化生产线的应用等；电子商务等技术在沙产业中产业链的应用模块更多在产品销售阶段，技术应用的结果是新型营销模式等；互联网技术可以覆盖沙产业链条的始终，技术应用的结果是智能化沙产业。

当然，随着时代的不断进步，政府、社会及企业对沙产业发展的不断重视与创新，我国沙区生态产业技术还存在一些其他特点，如政府财税等政策支持等，这里不再一一陈述。

3.3　沙区生态产业技术发展评价

3.3.1　沙区生态产业技术发展评价必要性

党的十八大报告提出经济建设、政治建设、文化建设、社会建设、生态文明建设"五位一体"发展格局。把"生态文明建设"放在突出地位。党的十九大提出，建设生态文明是中华民族永续发展的千年大计，把坚持人与自然和谐共生作为新时代坚持和发展中国特色社会主义基本方略的重要内容，把建设美丽中国作为全面建设社会主义现代化强国的重大目标，把生态文明建设和生态环境保护提升到前所未有的战略高度。2018年的中央1号文件继续锁定"三农"工作，把深入推进农业供给侧结构性改革作为新的历史阶段农业农村工作主线，并强调"优化产品产业结构，着力推进农业提质增效，做大做强优势特色产业；制定特色农产品优势区建设规划，建立评价标准和技术支撑体系，鼓励各地争创园艺产品、畜产品、水产品、林特产品等特色农产品优势区；加强重大生态工程建设；推进山水林田湖整体保护、系统修复、综合治理，加快构建国家生态安全屏障；全面推进大规模国土绿化行动；继续实施林业重点生态工程，推动森林质量精准提升工程建设；推进沙化土地封禁与修复治理"，进一步强调林业要为社会提供更多更好的生态产品和林产品。党的十九大将"坚持人与自然和谐共生"纳入新时代坚持和发展中国特色社会主义基本方略，提出建设美丽中国目标。以习近平同志为核心的党中央高度重视生态文明建设，提出了"绿水青山就是金山银山""山水林田湖草沙是一个生命共同体"等一系列生态文明思想。内蒙古自治区地处中国北部边疆，总面积118.3万km^2，是我国北方面积最大、种类最全的生态功能区，既有大草原、大森林、大河湖、大湿地，也有大山脉、大戈壁、大沙漠。其中，荒漠化土地和沙化土地面积分别占全区土地总面积的51.5%和34.5%，是我国荒漠化和沙化土地较为集中、危害较为严重的省区之一。特殊的地理位置和自然条件决定了这里的生态状态不仅关系内蒙古各族群众生存和发展，也关系东北、华北、西北乃至全国的生态安全。

内蒙古自治区第十次党代会报告强调"绿色是内蒙古的底色和价值,生态是内蒙古的责任和潜力。要全面加强生态文明建设,全面推进绿色发展,推进生态修复和环境保护,推动形成节约资源和保护环境的空间格局、产业结构、生产方式,加强生态文明制度建设和文化培育,进一步筑牢我国北方重要生态安全屏障"。长期以来,内蒙古自治区始终把荒漠化防治作为建设我国北方重要生态安全屏障、促进经济社会可持续发展的战略举措,牢固树立和自觉践行绿色发展理念,综合施策推进荒漠化防治,取得了积极成效,积累了丰富经验。经过多年不懈努力,内蒙古荒漠化整体扩展的趋势得到有效遏制,荒漠化和沙化土地面积连续10年保持"双缩减",森林覆盖率和草原植被盖度持续保持"双提高",重点治理区生态环境明显改善,部分地区呈现"荒漠变绿洲"的可喜景象,实现了由"沙进人退"到"绿进沙退"的历史性转变。

生态环境是人类生存和发展的基本条件,是经济、社会发展的基础。内蒙古地处北温带干旱、半干旱荒漠地带,为荒漠化严重且发展迅速的地区,是我国北方"沙尘暴"的重要发源地,又是京津风沙源三大通道之一,地理位置十分重要,是我国北方重要的生态屏障。由于自然、经济、社会、历史等原因,本地区的森林和草原植被遭到严重破坏,从而引发了气候干旱、土地沙化、水土流失、生产力下降、沙尘暴频繁发生等一系列生态和经济问题。如今,沙区生态产业已成为内蒙古自治区一项具有战略意义的产业,已有沙草加工企业近千家,开发了沙棘、甘草、沙柳、肉苁蓉、螺旋藻、羊绒、獭兔种养加工和生物质发电等多条产业链,并整合、集群为新型的沙区生态产业体系。沙区生态产业发展利用沙漠资源创造经济效益,使被动治沙转变成主动用沙,成为沙漠生态构建的重要方法之一。我国多年的治沙经验表明,没有经济效益的单纯治沙是没有生命力的治沙,今后的工作必须从单纯的防沙固沙逐渐转移到全面开发沙漠资源的轨道上来。

沙区生态产业孕育了众多的技术创新机会和投资机会,但沙区生态产业的可持续发展必须以保护沙漠生态系统为前提,如何做到既有效地保护生态环境,又让沙漠中丰富的光、热、水、沙、生物等资源持续地服务于社会经济和人民生活,是现在人们研究的难点所在。而充分利用现代化科学技术是沙产业理论的核心和根本,因此以沙区生态产业技术为出发点进行研究就抓住了沙区生态产业的核心。

纵观国内研究,自20世纪80年代,钱学森院士提出沙产业的概念和理论体系以来,在"多采光、少用水、新技术、高效益"的产业技术特点下,我国的沙产业得到了长足发展,当前已在我国西北沙漠化地区展示出巨大的发展潜力。长期以来,围绕"沙产业"的发展国内学者相继从沙产业理论概念、沙产业发展实践及原则和沙产业发展效益等方面进行诸多探讨，这些探讨为我们深入了解沙产业的发展内涵与特征提供了重要参考。与此同时，也需要清醒地认识到，现有研究更多的是基于传统产业（类似于农牧业）发展优化的思路对沙产业的发展问题进行讨论，有关沙区生态产业技术发展评价及影响因素的研究相对较少。事实上，沙产业与普通干旱区农牧业之间仍存在着较大区别，沙产业更多强调"通过高新技术的应用，充分发挥沙区光热条件等优势，克服水资源匮乏等劣势，对原生物种持续改良升级，实现高效、特色、现代化的生产"。可以说，沙产业的可持续发展离不开高新生态产业技术的应用与推动。正如钱学森所指出的，沙产业是"多种新型知识密集的产业，没有高新技术的应用，沙产业就失去了生命力"。因此，客观地测度与评价当前我国沙区生态产业技术发展水平、识别主要影响因素，探讨如何更好地开发与推广适宜的沙区生态产业技术，对于促进沙产业持续健康发展、拓展沙产业功能具有重要现实意义。

本章将从两个方面对沙区生态产业技术发展进行评价。①基于内蒙古沙产业企业的实地调查数据与资料，在合理构建沙区生态产业技术测算指标体系的基础上，通过熵值法计算影响沙区生态产业技术发展的指标权重，识别主要影响因素；然后，基于计算确定的指标权重体系，测度沙区生态产业技术发展水平，实现对沙区生态产业技术的综合评价。②在借鉴相关专家研究成果的基础上，首先提出并构建了沙区生态产业技术适用性评价指标体系，利用层次分析法对指标权重进行测度。其次，按照沙区生态产业类型进一步讨论影响适用性的因素。然后，基于技术适用性整体评价结果和不同产业类型的权重评价结果，按照重要程度对指标进行分类，以明确影响沙区生态产业技术适用性的关键、重要及一般性因素。最后，利用典型企业作为案例，分析影响其发展的关键因素。

3.3.2 沙区生态产业技术发展水平测度

1. 研究方法与数据来源

1）研究方法

本章沙区生态产业技术发展水平的测度及评价主要采用熵值法展开分析。在信息论中，信息熵是系统信息混沌无序或信息不足的度量，可作为决策评价的工具，还可用来度量获取数据中包含的有用信息量，从而确定该信息所占的权重。熵值法正是利用此原理，建立关于评价对象和评价指标的评价矩阵，确定评价指标在综合处理过程中的权值。熵权值代表评价指标在竞争意义上的激烈程度，具有较强的客观性，排除了专家意见等易受主观因素影响的成分，是一种用于多指标、多对象的综合评价及决策方法。其主要计算步骤如下。

原始数据标准化处理：由于各指标的量纲及正负取向均有差异，因此需对原始数据进行标准化处理。其中，指标值越大对综合发展越有益时，采用正向指标标准化方法；指标值越小越有益时，采用负向指标标准化方法。

假设原始数据为

$$X_{ij}=(X_{ij})_{nm} \tag{3-1}$$

$$X = \begin{bmatrix} x_{11} & x_{12} & \cdots & x_{1n} \\ x_{21} & x_{22} & \cdots & x_{2n} \\ \vdots & \vdots & & \vdots \\ x_{m1} & x_{m2} & \cdots & x_{mn} \end{bmatrix} \tag{3-2}$$

数据的标准化处理

$$\gamma_{ij} = \frac{x_{ij} - \min(x_{ij})}{\max(x_{ij}) - \min(x_{ij})} \tag{3-3}$$

$$\gamma_{ij} = \frac{\max(x_{ij}) - x_{ij}}{\max(x_{ij}) - \min(x_{ij})} \tag{3-4}$$

得到数据矩阵

$$R = \begin{bmatrix} r_{11} & r_{12} & \cdots & r_{1n} \\ r_{21} & r_{22} & \cdots & r_{2n} \\ \vdots & \vdots & & \vdots \\ r_{m1} & r_{m2} & \cdots & r_{mn} \end{bmatrix} \tag{3-5}$$

确定各指标的信息熵：根据信息论中信息熵的定义，确定第 j 个指标的信息熵：

$$e_j = -k \sum_{i=1}^{m} p_{ij} \ln p_{ij} \quad j = 1, 2, \cdots, n \tag{3-6}$$

式中，$p_{ij} = \dfrac{r_{ij}}{\sum\limits_{i=1}^{m} r_{ij}}$；$k = 1/\ln m$，并假定 $p_{ij} = 0$ 时，$p_{ij} \ln p_{ij} = 0$。

根据信息熵，计算各指标的权重：

$$w_j = \frac{1 - e_j}{\sum\limits_{j=1}^{n}(1 - e_j)} \tag{3-7}$$

其中，$0 \leqslant w_j \leqslant 1$，$\sum\limits_{j=1}^{n} w_j = 1$。

计算各评价对象的综合评价值：首先，计算单一指标的评价值：

$$S_{ij}=w_j\times\gamma_{ij} \qquad (3-8)$$

再计算第 i 个评价对象的综合评价值：

$$S_i = \sum_{j}^{n} S_{ij} \qquad (3-9)$$

综合评价值即可反映被评价对象的整体发展相对级别高低情况。

2）数据来源

沙区生态产业技术发展影响因素识别及发展水平评价所涉及的原始数据均来自课题组对内蒙古沙产业企业的实地走访与问卷调查。内蒙古作为我国北方重要的生态安全屏障，境内分布有五大沙地和五大沙漠，是全国荒漠化和沙漠土地最为集中、受风沙危害最为严重的省区之一。近年来，随着沙产业技术的不断发展及应用，内蒙古地区沙产业企业发展迅速、数量不断增多，具有丰富的沙产业发展实践基础及较强的研究代表性。本节致力于沙区生态产业技术发展分析，从企业规模和典型技术应用的角度，共选出22家沙产业典型企业（包括沙区生态农业、加工业和旅游业企业）进行问卷调查。问卷调查开展时间为2019年8月，调查地区包括内蒙古巴彦淖尔、鄂尔多斯、乌海和阿拉善4个盟市，涉及毛乌素沙地、库布齐沙漠、乌兰布和沙漠等沙区。其中，由于部分样本数据缺失，剩余有效样本企业17家。调查内容主要包括沙产业企业及典型技术基本信息，技术发展及应用产生的经济效益、生态效益、社会效益和技术可持续性等数据资料。

2. 沙区生态产业技术发展水平测度指标体系构建及影响因素分析

1）沙区生态产业技术发展水平评价指标体系的构建

综合评价指标体系的确定与构建直接关系到评价结果的科学性和可靠性。在充分考虑沙产业技术内涵的基础上，本书遵循科学性、系统性、有效性、代表性和可操作性原则，借鉴已有综合测度体系构建的研究成果，遵循以下三个步骤：第一，参考农牧业产业技术发展评价指标体系构建标准，并结合国内部分地区沙产业发展规划，提取出一些较为重要的发展评价指标；第二，对有关沙产业发展评价相关文献进行频度统计，选取出使用频度较高的指标，并征询沙产业行业专家意见得到初选的指标体系；第三，结合沙产业技术内涵，对综合测度体系进行适当的增减调整。通过以上步骤，本章最终确定的沙区生态产业技术发展水平综合评价指标体系包含经济效益、生态效益、社会效益和技术可持续性四个子系统层和25个指标层，见表3-1。

表 3-1 沙区生态产业技术发展水平综合评价指标体系

系统层	子系统层	指标层	测量方法
U 沙区生态产业技术发展水平测度体系	U1 经济效益	U11 年营业收入	连续型变量（元）
		U12 销售收入增长率	连续型变量（%）
		U13 营业成本下降率	连续型变量（%）
		U14 净资产收益率	连续型变量（%）
		U15 固定资产增额	连续型变量（元）
		U16 产品所占市场份额	分类变量（1=小，2=较小，3=一般，4=较大，5=大）
	U2 生态效益	U21 开发利用沙漠或沙地的面积	连续型变量（亩）
		U22 资源利用程度	分类变量（1=低，2=较低，3=一般，4=较高，5=高）
		U23 环境影响评价结果	分类变量（1=差，2=较差，3=一般，4=较好，5=非常好）
		U24 环保制度的完善程度	分类变量（1=欠缺，2=较欠缺，3=一般，4=较完善，5=完善）
		U25 对当地生态环境保护的影响	分类变量（1=小，2=较小，3=一般，4=较大，5=大）
	U3 社会效益	U31 对当地投资环境的影响程度	分类变量（1=小，2=较小，3=一般，4=较大，5=大）
		U32 对当地基础设施的改善程度	分类变量（1=小，2=较小，3=一般，4=较大，5=大）
		U33 带动就业人数	连续型变量（人）
		U34 带动农牧民致富辐射范围	分类变量（1=小，2=较小，3=一般，4=较大，5=大）
		U35 技术发挥的示范指导作用	分类变量（1=弱，2=较弱，3=一般，4=较大，5=大）
		U36 农牧民对技术生产的满意度	分类变量（1=不满意，2=较不满意，3=一般，4=较满意，5=满意）
	U4 技术可持续性	U41 是否设立专门的技术研发部门	二分类变量（1=是，0=否）
		U42 技术研发人员数量	连续型变量（人）
		U43 拥有专利个数	连续型变量（个）
		U44 技术成熟度	分类变量（1=不成熟，2=较不成熟，3=一般，4=较成熟，5=成熟）
		U45 技术操作难度	分类变量（1=容易，2=较容易，3=一般，4=较难，5=难）
		U46 脱离沙区资源是否能继续生产	二分类变量（1=是，0=否）
		U47 是否需要与其他技术配套	二分类变量（1=是，0=否）
		U48 政府补贴投入水平	分类变量（1=少，2=较少，3=一般，4=较多，5=多）

2）沙区生态产业技术发展的主要影响因素分析

根据熵值法的客观赋权步骤，对实地调查数据进行标准化处理后，可以计算出各指标对沙区生态产业技术发展影响的权重大小，而依据客观计算出的权重大小即可判断出不同指标对沙区生态产业技术发展的影响程度。为此，本节基于内蒙古沙产业企业的实地调查数据与资料，在系统构建沙区生态产业技术发展水平测度评价指标体系的前提下，应用目前较为成熟的熵值评价方法计算各指标权重，从而进一步识别影响沙区生态产业技术发展的主要因素，计算结果详见表3-2。

表 3-2　沙区生态产业技术发展水平测度指标权重计算结果

子系统层	指标层	指标权重	子系统权重
经济效益	年营业收入	0.105	0.327
	销售收入增长率	0.087	
	营业成本下降率	0.013	
	净资产收益率	0.026	
	固定资产增额	0.077	
	产品所占市场份额程度	0.019	
生态效益	开发利用沙漠或沙地面积	0.116	0.175
	资源利用程度	0.017	
	环境影响评价结果	0.012	
	环保制度的完善程度	0.012	
	对当地生态环境保护的影响	0.018	
社会效益	对当地投资环境的影响程度	0.011	0.173
	对当地基础设施的改善程度	0.022	
	带动就业人数	0.063	
	带动农牧民致富辐射范围	0.011	
	技术发挥的示范指导作用	0.060	
	农牧民对技术生产的满意度	0.006	
技术可持续性	是否设立专门的技术研发部门	0.023	0.325
	技术研发人员数量	0.057	
	拥有专利个数	0.099	
	技术成熟度	0.022	
	技术操作难度	0.042	
	脱离沙区资源是否能继续生产	0.052	
	是否需要与其他技术配套	0.023	
	政府补贴投入水平	0.007	

表 3-2 计算结果显示，一方面，由沙区生态产业技术适用性评价的各指标影响权重值来看可知，排名前三位的分别是生态效益子系统层中的开发利用沙漠或

沙地面积（0.116）、经济效益子系统层中的年营业收入（0.105）和技术可持续性子系统层中的拥有专利个数（0.099），说明充分开发利用沙漠或沙地的生态效益情况、技术应用所产生的经济收入和高新技术专利研发是当前影响内蒙古沙区生态产业技术发展的最主要因素。

另一方面，由沙区生态产业技术适用性评价子系统的影响权重可知，经济效益的影响排名第一，其权重值为0.327，在影响沙区生态产业技术发展的因素中经济效益的权重最大。与王睿（2017）和王卓然（2019）围绕沙产业发展评价研究结论相似，经济效益就像推动技术发展的"血液"，只有实现适当的经济价值才能确保技术的开发与应用不至于因为"缺血"而"中途夭折"；其次是技术的可持续性支撑，其影响程度（0.325）略低于经济效益，可见，由技术研发所带来的沙产业技术可持续性，如"拥有专利个数""技术研发人员数量""技术操作难度"等指标对沙产业技术发展的影响也越发重要；随后是技术应用的生态效益，其权重值为0.175，其中，该系统层中开发利用沙漠或沙地面积这一指标，在众多指标中对沙区生态产业技术发展的影响最为突出，排名第一，反映出当前内蒙古地区沙区生态产业技术发展对沙漠的依赖程度仍然较高；最后是社会效益，其权重值为0.173，其中，"带动农牧民致富辐射范围""对当地投资环境的影响程度""农牧民对技术生产的满意度"等指标影响权重极小，分别为0.011、0.011和0.006，对沙区生态产业技术发展的影响较弱，反映出目前社会带动效应对沙区生态产业技术发展的影响程度还有待提高。

3. 沙区生态产业技术发展水平测度结果与分析

通过对指标权重的计算，再结合各指标实地调查数据，可以计算出被调查企业的沙产业技术发展综合评价值，从而实现对沙区生态产业技术发展的综合评价。

1）沙区生态产业技术发展水平的综合测度结果与分析

综合评价值的大小反映被调查企业沙产业技术发展水平的高低程度，评价值越大说明技术发展水平越高；评价值越小说明技术发展水平越低。由表3-3可知，当前内蒙古地区沙区生态产业技术发展综合水平差异较大。被调查企业中，沙区生态产业技术发展综合水平最高值为0.418，最低值为0.153，平均值为0.280。具体由各子系统测度结果可知，当前内蒙古地区沙区生态产业技术发展所产生的经济效益差距最为明显。测度结果显示，内蒙古地区沙区生态产业技术经济效益发展水平最高值为0.185，最低发展水平为0.006，最高发展水平为最低发展水平的30.83倍；生态效益最高发展水平为0.155，最低发展水平为0.018，最高发展水平为最低发展水平的8.61倍；社会效益最高发展水平为0.121，最低发展水平为0.020，最高发展水平是最低发展水平的6.05倍；技术可持续性最高发展水平为

0.262，最低发展水平为 0.011，最高发展水平相当于最低发展水平的 23.82 倍。

表 3-3 沙区生态产业技术发展水平的综合测度结果

调查对象	综合水平	经济效益	生态效益	社会效益	技术可持续性
1	0.418	0.029	0.046	0.082	0.262
2	0.408	0.030	0.155	0.093	0.130
3	0.394	0.125	0.064	0.104	0.100
4	0.390	0.018	0.088	0.096	0.188
5	0.375	0.053	0.053	0.060	0.208
6	0.321	0.030	0.054	0.121	0.117
7	0.290	0.006	0.051	0.110	0.124
8	0.279	0.120	0.039	0.030	0.091
9	0.277	0.185	0.035	0.046	0.011
10	0.264	0.077	0.021	0.038	0.128
11	0.259	0.035	0.0594	0.056	0.109
12	0.205	0.012	0.030	0.097	0.066
13	0.198	0.032	0.040	0.035	0.091
14	0.189	0.018	0.018	0.060	0.093
15	0.188	0.032	0.045	0.047	0.065
16	0.154	0.033	0.021	0.021	0.079
17	0.153	0.054	0.020	0.020	0.059

2）不同地区沙区生态产业技术发展水平的测度与分析

图 3-1 给出了不同地区沙区生态产业技术发展水平比较。一方面，由综合发展水平看，鄂尔多斯市沙区生态产业技术发展水平较高于阿拉善盟、乌海市和巴彦淖尔市，地区间技术发展差异明显。进一步分析原因可以发现，鄂尔多斯市沙区生态产业技术的快速发展主要得益于较高的生态效益和较高的研发投入所实现的技术可持续性。另一方面，从各子系统的分布看，阿拉善盟沙区生态产业技术发展的经济效益水平最高。近年来，阿拉善盟基于独特的沙漠自然景观，大力发展沙漠旅游业，所产生的经济效益日益突出，这一点同时也在下文"不同业务类型沙区生态产业技术发展水平测度结果"中（图 3-2）得到了印证；而在生态效益、社会效益和技术可持续性方面，鄂尔多斯市所表现出的发展水平最高。鄂尔多斯市地处库布齐沙漠，多年来，不断更新的"库布齐治沙模式"，正在将祖国正北方的这块"黄褐斑"变成"绿宝石"，2017 年联合国环境署发布的《中国库布其生态财富评估报告》指出，库布齐沙漠地区因治沙所创造的生态财富值高达 5000 多亿元，带动十余万农牧民脱贫，沙产业技术发展所产生的生态效益及社会效益明显。

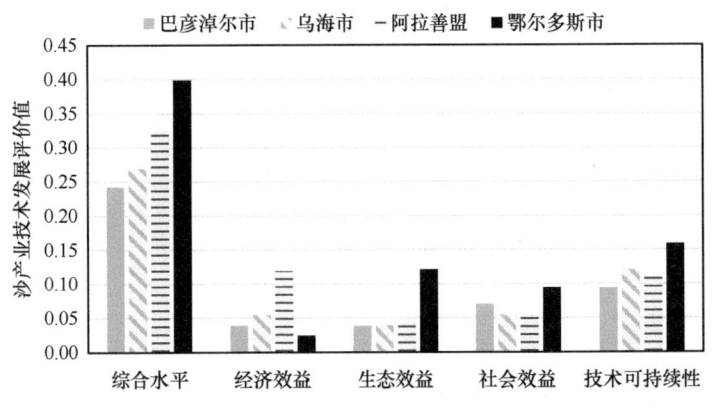

图 3-1　不同地区沙区生态产业技术发展水平比较

3）不同业务类型沙区生态产业技术发展水平的测度与分析

图 3-2 给出了不同业务类型沙区生态产业技术发展水平比较。一方面，由综合发展水平测度结果可知，当前内蒙古地区"加工制造类"和"种植繁育+加工制造类"沙产业技术发展水平较高，依次领先于"生态旅游类"和"种植繁育类"沙产业技术。另一方面，由各子系统的测度结果可知，"生态旅游类"沙产业技术的经济效益发展水平最高。进一步分析原因可知，生态旅游服务业属于第三产业，具有"投资少、见效快、创汇性迅速"等特点，尤其对于不具备产业优势的沙漠地区，其所产生的经济效益十分凸显；"种植繁育+加工制造类"沙产业技术的生态效益和社会效益发展水平最高。其主要原因是沙产业种植繁育类与加工制造类相关性较强，并且具有明显的互补性，沙产业加工类技术的发展依赖于种植繁育类技术的发展成果，而沙产业种植繁育的价值再塑造则取决于加工类的参与程度，二者相互融合，所产生的生态效益和社会效益较为明显；"加工制造类"企业致力于产品生产与研发，相对于其他类型产业技术，由于较高的技术研发投入与支撑，其所产生的技术可持续性水平较高。

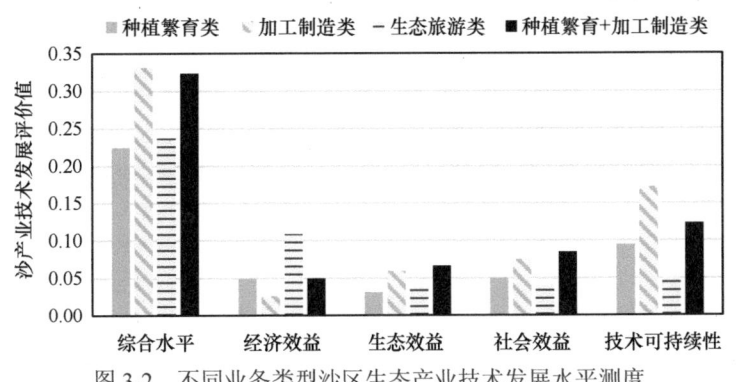

图 3-2　不同业务类型沙区生态产业技术发展水平测度

3.3.3 沙区生态产业技术适用性评价

1. 研究方法与数据来源

1）研究方法

沙区生态产业技术适用性评价采用层次分析法。层次分析法是美国著名运筹学家，是匹兹堡大学教授 T.L.Saaty 在 20 世纪 70 年代中期提出的一种决策方法。层次分析法将复杂的问题分解为各个组织因素，将这些因素按支配关系分组形成有序的递阶层次结构，通过两两比较的方式确定层次中诸因素的相对重要性，然后综合人的判断以决定决策诸因素相对重要性的总顺序。其具有适应性、简洁性、实用性和系统性等优点。

建立层次结构模型：应用层次分析法确定指标权重时，首先要把问题条理化、层次化，构造出一个有层次的结构模型，上一层次的元素作为准则对下一层次有关元素起支配作用。一般可分为 3 个层次：①最高层。这一层中只有一个元素，一般是分析问题的评价目标或理想结果，也称为目标层，本节是指"沙区生态产业技术适用性评价"。②中间层。这一层次包含实现评价目标所涉及的中间环节，可以由若干层次组成，包括所需考虑的准则、子准则，也称为准则层。本节的准则层包括经济效益、生态效益、社会效益、技术可持续性 4 个指标。③最底层。这一层包括为实现目标可供选择的各种具体评价指标或措施、决策方案等，也称为指标层、措施层或方案层等。本节的最底层包括所有 14 个三级评价指标。

构造两两判断矩阵：判断矩阵元素的值反映了人们对各因素相对重要程度（或优劣、偏好、强度等）的认识，一般可采用数字 1~9 及其倒数的标度法来表示。当相互比较因素的重要性能够用具有实际意义的比值说明时，则判断矩阵相应的值可取这个比值。

Saaty 标度说明表见表 3-4。

表 3-4　Saaty 标度说明表

重要性标度	含义	说明
1	同样重要	两因素相比，具有相同重要性
3	稍微重要	两因素相比，前者比后者稍微重要
5	明显重要	两因素相比，前者比后者明显重要
7	非常重要	两因素相比，前者比后者重要得多
9	极端重要	两因素相比，前者比后者极端重要
2、4、6、8	—	上述相邻判断的中间值
倒数		两因素相比，后者比前者重要

层次单排序：对矩阵 A 计算满足 $AW = \lambda_{\max}W$ 的特征根和特征权向量，并将特征权向量归一化。一般而言，判断矩阵 A 的关于最大特征值的归一化特征权向量 $w_i = (b_{i1}, b_{i2}, \cdots, b_{im})^{\mathrm{T}}$ 反映了各因子对某因素的影响权重，即单序权值。对判断矩阵的一致性检验步骤如下。

计算一致性指标 CI：

$$\mathrm{CI} = \frac{\lambda_{\max} - n}{n - 1} \tag{3-9}$$

根据 Saaty 给出的 RI 值查找平均随机一致性指标（表 3-5）。

表 3-5　RI 值

N	1	2	3	4	5	6	7	8	9
RI	0	0	0.58	0.90	1.12	1.24	1.32	1.41	1.45

计算一致性比例 CR：

$$\mathrm{CR} = \frac{\mathrm{CI}}{\mathrm{RI}} \tag{3-10}$$

一般认为当 CR<0.1 时，判断矩阵的一致性是可以接受的。

层次总排序：为了得到递阶结构中每一层次中所有元素相对于总目标的相对权重，需要把计算结果进行适当的组合，并进行总的一致性检验。

组合一致性检验由上而下逐层进行。设第 $k-1$ 层有 t 个因素，共 s 层，第 k 层的各判断矩阵一致性指标分别为 $\mathrm{CI}_1^{(k)}, \mathrm{CI}_2^{(k)}, \cdots, \mathrm{CI}_t^{(k)}$，随机一致性指标分别为 $\mathrm{RI}_1^{(k)}, \mathrm{RI}_2^{(k)}, \cdots, \mathrm{RI}_t^{(k)}$，第 $k-1$ 层对目标 O 的权向量为 $w^{(k-1)} = (a_1, a_2, \cdots, a_t)^{\mathrm{T}} w^{(k-1)}$，则 k 层组合一致性比率定义为

$$\mathrm{CR}^{(k)} = \frac{\sum_{j=1}^{t} a_j \mathrm{CI}_j^{(k)}}{\sum_{j=1}^{t} a_j \mathrm{RI}_j^{(k)}}, k = 3, 4, \cdots, s \tag{3-11}$$

第 k 层通过组合一致性检验的条件一般为

$$\mathrm{CR}^{(k)} < 0.1 \tag{3-12}$$

总体一致性比率定义

$$\mathrm{CR}^{\text{总}} = \sum_{k=2}^{t} \mathrm{CR}^{(k)} \tag{3-13}$$

只有总体一致性比率适当，才能认为通过总体一致性检验。

2）数据来源

内蒙古是中国沙化土地分布较为集中的省区之一，作为祖国北疆最重要的生态屏障，内蒙古已经探索并形成了沙区产业化的发展模式。在防沙治沙、特色沙生植物的综合利用、特色畜牧养殖业的开发、特色产品的加工、清洁能源、沙区旅游资源开发等方面取得了丰硕的实践成果。本节沙区生态产业技术适用性评价考虑到沙区生态企业、相关政府部门是沙区生态产业的重要参与主体，对沙区生态产业技术的理解相对客观且具有一定的前瞻性，因而选取内蒙古西部沙区的企业高层管理人员、技术人员和相关政府部门作为本次的调研对象。本次调研共发放专家调查问卷 58 份，收回有效问卷 54 份，有效收回率为 93.10%。

问卷调查开展时间为 2019 年 8 月，调查地区包括内蒙古巴彦淖尔、鄂尔多斯、乌海和阿拉善 4 个盟市，涉及毛乌素沙地、库布齐沙漠、乌兰布和沙漠等沙区。调查内容主要包括沙产业企业及典型技术基本信息、技术发展及应用产生的经济效益、生态效益、社会效益和技术可持续性等数据资料。

调查数据显示，接受调研的对象中，从事沙区生态种植养殖业的专家有 18 位，从事沙区"种植养殖+加工"业的专家有 18 位，从事沙区"种植养殖+加工+旅游"业的专家有 15 位，从事沙区生态旅游的专家有 3 位。按照专家所处的产业类型划分，第一产业的专家占 33.33%，一二产业融合的专家占 33.33%，三产融合的专家占 27.78%，第三产业的专家占 5.56%。调查专家从事的产业类型情况如图 3-3 所示。

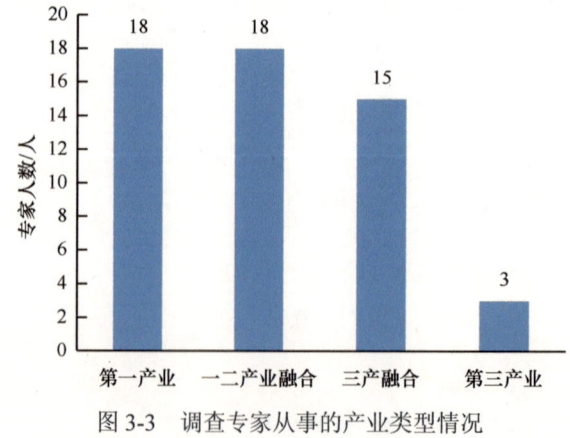

图 3-3 调查专家从事的产业类型情况

2. 沙区生态产业技术适用性评价指标体系的构建

沙区生态产业的首要标志是现代科学技术的应用，而符合沙区发展特点的适用性技术的应用是帮助沙区生态产业实现可观的经济、生态以及社会效益的关键。尤其是在当前沙区基础条件薄弱、产业层次偏低的现实背景下，更需要提高沙区生态产业技术的适用性水平，实现沙区以技术为核心的可持续发展。

沙区生态产业技术适用性评价以及沙区生态产业技术适用性评价指标的构建必须建立在对生态产业技术评价理论分析和大量文献研究的基础上，充分考虑研究区实际情况并参考实际经验较多、影响力较大的指标。由于评价指标涉及因素较多，构建指标体系时应当遵循以下原则。

a. 科学性原则

评价指标体系能够合理地反映沙区生态产业技术本质，所选指标概念明确，具有独自的内涵且能充分反映研究区产业技术要素，同一级指标之间能够互相联系、制约。

b. 系统性原则

沙区生态产业技术适用性评价指标体系是一个比较客观、全面的复合系统，选取指标体系前，综合、全面、系统地考虑到自然因素和人为因素对生态产业技术的影响，在选取指标体系时要判断其中指标是否能够表现经济效益、生态效益、社会效益、技术可持续性等各个层面的特点，同时要紧密联合评价目的。

c. 区域性原则

不同地区生态系统和环境条件各有特色，同一因素在不同时空条件下差异性明显，同一指标对不同区域的影响程度也是不同的。生态产业技术评价应当基于研究区生态产业技术特点，选取合适的评价指标反映研究区生态产业技术现状。

d. 针对性原则

在对问题进行分析时，需要立足于实际情况，对企业所具有的特征进行考虑，选择可以反映企业特点的指标，不过也要避免指标选择的重复性。这样一方面能对问题进行全方位的评价，另一方面还会对评价的精准性产生一定影响。

基于此，本节的适用性评价指标体系主要围绕技术效益和技术自身发展构建层次结构，依据科学性、全面性、适用性、可操作性原则对评价指标进行选取。具体地，指标选取主要通过以下两个步骤来完成：首先，在查阅林沙、农牧产业技术适用性评价的基础上，咨询相关专家意见，筛选、整理出沙区生态产业技术适用性评价初选指标；其次，随机抽取沙区生态企业进行预调查，根据沙区生态企业技术应用的实际情况，并再次征询专家意见对评价指标进行增减、改进。最终确定经济效益、生态效益、社会效益、技术可持续性4个准则层和14个指标层，详见表3-6。

表 3-6　沙区生态产业技术适用性评价指标体系表

目标层	准则层	指标层
沙区生态产业技术适用性评价指标体系	经济效益	盈利能力
		投资收益
		投资回收期
	生态效益	特色资源使用
		环境改善
		污染物排放达标
	社会效益	区域发展
		投资环境
		带动辐射效应
	技术可持续性	政策支持
		技术成本
		技术适用性
		技术先进性
		资源利用效率

3. 沙区生态产业技术适用性评价结果与分析

1）沙区生态产业技术适用性评价结果

根据本节构建的技术适用性评价指标体系，按照层次分析法系统分析的原则设计调查问卷，前往调研区域获取实地调查数据，并根据层次分析法的分析步骤得到各评价指标的权重系数，如表 3-7 所示。

表 3-7　沙区生态产业技术适用性评价指标体系权重及排序

准则层	权重系数	位次	指标层	权重系数	总权重	位次
经济效益	0.417	1	盈利能力	0.608	0.253	1
			投资收益	0.272	0.114	3
			投资回收期	0.120	0.050	6
生态效益	0.314	2	特色资源使用	0.633	0.199	2
			环境改善	0.261	0.082	5
			污染物排放达标	0.106	0.033	8
社会效益	0.065	4	区域发展	0.490	0.032	9
			投资环境	0.312	0.020	12
			带动辐射效应	0.198	0.013	14
技术可持续性	0.204	3	政策支持	0.444	0.091	4
			技术成本	0.212	0.043	7
			技术适用性	0.151	0.031	10
			技术先进性	0.103	0.021	11
			资源利用效率	0.090	0.018	13

由表 3-7 可知，经济效益最为重要，权重为 41.71%，其次是生态效益，技术可持续性、社会效益权重分别位列第三位和第四位。在指标层中，前七名的指标依次为特色资源使用、盈利能力、政策支持、投资收益、环境改善、技术成本、投资回收期。客观地讲，经济效益是产业发展的驱动力。鉴于沙区独特的生态地理环境，要想在沙区发展特色生态产业，需要投入大量资本。沙区生态产业的各参与主体作为"理性的经济人"，都会在经济效益的驱动下，选择更具有发展潜力的项目。因此，在沙区发展生态产业技术首要考虑的就是经济效益。与此同时，不破坏生态环境是发展沙区生态产业的最基本要求，各参与主体在实现经济效益的同时也要兼顾生态效益。正如文中测度结果显示，影响沙区生态产业技术适用性的第二因素就是生态效益。科技是第一生产力，是提高"沙产品"附加值的重要保障。现阶段各参与主体在深加工、提高技术含量、增加附加值等方面已经做出了不少努力。但就产业的可持续来说，需要坚持技术研发，不断地创新技术体系、增强自身的"造血能力"。因此，技术可持续性是影响沙区生态产业技术适用性的第三因素。随着沙区生态产业的不断发展壮大，自然也产生了极大的社会效益，如改善沙区投资环境、带动周边农牧民增收等。

综上所述，本节得到的沙区生态产业技术适用性评价结果，即经济效益居首位，生态效益第二、技术可持续性第三、社会效益第四，符合沙区现实情况。

2）不同产业类型下指标权重的确定与分析

根据实地调研的情况，按照沙区生态产业涉及的产业类型，将其划分为第一产业，一、二产业融合，三产融合和第三产业。采用与上文相同的方法，得到各产业类型在适用性评价指标体系下的权重系数及排序，如表 3-8～表 3-11 所示。

表 3-8　沙区生态产业技术适用性评价指标体系权重——第一产业

准则层	权重系数	位次	指标层	权重系数	总权重	位次
经济效益	0.449	1	盈利能力	0.619	0.278	1
			投资收益	0.285	0.128	3
			投资回收期	0.096	0.043	6
生态效益	0.280	2	特色资源使用	0.623	0.175	2
			环境改善	0.240	0.067	5
			污染物排放达标	0.137	0.038	9
社会效益	0.058	4	区域发展	0.627	0.036	10
			投资环境	0.263	0.015	13
			带动辐射效应	0.110	0.007	14
技术可持续	0.213	3	政策支持	0.399	0.085	4
			技术成本	0.184	0.039	8
			技术适用性	0.198	0.042	7
			技术先进性	0.116	0.025	11
			资源利用效率	0.103	0.022	12

表 3-9　沙区生态产业技术适用性评价指标体系权重——一、二产业融合

准则层	权重系数	位次	指标层	权重系数	总权重	位次
经济效益	0.423	1	盈利能力	0.639	0.270	1
			投资收益	0.274	0.116	3
			投资回收期	0.087	0.037	7
生态效益	0.318	2	特色资源使用	0.669	0.213	2
			环境改善	0.243	0.077	5
			污染物排放达标	0.088	0.028	9
社会效益	0.067	4	区域发展	0.491	0.033	8
			投资环境	0.312	0.021	11
			带动辐射效应	0.197	0.013	13
技术可持续	0.192	3	政策支持	0.475	0.091	4
			技术成本	0.225	0.043	6
			技术适用性	0.143	0.028	10
			技术先进性	0.097	0.019	12
			资源利用效率	0.060	0.011	14

表 3-10　沙区生态产业技术适用性评价指标体系权重——三产融合

准则层	权重系数	位次	指标层	权重系数	总权重	位次
经济效益	0.240	2	盈利能力	0.524	0.126	3
			投资收益	0.142	0.034	14
			投资回收期	0.334	0.080	4
生态效益	0.389	1	特色资源使用	0.524	0.204	1
			环境改善	0.334	0.130	2
			污染物排放达标	0.142	0.055	7
社会效益	0.144	4	区域发展	0.328	0.047	8
			投资环境	0.411	0.059	6
			带动辐射效应	0.261	0.038	12
技术可持续	0.227	3	政策支持	0.291	0.066	5
			技术成本	0.193	0.044	9
			技术适用性	0.178	0.040	10
			技术先进性	0.176	0.040	11
			资源利用效率	0.162	0.037	13

表 3-11　沙区生态产业技术适用性评价指标体系权重——第三产业

准则层	权重系数	位次	指标层	权重系数	总权重	位次
经济效益	0.421	1	盈利能力	0.490	0.207	2
			投资收益	0.312	0.132	3
			投资回收期	0.198	0.083	5
生态效益	0.398	2	特色资源使用	0.688	0.273	1
			环境改善	0.234	0.093	4
			污染物排放达标	0.078	0.031	8
社会效益	0.109	3	区域发展	0.692	0.075	6
			投资环境	0.231	0.026	9
			带动辐射效应	0.077	0.008	12
技术可持续	0.072	4	政策支持	0.501	0.036	7
			技术成本	0.221	0.016	10
			技术适用性	0.075	0.005	13
			技术先进性	0.043	0.003	14
			资源利用效率	0.160	0.012	11

不同产业类型的指标权重及位次发生了明显变化。对于沙区第一产业来说，技术适用性权重增大。这是因为，在其他地区适用的种植养殖技术在沙区未必完全适用，企业在运用技术时应当考量沙区匮乏的水资源是否能支撑种植养殖产业的发展、生态技术的使用是否会对沙区原本脆弱的生态环境产生影响。在没有很好地判断其技术是否适宜的情况下直接运用，不仅会浪费大量的资金与人力，还有可能导致水资源更加紧缺。因此发展第一产业，技术的适用性是必须要引起重视的。对于在沙区发展第一、第二产业来说，技术成本的权重增大。第一、第二产业的产品的附加值较第一产业有所提升，技术成本是决定附加值的重要因素。企业是否采用某项技术也是由技术成本的高低决定的。因此在第一、第二产业融合中应重视技术成本。在沙区发展三产融合的企业，其特点是，规模较大，资金投入水平较高，发展模式主要是在传统的种植养殖模式的基础上，开发特色产品，并将观光体验、度假休闲、提供相关旅游服务加入其中，产业链条较长。那么，要做到既开发产品又吸引游客观光消费，在沙区建立青绿无际、金波荡漾的生态环境是必要条件。因此生态效益对于第一、第二、第三产业融合来说是极为关键的。对于第三产业来说，社会效益权重增大。发展旅游业要求有完善的基础设施，要求商贸、人力、交通的协同发展。由发展沙区生态旅游业带动的地区经济增长、基础设施建设、周边农牧民增收等方面的社会效益不言而喻。

3）评价指标重要性分类与说明

上文已从不同角度对技术适用性进行了评价，根据指标权重或排名次序可判断各项指标的重要性,是进一步识别影响沙区生态产业技术适用性的关键因素的基础。本书对沙区生态产业技术适用性评价的综合结果以及不同产业类型的技术适用性评价结果进行重新整理,运用频度分析法进行统计,将指标频度的大小作为划分指标重要程度的依据。由于频度分析的对象是指标的排名位次,越重要的指标其数值越小,故频度越小的指标越重要。如表 3-12 所示,频度排名位于前 5 名的指标认为是影响技术适用性的关键性指标,频度排名位于 5~10 名的指标认为是重要性指标,频度排名位于后 4 名的指标认为是一般性指标。至此,本书将指标按重要性程度划分为关键性指标、重要性指标、一般性指标。其中,关键性指标包括盈利能力、特色资源使用、环境改善、政策支持、投资收益。重要性指标包括投资回收期、技术成本、污染物排放达标、区域发展、技术适用性。一般性指标包括投资环境、技术先进性、资源利用效率、带动辐射效应。

表 3-12 评价指标重要性排序

指标	频度	排名
盈利能力	1.60	1
特色资源利用	1.60	1
环境改善	4.20	2
政策支持	4.80	3
投资收益	5.20	4
投资回收期	5.60	5
技术成本	8.00	6
污染物排放达标	8.20	7
区域发展	8.20	7
技术适用性	10.00	8
投资环境	10.20	9
技术先进性	11.80	10
资源利用效率	12.60	11
带动辐射效应	13.00	12

4)适用性评价与应用

本书选取内蒙古某草业集团 A 和某产业化生态集团 B 作为研究对象开展分析。这两家企业是内蒙古及地方林沙产业的龙头企业,发展历史悠久,有效形成了第一、第二产业或第一、第二、第三产业融合发展,对沙区生态产业以及地方经济都具有较大影响。同时这两家企业在规模、收益、市场竞争力等方面有着较大差异。通过对这两家企业的分析来验证按重要程度划分的适用性指标是科学合理的。

a. 内蒙古某草业集团 A

A 集团于 2001 年 6 月成立，2012 年 9 月上市。最初以"抗旱"为主营业务扎根于西部干旱、半干旱区域，2016 年调整经营战略，由"蒙草抗旱"转变成"蒙草生态"，以生态恢复、种业科技、现代草业为核心进行产业运营。本节根据识别的影响沙区生态产业技术适用性的关键性指标对 A 集团近年来的生产经营状况进行评价。

首先盈利能力上，保障长期盈利是集团调整经营战略、开拓创新新业务、向多元化方向发展的根本动力。A 集团 2012~2018 年净资产收益率分别为 26.96%、12.16%、12.81%、10.29%、14.15%、26.29%、5.61%。盈利水平呈现波动上升的趋势，净资产收益率基本保持在 10%以上的水平。其中 2016~2017 年 A 集团进行战略转型，将生态修复与大数据技术结合，拥有较强的"造血能力"的 A 集团与多地政府签署"PPP"项目，净利润增长 138.02%，净资产收益率高达 26.29%，在行业内处于较高水平；2018 年受国家宏观经济政策的影响，A 集团缩减部分业务，净利润同比下降 72.75%，但盈利能力仍处于生态保护和环境治理行业的上游水平。其次，在特色资源使用和环境改善方面 A 集团也已取得显著成效，A 集团坚定经济与生态效益并重的战略方向，整合 20 多年来的生态修复资源构建的生态产业大数据平台，为不同类型的生态修复提供综合性的指导方案；依托收集的 2000 余种种质遗传资源、40 余万份土壤样本，建设种质资源产业链。接手多个生态修复项目，极大地改善了生态环境。A 集团基于较好的经营水平、较强的资源使用和环境改善能力，争取到了一系列利好政策。自上市以来，政府补助金额最高达 2650 万元。A 集团营业利润一直保持在 10%以上，投资收益处于较高水平。最后，A 集团打造的植物生态技术体系、生态修复集成技术体系以及制定包括荒地、草地、牧场、矿山修复和绿地节水五大技术的行业或国家标准，这些丰硕的技术成果都源于高额的技术投入，2012~2018 年 A 集团每年在研发上的投入分别为 575.35 万元、1211.9 万元、1540 万元、1655.55 万元、5660.96 万元、16662.32 万元、9822.83 万元（图 3-4）。A 集团乡土植物科研体系的建设为生态技术的适用性、实用性奠定基础。

综上，A 集团开展的生态修复和相关科研技术的研发及实践应用业务在行业内极具竞争力。高效利用资源促进了获利能力的提升和生态环境改善。政府重视程度提升，加快了政策的利好导向，最后保证投资生态能产生收益，形成良性循环。其中，技术是提升企业自我造血能力的重要手段，A 集团以技术打造核心竞争力，"大数据+种质资源"的成熟运用得到高度认可。这些因素都是 A 集团乃至生态环保类企业成长的关键所在。

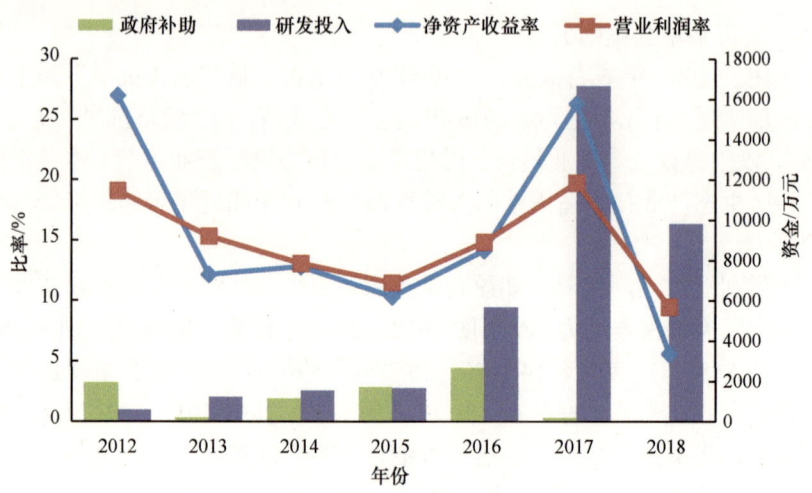

图 3-4　A 集团投入及收益
数据来源：A 集团年报

b.内蒙古某产业化生态集团 B

集团 B 于 2005 年成立，2017 年在"新三板"挂牌，是内蒙古首家登陆"新三板"挂牌上市的葡萄酒品牌企业。集团 B 的葡萄酒全产业链建设，带动起沙漠生态观光旅游、畜产品销售等业务，实现了沙漠的生态综合治理和农林牧业的综合开发。通过对集团 B 的年报资料的分析发现，其较好地完成了影响技术适用性的重要性和一般性指标中的内容，但关键性指标中的内容还有待提升。

集团 B 现已形成如图 3-6 所示的"天人合一"的生物链模式，即通过葡萄、牧草种植生成的枝叶作为畜牧业的饲料，牛、羊产生的粪便通过厌氧发酵生成沼气，为基地提供电能，产生的沼气渣作为有机肥料回到大田。同时，酿酒葡萄制作成葡萄酒对外销售、畜牧业为旅游特色餐饮提供新鲜肉类。这不仅实现了资源的良性循环，扩大产品种类形成竞争力，而且达到了第一、第二、第三产业融合，拓展产品增值空间，带动周边农牧民增收的效果。集团 B 打造的葡萄酒全产业链，仅在葡萄种养及管理这一方面就安置了大量当地人员的就业。2005 年至今，集团 B 在乌兰布和沙漠累计投资 6 亿多元，已平整沙漠 7 万多亩，完善了道路、水利、电力等基础设施。葡萄种养面积达 2 万多亩，种植牧草达 15000 多亩，生态防护林种植面积达 1 万多亩。生态环境以及基础设施、投资环境都产生了巨变。

但在技术适用性的关键因素上，集团 B 在盈利能力、投资收益、政策支持方面还有待提升。集团 B 的盈利水平如图 3-5 所示，净资产收益率较低甚至出现负值，集团 B 营业成本及期间费用居高不下，企业一直处于亏损阶段。这与沙区生态产业准入门槛高同时本身也具有较高经营风险有关。根据 2016~2019 年半年报及年报计算得到集团 B 资产负债率分别为 69.41%、71.80%、76.98%、82.16%、

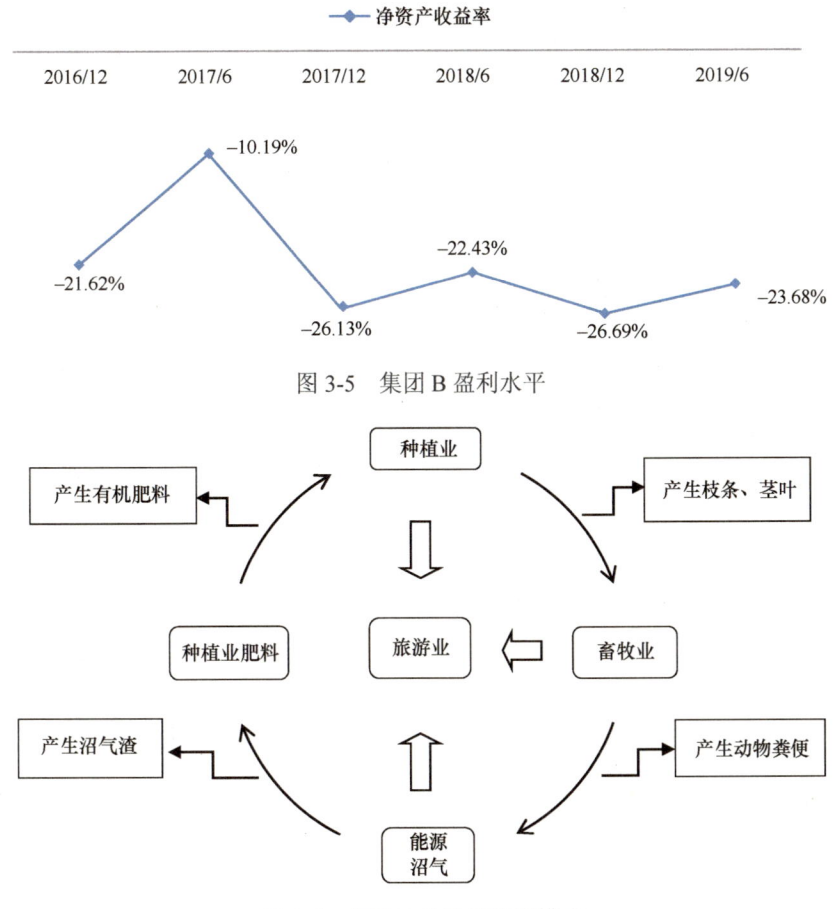

图 3-5 集团 B 盈利水平

图 3-6 集团 B 生物链循环模式

83.78%、87.23%,资产负债率处于较高水平,存在经营风险。国内葡萄酒行业竞争激烈,集团 B 的产品作为新生品牌,尚未形成规模经济、前期销售推广费用较高、市场知名度及占有率不高,产品主要在内蒙古自治区内部销售,经营风险较大。此外,沙区生态产业居于初级阶段,产业政策、制度体制并不健全,集团 B 申请到的政府补贴主要是中小企业发展专项资金和阿拉善盟乌兰布和生态沙产业示范区管理委员会拨付的新三板挂牌奖励资金,能争取到的政策资金较少。

综上,集团 B 利用乌兰布和沙漠热量丰富、昼夜温差大的气候优势发展种植养殖、葡萄酒酿造、生态旅游,彻底改变了当地的生态环境。形成的生态循环模式,在高效利用资源、环境改善、繁荣地方经济、解决劳动力就业、改善投资环境、完善基础设施建设等方面做出了巨大贡献。不可否认的是,对于一个在沙区扎根的民营企业来说,生态效益、社会效益固然重要,但产生经济效益才是保证企业发展的内生动力。如何提升盈利能力、尽快收回投资产生效益是以集团 B 为代表的众多沙区生态企业所面临的严峻挑战。

3.3.4 评价结果

1. 围绕沙区生态产业技术发展水平测度的结果与分析

作为我国北方重要生态安全屏障，内蒙古自治区绿色资源丰富，如何将绿色资源转化为地区经济发展的新动能，实现"绿水青山就是金山银山"？绿色产业是关键，也是突破，更是转变发展方式、推动供给侧结构性改革的主要方向。沙区生态产业作为绿色产业发展的典型代表，其发展理念符合绿色发展的科学内涵。同时，加快发展沙区生态产业，对于防治荒漠化、有效利用沙区自然资源、缓解人地矛盾、培育沙区新增长、推动西部大开发，具有重要战略意义。但是，沙区由于水资源匮乏，自然环境相对恶劣，因此产业化动力不足，发展存在限制。而现代高新技术的出现及其成果应用为沙区产业化发展提供了技术支撑，使得沙区产业化发展成为可能，如温室技术、滴灌渗灌技术和新能源产业技术的应用与推广为沙区产业化发展开辟了广阔前景。但总结国内研究发现，以往研究更多局限于传统产业发展优化的思路，聚焦于沙产业发展现状把握、发展经验总结和发展绩效评价。而笔者认为充分开发、利用现代高新技术是沙产业发展的核心和基础。因此，客观评价沙区生态产业技术发展水平，识别其主要影响因素，并在此基础上，探讨如何更好地开发与推广适宜的产业技术，是研究沙产业发展相关问题的根本。

本节以沙区生态产业技术发展为出发点，选择沙区典型企业为研究对象，应用客观赋权的熵值法，从经济效益、生态效益、社会效益和技术可持续性4个子系统层面和25个指标层面，进行沙区生态产业技术发展影响因素识别及发展水平测度、评价。结果表明：

（1）沙区生态产业技术发展过程中，经济效益的影响最为明显，其次是技术的可持续性，随后是生态效益，最后是社会效益。具体影响指标中，排名前三位的分别是开发利用沙漠或沙地面积、年营业收入和技术拥有专利个数。

（2）当前内蒙古地区沙区生态产业技术发展水平差异较大，其中，经济效益发展水平的差距最为明显；其次是生态效益发展水平；随后是社会效益发展水平；最后是技术可持续性发展水平。

（3）由不同地区沙区生态产业技术发展差异可知，鄂尔多斯市沙区生态产业技术发展的综合水平较高于阿拉善盟、乌海市和巴彦淖尔市。分项指标中，阿拉善盟沙区生态产业技术发展的经济效益最高；鄂尔多斯市沙区生态产业技术发展的生态效益、社会效益和技术可持续性水平最高。

（4）由不同业务类型沙区生态产业技术发展差异可知，当前内蒙古地区"加工制造类"和"种植繁育+加工制造类"沙产业技术发展水平较高。分项指标中，"生态旅游类"产业技术的经济效益最高；"种植繁育+加工制造类"产业技术的生态效益和社会效益最高；"加工制造类"产业的技术可持续性最高。

2. 围绕沙区生态产业技术适用性评价的结果与分析

沙区生态产业技术的适用性是指沙区生态企业应用的恢复生态、加工制造、休闲旅游等技术在沙区的适用能力。也就是说，在沙区的这个特定条件下，生态产业技术与地域环境协调融合的程度。沙区生态产业技术评价就是要明确哪些是影响沙区生态产业技术适用的关键因素。众所周知，沙区存在干旱缺水、土壤贫瘠、经济发展动力不足等问题，随着政策的不断利好，越来越多的民营资本涌入沙区，为沙区经济发展提供了内生动力，同时各民营资本因地制宜地探索出多种以技术为核心的沙区生态产业模式，而该技术是否适用以及应用方法是否得当直接影响沙区生态环境和经济社会环境。但是，对于影响沙区生态产业技术实际适用效果的因素评价，目前我国还较为缺乏科学规范、系统完整的研究。因而，建立科学、系统的评价指标体系，对沙区生态产业技术适用性进行客观的评价，对于识别适用性较强的沙区生态产业技术，促进沙区生态产业技术的推广应用具有重要的现实意义。

针对沙区生态产业技术适用性评价研究，从经济效益、生态效益、社会效益、技术可持续性4个方面构建评价指标体系。根据专家的反馈意见，利用层次分析法得出了沙区生态产业技术整体及各产业在沙区适用、可持续发展的关键因素，并在此基础上，划分出影响技术适用性的关键性、重要性、一般性因素，最后选取两家企业作为典型研究对象，阐明本章按重要程度划分的适用性评价指标是科学合理的。

研究结果表明：

（1）影响沙区生态产业技术适用性的准则层指标首先是经济效益，其次是生态效益、技术可持续性，最后是社会效益。指标层中权重排名前五的有盈利能力、特色资源使用、投资收益、政策支持、环境改善。

（2）不同产业类型的适用性指标的排序有轻微变化，意味着各产业发展的侧重点要有所区分。第一产业、一二产业融合、三产融合以及第三产业要着重关注的指标分别为技术的适用性、技术成本、生态效益、社会效益。

（3）综合技术适用性评价的各项结果，识别沙区生态产业适用性指标中的关键因素。其中关键性因素包括盈利能力、特色资源使用、环境改善、政策支持、投资收益。重要性因素包括投资回收期、技术成本、污染物排放达标、区域发展、技术适用性。一般性因素包括投资环境、技术先进性、资源利用效率、带动辐射效应。

在保护生态环境的前提下，尽快收回投资成本、保持稳定的盈利水平是企业建设的根本动力。"取之于沙，用之于沙"的建设初衷是，促进企业高效利用有限资源和同步推进经济与沙区生态环境及基础设施的建设。加之政府的强力支持，区域投资环境的改善吸引着更多资本的注入，促进着沙区环境和产业的不断完善，进而又带动了沙区企业的发展，沙区生态产业形成良性循环。在这些因素的综合作用下，沙区生态企业才能朝着可持续的方向发展。这也印证了本书所划分的沙区生态产业技术适用性关键指标是企业未来发展的一个指引。在注重关键性指标的同时也要兼顾重要性指标和一般性指标，注重经济–生态–社会–技术的均衡发展才是沙区企业运行的长久之计。

3.4 沙区生态产业技术发展战略分析

3.4.1 沙区生态产业技术发展瓶颈分析

1. 沙区生态产业技术发展存在的主要问题

1) 沙区生态产业发展滞后，科技含量低

沙区生态产业在经历了一段时期的发展之后，虽然企业、基地和农牧户之间逐渐形成了各种联结方式，但一些问题也逐渐突出。沙区生态产业由于链条短、内部结构松散，尚未在龙头企业和农牧户之间找到利益的平衡点，因此难以形成真正的利益共同体。内蒙古沙区生态产业仍处于企业规模小、精深加工能力弱、产品档次低、资源综合利用水平不高、没有市场竞争力、抵御经营风险能力较弱、产业结构不合理的阶段。治沙工程没有与产业发展很好地结合，经济效益差，导致生态效益不能充分发挥。由于国家目前对林沙产业加工这类公益性极强的行业尚无明确的优惠政策，影响大企业介入沙产业的积极性。

沙区生态是知识密集型的高科技产业，且干旱沙漠地区普遍基础条件差、产业水平落后，更应当重点提高科技水平。然而，目前沙区生态产业技术手段仍处于探索阶段，没有形成广泛应用的、成熟的技术体系，种植过程效率低、浪费高，尤其是后续加工转化率相对滞后，阻碍了沙区生态产业持续产业化的进程，明显削减了经济效益。

2) 产业政策不完善，缺乏资金投入

沙区生态产业是一个新兴产业，是在生态效益前提下发展起来的产业，需要强化龙头企业、建设示范基地，且需要各级政府的支持。同时沙区生态产业的发展急需一些关键技术的支持，但由于资金和技术的欠缺，这些技术大部分尚未进行科研攻关。由于各级政府对沙产业在资金和政策上的支持力度不够，缺乏国家、地区的政策扶持、补贴、支撑，造成大部分沙企业发展艰难、融资渠道不畅、自我扩张能力差、产学研脱节，仅限于生产一些初级产品。产品档次不高，没有形成循环经济产业链，高附加值产品较少。

因沙区生态产业具有前期投入大、回报周期长、风险性高等特点，影响了各类资金在沙产业中的投入，特别是长周期的项目建设资金难以得到满足。

3）重视程度不够

内蒙古沙区具有丰富的光热风能、土地及动植物等自然资源，这些都可成为内蒙古沙区经济发展的增长点。但是，沙区偏远落后，"以农为主"的传统观念根深蒂固，对治沙内容缺乏足够的认识。由于不了解沙区生态产业的真正内涵，无法对沙产业的前景和市场潜力进行深入的研究和分析，以至于影响和制约了沙区生态产业发展的前景。

4）缺乏政府指导性机制

在沙区发展产业，有的企业只依赖政府投入，有的企业盲目斥资造林，有的企业过分开发沙地、追求利益。虽然在一定时间及范围内，这些手段取得一定的效果，然而这种各自为战及过于倚重单股力量的方式常常难以为继。如今的沙区生态产业发展也早已不像从前那样主体单一、形式刻板，在多元化的主体参与下，沙区生态产业技术发展、目标都需要有指引，发展方向与治理形式都需要根据国家大的方针政策来决断，需要政府"掌舵"。沙区生态产业技术需要思想上的提高，需要理念的支撑，需要长远的规划。

2. 制约沙区生态产业技术发展的关键因素

根据指标权重或排名次序可判断指标的重要性，综合本书的研究结果，总结归纳出制约技术发展的关键因素。盈利能力、投资收益、特色资源使用、环境改善、政策支持是制约技术发展的关键因素。其中，盈利能力和投资收益指标属于经济效益准则层，特色资源使用、环境改善属于生态效益准则层。以上表明技术投入过程中经济效益和生态效益具有关键作用，这与沙区现实状况十分吻合。沙区生态产业需要持续的资本和技术输入，较高的经营风险需要有一个良好的经济绩效作为保障。同时，生态效益是产生经济效益的基础，生态物质环境为沙区企业提供丰富的阳光、土地、动植物、矿物质资源等。发展沙区生态产业的目的就是在不破坏沙区环境的前提下，运用现代科学技术使沙漠资源的价值最大化，实现经济效益和生态效益的双丰收。

具体而言，制约沙区生态产业技术水平的关键因素如下。

1）盈利能力

经济效益中最核心的就是盈利能力，保障长期盈利是沙区企业研发引用新技术、开拓创新新业务、向多元化方向发展的根本动力。如果企业缺少自身"造血"的能力，仅依赖政府的政策补贴，则企业不能长久存在，产业也是不可持续的。

2）投资收益

准确来说，企业技术投入是企业的一项投资活动，投资活动具有收益与风险并存的特性，有遭受损失的可能性。保持一个持续的投资收益是决定企业继续技术投资的关键。

3）特色资源使用

沙区拥有丰富的光、热、风、土地、动植物以及矿产资源。以沙区的特色植物沙柳为例，沙柳需要生长3～5年后进行平茬以刺激萌发枝条，平茬后产生大量枝条可以用来生产刨花板、制作家具。生产过程中产生的剩余木屑可以培养食用菌，并且沙柳嫩条枝叶可以制作成饲料，养殖猪、牛、羊、獭兔等。对特色资源的开发利用程度制约着技术水平。

4）环境改善

沙区特殊的生态环境极其脆弱，企业运营过程中需要因地制宜、合理开发，对于水资源、植物资源要坚持保护优先、生态优先的基本方针。沙区生态环境改善是产业可持续发展的前提，同时也是吸引民营资本投入的基础。滞后的生态环境建设制约其他企业入驻沙区，进而难以收获技术投入效益。

5）政策支持

沙区生态产业本就是一项新兴产业，存在技术力量薄弱、产业层级偏低、基础设施落后等一系列问题，仅依靠现有企业的力量解决问题是远远不够的，因此就要发挥凸显政策扶持的导向作用。政府利用政策的利好导向、财税的扶持、科技服务和基础设施等的完善来吸引更多的企业加入，为沙区生态产业注入更多的新鲜力量，才能促进企业间的合作与竞争，提高技术水平。

3.4.2 沙区生态产业技术发展的基本原则

1. 产业发展与改善环境同步进行

沙区生态产业发展的同时需要兼顾生态效益的获取。发展沙区生态产业要做到"人进沙退"，遏制荒漠化的再扩展，保护和改善沙区生态环境。产业的经济发展和资源利用都受到自然规律的制约。要在种种客观限制中实现资源的最佳利用，就必须以科技为支撑，遵循自然规律和生态规律，发展循环经济及其产业链。树立正当的生态意识和循环经济意识，遵循经济规律也要遵循自然规律，与大自然和谐相处，实现可持续发展。沙区生态产业特性要求发展既能合理利用并保护沙区资源，又具有较好经济效益的产业，调动农牧民、企业家进行生态建设的积极性。坚持长远建设与人民利益相结合，长期开发持续利用，做到生态效益、经济效益和社会效益相结合，使沙产业健康、稳步发展。

2. 以市场为导向，提升技术水平

以市场为导向是指要遵循市场经济规律，满足消费的实际需要，发展适销对路的优质、安全的沙区生态产品。通过技术水平的提升，以最终生态产品的差异化来赢得消费者的青睐。市场经济条件下，沙区生态产业发展的关键是培育技术的核心竞争力。伴随着科技的进步和竞争市场透明度的提高，沙区生态企业加强企业技术创新能力，从而促进生产经营活动与市场相适应，无疑是保持核心竞争力的本质内容。沙区生态企业作为追求利润的市场主体，以市场为导向，提升技术水平，提高竞争力，无疑是企业维持生存和发展的必然选择。

3. 充分发挥技术研发与沙区资源优势

沙区生态产业正处于初级发展阶段，无论是政府、企业、高校还是其他科研院所对沙区生态产业发展都极其关注。企业和研究机构作为技术研发、升级的重要主体，要加强关键核心技术的成果转化，实现创新成果的应用，提升产品的增值空间。要充分挖掘沙区特有资源，大力发展沙区生态产业循环经济模式，将资源优势转化为经济优势，因地制宜地发展优势产业和产品，逐步形成从资源的培育到加工利用以及产品销售的完整产业链，提升综合竞争力。

3.4.3 沙区生态产业技术发展的基本战略

1. 提高盈利能力，增强核心竞争力

沙区生态企业技术是建立在生态不被破坏、环境不断改善的基础上，尽快收回投资成本、保持稳定的盈利水平是企业建设的根本动力。沙区生态企业大多数处于亏损状态，究其原因是沙区特殊的生态环境使企业投入较多资金进行基础设施建设，且技术水平落后，产品单一，销售范围仅局限于内蒙古。营业成本居高不下，销售收入难以提升，盈利能力较低。企业如果没有持续盈利能力最终会走向灭亡，那么提高盈利能力就显得尤为重要。第一，沙区生态企业进行的基础设施建设，多形成了企业的存货、固定资产以及无形资产。企业如果增加这些资产的周转效率，加快资金周转速度，会促进收入绝对额的增加，相对地节约资金的

投入，从而提升盈利能力。第二，"沙产品"多以初级产品为主，产品类型单一，缺少技术含量，因此企业要注重技术水平的提升，丰富产品类型，增加经济附加值。企业可通过设立专门的研发部门和配备专业的研发人员重点研究支撑企业的核心技术和新产品。同时，企业要进行资源的整合，与高等院校、科研院所进行合作，实现科技成果的生产力转化。企业要积极地研发新技术、新工艺，使用新材料、新设备，强化技术投入，增强核心竞争力。第三，利用电子商务平台，拓宽销售渠道，扩大销售范围，提高销售收入，并且能够通过电商平台直接与消费者进行沟通，及时了解消费需求，调整产品类型与结构。

2. 把控技术投资风险，提高技术投资收益

沙区生态产业是"多采光，少用水，新技术，高效益"高新技术密集型产业，技术是沙区生态产业的核心。企业进行技术投入的根本目的就是追求投资收益。投资收益包括企业利润的增加、市场占有率的提高、知识资产的积累等，但沙区生态企业无论是通过技术引进、改造，还是自主研发，都存在着失败或应用中受阻的可能，具有一定的投入风险。投入风险表现为技术研发失败的风险、技术资金不足的风险、工艺不合理难以批量生产的风险等。因此沙区生态企业需要把控技术投资风险，强化技术风险管理。具体而言，首先企业管理者要具备技术风险意识，明确投入一项技术可能产生的风险类型，提前采取有针对性的措施防范。其次，在技术投入前进行详细、全面的市场调查，评估技术投入的可行性，确保企业生产的产品是符合客户需求的。最后，完善经营管理机制，规避技术风险产生。技术投入涉及整个企业的生产经营，要将科学、完善的管理贯穿于技术投入的全过程，并根据技术投入资金规模、技术水平等调整管理机制，以适应技术需要。通过以上对技术投资风险的把控，保证沙区生态企业技术活动的正常进行，以收获较高的投资回报。

3. 注重特色资源的开发利用与生态环境改善

沙区蕴含着丰富的资源，光热资源充足，适宜种植繁育的沙生植物种类繁多，硅砂等矿物资源丰富。沙区生态企业以这些资源为基础进行深度开发利用，必将收获可观的经济效益。资源的深度开发就是将资源的各种用途都利用起来，最大限度地挖掘其价值。一方面，特色资源的使用用途不止一种，其产生经济效益的形式也有很多种。因此沙区生态企业要延伸产业链条，扩大生产规模，才能充分发挥资源价值。延长产业链条意味着产品的深加工程度有所提高，使得产品价值提升，扩大就业，并带动相关产品的生产和销售，形成连锁反应。另一方面，沙区生态企业可以利用特色资源打造特色产品，树立特色品牌，制造新的增长极。利用特色资源生产的特色产品，市场同质商品间的竞争大大减小，能够强有力地

占领市场份额。通过各种产品认证,让特色品牌更具有经济价值,消费者更加认同。从而有利于推进品牌建设,形成新的利润增长点。

沙区生态企业在运作过程中能对生态环境进行积极的保护和改善。沙区生态企业在运用技术时应当考量沙区匮乏的水资源是否能支撑其生产经营的发展、生态技术的使用是否会对沙区原本脆弱的生态环境产生影响。特色资源开发必须与生态环境保护改善相结合,沙区生态产业才能长久持续发展。

4. 完善政策支持,强化政府责任

技术投入仅依靠企业自身的努力还是存在一定局限,政府方面应提高对沙区生态产业技术的重视程度,应通过各种方式,多措并举为沙区生态产业的发展提供支持。政府应从沙区生态产业发展现状入手,征求相关企业意见,制定企业技术标准。对达到一定标准的生态企业给予奖励,激励企业提升技术水平。同时政府应在人才、创新机制、金融等方面精准施策,完善市场经济环境,吸引更多的民营资本入驻沙区,让有极大增值空间的沙区特色资源开发产品适销对路,为沙区生态产业发展营造一个良好环境。建立完善的监督和评价机制,对于企业违规、破坏生态的行为加大惩处力度。加强技术投入资金的监管,将补贴资金应用到具有技术发展潜力的企业中去。

政府要着力提高政策的针对性。对于从事不同业务类型的企业,其扶持政策要有区分。例如,对于在沙区从事种植养殖的企业,政府应在土地政策和育种繁育服务方面提供扶持政策;对于"种植养殖+加工"企业,政府应在规模化生产、加工技术方面进行政策引导;对于"种植养殖+加工+旅游"企业,政府应在基础设施、技术创新方面提供政策;对于龙头企业,尤其是发展前景好、辐射作用大、科技创新能力强的企业,政府应鼓励科学技术投入,对龙头企业的核心技术和应用示范项目在财政上加强科研经费的投入力度。政府应积极发挥政策的导向作用,将更多的资源投入到中小微企业的技术升级中,调动中小微企业参与的积极性,解决企业技术资金投入短缺的现象。

5. 加强技术管理水平,重视科技进步

沙区生态产业技术发展水平较低,意味着企业的技术水平、管理机制方面存在问题,那么企业就应该加强技术管理水平。加强技术管理水平的具体措施有完善技术管理体系制度化建设。制度是技术工作规范化的重要保证,完善制度建设是从源头上使技术人员明确自身的职责与权力;抓好技术培训及推广工作,提高技术人员水平。聘用专业技术和管理人员驻厂指导,通过定期的业务培训、考核以及企业内部的人才激励机制,促进员工主动提高自身技术水平和能力。总之,较高的技术管理水平可以帮助沙区生态企业进行有效研发和应用新技术,以此来获得竞争优势。

技术进步制约着技术水平，企业应注重技术进步。但现阶段沙区生态企业多以"设备+技术"的模式从国外引入生产加工设备进行生产，忽视了技术创新和技术进步。企业应更加注重引进的技术而非成套的设备。只有将引进的技术完全消化吸收，才能有技术创新和自身的技术优势。同时企业的技术进步依赖于专业人才。企业应加强专业人才的培养和引进，尤其是高端人才的引进。企业依托高校培养专业人才，并为研究生、博士生提供可实践基地，是留住人才的途径之一，或者通过聘请高级技术专家开展项目合作、技术攻关；或者为本企业员工提供进修机会等聚集专业人才，助力技术进步。

6. 龙头企业发挥科技引领作用，带动其他主体技术研发

龙头企业具有经济绩效好、资金雄厚、科研能力强、风险承受能力强、辐射带动效应明显等特点，拥有先进的产品深加工技术和配套完善的生产线，有实力设立专门的研发部门和配备专业的研发人员，致力于提高产品附加值、提升产品质量。同时，龙头企业具有资源整合的优势，有能力与高等院校、科研院所进行合作，承担大型科研项目，实现科技成果的生产力转化，龙头企业可以说是推进沙区生态产业技术进步的主力军。企业发挥科技引领作用前，要保证自身具有较强的科技创新能力和核心竞争力。龙头企业要积极地研发新技术、新工艺，使用新材料、新设备，强化技术投入，完善管理制度，提高技术水平。

沙区生态产业中龙头企业与小规模生产主体相互依存，利益相互连接，"公司+基地+农牧民"和"公司+合作社+农牧民"的经营模式已经形成并逐渐成熟，龙头企业往往扮演着主导者的角色。因此，龙头企业应积极地发挥科技引领作用，承担社会责任，积极向下游企业、合作社、农牧民开展技术指导、技术培训以及技术推广等活动。通过技术输出，以点带面，推动全局发展。除此之外，龙头企业通过科研活动的先行先试，向小微企业分享成功经验，提供技术咨询，选派专业技术和管理人员驻厂指导，加强企业间合作，带动小微企业积极参与到技术研发活动中。

第 4 章
沙区生态产业技术扩散及推广模式

4.1 沙区生态产业技术的类型及特征

4.1.1 沙区生态产业技术概述

沙产业概念由我国著名科学家钱学森于 1984 年首次提出之后,得到了我国诸多学者的积极响应。王岳等(2019a)针对沙漠地区的产业发展给出了各种形式的理论假设,从技术研发、专利转化、模式创新等多个方向进行了研究,产生了大量有效推动沙区生态产业发展的生态产业技术。近年来,随着我国对于沙漠和沙地生态治理修复力度的不断增强,对沙区生态产业技术的重视程度也有了明显的提升,使得沙区生态产业技术数量快速增长,技术质量和技术的可操作性也有了明显的提升,极大地推动了沙区生态产业技术的发展。沙区生态产业技术是沙区产业发展的关键环节,杨超等(2019)认为沙区生态产业技术也是沙漠地区生态产业发展的核心和主要竞争力。在沙漠、戈壁、沙漠化地区,生态环境治理修复和相关产业发展离不开高科技、知识密集、生态环保、高效益的农业参与,因此从沙区生态产业技术的种类上看,聚焦了沙区丰富、特有的自然资源开发和利用,包括特色植物的育苗和栽培技术、种植技术、药用食用植物资源的精深加工技术、木材加工技术等诸多技术,砂子、风能、光能等资源的开发和利用技术占据了沙区生态产业技术的绝大部分,并且在技术研发过程中,研究人员充分结合了我国沙区的实际情况,充分认识到了水资源是沙区生态产业发展的主要限制性因子,提高水资源的利用率是沙区生态环境得到高效保护的关键,从找水、留水、节水三个维度来保证沙区的水资源能够得到充分利用。沙产业发展中,为了能够尽可能地提升人力资源效率,很大一部分技术力量投入到了新机械的研发、测试中,也使得目前我国具有了全世界领先水平的沙区生态机械。为了能够拓展沙区生态产业技术的维度,使得沙区生态经济能够更好地造福于民,在资源利用上也充分地覆盖了第一产业、第二产业、第三产业,并在深度上达到了分子级标准,沙产业技术拓展到了医药产品、日化用品、中间体等诸多领域,沙区生态产业技术已经形成了较为完整的体系结构。目前我国已经基本形成了以沙区丰富特有资源为主,充分考虑限制性因子、重视沙区机械发展、资源利用覆盖面较广且深度高的完整的沙区生态产业技术体系。

就目前看,沙区生态产业技术体系涉及多个不同领域,导致多领域合作和协同存在诸多困难。例如,资金调配、工作部署、人员安排等诸多方面在资本需求量上较之于其他产业体系而言更高。很多沙区生态产业技术的研发过程也往往涉及多领域、多学科交叉知识,这就使得技术研发耗资巨大,对在研发过程中工作的农业科学技术人员、工程技术人员的数量要求、能力要求、技术要求较高，这也使得体系本身具备了高资本密集型、高技术密集型的特征，这样的特征也注定了沙区生态产业技术的高门槛，对于初创公司而言技术难度较大（许端阳，2019）。而从我国现行的沙区生态产业相关法律法规和规章制度的角度不难看出，目前我国尚未形成针对沙区生态产业技术体系构建、体系结构说明等方面的法律法规和规章制度，行业规范的设定尚处于起步阶段，没有形成一个绝对的行业龙头，沙区的基本生态情况也有所差异，沙区生态产业技术的可复制性不高，这就使得目前沙区生态产业技术在研发和使用过程中具有长期性、外部性强、多主体的特征，这种特征的长期存在也使得技术创新和专利转化的过程受到很大影响，很多技术的推广和扩散甚至受到人为干预，极大地影响了我国沙区生态产业技术的推广速度，也拖慢了我国沙区生态产业的可持续发展、绿色发展的进程。沙区生态产业技术在研发、使用过程中冗余的情况较为显著，这样的情况造成了大量的资金、人员浪费，也使得我国沙区生态产业技术的推广受到较大程度的影响。与此同时，由于在技术研发、专利转化过程中涉及多方利益，因此也出现了利益联结关系复杂、重复合作博弈的特征，这样的特征使得在推广过程中需要顾及利益各方，而沙区生态产业本身的利润水平不高，多方利益的矛盾极大地影响了新技术的市场推广进程，可以说沙产业技术的特殊性决定了技术推广模式的特殊性。

1. 沙区生态产业技术的实践和发展

1984 年我国著名科学家钱学森在了解了我国沙漠地区的基本情况后，认为对沙漠地区进行研究不仅能够有效改善我国的生态环境，还能够通过技术手段来获得上千亿的产值，并提出了沙区生态产业技术的基本概念，认为通过有效发展沙区生态产业技术能够有效实现对我国沙漠地区的治理，并且能够形成以沙漠地区研究为主的研究体系。同时随着生物技术、生物工程的不断发展，农业型知识密集产业必将形成，沙区生态经济技术体系的建设必将成为产业革命的重要一环，这是一次在"科学革命""技术革命"支撑下的产业革命，这一产业革命以高度知识、技术密集的大农业为特征，且有别于农、工、商综合生产体系，这一产业体系包括农业、林业、草业、海业、沙业 5 个类型。此时期的沙区生态产业技术更多地停留在理论概念上，而没有进入到实际的操作环节。主要原因是这一时期我国经济发展水平不足，经济发展的着力点更多地放在如何更好地发展经济上。很多沙区生态产业技术实际上是参考了国外的现有技术进行使用。因此，这一时期也是我国沙区生态产业技术发展的萌芽期、初创期。

1993 年 2 月 17 日钱学森在《我为什么要提出沙产业》一文中针对沙区生态产业技术进行了总结，他认为在沙漠地区搞农业种植是完全可行的，也是我国现在必须要进行的事情。充分利用沙漠地区的昼夜温差大、日照充分等诸多有利因素能够很好地实现农业种植的目标，加之利用以色列等沙漠地区国家的先进节水技术、滴灌技术，能够保证我国沙漠地区可以形成知识密集型的现代农业产业。在这一时期对于沙区生态产业技术的认识主要是以提高沙漠地区光合作用效率、有效控制水分消耗为主要目标，非常注重对水资源的集约化管理和利用。对于水资源集约化管理的认识也催生了这一时期沙区生态产业技术中沙区生态机械的研发和测试，很多节水设备零件的技术研发就发生在这一时期。节水设备的使用也使得沙区整体水储量得以提升，沙生植物种植成为可能。沙生植物的大量存活也使得沙区生态环境进一步优化。李承明（2016）提出我国也逐渐认识到了沙区生态产业技术不仅是一种环境保护技术，一种能够改善沙区环境的手段，还是一种能够有效助力于经济发展的关键技术。如果对沙区生态处理得当，沙漠地区能够产生很好的经济效益，也能够对我国其他地区的技术研发和经济发展提供助力。

1994年我国成立了促进沙产业发展基金会，改善了过去以节约水资源为主要方向的沙区生态产业发展方式，也不是简单的"温棚种植""温棚养殖"，以及简单地种植苜蓿、麻黄、沙棘、甘草、白刺等植物，而是真正地认识到了沙产业是一种新型产业，其本身具有农业型知识密集型的特征。在此时期也设定了沙产业生态技术开发的4条标准：第一，看技术本身是否能够有效利用太阳能来实现沙产业的有效发展。第二，技术本身应当具有一定的科技感，即知识密度应当保持在一定的水平。第三，技术的专利转化是否能够有效地和市场接轨，并能够很快地投入到沙产业的建设过程中去。第四，在实施新技术的过程中是否能够有效遵循保护环境、可持续发展的基本原则。另外，认为此阶段的沙产业生态技术的重点应当放在通过种植不同类型的沙生植物来改善光合作用的环境条件，并以此来优化、配置太阳能转化器的科学方案上。此外，在此时期沙产业生态技术已经形成集聚效应，关于沙产业的内涵、观念已经基本形成，并结合技术方向给出了适用于我国沙产业理论建设的方式、方法，并由此提出了人们应当从现代科学发展的角度来认识沙区产业生态技术，并能够对沙区资源进行合理、有效的分配，进而能够实现沙区的可持续发展，突破一直限制沙区发展的资源瓶颈。这一时期的沙区产业生态技术已经具备了产业集聚效应，产业边界不断突破，沙区产业生态技术逐渐覆盖了第一产业、第二产业、第三产业的各个领域。在技术的应用上也不仅局限于沙区，而是能够利用沙区产业生态技术的扩散效应更好地解决其他地区植物栽培、肥料研发、土壤改良、育种育苗、扩繁等问题，进而能够有效改善我国农业发展水平。在这一时期，我国政府也逐渐认识到了开发沙区、实现沙区产业生态可持续发展不仅是一项地方性任务，还是一项全国性任务，如果能够有效地实现沙区产业生态发展创新，也能够很好地解决我国经济发展过程中出现的各类问题。

1994~1999年我国对于沙区生态产业技术的认识逐渐升级，众多专家、学者认识到，沙区生态产业技术不应当仅是关于对沙漠化的防治，还应当在生产的过程中保持可持续发展、规模化营销，以更好地实现沙漠化地区现代农业、农产品加工业的蓬勃发展。另外，在此期间，沙区生态产业技术还出现了延伸产业链条的过程，强调了"四过转化"（过光、过膜、过机、过市），促进良性循环（沙漠增绿、资源增值、农牧民增收、企业增效），实现"三生统一"（恢复生态、发展生产、提高农牧民生活）。认为沙漠生态产业技术的使用应当在市场中实现自我循环，并以此来保证经济利益的获得。在这一时期，沙区生态产业技术的维度再次提升，很多原创沙区产业生态技术出现萌芽。原创技术对于我国沙区而言具有更高的适用性，沙区生态产业技术的使用更为频繁。产业链条的延伸也使得更多的企业加入到了沙区生态产业技术的研发、使用环节中，沙区产业不再是环保领域的单一产业，而是转变为能够影响其他领域的重要产业之一。沙漠增绿也不再只是沙漠生态产业技术的最后结果，还成了沙区良性循环的第一环。沙漠生态产业技术也正式将沙区资源增值相关技术、农牧民增收增产的相关技术、企业增收的相关技术纳入沙漠生态产业技术中。

由于积极地学习和借鉴了国内外先进的沙区生态经济技术，包括植物育种技术、卫星遥感找水技术、农业机械化技术等，沙产业进入21世纪后发展提速明显。为了能够更好地和我国实际的经济状况和科学技术状况相结合，我国科研工作者对国外先进的技术进行了本土化改造，并根据不同沙区的不同情况进行了研究。沙区生态经济技术创新速度也在此时期有了很大提高，在机械及配件、建材加工、植物资源加工、种植业4个主要领域都有了明显进展。南岭和董治宝（2016）所提到的沙葱反季节种植技术可以被称为这一时期沙区生态产业技术的典型代表。沙葱反季节种植技术利用了驯化栽培试验和反季节栽培试验，并依托研究结果将整个沙产业提升到新的维度，使得沙产业的创新点和盈利模式发生了质的变化。合作社的沙葱种植有效地动员了沙区居民，使得沙区居民积极主动地参与到沙产业发展中来。随着沙葱反季节种植技术取得了较好的市场表现，梭梭树、肉苁蓉种植技术也获得了很好的提升，这些种植活动不再单纯地为了改善沙区生态环境、降低沙区生态压力，而是能够通过积极种植改善沙区居民的经济状况，做到沙产业驱动下的全新治理模式和技术创新模式。进入21世纪后，沙区生态产业技术有了突破性的进展，各种细分领域的专利数量猛增，也使得沙区生态产业技术中我国不再是技术的接收方，而逐渐成了技术的研发者、推广者、使用者。很多国外发达国家也逐渐认识到我国在沙区生态产业技术领域的技术优势、环境优势、人才优势，并通过各种形式的合作来共同推进沙区生态产业技术的研发、转化工作。

2011年，为了能够更好地实现对沙区生态产业技术中硅砂资源开发技术的使用，我国设立了硅砂资源利用国家重点实验室（内蒙古风积沙资源利用研究中心）

来更好地保证开发进程和开发效率。这是硅砂资源利用国家重点实验室在我国设立的首个风积沙资源利用研究中心，为沙漠风积沙综合利用研究奠定坚实的基础。沙漠风积沙对于沙区而言不再是影响发展的绊脚石，更是一种难能可贵的资源，是推动沙区生态产业技术革新的铺路石。硅砂资源利用国家重点实验室成立后，依托沙产业这一大背景，按照"以砂精铸、以砂兴水、以砂增油、以砂治沙、以砂建筑、以砂兴农"的要求，以生态农业为切入点，结合内蒙古自治区盟市资源及市场需求，有计划、有步骤地建立分公司，形成年产值达到千亿元规模的战略性新兴砂产业。硅砂资源的不断开发也使得我国沙区生态产业技术的开发进入到一个全新维度，即利用沙区特有的各类资源进行保护性开发，以更好地获得经济效益，实现绿色经济的发展目标。沙区生态产业技术通过10年的沉淀，已经形成了以植物治沙-工程固沙为主要模式的技术矩阵，沙区生态产业技术不再是单兵作战，而是通过多技术的协同合作来共同发挥作用，实现对沙区生态的有效治理。此外，这一时期的沙区生态产业技术的层次也有了明显提升，沙子、风能、光能相关的沙区生态产业技术的研发周期不断缩短，沙区生态的良性循环速度加快，模式创新成了沙区生态产业技术未来的主要方向。

2013年内蒙古自治区和中国科学院合作建立了阿拉善沙产业研究院，旨在进一步发展我国沙区生态产业技术，阿拉善沙产业研究院成立之后，陆续启动了23个沙产业研发、产业化项目，其中包括肉苁蓉、锁阳、白刺、苦豆子、甘草、沙葱等诸多沙生植物，并根据阿拉善等地区的沙漠基本情况进行种植模式的调整，以更好地保证沙区生态的优化。另外，在合作开发方面，还与中国科学院8家研究所、阿拉善盟从事沙漠产业开发的7家企业合作，在成果研发、技术创新、基础建设等诸多方面不断取得新成就、新进展。在这一时期，沙区生态产业技术的发展更多的是对于旧技术的一种升级换代，随着我国沙区治理的逐渐深化，过去的治理手段和治理模式已经难以有效适应时代需求，因此，需要通过技术手段来提升对现今沙区的治理水平（王睿等，2017）。因此，很多沙生植物的新品种研发、特色植物的育苗和栽培技术、种植技术、药用食用植物资源的精深加工技术、木材加工技术等诸多技术多发生在这一时期。这一时期的技术升级也使得我国沙区生态产业进入一个全新的高度，沙区植物也不再是单纯的固沙防沙手段，而更多的作为一种经济作物而存在。与此同时，在这一时期沙区生态产业技术研发工作也得到了农业部的有力支持，进一步改善了沙区生态产业技术研发过程中人才紧缺的问题，从而使得更多的有经济价值的沙生植物得以研发。

2016年9月20日，我国"十三五"国家重点研究计划针对沙区生态产业技术设立了"内蒙古干旱区沙化土地治理与沙产业技术研发与示范"专项，以能够更好地为我国沙区生态产业技术开发和使用助力。在此项目中，研究团队进行了全方位的升级，由中国科学院寒区旱区环境与工程研究所、中国科学院过程工程研究所牵头，联合了 7 家研究院、6 家高校以及相关企业学者共同完成此次专项。针对沙产业中较为常见的资源利用不合理、产业技术水平和实际发展水平不符、产品科技含量不足等诸多情况进行分析和研究，并针对"干旱荒漠化沙化土地治理关键技术"进行攻关。在此期间，完成了对于退化荒漠地区植被保护、恢复技术的升级改造，特色沙生植物选种、保护、繁育、保存、健康产品研究等生态产业技术的开发工作，并将所研究的全新技术和沙区生态产业的核心技术有机结合，并构建基础研究、技术研发、产业发展三位一体的全新沙区生态产业技术体系。项目预期能够实现在更大范围内的沙化土地治理任务，并能够有效保证我国西北地区的生态环境安全，解决在沙化植物的种植过程中出现的各类关键共性技术问题。企业、学校、政府的通力合作使得这一时期的沙区生态产业技术的研发过程不断完善，很多技术研发环节中资金短缺、资源短缺、人才短缺的情况得到了有效的缓解。加之这一时期沙区生态产业技术更新换代速度提升，全新的技术能够有针对性地作用于不同的沙区，也使得全新的技术形成了沙区生态产业技术体系，我国真正地将不同沙区的不同情况重视起来，并采取了分区治理的方式来进一步提升沙区生态产业的发展速度，实现沙区生态产业的全方位、立体化发展。"十三五"还指出不仅希望沙区生态产业技术能够减少沙区对我国环境的影响程度，实现绿色经济的发展，而且希望沙区生态产业能够走出一条属于自己的发展道路，摆脱过去模仿、复制其他地区产业的发展模式，探索并实现独立自主的产业发展方式，并且能够进一步促进沙区生态产业技术的发展。

2017 年 3 月，内蒙古自治区科学技术厅针对沙区生态产业技术制定了《内蒙古自治区贯彻落实〈国家创新驱动发展战略纲要〉实施方案》，针对沙区生态产业技术领域中的重大任务进行重点突破，并将阿拉善盟作为内蒙古自治区重点打造的沙产业创新发展示范基地。从技术、政策、资金、基础条件等诸多方面给予支持和便利。同年，我国成立了"中国（内蒙古）沙产业专利大数据服务平台"，意图能够对我国沙区生态产业技术进行有效的保护，并能够加快专利技术转化的速度，真正实现最新技术有效服务于我国沙区生态环境的可能。该平台数据还能够有效覆盖全世界 103 个国家和地区，真正地实现在专利技术上的资源共享。数据库还有效收集了我国关于沙生植物种植、沙漠生态治理、沙产业重点企业等诸多部分专业信息，为下一步更好地实现沙区生态产业技术创新提供了信息基础、理论基础。与此同时，这些专利消息还能够对未来有效开展沙区生态技术领域专业布局提供战略决策情况参考服务、专利预警服务等。互联网的加入使得沙区生态产业技术体系得到了全方位的升级，全世界的研究人员能够第一时间共享沙区数据，极大地减少了沙区生态产业技术研发的周期，也使得过去一直难以解决的技术研发冗余情况得到了极大的缓解，节约了大量的沙区生态产业技术研发资金。与此同时，大数据、物联网、区块链技术的支持也使得技术人员能够对沙区的实时状况进一步掌握，能够有针对性地对不同沙区进行技术研发，从而使得不同的技术在不同的沙区都能够发挥应有的作用，实现沙区生态产业升级的发展目标。

2. 沙区生态产业主要技术类型及特点

根据不同的划分标准和方法，可以将沙区生态产业技术划分成不同的类型，陶明和黄高宝（2009）将沙产业技术划分为包括植被建设技术、设施农业技术、生物技术、微藻管道化生产技术和资源利用技术在内的五大类 11 小类技术；宁宝英等（2019）则根据对专利申请分析的结果，将沙区生态产业技术划分为沙区植物种植技术、沙区药用食用植物资源的种植及精深加工利用技术、沙生植物木材加工技术、各种林机具加工设备、以沙漠沙为主要原材料的建材制造技术，以及风能和太阳能开发利用技术。如果根据沙区生态产业技术发展演变的过程划分，可以将其划分为沙区生态治理修复技术、资源利用技术、综合开发技术、一体化集成技术四种类型。沙区生态治理修复技术主要包括防风固沙技术、沙障锁边技术、沙生植物种植技术、沙地土壤化改良技术等。资源利用技术一方面包括以沙生植物利用衍生出的沙生植物种植、加工利用等方面的技术，以沙生植物为原料的中草药和木材等生产加工技术，以沙生植物为饲料的畜产品养殖、加工技术。另一方面包括对沙漠自然资源，包括砂子、风能、光能等的工业生产加工利用技术。综合开发技术是在对沙区生态环境进行治理修复的基础上，对沙区生态资源（自然资源、衍生资源）全产业链的综合开发技术，是从沙生植物种植开始就有针对性地形成种、养、加结合的全产业链综合开发利用技术。一体化集成技术是将沙生植物种植过程中各环节的技术，包括种子、施肥、病虫害防治、灌溉、沙漠土壤改良、管理等技术集成，将其打包成产品和服务一体化综合技术产品包，然后采用商业化、市场化方式推广。

根据技术推广应用的载体划分，可以将沙区生态产业技术划分为物化技术和非物化技术两大类。物化技术主要包括种子、肥料、农药、机械加工设备、生产机具、地膜覆盖、灌溉设施及风能、太阳能设备等，这类技术的主要特点是，其技术已经集成在产品当中，可以直接通过商业化、市场化的方式进行推广应用；其成本效益和投入–产出效益是显性的，技术应用的过程和环节相对较少，对于使用者的要求相对较低，重点在技术的研发和产品生产环节；技术水平和质量的控制相对容易，在应用过程中出现的质量和技术问题可追溯，技术创新、升级相对较快。非物化技术主要包括植物种植技术、畜牧养殖技术、机械机具的使用技术、管理技术等。这种类型技术的重点在最终技术应用和操作环节，在推广和应用过程中受到技术推广主体和技术采用主体的思想观念、行为方式、知识水平、劳动技能等影响较大，技术应用效果的随机性波动明显，技术使用过程中的质量控制难度大，技术应用的投入–产出效益评价困难。这类技术主要通过技术培训、技术示范等方式进行推广，很难采用市场化、社会化、商业化的推广和扩散方式；同时也受到技术推广的环境、体制机制、经费、技术应用的自然和社会条件等因素的制约，是推广难度最大的一类技术。目前非物化技术正逐步转化成集成化产品出售或以集成技术服务外包的方式进行推广和扩散。

4.1.2 沙区生态治理修复技术的类型及特征

沙区生态治理修复的单项技术主要包括肥料研发、土壤改良、育种育苗、扩繁、栽培、设施农业种植技术开发、食用菌栽培、病虫害防治、固沙植物生存设备、生命基因技术研发、设施农业技术、设施养殖技术等。这些技术的使用能够有效改善沙区生态环境，提升沙区储水量，实现沙区生态产业可持续发展的目标。在沙区生态治理修复技术中最为关键的是沙生植物修复技术。植物修复的关键在于选择适宜的植物种类、群落配置和种植技术。为达到生态环境效果，依据不同沙区的地质、地貌、气候、植被条件，通过分析植物的生物学特征，尤其是植物的生理生态特性，以乡土植物种类为主要对象，筛选适宜的植被种类。沙区自然生态环境脆弱，资源开采和沙漠矿产资源开采都会对环境造成较大的影响和破坏，在这种特殊的立地条件下，要求具有一定特殊抗性的树种与之相适应。生态环境条件适应型的植物物种选择要按照适地适植物、优先选择乡土树种、水土保持与土壤快速改良、植被恢复效益最优以及灌、草相结合的原则进行。在栽培后还应当采用良好的技术手段来保证沙生植物的存活。

1. 植物保水技术

在技术手段上还可以使用植物保水技术尽可能地实现植物的存活。植物保水技术为促使植被恢复，栽种过程中添加无毒无害、吸水性强、保水力大、有效期长的保水剂。它可以在很短时间里吸收超过自身重量几百倍的水分，呈凝胶状把水储存起来，在植物根部长期保持恒湿，待干旱无雨时缓慢释放，供植物吸收利用，被称为植物根部的"微型水库"。除此之外，还有提高地温、调节植物的生长环境、保持土壤水分的植树带塑料薄膜覆盖技术；水力播种与覆盖技术；加快苗木根系恢复速度，提高造林成活率的生根粉技术；迅速改善复垦土壤条件，提高土壤肥力，恢复植被的培肥地力技术；减少水土流失、改善生态环境的沙棘快速生长促进技术；针阔混交林有序更替技术；合理确定造林密度技术等。沙区生态治理修复技术主要表现为能够通过单一技术实现沙区生态产业中某一个环节或某一个领域的治理、修复工作效率的提升及工作效果的增强。与此同时，通过使用沙区生态治理修复技术还能够对沙区中裸露的沙地进行全方位改造，真正实现沙区生态的恢复工作。

2. 集成化技术

集成化技术是指将集成化产品或集成技术服务打包进行使用的一种技术集合，包括蒙草模式、植物–工程治沙模式、工程治沙模式、综合固沙林防护模式、复合套种模式、沙产业模式、光伏产业模式、恩格贝模式、川路切割分区治理模式、风水梁模式等。非物化技术一般以物化技术为依托，经产业链布局集治沙、生态、经济互促于一体，建立沙漠治理、生态恢复、经济开发的高效治沙模式。其中，植物固沙模式是沙漠治理过程中最基本也是最有效的一种模式。如今，绝大多数治沙模式都套用了植物固沙模式的内核。植物在生态环境恶劣的沙区具有良好的适应性。治沙效益良好的植物繁殖能力强，能够在沙区干旱环境中生存，具有很好的防沙固沙功效。植物措施是治理沙漠最有效、成本最低、固沙效益最持久的措施，适宜地下水位较浅的沙区。但是从现今的发展情况看，很多治沙植物对环境的影响较大，且会造成一定程度的生物入侵，单一的固沙模式难以有效适应沙区的实际情况。这就要求在固沙、治沙过程中采取多模式并用的方式来提升治沙效益和增强时效性。综合固沙林防护模式正是在植物固沙模式的基础上，针对不同的沙地类型选择适宜的树种和布设方式，实施由防风固沙林、林农复合型固沙林和固沙饲料林构成的综合固沙林防护模式。在复合固沙林幼龄期时加强水肥供给，促使固沙林提前进入防护成熟期，并在成熟期后期采用大苗深栽、平茬复壮和科学轮牧等技术，建植具有多功能、多效益、持续稳定又高效的复层异龄混交林。这种模式使沙漠化程度降低，也改善了生态环境。复合套种模式结合绿洲农业的传统模式，将生态修复和资源开发有机结合。复合套种模式不仅能提高土地利用效率，截流、吸附雨水，减少地表侵蚀，提高土壤蓄水能力，而且能使不同植物根系抽提起来的下层养分富集于土表，形成土壤良性演化，生产力大幅提高。复合套种模式对沙区土壤水分含量、营养状况及科研水平有一定的条件要求，目前各项复合套种模式尚在试验研究阶段。遵循不同区域的自然条件及规律、挑选适宜的套种物种是确保该模式可持续发展的关键。

3. 综合治理技术

光伏产业模式、恩格贝模式、川路切割分区治理模式、风水梁模式更多的是根据不同沙区的状况、居民收入水平、地质资源、自然资源表现形式而进行的模式方向的调整。其本身和植物治沙模式、工程固沙模式之间存在较强的相关性。光伏产业模式使当地的光伏资源和固沙植物相配合来实现沙漠化治理和资源开发的有机结合。这种沙漠治理、光伏发电与农业种植镶嵌配套的综合模式,既能有效治理沙漠,又可实现清洁能源和土地资源的高效利用,更好地诠释了沙漠治理、能源产业和农业经济"三位一体"的沙产业新模式。光伏产业模式对荒漠化沙区土地的利用率较高,经济效益高,但其建设及更新成本高,对科技研发水平要求高,受国际光伏市场和国家政策影响较大。恩格贝模式将沙漠化防治与沙漠资源开发紧密结合,秉持"生态、产业、民生"共赢理念,建立"沙漠治理、生态恢复、旅游产业、设施农业"等多元沙漠生态经济。这种模式实现了对沙漠治理和开发的辩证关系的全新解读,治理和开发相辅相成。川路切割分区治理模式是对沙区不同地区进行分区治理的一种模式创新,其本身根据不同沙漠化土地的不同性质,将沙漠化土地转化为高产耕地和林业基地。这些淤澄造田工程有效防止了沙漠化发展,有效减少了泥沙入黄量(王曼曼等,2016;张小龙,2016;赵媛媛等,2017;邓晓红等,2017)。张睿蕾(2017)风水梁模式的提出和我国脱贫攻坚政策相关,其本身是一种扶贫模式,通过发展环保型、节约型特色产业链,调节区域经济发展与生态承载力之间的冲突,使得资源得到高效利用,帮助扶贫对象脱贫致富。风水梁模式的构建使得沙漠化严重地区的居民,转换资源的利用形式,发展园区产业,围绕育苗基地和养殖业,建设肉食品加工厂、饲料厂和制衣厂等。同时,构建以种植养殖为核心的延伸产业,把林业、沙产业和草业种植结合起来,形成纸板流水生产线。风水梁模式从根本上解决了当地经济和生态的矛盾。光伏产业模式、恩格贝模式、川路切割分区治理模式、风水梁模式分别根据不同沙区的问题进行了具体分析,并以不同的方式来解决沙区问题。这些模式的提出也使得沙区生态产业技术不仅是一种生物学、地质学、工程学手段,而且加入了管理学、经济学的手段来进行技术的研发和使用。管理学、经济学的加入使得沙区生态产业技术的可操作性更强,变现能力更快,也使得技术的转化速度明显改善。这种非物化技术的使用使得过去技术转化难的问题得到了有效改善。

  蒙草模式的提出有效地解决了生态产业技术变现难、盈利难的情况。沙区治理过程中最为重要是实现沙区向牧区的转移(王宇,2012)。而牧草种植往往耗资巨大,沙区居民积极性不高。为了解决这一问题,收购过程不仅局限于收购从草原获取的优质天然牧草,获取的利润也会以一定的比例发放给牧民,使牧民与股东一同盈利。例如,在牧草收获时留带补播,提高单位面积天然草产量,提高土地生产效率,让天然草原维持可持续发展等。业务的开展主要依托优质草种子和科学种植管理技术以及规模化种植,同时保证天然草可持续生产。这项模式的使用能够有效地实现沙区生态环境治理的目标,并且能够有效实现牧草研发环节的技术推动。此外,在收购时对牧草进行抽样检测、分级,然后再进行二次加工储存,通过专用加工生产线将不同级别的牧草二次打捆形成标准化产品,加大牧草捆的密度,由 30kg 草捆压缩为 40kg。同时联合中国科学院、高等院校制定合理天然草评价标准，利用各界资源优势引领商品天然草市场化、标准化。通过集中工业化的生产加工，从源头上解决天然草质量信誉危机。这打造了牧草"种植—仓储—加工—物流—交易"全产业规模化生产模式，应该将恢复草原、治理和维护草原生态作为企业责任。不同的非物化技术能够从不同的角度，以不同的手段来实现对沙区生态产业的修复工作。非物化技术是一种多技术的结合，利用技术矩阵的形式来精确有效地对不同沙区面临的不同状况进行针对性的技术使用和技术调整。这种技术集合在对沙区修复的过程中还能够形成沙区产业链，进而能够在修复工作完成后实现沙区生态的可持续发展，保证沙区居民收入水平提升。非物化技术的使用还能够保证沙区资源利用技术的有效开展，可以说沙区资源利用技术的落地离不开非物化技术的使用。转言之，只有使用了非物化技术的沙区生态产业才能够更好地实施沙区资源利用技术。

4.1.3 沙区资源利用技术的类型及特征

沙区资源利用技术就是利用沙区独有的自然资源以及传统农业、畜牧业相结合来更好地发展沙区生态产业的技术，这些沙区资源利用技术的有效使用能够实现对沙区生态产业发展速度的提升以及沙区生态产业发展质量的改善。沙区资源利用技术能够实现沙区生态产业的良性循环，减少沙区开发对地方政府或企业的资金压力，并且能够实现对沙区生态产业技术的资金支持。与此同时，不断更新升级的沙区资源利用技术还能够保证沙区生态产业的不断发展，并且能够有效地作用于其他类型、其他形式的产业发展，从而能够更好地实现可持续发展、实施绿色经济的发展战略（李发明等，2012）。沙区资源利用技术的提出有效地实现了沙区生态产业升级的发展目标，使得沙区生态产业链条更为完整，获利模式更为清晰，这也使得沙区资源利用技术的种类繁多，属性各有不同，作用也各有不同。从类型上看，沙区资源利用技术可以分为光能资源利用技术、工业化利用技术、自然资源利用技术、地理资源利用技术。

1. 光能资源利用技术

这类技术的开发基础是光及其生产潜力，光及其生产潜力水平的提高能够有效改善土壤养分、提升土壤水分、影响二氧化碳水平、调节温度和当地植物结构，并且能够使得太阳辐射更好地作用于当地的农业生产中。根据许多专家学者的研究结果不难发现，植物光合作用水平高低受到多重因子的制约，这就使得在植物光合作用过程中难以有效达到最佳的转化效率。主要的限制因子包括植物本身呼吸作用的能耗水平、植物光合作用本身只能吸收生理辐射的局限性、叶面反射水平的限制、作物的吸水能力、叶面漏射的限制、非光合作用器官的吸水水平、光饱和限制以及量子效率等诸多限制条件。在没有人为干预的自然条件下，这些限制条件都会使得生产潜力难以有效发挥，也难以真正保证沙区生态产业实现可持续发展的目标。但是在对沙区植物实施光能资源利用技术后，能够保证该地区的植物转化太阳辐射的能力增强，并且沙漠地区的温度系数水平较同纬度地区更高，能够更好地改善光能生产潜力。光能资源利用技术实际上在以色列、美国、法国、荷兰、日本等诸多发达国家已经有了很长的发展历史，该技术进入我国是在20世纪80年代，由于我国的沙漠环境和中东地区、北美地区的沙漠环境存在显著差异，因此该技术进入我国后，我国科学家根据我国沙漠地区的实际情况对其进行过调整，并结合沙漠的温度、纬度、光能辐射能力等诸多指标提出了农作物地膜覆盖技术、暖棚养殖技术等诸多光能资源利用技术。地膜技术的研发结合了我国传统的覆盖栽培技术，其本身的原理是收集植物叶间漏射的光来进一步改善水果的着色水平和含糖量，并通过对土壤的覆盖，实现土壤表面温度恒定、锁水等诸多作用，还能够改善植物对光能的吸收水平、增强光合效率、降低土壤中水分的蒸发、加强根系活动力度、增强土壤自身的保水保肥能力等，也能够通过土壤营养水平的提升和水分量的改善减少土壤板结的状况出现、提升土壤的水分通透度、加强土壤养分的获得。暖棚养殖技术主要是指根据沙区昼夜温差大的特点，减少牧民养殖的活牲畜在冬季的死亡率，并且这种技术还能够有效保证当地土壤肥沃，进一步改善下一年作物的产量。光能资源利用技术结合了沙区中较为丰富的光能资源，将过去难以开发、使用的光能进行了充分利用，并将沙区植物的栽培、育苗等技术作为这一技术的附属品来进行技术研究和使用，使用这一技术不仅能够有效解决沙区光能的利用问题，还能够实现沙区植物存活率提升、经济效益提升的目标。

2. 工业化利用技术

硅砂资源为沙区的主要资源，硅砂资源开发利用在沙区生态产业布局中占据一席之地。我国沙区硅砂资源开发利用程度和水平也处于较高水平。硅砂资源属于非金属矿藏，是地球上最为常见的一种物质，其本身具有水晶、脉石英、石英岩、粉石英等多种形态。随着全球技术的不断进步，硅砂资源的产品领域已经覆盖了人们生活的方方面面，如玻璃、陶瓷、耐火材料、冶金、建筑、机械、电子、橡胶、涂料、航空航天、信息、国防军工业等诸多领域，并且在各个领域中有较高的影响力。从现如今的硅砂资源技术使用情况看，技术主要分布在硅砂资源开采、筛选、水洗、擦洗、烘干等各个工业处理环节。硅砂品质的有效提升已经使得我国能够有效保证玻璃、铸造、石油、硅化工等诸多领域的硅砂资源利用。随着我国未来建筑行业的蓬勃发展以及外贸水平的不断提升，对于硅砂资源的需求量势必会大幅度攀升。硅砂资源技术中较为关键和核心的技术是硅砂提纯。硅砂提纯包括原矿破碎、全程除杂、分级处理等多个工艺阶段。通过提纯处理后的硅砂资源可以根据其不同的层级将其应用到不同的领域。如今我国主要的硅砂资源开发技术在初级产品和深加工产品领域都有所涉及，初级产品主要可以分为普通硅微粉和精制硅砂两个种类。深加工产品可以用作人造板材、陶瓷面料、化工填充物等。对于沙区生态产业中的硅砂资源开发利用可以有效地减少其他地区的硅砂开发，以更好地实现生态产业布局和可持续发展的目标。硅砂资源开发利用技术还能够使得沙区生态产业的技术体系中其他盈利状况不佳的技术获得资金支持，以更好地实现技术的创新和发展。工业化利用技术本身对于沙区生态产业的影响较小、对于生态环境的优化作用不大，但是技术的使用能够很好地实现沙区经济效益的提升，进而改善其他沙区生态产业技术研发过程中资金短缺、人才短缺的问题。因此，工业化利用技术实际上更多地被认为是沙区生态产业的核心技术和主要盈利手段，因此这一技术的研发周期较短、转化效率较快。工业化利用技术能够和工业领域的其他产业有机结合，不仅能够加快技术的研发速度，还能够进一步提升技术的转化效率，进而保证沙区生态产业能够最快地体验到工业化利用技术带来的便利，进而实现产业盈利的目标。

3. 自然资源利用技术

这类技术主要是对沙区可再生资源的开发利用，包括沙区丰富的风能资源、太阳能资源、生物质能资源、燃料资源等。在可再生资源的开发利用方面，沙区丰富的风能资源、太阳能资源是开发的关键。沙区太阳能资源丰富，太阳辐射资源分布广泛，从太阳总辐射水平上看处于最丰富等级。沙区风能资源也具有较高的储备，在内蒙古绝大多数沙区，风能资源的储备远高于其他地区。潘红星和尹俊珍（2007）认为我国一直致力于绿色低碳、高效智能、多样共享的可持续能源体系构建，风能和太阳能已经成了能源新格局中的支柱资源。针对风能、太阳能的能源搜集、能源转化以及利用是沙区生态产业技术中较为重要的部分。在技术中太阳能光伏发电部分主要涉及以硅材料、硅片、电池、组件为核心的晶体硅太阳能电池产业化技术体系。在这一体系中，主要是针对我国目前的硅基、CdTe、CIGS 等薄膜电池的研究和技术创新。另外，为了能够解决逆变器对光伏发电的影响，在逆变器的平衡、系统集成智能化技术等方面进行了技术改进，以更好地适应国际化大环境。在风能发电方面，为了能够解决大规模风力电并网接入的技术难题，开展大规模风电的并网特性研究，自主研发了风电功效预测系统，以此来保证风能的顺利入网。另外，关于风能、太阳能设备配件、方法的专利技术在近年来也层出不穷，薄膜电池产业化技术研发、新型太阳能电池关键技术、大型风机柔性叶片技术、双轨异步发电技术、不同风速地区的变速风电技术、多能互补以及分布式能源开发技术、智能微网技术、大容量远距离的输电开发技术、智能配用电技术等都已经进入了专利转化阶段。使用技术能够有效地保证沙区产业的用电，能够通过构建新能源系统的方式来实现风电、太阳能的储存，并且其在电能、照明、灌溉、栽培、固沙等方面有很好的作用，从而实现高效、清洁、智能化的能源电力系统的构建工作。对于自然资源的利用能够很好地解决沙区生态产业资金紧张的问题，并且还能够从多维度来改善沙区生态环境。沙区的很多自然资源具有可循环利用的属性，因此在进行这方面的开发过程中能够保证沙区自然资源水平的稳定，进而实现沙区生态产业可持续发展的目标。

4. 地理资源利用技术

地理资源利用技术主要指对于沙区水资源和土地资源的利用技术。对沙区水资源的利用技术指在沙区水资源紧缺的情况下，利用现代化的节水技术、种植技术以及沙区特有的光热条件，来进行特色化的沙区种植，以更好地拓展传统农业生产空间，提高农作物的附加值。在水资源利用开发中，主要技术包括节水缩水保水集水装置的技术研发、植物生理节水、灌溉、保水剂研发、吸水剂研发、树脂保水技术开发、水处理与回收利用等。对水资源利用技术的深入研究能够有效地改善沙区常年缺水少水的状况，真正将水资源纳入为沙区生态经济产业开发中可利用的一个重要资源，技术开发主要从找水、留水、节水三个维度来进行，通过技术创新手段将沙区水分尽可能地保留在沙区的土壤中，以更好地实现水资源利用。我国沙漠主要水资源包括地表水和地下水两个部分。针对地表水部分，主要是利用节水缩水保水集水装置的安置来实现地表水对植物的灌溉工作。对地下水更多的是利用保水剂、吸水剂、树脂保水等技术来将沙丘中不多的水分进行吸收，以更好地解决沙生先锋植物的水分需求问题。土地资源利用技术是指利用沙漠独有的自然景观，以沙漠景观资源、文化资源、空域资源、地域资源等诸多沙漠资源作为主要依托，开发内地、沿海地区因空间有限而无法成型的旅游产品，并积极扩展全域旅游。沙漠旅游资源本身具有不可复制的性质，且具有其他资源不具备的异质性特征，这就使得沙漠旅游具有不可替代性。沙漠旅游的主类可以分为地文景观、水域风光、生物景观、天象与气候景观、遗址遗迹、建筑与设施、旅游商品、人文活动。沙漠资源的优势还包括其本身面积广大、分布广泛、景观类型多样、组合丰富等，和其他旅游资源的组合效应水平高。这就使得沙漠生态绿资源开发能够形成更大规模、整合升级而成的沙漠类地质公园。关于沙区生态经济技术中的一环，杨伟民和杜凤莲（2019）认为利用土地资源开发旅游业不仅能够有效解决沙区经济状况不好的问题，实现生态旅游经济效益，还能够将沙区丰富的文化内涵和美学、科学、历史文化价值等结合，呈现出丰富多彩的沙漠文化，进而能够实现巨大的文化价值。地理资源利用技术的使用能够有效地拓宽沙区生态产业的维度，使得更多的人能够了解沙区生态产业。另外，这一技术的使用也能够改变过去人们对于沙区是不毛之地的认识，进而能够有效地助力于沙区生态产业建设，推动沙区生态产业发展。地理资源利用技术本身也具备了外部属性，有效的技术推广不仅能够助力于沙区生态产业的发展，还能够进一步改善沙区生态产业的认知问题，进而能够有效地推动沙区生态产业的产业链升级、循环效率的改善。

4.2 沙区生态产业技术扩散方式及其演变

沙区生态产业技术的应用经历了一个由被动防沙固沙治理到主动一体化综合开发利用的过程，沙区生态治理修复技术已经由劳动密集型技术转变成了高资本密集型和技术密集型技术。沙区生态产业技术的扩散过程分为专项治理→修复利用→综合开发→创新融合四个发展阶段。

4.2.1 沙区生态产业技术扩散的方式

1. 沙区生态产业技术扩散的主体

沙区生态产业技术扩散环节包括技术研发→试验（中试）→推广→应用→扩散；技术扩散过程中涉及的主体包括各级地方政府、研究机构（高校）、职能部门、企业、农牧户、农牧民合作组织以及非政府组织（NGO）等，不同的主体在技术扩散的各个环节、不同阶段所承担的任务和角色不同（图4-1）。各级地方政府部门主要承担制定沙区生态治理目标、政策，为企业搭建平台、提供政策和资金支持的职能，同时起到了组织协调各利益主体，主导执行一些公益性和准公益性生态治理项目的作用；高校、科研机构以及其他社会化组织则主要承担了技术研发、供给的职责；从事沙产业经营的企业既是生态产业技术推广的核心主体，

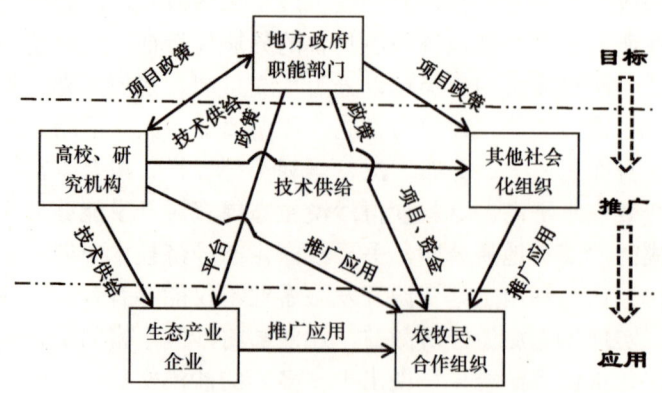

图4-1 沙区生态产业技术推广主体职能及关系

也是沙产业技术的最终采用者和落实者，而农牧民则是沙产业技术的最终采用者和实施主体；在沙产业技术扩散的不同阶段，不同主体的职能也在不断转换和演变。

2. 沙区生态产业技术扩散方式

沙漠和沙地两种典型沙区生态产业发展主要包括两大类三种典型的生态产业技术扩散的运营方式。一是沙漠地区以生态开发企业为主导的园区方式：企业主导→资本先行（沙地租赁、基础设施建设）→技术研发（自主研发、购买服务）→治理修复→沙产业产品商业化开发利用（种、养、加）→全产业链产业化运营，在这种模式下政府主要承担了建立沙产业开发园区、搭建平台、提供政策支持等任务。二是沙地区域包括以政府为主导的项目式推广和以企业为主导的企业+农牧户推广两种推广方式：①政府主导（项目）→研究机构→技术推广部门（主要是地方政府及相关职能部门）→技术采用主体（农牧户）；②（政府政策、项目支持引导）→沙产业企业主导→农村牧区经济合作组织→农牧户的种养加一体化经营。沙地区域多属于农牧交错带区域，当地农牧民从事种植业和畜牧养殖业，土地沙化严重导致农牧业生产条件恶化、产出效率低下，企业与农牧民的连接解决了农牧民生产过程中的技术和资金等关键问题。在这两种类型的运营模式中对于沙区生态产业技术的利用包括两种方式：治理→形成产品→开发利用→产业化应用；现有沙区资源→直接开发利用→产业化应用。

4.2.2 沙区生态产业技术扩散方式的发展阶段

1. 专项治理阶段

专项治理阶段，沙区恶劣的环境给当地的农牧民生产生活和生计带来了巨大的影响，出于生计的需求，初期当地的农牧民采用了防风固沙、阻止沙进人退的一些技术，如草方格、种植一些沙生植物等。这个阶段的技术扩散的主要特点是，仍以当地的农牧民居民为主体，技术特点是以劳动密集型的防风固沙技术、种植技术等非物化技术为主，技术扩散模式是以当地居民的"干中学"为主，部分技术在治理过程中见到成效之后，将其向类型相同的地区扩散；随着中后期在治理过程中凸显的技术、资金、组织等方面的问题，地方政府逐渐成为治理的主体，地方政府通过整合高校、研究机构、金融机构以及相关职能部门（农业、林业、环境等）等，从技术研发（技术来源）、融资支持以及人才等几个层面，主要以政府项目的方式来推动沙区生态治理和修复技术的推广与扩散。

2. 修复利用阶段

随着沙区治理技术的不断推进和治理成果的积累，逐步在沙区形成了一定规模的沙生植物资源（沙棘、梭梭、沙柳等），这些资源具有产品价值和利用价值，企业开始进入沙区资源利用行业，通过治理、利用相结合的模式，沙区治理技术和资源利用技术通过"干中学"的方式进行扩散。这个阶段技术扩散的主要特点是，企业的主体地位逐渐开始建立，技术特点是物化的能够市场化、商业化的技术逐步增多，技术密集型、资本密集型技术开始快速扩张；当地的农牧民居民则主要是以公司+农（牧）户、公司+合作组织+农（牧）户的方式参与到沙区治理和利用过程中，同时也在这个过程中受益。政府的主体角色在这个阶段开始转化为为企业提供相关的政策引导、技术支撑服务，政府通过制定相关的沙区产业发展政策来引导金融机构、企业、高校、科研机构等，从资本、管理、技术等方面投向沙区生态的治理及其资源利用，进一步推动企业的"干中学"及企业之间相互学习，使得沙区治理技术和资源利用技术进一步扩散和推广。

3. 综合开发阶段

随着沙区治理利用模式的不断推进，企业主体地位的确立，从事沙产业的企业逐步由单纯地利用现有的沙区生态资源，转变为主动综合开发利用沙区的自然资源（风、光、景观、沙地等）来实现效益，形成了一个长期的治理—开发—利用的产业化发展的技术扩散模式。这个阶段技术扩散的主要特点是，企业已经成为技术研发、利用、推广和扩散的主体；技术以高资本密集型和技术密集型技术为主，技术的复杂性、综合性明显提高，高新技术（新材料、新能源等）已经进入沙区生态的治理、开发和利用当中；技术形式以能够市场化、商业化的物化技术为主，同时服务外包、一体化治理利用等一些新型的技术扩散模式也出现；由于企业的带动，这个阶段沙区生态产业技术的研发、试验、试用、推广、扩散的完整链条已经逐步形成，使得高校、科研院所、企业、政府部门、职能部门、推广部门等资源得以有效整合，大大推进了技术扩散推广速度，也推动了技术创新的速度和进程。这个阶段政府在技术扩散的过程中主要起到搭建平台和提升服务的作用，而当地的农牧民则更多的是从沙区生态产业开发中获利。

4. 创新融合阶段

随着沙区生态产业技术的复杂性、综合性、技术性逐步增强，在技术扩散与推广过程中单纯从一个方面考虑很难适应社会经济发展的趋势。这个阶段沙区生态产业技术的推广扩散以技术创新为核心，与地方的生态环境变化、经济发展、社会发展相融合,与地方的产业链条和产业发展相融合。具体来讲,沙区生态产业技术的推广与扩散从方法、模式、主体等各方面要与大数据、互联网+、新材料、新能源、人工智能等未来新型科学技术的发展相融合;与沙区生态环境演化的客观规律和生态红线相融合,因地制宜地充分考虑技术应用的科学性、可行性以及资源的禀赋条件;与当地的产业发展、产业结构、产业转型升级相融合;与主导产业选择、第一产业、第二产业、第三产业的融合发展相融合;与企业的商业模式、运营模式相融合;与当地的农牧民的生产生活、就业、教育等方面相融合。目前的沙区生态产业技术的推广与扩散已经处在第三个阶段向第四个阶段迈进中,即以企业为主导的长期综合治理、开发、利用逐步进入以科技创新为基础向全产业链延伸,向第一产业、第二产业、第三产业融合发展的阶段。沙区生态产业技术扩散方式的发展阶段如图4-2所示。

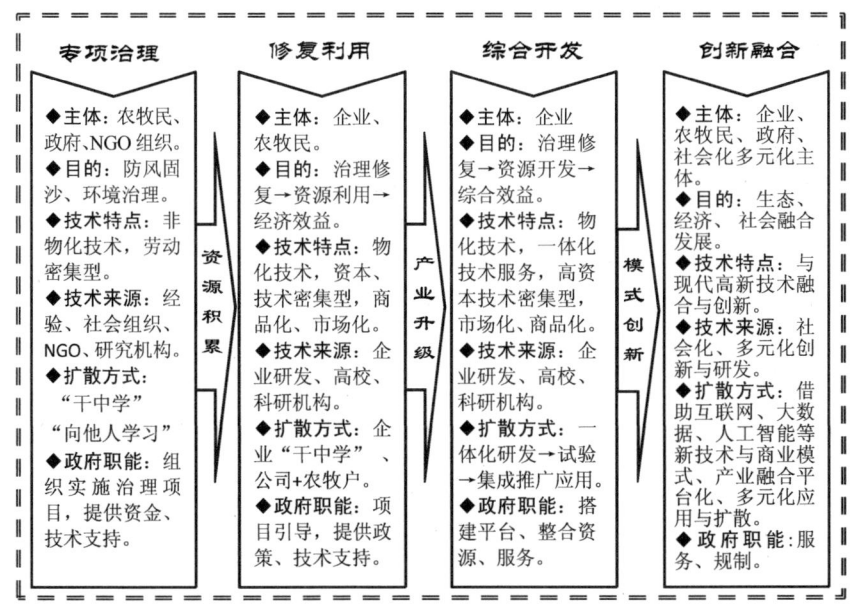

图4-2 沙区生态产业技术扩散方式的发展阶段

4.3 沙区生态产业技术推广模式

沙区生态产业技术应用的实践和研究主要集中在具体技术的研发和应用方面,缺乏对沙区生态产业技术推广模式的提炼与总结,沙区生态产业的发展方式、产业基础、技术类型等与农业技术的关联性较高,农业技术推广模式的类型对于沙区生态产业技术推广模式具有较高的借鉴价值。可以根据不同的划分方式将农业技术推广模式划分为不同的模式,按照农业技术推广执行的主体可以将其分为政府主导型推广模式、企业（尤其是龙头企业）主导型推广模式、农民专业合作社主导型推广模式，以及科研机构（包括农业院校）主导型推广模式四种（熊银解，1993；刘光哲，2012）；联合国粮食及农业组织曾将农业推广的主要方式概括为 8 种，分别是一般农业推广方式、产品专业化方式、培训和访问方式、群众性农业推广方式、项目方式、耕作制发展方式、费用分摊方式、教育机构方式（高启杰，2013）；江珊（2016）总结了我国农业技术推广的实践进程，将农业技术推广划分为项目推广、综合服务、技术承包、技术转让、技术开发、企业+农户、NGO+农户 7 种模式；高启杰（2013）根据农业技术推广的组织方式和目标群体特征，将农业推广划分为行政式推广、服务式推广和教育式推广三种模式。本项目在对典型沙区生态产业发展现状及重点机构、部门、企业及农牧户调研的基础上，借鉴农业技术推广模式，提炼和总结出综合治理利用模式、全程服务托管模式、专项承包转让模式、产业渗透参与模式和自主研发转化模式五种沙区生态产业技术推广模式。

4.3.1　综合治理利用模式

1. 推广方式、技术特点

综合治理利用模式是以沙地生态长期治理恢复为基础的沙产业技术综合开发推广模式，该模式涉及的产业链较多，针对模式的不同阶段，推广主体也会有相应的变化。如图 4-3 所示，首先在前期对沙地锁边推进的过程中，推广主体以政府部门为主体，政府部门应制定相关的产业政策进行引导和扶持，吸引企业参与到防沙治沙过程中，企业需要有好的政策支持，需要有经济上的帮扶，才能被调动而完成初期的公益性工程。在前期通过人工种树种草及引种沙生植物，逐步恢复沙地植被，直到自然生长恢复；后期发展以沙生植物为原料的加工业、畜牧养殖业和畜产品加工业，以及通过沙区环境治理基础设施建设、旅游资源开发发展旅游观光业，实现不同产业技术综合开发和推广扩散，这个过程是逐步发展的过程，其中包括技术研发、应用、推广和扩散，所以该部分技术推广和扩散的主体包括政府部门、企业和农牧民的有机结合，但是起决定性的推广主体还是企业，企业首先借助政府行为对技术研发和应用寻找到对应的技术部门，其次企业就自身的产业链进行对应的建设并进行技术推广，在这个过程中企业通过租赁农牧民的沙地或者政府征用农牧民的沙地进行开发建立园区等方式从事沙产业技术的开发、应用、推广和扩散。

该模式涉及产业较多，所以应用的技术支撑也广泛。要想在沙区发展沙产业首先必须有配套的基础设施和生产设施，而这些设施在使用过程中不可避免地会时常面临风沙侵蚀和掩埋的危害，所以必然应用到防沙治沙工程技术，这一技术根据风沙流的运动规律采用一系列工程促使抵抗风沙危害，该技术为沙产业发展的最基本的保障条件。常用的风沙防治工程技术包括植物治沙技术、沙障固沙技术、栅栏阻沙技术、化学治沙技术，以及各种工程措施的组合技术。在配套的基础设施和生产设施建设好后，则开始人工种树种草及引种沙生植物，逐步恢复沙地植被。这一过程主要应用到生物工程技术和农业工程技术中，其中生物工程技术是沙产业发展的关键技术之一，在沙产业中主要应用的生物工程技术有培育筛选沙生生物资源优良品种，如一些优良沙生植物的选育及抗性基因的获取；在生物资源的开发和利用方面也有很多应用，例如，探索某些沙生药材的其他用途，如制药、化妆品开发等；此外，生物工程技术在沙产业中的种植业中提供防治生物病虫害的相关技术，由于沙产业种植中很多企业申请有机认证，所以如何在满足有机要求的同时有效地控制病虫害是生物工程技术的研究内容之一。例如，在葡萄种植过程中会遇到不同的病虫害，在不影响葡萄产量和品质的基础下防控病虫害是沙产业中葡萄种植以及后续葡萄酒产业链的关键点之一。这一过程除了应用到生物工程技术之外，还必须和农业工程技术有机结合才能保障人工种树种草及引种沙生植物，逐步恢复沙地植被，到自然生长恢复的成功。该部分除了使用传统的农业工程技术外，也会有效应用现代农业工程技术。现代农业工程由科学知识、技术装备、工程设施3个要素构成。农业工程技术所涉及的领域包括劳动对象（土地）、劳动工具（工具）、劳动条件、资源和工程管理，而在不同的领域中又包含许多技术。针对沙漠农业是沙产业重要的组成产业之一，而且根据沙漠地区的水、光、热和营养特征条件较差的特点，可知沙漠地区的农业操作性很差，必须借助农业工程技术，如精准农业、设施农业、智能农业等。同时这部分项目的逐渐发展离不开水利工程技术，尤其是农业节水灌溉技术的应用。众所周知，科学合理地利用水资源是保障沙产业发展至关重要的因素之一。沙产业中涉及的农业节水灌溉技术包括喷灌工程技术、微灌工程技术、管道输水工程技术、节水灌溉管理技术等。当然，要想完善前期的产业项目，除上述工程技术外，还需要环境保护技术、现代化的管理技术等辅助技术的支撑。

在完善前期的产业后，后期沙产业发展以沙生植物为原料的加工业和工业制成品生产、畜牧养殖业和畜产品加工业发展为主。首先植物加工业、畜产品加工业都属于农产品深度加工延长产业链，该部分涉及植物产品、畜产品的加工工艺，保鲜、储藏与过程监测控制手段，运用到现代生物技术、生物化学、微生物科学、食品生物技术等手段。此外，农产品的深度加工，即农产品产业链的延伸不仅需要运用以上科学技术，在农产品运输、产品加工、包装、品质快速检测、品质分级评价、市场开拓、市场需求的决策支持等精细化管理方面还需要运用精细农业技术、信息化农业技术、农业物联网技术和现代化的管理技术。对于沙产业中旅游业的发展则需运用信息工程技术和现代化管理技术。总之，对于综合治理利用，需要传统化和现代化技术的互补结合,需要多学科的交叉融合,需要物化技术和非物化技术的有机结合才能不断加强沙产业综合治理—开发模式中企业的产业链。

2. 典型企业推广模式

阿拉善地区以沙漠生态综合治理、农林牧业综合开发加工为主的产业化生态工程的某龙头企业,自2005年以来在荒无人烟的沙漠中克服风大沙多、寒暑变化带来的各种困难,目前已经平整沙漠7万多亩,修筑作业道路120多千米,配套输变电线路110多千米,打成配套机电井63眼,种植葡萄20000多亩,栽植防护林10000多亩,建设节能日光温棚34亩,利用大型喷灌种植牧草15000亩,累计投入资金6亿多元。通过政府提供政策支持(退耕还林补贴等政策),以沙漠生态综合治理、农林牧业综合开发加工、生态旅游业为发展方式,构建以沙地生态长期治理恢复为基础的沙产业技术综合开发推广模式。这种技术推广模式所需的技术体系繁多,且多种技术需要互相有机结合,如葡萄种植一项就需要农业工程技术中的栽培种植技术、病虫害防治技术、植物生理技术、灌溉技术等不同技术的有机结合。通常该模式产业链长,需要不断进行技术完善和创新,才能满足不断增加的产业链,如在葡萄种植收获后,进一步延伸葡萄酒加工产业,所以技术体系需增加农业工程中的食品加工技术、食品保鲜技术、食品检测技术、食品发酵技术、食品包装技术等,除此之外,沙产业产品要想走进市场并获得认可,还需要创新技术模式,增加非物化技术的配合。例如,增加信息化技术、农业物联网技术、大数据通道等科技创新技术。

另一家企业是以沙地生态长期治理恢复为基础的沙产业技术综合开发推广模式的典型代表。该企业从1996年开始在库布齐沙漠投资3亿元,实施了30万亩沙柳基地项目,辐射周边地区种植沙柳300万亩,种植各类苗木3亿多株,修复沙化土地100多万亩。从2005年开始建设沙产业生态园区,园区规划面积为111.77km^2,总投资为200亿元,构建容纳12万人口,集种植养殖、畜产品加工、林沙光电、商服物流、生态旅游五大支柱产业链为一体的"中国沙漠第一城"。该企业打造出"生态+养殖+种植+有机+扶贫+旅游"六位一体的循环产业链与"种养加相结合、农工贸一体化、产供销一条龙、合纵联立体式"的农业产业化4.0版,让农牧民在生态链、生物链、产业链、产品链上脱贫致富,最终实现了经济效益叠加和产业拉动扶贫的目标。沙产业资产占总资产的比例逐年上升,截至2018年已达40.5%。

在初期以种植业+生态修复为主,其中主要是沙柳种植,所以初期的推广技术以农业相关技术为主,如林业、牧草栽培技术、物种选育技术等,后期在种植品种方面逐渐多样化,而且产业链随之延伸,则需要优质牧草种植管理和稀有林木培育技术,收获的优质牧草可以去饲养羊和獭兔,可见前期的种植业是獭兔饲养产业链的一个上游基础产业。在獭兔特色种植养殖产业链中，涉及饲料生产提供、住房沼气设备提供、种兔繁育、獭兔养殖、屠宰加工、兔肉制品生产、皮毛加工、储存销售、流通销售等多个环节，不仅需要动物科学（种兔培育、防疫防护）的不同技术的相互结合，还需要食品生产、加工、销售等技术的相互结合，在这个过程中，企业会将獭兔养殖相关技术推广至想参与养殖的农户，农户在有收益后积极性提高，促进技术的推广和扩散。此外，通过参与很多项目而掌握沙产业相关技术。公司自成立以来，完成了6000亩中低产田改造项目、进出口绒山羊养殖项目、沙柳种植项目、25万只绒山羊公司+农户养殖项目、退耕还林沙柳种植项目、水土保持沙柳种植项目和草原围栏建设项目，在完成项目的同时还成立了獭兔研究院，进一步提高和创新技术。前期的沙柳种植业是沙柳高档刨花板制作产业的延伸产业链，在沙柳造纸和利用沙柳造纸改为生产刨花板项目中，使沙柳资源就地转化，整个过程引进德国MAIER刨片机、迪芬巴赫分级式铺装机、具有厚度补偿装置的热压机、德国格雷康在线厚度检测设备、意大利意玛斯砂光机等国际一流先进生产设备。生产过程中采用新工艺、新技术，使用新能源设备。沙区综合治理利用模式结构如图4-3所示。

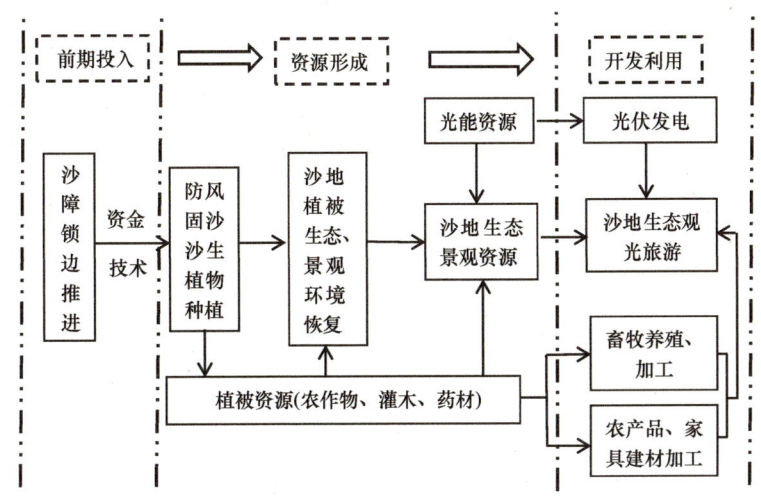

图4-3 综合治理利用模式

4.3.2 全程服务托管模式

1. 推广方式、技术特点

该模式是以技术外包和托管服务的方式推广沙产业技术，推广主体以企业为主，政府是助推剂。沙产业是政府部门积极推进的项目之一，政府希望生态修复的同时带动沙产业的发展，进一步辐射带动沙漠或荒漠周边地区的经济和人民生活水平的提高。所以，企业在政府政策的引导和支持下，方向清晰，目标明确，企业针对不同的沙产业项目所面临的技术难点和问题（时间、人力和技术），采用多种技术集成，且实施方式以外包形式完成项目。企业要较好地推广自身的集成技术，首先应具备一定的规模，在行业内具有多年的经验和技术累积，甚至有自身的技术研究机构，能够在技术方面不断创新，且技术创新成果转化和推广应用效果良好，给企业回报较多。

该模式的企业有完善的植物种植和沙地改良的技术体系以及适应市场需求的外包服务。首先植物种植技术涉及植物生理技术、植物遗传、育种、栽培技术、植物病虫害管理和植物营养与肥料技术，涉及沙地改良的技术包括沙地土壤改良技术、沙地节水灌溉技术、生态治理技术，近年来遥感技术和大数据技术等也相继应用在沙地改良方面，所以企业要提供集成技术体系，必须在这些方面都有一定的研究和一定的项目经验积累。该模式的另一个特点是集成技术的外包和服务，技术外包对技术进行优化的资源配置，可以更有针对性地进行技术配置，优化植物种植和沙地改良的每个环节，虽是有偿行为，但是整体会降低成本，获得更高的生产效率。此外，还提供技术服务，在完成项目后，还会提供后期维护管理方面的技术、培训。这样一条龙的服务有着"全程、全面、高质、高效"的特点。该模式不仅可以精准发展沙产业，而且能促进沙产业服务业发展，这样的方式逐渐更适应市场的需求，也在市场的引导中不断创新和完善技术体系和服务体系，继而获得更多的发展机遇，从而推动沙产业技术推广模式的全面发展。

2. 典型企业推广模式

内蒙古某生态环境公司属于典型的全程托管服务型模式（图4-4），该公司秉承"尊重生态、师法自然"的理念，先科研、后修复，在不同地区先后设立13个专项研究院及相应的种质资源库，其中涵盖抗旱植物、耐寒植物、草原生态、盐碱地改良、矿山修复、土壤修复、荒漠生态、藏域生态、京津冀乡土植物、中东沙漠生态等。累计收集北方干旱、半干旱地区草原种质资源2000余种、3000余份，植物标本2800余种、20000余份，土壤样本40余万份。打造集"种质资源研究、繁育、生产及销售"于一体的全产业链，提供不同区域生态修复用种、乡土植物种子及种苗、运动及景观草坪、牧草草种及科技服务输出。研发推广生态包、植生毯等实用性强、标准方便的创新型生态产品。按照生态修复的过程链，将技术和服务有机结合，推广集成技术外包。进一步将植物种植与遥感、地理信息系统、物联网、云计算等高新技术融合，建立了"草原生态产业大数据平台"。

第 4 章 沙区生态产业技术扩散及推广模式

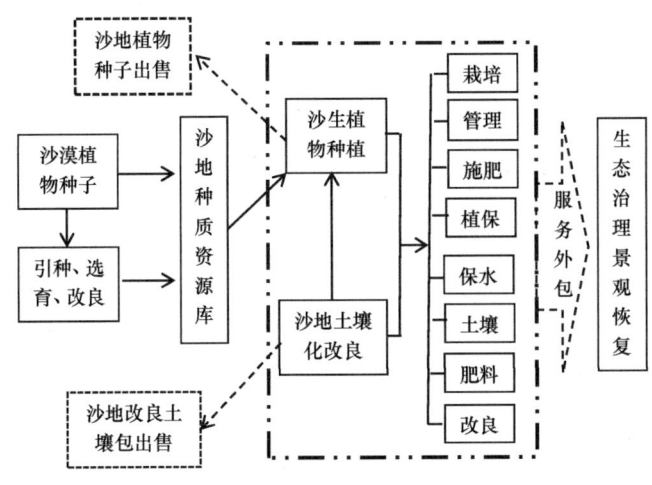

图 4-4 全程服务托管模式

在荒漠化、沙化生态环境修复项目中应用集成技术，按照土地荒漠化的成因和发展规律进行集成，针对沙化及盐渍化草原、流动及半流动沙丘、沙漠边缘等荒漠化土地类型及荒漠化程度，因地制宜地采取相应的技术模式进行综合治理，进一步将这样的服务商业化，应用到更多的沙产业中。例如，在阿拉善荒漠化治理过程中，充分将沙生植物种植技术和沙地改良技术相结合，针对阿拉善的沙漠边缘治理，采用机械沙障和生物沙障相结合的方式进行防风固沙。首先运用机械沙障阻挡风沙或选择种植具有抗旱、抗风、多年生的乡土沙生植物形成植物沙障，或将土壤改良为更适合沙生植物生长的基质环境，且配上合适的肥料，采用高效补水技术给植物适当补充水分，提高沙漠中植物的成活率和生长量。而在科尔沁沙地的治理过程中，针对科尔沁地区的流动、半流动沙地，充分利用生态产业大数据信息平台，结合实地调研，飞播耐旱的沙蒿、沙打旺、沙米等灌木和草本植物进行沙地修复。经过 2 年修复后，植被覆盖度显著提高，建设区域及周边生态环境明显改善。这种将植物资源遗传、育种、驯化技术+生态包、种子配比、种子包衣+不同的栽培技术（如飞播技术）+高效能补水技术+大数据相关技术的集成技术体系应用到荒漠化和沙化环境中，取得了较好的生态效果，同时可以将这样的技术包和服务进一步推广到更多的荒漠化和沙化环境中。

依托乡土植物科研体系、种质资源储备、种业生产体系、大数据平台和生态修复标准，以内蒙古为样板，将"生态理念+技术智慧+资源储备+管理标准+生态产品"集成技术体系不断推广应用在不同的生态修复模式中，形成疆草、藏草、滇草、秦草等技术体系；对生态修复过程进行科学化细分，使其满足集成技术外包和服务推广的条件，将集成技术和服务应用到草原修复、矿山/荒山/边坡修复、荒漠及沙地治理、盐碱地改良及土壤修复、垃圾场/废弃地修复、节水园林与海绵城市、运动草坪建植等不同的生态修复项目中。

4.3.3 专项承包转让模式

1. 推广方式、技术特点

如图 4-5 所示，该模式研发使沙地能够土壤化来种植农作物的专项技术，进行局部实验、中试，试验成功后再通过商业化和政府项目的方式进行推广扩散。推广主体以企业与科研机构合作为主，政府加快推进为辅。政府帮助企业协调相关科研机构，共同研发沙地土壤化改良和利用技术，一种方式是科研机构采取技术转让或者科研机构与企业联合生产沙地土壤化改良的产品，进行商业化推广；另一种方式是以企业为主体承包沙地土壤化改良项目和工程对沙地进行改良。从基层农村技术推广的角度看，以政府为主导联合企业的技术推广模式更加有助于发挥农户和市场的作用。通过联合协调农业合作社、农业科技企业等，建立多样化农业技术推广模式，保障技术推广效果。若取得了较好的效果，沙地周围的农户则是最佳受益人和主要的推广应用者，但农户经营分散、劳动力转移等导致其对新技术的接受和掌握能力较弱，不利于农业技术推广工作的顺利开展，所以有必要借助农业技术推广部门，只要地方政府对农业技术推广工作足够重视，便会加快农户对新技术采用的积极性，提高农业技术推广的工作质量。

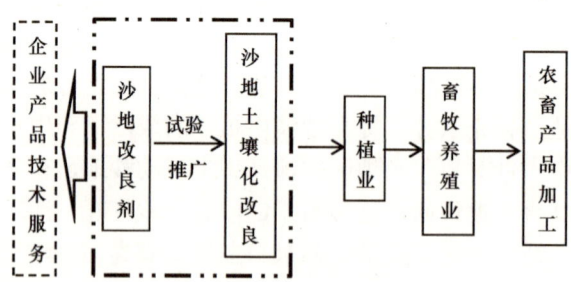

图 4-5 专项承包转让模式

这种推广模式主要的技术类型是沙漠土壤改良技术和沙漠土壤利用技术。沙土的饱和导水率大，持水能力差，不容易保水保肥，导致沙土中的植物有效含水率低，可利用的营养物质流失。针对沙土的这一性质，就如何提高沙土的持水保肥能力进行了研究，研发了一批技术成果。提高沙土持水保肥能力的技术包括注重农田防护林的营造和管护，实行草田轮作，深耕整地，选用耐寒抗风沙的植物品种等，但是完成这些持水保肥技术的前提是这些植物都能成活，而植物成活最需要的就是水分和养分，所以为提高植物在沙土环境中的生存率，土壤改良剂这项技术应运而生。近年来，土壤改良剂的研究在不断改进和完善成熟，环境友好型的改良剂产品被研发出来。"沙漠土壤化"改良技术是添加能够改善沙质土壤性质的改良剂，使其具有稳定沙土、改善沙土漏肥漏水的特性，从而更适合植物存活和生长。适合沙地的土壤改良剂按照组成和来源可以分为无机改良剂、有机改良剂、人工合成改良剂和生物改良剂。目前研究适用于沙漠治理的无机改良剂主要包括膨润土、磷石膏、沸石和粉煤灰等；有机改良剂主要包括泥炭、生物炭、腐殖酸和有机固体废物等；人工合成改良剂主要包括聚丙烯酸盐、聚乙烯醇、聚丙烯酰胺、羧甲基纤维素钠和高分子保水剂等；生物改良剂主要包括微生物菌剂和土壤动物等。不同的改良剂对沙土的保水保肥性能有不同程度的提高，但是有的土壤改良技术也存在弊端，如粉煤灰的添加会对土壤造成重金属污染等，从技术方面看，综合的改良技术会更加有保障。

在陕北毛乌素沙地，通过科学攻关让砒砂岩和沙地"两害变一宝"，实现了固沙和种植的双赢。榆林地处毛乌素沙漠边缘，2009 年第二次全国土地调查数据汇总结果显示，榆林市未利用地占全省未利用地总面积的 45.60%，其中沙荒地约 530 万亩，占榆林市未利用地总面积的 91.65%。陕西省土地工程建设集团联合中国科学院地理科学与资源研究所和西安理工大学开展校企科技攻关，积极寻求解决方案，利用沙化土壤改良技术将砒砂岩的保水易板结性和沙地的漏水、透气性按不同作物所需的不同土壤成分配比研究出来，形成的复合沙质土壤适宜种植各种农作物，透气性和保水性都达到了高产作物种植对土壤的要求。连续几年马铃薯平均亩产超过 2500kg，玉米单产平均亩产超过 800kg。

2. 典型企业推广模式

"沙漠土壤化"生态恢复项目是这种模式的典型代表。重庆交通大学研究团队历时 7 年，将力学引入生态，通过引入一种特定的约束力——方向结合约束，实现"沙漠土壤化"，为沙漠生态恢复提供全新思路。沙漠土壤化最大的特点在于使沙子具备土壤属性，在湿时的流变状态和干时的固体状态之间转换，同时获得自修复、自调节力学属性以及保水、保肥、透气等生态属性，不仅起到防沙、治沙作用，还能成为植物生长的良好载体，构建健康的生态系统。沙子土壤化采用的主要原料很环保，对沙漠环境非常友好，其是采用机械将沙漠表层沙子和植物黏合剂均匀拌和。经过研究团队 6 年的室内和模拟实验，2016 年该项目在乌兰布和沙漠 25 亩试验田成功。"沙变土"不仅适合沙生植物，还适合土壤类植物生长，经过 4 个月的作物生长，试验田出现 75 种植物，其中种植植物 48 种，获取到了"沙漠土壤化"生态恢复所需要的技术和经济指标，为"沙漠土壤化"技术大规模推广应用和产业化推广提供长久的支持保障，从而推动生态建设产业化，产业发展生态化，实现沙漠增绿、企业增效、农民增收的良性循环。"沙变土"项目除了在乌兰布和示范区新增 10000 亩实验地，还将在新疆和田、江西南昌厚田沙漠等多地开展实验。

4.3.4 产业渗透参与模式

1. 推广方式、技术特点

产业渗透参与模式主要是通过对沙地进行改良和利用，种植牧草、饲料作物来发展畜牧养殖业和畜产品加工业，形成全产业链的沙地生态治理开发利用模式。如图 4-6 所示，这种模式的主要特点是围绕一个以沙生植物或者畜牧养殖为主导的产业，打造一个完整的产业链条，在整个产业链条的种植、养殖、加工各个环节渗透和应用沙产业技术，同时在各环节的技术研发应用过程中吸纳研究机构、企业、农牧户、农牧民合作组织等参与，形成一个集种养加于一体的技术推广过程。这个过程中，若要形成全产业链的沙地生态治理开发利用模式，企业首先要有整体的规划，从消费者导向、市场调研、政策引导等方面到源头的各资源合理配置，即多环节、多品类、多功能有机结合的、整体运作都以企业为主体。在企业开始上游工作（选种/选地到种植/养殖）前，则需要了解政府部门生态修复、沙产业招商引资等相关政策，而在开展上游工作过程中，则会辐射周边农户，企业制定各种技术标准，按照技术标准为周边农户进行技术推广，以便更符合企业上游产品的质量把控。所以通过分析可见，该模式的推广主体为企业，企业有着清晰的目标和定位，而且企业拥有丰富的经验和技术累积。政府和农户则主要与企业产业链的上游端有着密切的联系，分别在不同方面引导和服务于企业，同时又受惠于企业。

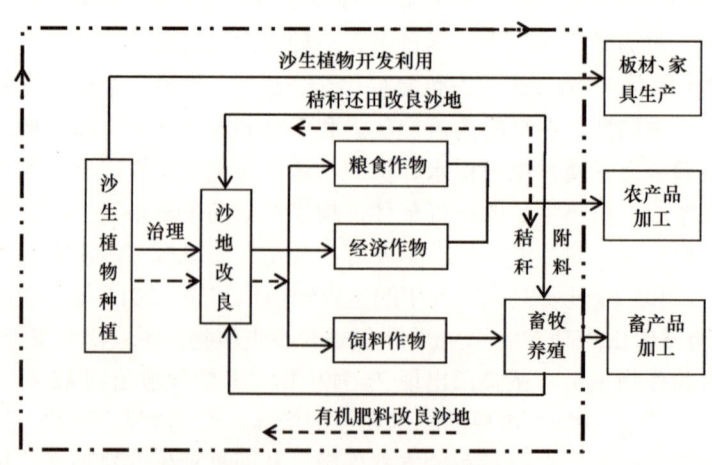

图 4-6 产业渗透参与模式

该模式最终形成全产业链的沙地生态治理开发利用，所以涉及的技术种类较多，每种技术下形成不同的技术链，每种技术相互衔接，技术链中的各个环节都能相互辅助、有机结合、整体运作。除此之外，还需要进行技术创新来更加完善和多样化全产业链。种植过程中包含选育植物品种的相关技术、植物栽培和管理的相关技术、植物营养相关技术、植物病虫害防治相关技术等，这部分技术链的每个环节都需有效掌控，而且需要配合养殖过程。在养殖过程中包含动物品种的选育技术、动物的营养与饲料技术、动物的饲养管理技术、动物的疾病防治技术、饲养场废弃物处理与控制技术、饲养场建筑设备管理技术等，而在种植和养殖前均需要应用环境评估技术对上游端的环境进行评估，以便保证后续产品的安全问题。在加工过程中，涉及的专业技术包括食品营养与检测技术、食品生物技术、食品质量与安全技术、食品加工工艺技术、食品生产管理技术以及食品储存、包装、运输技术等。在后期的销售过程中还需要应用营销技术、物流技术、大数据技术等将下游端做扎实。全沙产业链最重要的环节是两头：上游的种植（养殖）与下游的营销，使得上下游形成一个利益共同体，从而把最末端的消费者的需求，通过市场机制和企业计划反馈到处于最前端的种植与养殖环节，产业链上的所有技术环节都必须以市场和消费者为导向。当然，在现有技术前提下，若要使全沙产业链更加完善，还需统筹兼顾已有的产业规模、竞争态势和未来发展空间等因素，合理布局，巩固和扩大主要粮食品种和饲草品种的种植、收储、加工和物流的能力和规模，提升不同技术的水平，加强技术创新能力。此外，在初加工技术完善的前提下，通过规模化的收购、储运、养殖、加工，推动农产品由初加工向精深加工转变，且需探索完善与农户合作的模式，在技术和信息上给农户提供更多支持。

2. 典型企业推广模式

目前一些以有机牧草种植—有机奶牛（畜牧）养殖—有机奶源（畜产品）加工—有机奶源（畜牧养殖）追踪为主线的典型企业，属于以沙地改良、治理、利用为主导的种养加结合典型产业渗透模式。这种模式主要通过对沙地环境进行评估、种植有机草料进行有机养殖，进而得到有机奶源（畜牧养殖）再进行有机奶源（畜产品）加工与追踪销售而形成全有机产业链的沙地生态治理开发利用模式，全程有机产业链包括有机环境、有机牧草种植、有机奶牛（畜牧）养殖、有机加工和有机奶源（畜牧养殖）追踪。有机环境即牧草种植基地以及有机牧场所在的沙漠地区，较中国传统养殖环境拥有众多优势。这些优势包括奶牛及牲畜所偏好的凉爽干燥气候、人类活动有限、几乎无污染以及甚少细菌、病毒及害虫。此外，根据弗若斯特·沙利文的报告可知，沙面底下有丰富的水资源和肥沃的土壤。奶牛等畜牧养殖绝大部分饲草来自有机草料种植地种植的有机牧草；主要种植作物包括玉米及苜蓿等，并维持和提高土壤条件，使用的肥料来自有机牧场的牛粪等或由牲畜粪便所生产的有机肥料,并无使用任何农药或化学合成肥料。所有牧场均为散栏式牧场,清洁、舒适、干燥的沙垫床及宽敞的运动场可以供奶牛及牲畜食用、饮用、放松。在生产过程中严格遵循有机奶及畜产品的加工流程,无任何防腐剂、人造色素或人造香料。每包有机奶产品及畜产品均印有获国家认证认可监督管理委员会认可的条形码,以便追溯每件产品的生产源头,作为质量控制措施。

4.3.5 自主研发转化模式

1. 推广方式、技术特点

该模式是企业通过自主技术创新、引进和研发实验,以砂子为原材料生产工业产品而实现自主研发就地应用转化的技术推广模式。如图 4-7 所示,推广主体以企业为主,通过技术创新等研发新的产品或工艺,或通过引进或与高校、科研机构合作进而产生新的技术和产品,政府的有效介入可以加快科研成果的评价和转化。以砂子为原材料的工业产品生产技术主要包括以砂为主要原材料的改性风积沙及其制品、混凝土配制、渗水砖、水泥、玻璃板等建筑材料;以沙漠砂利用为主的建材制造业具有环保、节能、经济、普及的特点,既充分利用了沙区丰富、成本低的砂子资源,节省了黏土和矿物资源,又间接起到防沙治沙的目的。

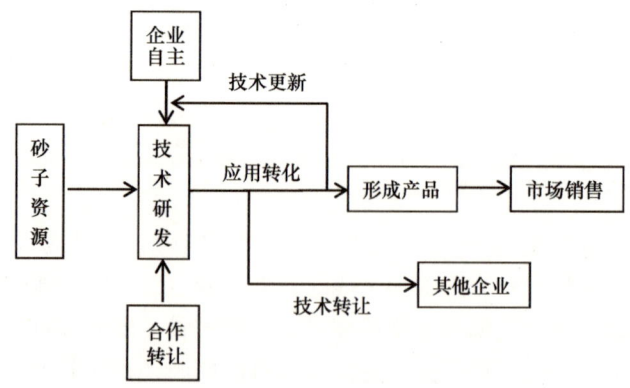

图 4-7 自主研发转化模式

2. 典型企业推广模式

一些以砂子为原材料生产特种玻璃、透水砖等新型建筑材料的企业属于较典型的自主研发转化模式。这种模式集成了沙漠硅砂检测分析技术、沙漠节水保水技术、沙漠治理技术、建筑节能技术、雨水资源化利用技术、污水处理节能技术及硅砂节能技术应用。两家企业专业致力于"砂产业"开发。"砂产业"就是以砂为原料，通过技术创新将砂加工成各种各样对人类有益的砂产品，系统集成形成"以砂精铸""以砂增油""以砂兴水""以砂建筑""以砂兴农""以砂治沙""以砂兴艺"为代表的解决问题方案，从而创造出一个具有完整产业价值链的战略性新兴产业。主要生产覆膜砂、孚盛砂、生泰砖（透水砖、路缘石、滤水砖等）、柔性石材复合保温板、透气防渗砂、环保市政砖、透水砖和劈开砖等与沙漠砂有关的产品；这些产品均以风积沙为原料之一，其他原料也选用工业废弃物，实现风积沙、粉煤灰、煤矸石的综合利用；运用特殊烧结工艺，将锻造出的新型透水材料应用到城市建设中去，下雨时吸水蓄水，渗水净水，需要时将蓄存的水释放并加以利用，这样的系统可以提升城市生态功能和减少城市洪涝灾害的发生，更有降解和吸附雾霾的功效，运用"透水材料"打造"海绵城市"。

第 5 章

沙区生态产业典型发展模式及效益分析

5.1　沙区生态产业业态发展现状

5.1.1　沙区现代农牧业

在沙漠地区进行农牧业生产是近年来国内报道较多的沙产业模式之一，其通过规模化、专业化、区域化的生产降低公共外部成本、增加农业收益的优点在内蒙古、新疆、青海、宁夏、甘肃等沙漠集中地区得到了广泛认可。种植业包含的植物品种十分丰富，主要有肉苁蓉、甘草、葡萄、黄芪、枸杞、文冠果、麻黄、沙打旺等草本植物以及梭梭、沙柳、沙棘、苹果、梨等木本植物。以内蒙古为例，作为肉苁蓉主产地的内蒙古阿拉善盟，2018年完成适宜种植肉苁蓉的人工梭梭林157.5万亩，接种肉苁蓉15万亩。截至目前，全盟现已建成肉苁蓉梭梭林产业基地10万亩规模以上9处，产业基地总面积为300万亩，接种肉苁蓉达70万亩，从事肉苁蓉产业的企业10余家，年产值现已突破3亿元。甘草种植分布在库布齐沙漠和乌兰布和沙漠地区，其中乌兰布和沙漠种植面积达45万余亩，而库布齐沙漠通过某集团建设的甘草种植基地，累计种植面积超过200万亩。葡萄种植集中在乌兰布和沙漠，种植面积为3万亩，年产量达1.5万t。2018年文冠果种植面积为50余亩，集中在科尔沁沙地。

以种植的饲草作为饲料进行规模化畜牧养殖也得到了大力发展。内蒙古乌兰布和沙漠某农业集团规划开发有机牧草种植基地，种植青贮玉米、有机苜蓿、有机燕麦等作物为生产基地奶牛提供食用饲料。位于科尔沁沙漠的某现代农业公司以沙地种植水稻、苜蓿、燕麦等作物，并建设有机草猪养殖基地，可容纳草猪5000余头。宁夏中卫市沙坡头区某公司建立沙漠农业科技示范园区，开发沙地，种植饲草，以满足园区万头奶牛饲草需求。

5.1.2　沙区加工制造业

沙产业的加工制造是以农牧业为基础，以农牧业生产的原材料或副产品作为原材料进行生产加工，这种通过延伸产业链，对物质进行循环利用的沙产业模式不但可以增加沙产业企业经济利润，还可以促进生态环境的改善。例如，库布齐沙漠獭兔养殖业，通过种植饲草玉米为獭兔养殖提供饲料，对獭兔进行屠宰加工制成肉类产品和服装原料，粪便进行发酵制造沼气。科尔沁沙漠奈曼旗的木材加工业，通过经济林种植进行木材深加工，已有刨花板、多层板、密度板、建筑模板和清水模板等十几个品种。目前全旗有木材加工企业200余家，年产值达1.6亿元。乌兰布和沙漠的葡萄酒加工业，现有知名葡萄酒生产商沙恩、诺民、尧舜、兴套川等19家，酿酒葡萄种植面积为1万余亩，年产葡萄酒100多t。此外，还有肉羊加工产业链、有机肉牛和有机奶加工产业链、番茄产业链、粮油加工业、中药材种植加工业等各种农牧加工一体化的产业链。

5.1.3 沙区生态旅游业

我国荒漠化地区面积广阔、旅游资源十分丰富，具有良好的旅游业发展基础。例如，位于库布齐沙漠最东端的响沙湾、伊金霍洛旗草原上的成吉思汗陵、古老而又雄壮的甘肃嘉峪关、敦煌八景月牙泉、江南水乡，与沙漠风光融为一体的宁夏沙湖和沙坡头，还有新疆的白沙湖、那拉提、葡萄沟、金胡杨公园、噶尔老城等，这些都属于国家级 5A 级景区，此外，还有众多的 4A 级景区，如腾格里沙漠中酷似中国地图的月亮湖，拥有奇峰、鸣沙、湖泊、神泉、寺庙五绝的巴丹吉林沙漠等，以及国家地质公园和国家沙漠公园，位于阿拉善盟的阿拉善沙漠国家地质公园是目前我国唯一的沙漠地质公园。

内蒙古作为拥有全国第二大沙漠面积的省份，目前有两家 5A 级景区和 40 多家 4A 级景区，可以说沙漠生态旅游业已经成为沙产业发展的重要产业之一，目前正在打造沙漠草原文化，发展沙漠探险旅游、沙漠考古旅游、沙漠生存旅游等新型旅游产品。

5.1.4 沙区高新技术产业

高新技术产业主要包括微藻产业与新能源产业，其中微藻产业分布在全国 21 个省份，共有相关企业 130 多家。目前微藻产业中微藻种类主要有螺旋藻、小球藻、盐藻和红球藻。内蒙古微藻产业发展迅速，成了当地沙产业模式之一，我国最大的螺旋藻粉生产基地位于内蒙古，我国某著名的螺旋藻生产公司通过盐藻提取天然胡萝卜素这一技术使我国在这一领域迈出重要一步。除内蒙古外，河西走廊地区微藻产业也发展迅速，甘肃凯源生物技术开发中心先后投资 552 万元，建成年产藻粉 8~10t、养殖面积为 2 万 km^2 的微藻生产基地，现已研发出螺旋藻片剂、胶囊、营养面等 12 个系列品种的产品。

由于沙漠地区具备得天独厚的地理条件，太阳能资源和风能资源十分丰富。国家统计局数据显示，2018 年全国风力发电量为 3660 亿 kW·h，内蒙古风力发电位居全国第一，达到 632kW·h，占全国风力发电量的 17.28%，其中内蒙古乌兰察布市拥有亚洲最大的风电场，因此被誉为风电之都。除风电外，光伏发电也是沙漠新能源产业发展重点，2018 年底库布齐沙漠的达拉特光伏发电应用领跑基地一期 500MW 项目实现一次性全容量并网发电，是内蒙古最大的集中连片光发发电基地，预计年减 CO_2 排放量 80 万 t。

5.1.5 沙区生态产业园区

沙区综合产业园模式就是建设多种产业于一身的沙产业园区，以乌兰布和沙漠生态沙产业示范区为例，2014年经由内蒙古自治区政府批准，乌兰布和沙漠成立沙产业示范区。2016年其又升级为内蒙古自治级沙产业高新技术开发区。乌兰布和沙漠生态沙产业示范区规划投入300亿元，沙漠综合治理面积达到150万亩，园区现已发展出绿色种植业、特色畜牧养殖业、沙区特色产品加工业、沙漠旅游业、清洁能源产业、创新服务业、基础服务业七大产业，属于典型的综合产业园模式，预计2020年年产值可达100亿元。

5.2 沙区生态产业发展模式

5.2.1 单一产业型

单一产业型发展模式以种植养殖业为主，通过种植经济作物，如中药材，进行简单加工处理销售，或者通过种植牧草进行牲畜饲养销售。这种沙产业模式较为简单，具有较强的可参与性，是我国沙产业发展中最主要的模式之一。但由于销售的是初级产品，附加值较低，对于带动周边农牧民经济收入的提高效果较为一般。因此，沙产业单一产业型模式是以企业或农牧民为主体，通过种植养殖业所生产的初级农产品销售以获取经济利润，生产经营方式单一。由于对资源的利用效率不高，经济效益流失较多，促使越来越多的企业开始转变这种生产经营方式。

5.2.2 交叉融合型

根据沙产业实际情况，从旅游业角度看到，随着国内经济持续发展，人民生活水平也日益提高，精神需求也随之增长，而旅游形式愈发多样，沙漠旅游兴起成了越来越多的人日常娱乐消遣的选择。我国沙漠旅游资源丰富，经过多年的沙漠生态治理，不毛之地已经转变成了旅游胜地。各种各样的旅游形式伴随着多样化旅游需求而生，对周边地区经济发展、生态环境治理以及新型产业平台搭建起到了关键作用，未来沙产业也将与旅游开发更加紧密地结合。这种以沙区独有的资源为依托，多角度、多层次开发沙漠旅游产业，不断扩大沙产业边界及其功能增值空间，促进产业竞争力的过程为沙产业与旅游业的融合过程（刘璐等，2020）。因此，可以看到旅游业和沙产业之间存在互补性，而利用互补性这一特点，使得价值链活动在产业与产业之间进行拓展，增加了沙产业与旅游业产业的附加值，进而模糊了产业边界，形成了交叉融合型沙产业发展模式。

5.2.3 产业延伸型

通过对我国沙产业实地调研考察可知，延伸型发展模式的主要形式是以第一产业、第二产业、第三产业拓展为主，仍然以沙产业为核心，进行沙漠生态环境治理。在以往传统的沙产业中，绝大部分利润被销售环节和加工环节瓜分，而进行沙漠农牧业的农牧民由于个体分散，组织性较弱，信息获得不对称，在沙产业发展环节中处于利益分享的弱势地位。因此以沙区种植养殖业为依托，通过初级产品的加工销售链接上下游，形成"产供销""农工贸"提升沙产业价值链，增加沙产业的附加值，促进农牧民收入水平的提升。因此，沙产业延伸型发展就是以企业、农牧民生产合作为主体，以某种沙产业产品为对象，对其生产环节开始入手，拓展产业链，实现资源高效利用，进一步提升沙产业附加值的目标（刘璐，2019）。从价值链出发，沙产业延伸发展既包括基本活动，也包括辅助活动，而这些活动发生在生产环节的前端后延，因此产业延伸分为向前延伸和向后延伸。向前延伸是向提供基础物质生产资料的种植部门延伸，向后延伸则是向产品深加工及销售部门延伸。通过向前和向后延伸，围绕产品形成了一个完整的有机体，降低了交易费用，增加了利润空间。

5.2.4 技术渗透型

随着科学技术的日新月异，高新技术已经深深地融入社会发展中，带动了劳动生产率的提高和成本的降低，优化产业结构，促进国民经济增长。钱学森第一次提出"沙产业"这一概念，就是在沙漠地区利用高新技术搞大农业生产，能够创造千亿产值。可见科学技术对产业发展具有重要作用，而高新技术元素在沙产业发展中的渗透也将形成新的发展模式。因此，沙产业技术渗透型融合模式就是以沙产业发展环节为基本依托，利用现代生物技术、农业技术、新材料技术、新能源技术对沙产业内部发展环节的作用，推动产业结构变动升级和经营管理方式的优化。例如，包含物联网、云计算、大数据在内的信息技术对沙产业的渗透新融合，能够实现沙产业产品智能化管理、市场信息共享，从而减少企业运营成本，获得更大的利润空间（刘璐，2019）。

5.2.5 全产业链型

沙漠地区土地贫瘠，资源匮乏，如何做到资源利用最大化、经济利润最优化则成了沙产业发展的重点，部分沙产业企业将种植、加工、研发、销售全部包含在其产业链内，形成全产业链发展模式。这种全产业链模式减少了各生产经营环节间的利润和资源的流失,并且保证了企业产品的生产质量,提高了企业产品品质和经营效益。因此沙产业的全产业链发展模式就是以消费者为导向,从产业链源头做起,经过沙生植物的种植采购、贸易物流、原料加工处理、研发制造、分销物流、品牌推广、产品销售等每一个环节,让企业资产在不同的环节布置上更加高效,提升经营效率,降低交易成本和风险,使企业更具有竞争力。

5.3 不同发展模式的沙区生态产业价值链特征

5.3.1 单一产业型——以某现代农业公司为例

内蒙古通辽市某现代农业公司利用流转耕地和林地,种植甘草、黄芪、苦参、沙参等中草药材。其价值链目前属于单一产业型发展模式,主要包含中药材生产、加工制造、销售、消费四个环节,结构较为简单,通过上述环节实现价值的创造和传递,但在其企业价值链末端,由于公司与药企签订购销合同,所生产的中草药材产品全部以订单形式被药企收购从而完成价值实现,收购后进行二次加工销往海内外,整体形成了"专业化组织+中间集团+消费者"三元价值链(钱贵霞和田欣,2020)。某现代农业公司单一产业型沙区生态产业价值链如图5-1所示。

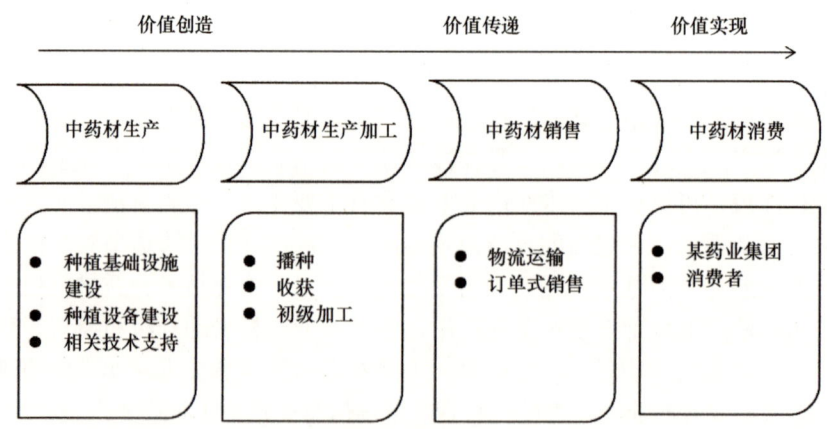

图5-1 某现代农业公司单一产业型沙区生态产业价值链

5.3.2 交叉融合型——以某生态集团为例

位于乌兰布和沙漠境内的某生态集团,是以沙漠生态综合治理、农林牧业综合开发加工为主的产业化生态集团。其价值链属于集葡萄种植加工与旅游于一体的交叉融合型沙区生态产业价值链,整个链条包含价值创造、价值传递、价值实现三个阶段。价值创造包括葡萄种植技术、葡萄酒种类研发、物资供应和土地投入等辅助活动,以及葡萄酒生产、加工、储运和销售等价值链的主要活动。此外,为了充分利用沙漠资源,提升产业附加值,该集团将葡萄酒生产价值链与旅游价值链进行交叉融合,形成了葡萄酒和旅游资源两大终端产品,通过产品销售完成价值传递,最后通过消费市场传递到消费者手中完成价值实现。产品消费情况将会反馈到集团的市场部门进行分析,使产品进一步迎合消费者需求,推动企业发展进而扩大规模,增加收益,并且也能刺激集团对产品创新研发的动力,形成良性循环。其生态产业价值链如图 5-2 所示。

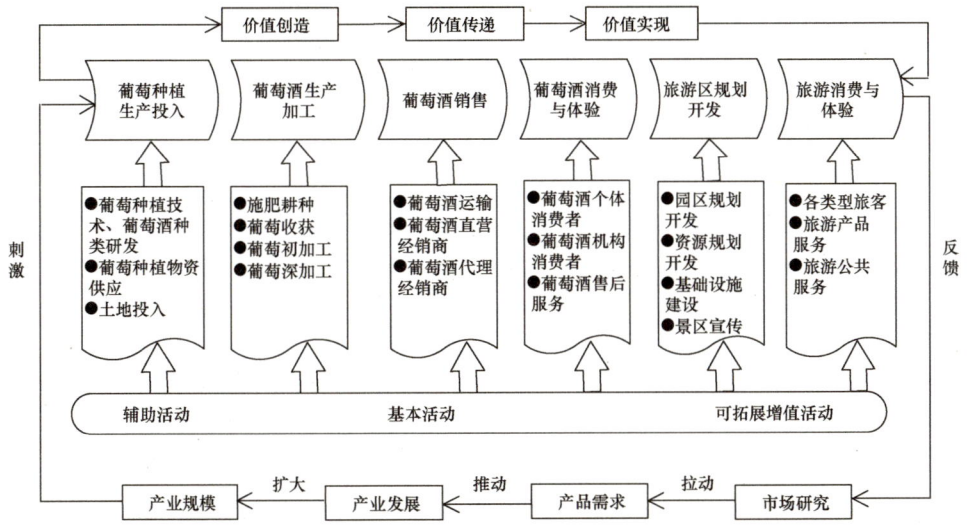

图 5-2　某生态集团有限公司交叉融合型沙区生态产业价值链

5.3.3　产业延伸型——以某农业投资公司为例

内蒙古某农业投资股份有限公司,其经营范围涉及稻谷深加工与仓储;绿色、有机水稻种植与销售;网上销售大米及农副产品;收购、加工及销售有机肥料等。其价值链属于延伸型沙区生态产业价值链,通过沙米种植基地建设、沙米生产加工、副产品处理、草猪养殖、产品销售以及消费与体验六个步骤形成价值创造/增值、价值传递和价值实现(图 5-3)。该公司以种植生产的沙漠水稻完成价值创造,然后对沙漠水稻进行加工处理形成沙米,再利用沙米所产生的副产品秸秆饲养红山草猪延伸了价值链,使得价值增值,最后利用电商以及稻米屋进行价值传递,流通到消费市场完成价值实现。

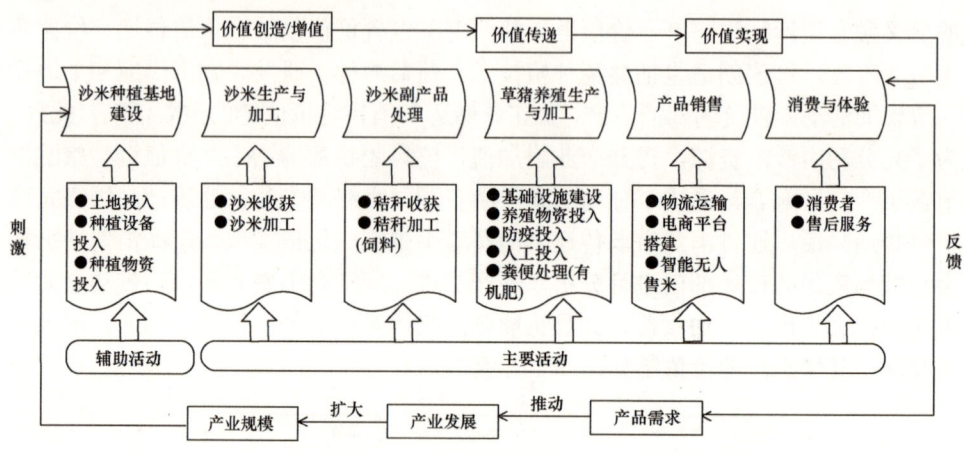

图 5-3　某农业投资公司产业延伸型沙区生态产业价值链

5.3.4　技术渗透型——以某生态集团为例

内蒙古某生态公司是一家以草为业的公司，以驯化乡土植物进行生态修复为核心，是中国草原生态修复的引领者。立足"草、草原草产业"，业务聚焦三大产业线：生态修复、种业科技、现代草业。从价值链角度来看，该集团价值链环节包括需求分析、整合资源、研究开发、生态服务以及草原生态产业大数据平台信息整合处理，属于技术渗透型沙区生态产业价值链（图5-4）。其中大数据平台是整条价值链的关键环节，承担着价值增值和价值传递两个功能，其网络大数据技术渗透到各

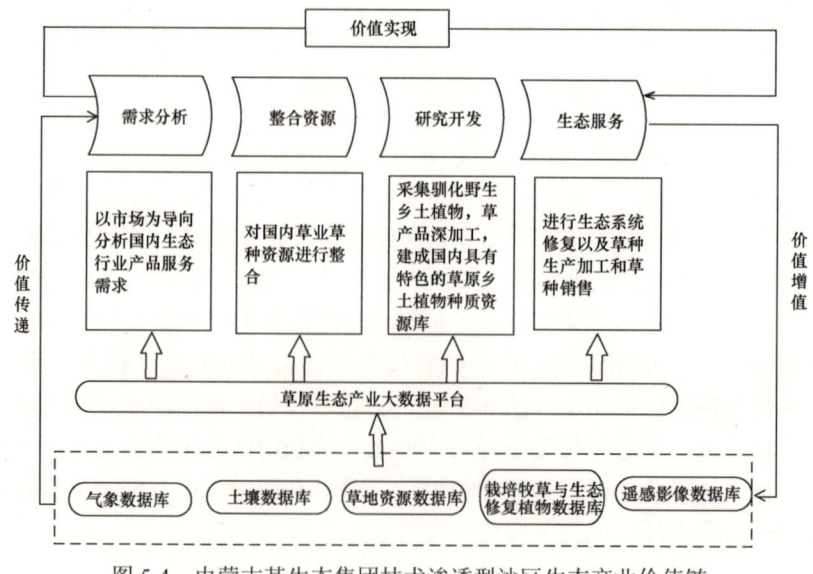

图 5-4　内蒙古某生态集团技术渗透型沙区生态产业价值链

个节点,如草种改良、草产品深加工、荒漠化半荒漠化土地改造等,各类信息的交汇使价值链更为高效。此外,与其他沙区生态产业价值链不同的是,该集团的技术渗透型沙区生态产业价值链主要以大数据平台为依托提供生态修复服务和信息服务来完成价值实现,这样就减少了企业的运营和生产成本,增加了企业的利润空间,可以看到科学技术的应用对于沙区生态产业企业的发展具有显著推动作用。

5.3.5 全产业链型——以某药业集团为例

内蒙古某药业集团构建了药材种植、药材加工、蒙药研发生产、蒙药销售流通、服务全产业型沙区生态产业价值链,首先以药材种植为出发点,对生产药材原材料进行第一阶段的初加工,初加工后一部分流通到蒙药销售市场形成第一阶段的价值创造、传递和实现功能,另一部分则进行蒙药生产,通过集团药材配方制造成消化系统、儿科、妇科、骨科等各类药品,完成第二阶段的价值创造过程,经由该集团销售部门向各大中蒙医院、诊所、药店进行推销,最后对消费者进行相关医疗服务,完成价值传递和价值实现两个环节,构成完整的全产业型价值链(图5-5)。

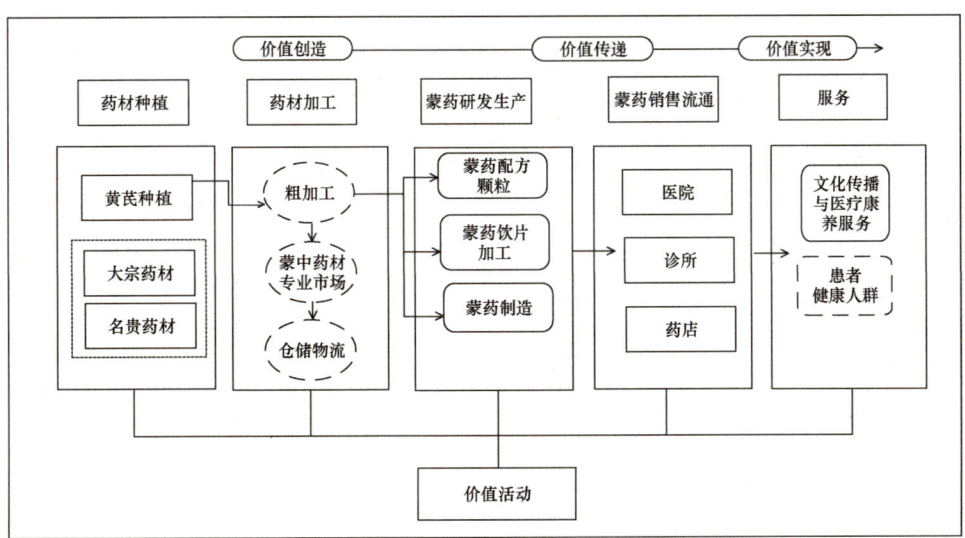

图5-5 内蒙古某药业集团全产业链型沙区生态产业价值链

5.4 沙区生态产业价值链成本收益与资源消耗

5.4.1 沙区生态产业成本收益分析

根据调研实际情况,本节选取数据较为全面的内蒙古某产业化生态集团B、内蒙古某农牧业集团 D 和新疆某药业集团 E 作为研究对象。从产业的角度来看,沙区生态产业企业的基础活动同其他企业的基础活动一样,指在日常生产经营中的投入–产出活动,可以直接反映出价值增值过程。价值链中每个节点的产出即下一个节点的投入,节点与节点之间环环相扣,形成沙区生态产业价值链。三种沙区生态产业价值链中的葡萄种植生产投入阶段、沙米种植投入阶段和中药材生产投入阶段主要是进行生产准备,虽然不直接产生价值,但是价值增值的必要条件;各沙区生态产业价值链的生产加工阶段,包括 B 集团的旅游服务阶段与集团 D 的草猪养殖业以及副产品处理阶段,都是将投入转换为产品,形成价值;产品销售是价值传递的重要过程;消费与体验阶段则是完成了企业的价值实现。

因此对沙区生态产业价值链上各个环节的基础活动进行分析,这三种沙区生态产业价值链均包括生产投入、生产加工以及产品销售,生产投入包含种植基础设施建设、固定资产投入、无形资产投入以及原料成本投入;生产加工包含生产所需人工费用、管理费用中的各种成本投入;产品销售则主要包含销售过程中产生的各种费用。其中 B 集团和 D 集团还分别包含旅游业、养殖业的相关投入。根据价值链各个基础活动实际情况将三种沙区生态产业企业的成本收益数据进行汇总。如表 5-1 所示,B 集团的交叉融合型沙区生态产业在三种沙区生态产业中生产成本最高,其所属两大产业——葡萄酒生产加工以及旅游服务均需要大量的资金投入以及人力资本投入,但其营业收入在三种产业中排第二位。北疆现代集团的单一产业型沙区生态产业由于结构较为简单,所需投入小,收入回报大。D 集团产业延伸型沙区生态产业在成本控制和营业收入方面最为出色,生产成本高出北疆现代集团仅 14.4%,但其营业收入则高出 B 集团近 300 万元,可以说在生产经营方面优于其他两条沙区生态产业。

表 5-1　内蒙古沙区生态产业企业成本收益数据　　　　（单位:万元）

交叉融合型沙区生态产业	资金	产业延伸型沙区生态产业	资金	单一产业型沙区生态产业	资金
一、生产成本	3423	一、生产成本	1033.54	一、生产成本	903.7
1.人工费用	378	1.人工费用	227.74	1.人工费用	192
2.无形资产投入	15	2.无形资产投入	210	2.无形资产投入	314
土地投入	15	土地投入	210	土地投入	314
3.固定资产投入	600	3.固定资产投入	200	3.固定资产投入	124
3.1 种植固定资产投入	100	养殖固定资产投入	200	滴灌设备	124
灌溉设备	100	4.原材料成本	108.9	4.管理费用	190.2
3.2 旅游固定资产投入	500	4.1 种苗投入	9	4.1 病虫害防治	92.8
4.原材料成本	1707.5	4.2 饲料投入	68.4	4.2 机械使用费	32.4

续表

交叉融合型沙区生态产业	资金	产业延伸型沙区生态产业	资金	单一产业型沙区生态产业	资金
4.1 葡萄原料成本	1260	4.3 肥料成本	31.5	4.3 除草费	60
4.2 种苗投入	135	5.管理费用	286.9	4.4 业务培训	5
4.3 肥料成本	312.5	5.1 种植管理费用	142	5.原材料成本	83.5
5.管理费用	630	病虫害防治	15	5.1 种苗投入	72.2
5.1 种植管理费用	115	机械使用费	130	5.2 肥料成本	11.3
保险费	100	业务培训	5	二、销售成本	92
病虫害防治	15	5.2 养殖管理费用	144.9	运输费用	92
5.2 旅游管理费用	515	防疫投入	144.9	三、营业收入	1912
旅游运营成本	500	二、销售成本	38.95		
广告投入	15	运输费	38.95		
二、销售成本	1677.2	三、营业收入	4436		
三、营业收入	4102				
四、收益	−998.2		3363.51		916.3

5.4.2 沙区生态产业资源消耗分析

在生产过程中，除了资金投入以外还需要各种资源投入和消耗，而资源消耗作为沙区生态产业价值链生产加工活动环节的投入，也应纳入到效益评价中。此外，资源消耗通常伴随污染排放，所以效益评价还要结合污染因素。通过调查发现，上述三种沙区生态产业主要消耗的物质资源为水电燃油等基础资源以及化肥农药农膜等对环境产生污染的资源。为方便对比，本节将能源消耗量转化为单位标准煤，各环节所消耗的物质资源见表5-2。

能源消耗方面，北疆现代集团沙区生态产业种植采摘以人工操作为主，不需要复杂机械设备的操作，但需要大量的灌溉，在电力消耗方面较多；D集团种植规模较大，农用机械化程度高，因此燃油消耗量较多；B集团所在地区由于沙化比较严重，因此葡萄种植需要大量农用机械操作和电力消耗，导致其在能源消耗方面远高于其他两个产业。水资源消耗方面各沙区生态产业则相差不大。在化肥、农膜和农药方面，由于葡萄种植的特殊性，B集团化肥使用量较大，而D集团沙米种植只使用有机肥料，并且为保持沙漠土壤水分使用农膜进行覆盖；北疆现代集团中药种植产业为保证中药吸收营养需要，使用除草剂进行除草。此外，为了保证沙漠生态环境，节约生产资料，三家企业均对副产品进行充分回收利用，废物回收率均达到100%。

表 5-2　内蒙古沙区生态产业企业资源消耗数据　　　　　　（单位：t）

项目	交叉融合型沙区生态产业	产业延伸型沙区生态产业	单一产业型沙区生态产业
能源消耗	664	230	100.4
水资源消耗	1442152	1500000	1512000
化肥	1000	0	51
农膜	0	510	0
农药	0	0	0.04

5.5　不同发展模式的沙区生态产业综合效益评价

5.5.1　评价方法与指标体系构建

1. 评价方法

交叉融合型的沙区生态产业结构相比于单一产业型复杂，结构关系上也更为模糊。指标体系构建的特点是多投入、多产出，要统一经济环境等各个方面效益，势必要做因素之间的关联分析，因此灰色关联法适用于沙区生态产业综合效益研究，并且能够找出沙区生态产业综合效益的影响因素。灰色关联法的优势在于对样本数量要求较低，能够反映指标的重要程度，能够从全局的角度制定战略方案。

由于原始数据量纲不同，数据之间无法进行比较，需要对各评价指标值进行规范化处理，常用方法有 min-max 标准化和 z-score 标准化，其中 min-max 标准化受极值影响较大，z-score 标准化要求原始数据的分布可以近似为高斯分布，否则会降低归一化效果。因此根据叶宗裕（2003）的研究，首先将逆向指标正向化处理，公式为

$$X_{ik} = \max(V_{ik}) - V_{ik} \tag{5-1}$$

式中，V_{ik} 为 m 行 n 列矩阵，$i=1, 2, \cdots, m$；$k=1, 2, \cdots, n$。然后采用均值法对指标进行无量纲化处理，公式为

$$X_{ik} = \frac{V_{ik}}{\bar{V}_{ik}} \tag{5-2}$$

把规范化后的数列 $X_0 = (x_{01}, x_{02}, \cdots, x_{0n})$ 作为参考数列，$X_i = (x_{i1}, x_{i2}, \cdots, x_{in})$（$i=1, 2, \cdots, m$）作为比较数列，灰色关联系数的计算公式为

$$\xi_{ik} = \frac{\min\limits_{i}\min\limits_{k}|X_{0k} - X_{ik}| + \rho \max\limits_{i}\max\limits_{k}|X_{0k} - X_{ik}|}{|X_{0k} - X_{ik}| + \rho \max\limits_{i}\max\limits_{k}|X_{0k} - X_{ik}|} \tag{5-3}$$

式中，$\rho \in [0,1]$，是分辨系数，通常取 0.5。

灰色加权关联度的计算公式是：

$$R = (r_i)_{1*m} = (r_1, r_2, r_3, \cdots, r_m) = W\xi_{ik}^{\mathrm{T}} \tag{5-4}$$

式中，W 为各指标权重系数，可用熵值法进行计算得到，熵值法计算步骤如下。

首先利用标准化处理后的数据构造 m 个项目 n 个评价指标的多属性决策矩阵 M：

$$M = \begin{matrix} A_1 \\ \vdots \\ A_n \end{matrix} \begin{bmatrix} X_{11} & \cdots & X_{1n} \\ \vdots & & \vdots \\ X_{m1} & \cdots & X_{mn} \end{bmatrix} \tag{5-5}$$

用 $P_{ij} = x_{ij} \Big/ \sum_{i=1}^{m} x_{ij}$ 表示第 j 个属性下第 i 个方案 A_i 的贡献度。

第一，计算信息熵及信息熵冗余。

可以用 E_j 来表示所有方案对属性 X_j 的贡献总量，或称为信息熵：

$$E_j = -K \sum_{i=1}^{m} P_{ij} \ln(P_{ij}) \quad (i = 1, 2, 3, \cdots, n) \tag{5-6}$$

第二，常数 $K=1/\ln(m)$。计算熵值法下各属性权重 ω_j：

$$\omega_j = d_j \Big/ \sum_{j=1}^{n} d_j, \quad d_j = 1 - E_j \tag{5-7}$$

2. 指标体系构建

本书是基于价值链角度对沙区生态产业的综合效益进行评价（表5-3），因此根据沙区生态产业价值链环节特征所梳理的成本收益数据以及资源消耗数据进行相关指标的选取。选取综合效益评价指标时遵循系统性、科学性、代表性、可操作性以及可获得性原则。

经济效益指标：追求利润是每个企业从事生产活动的根本目的。在市场经济条件下，只有盈利才能让企业在激烈的商业竞争中生存。沙区生态产业企业同样如此，企业在治沙的同时还要使得自身利润最大化，通过降低企业生产活动成本提高经济收益。根据沙区生态产业自身特点以及数据的可得性和获取的难易程度，将营业收入、利润率、职工人均营业收入以及职工人均年收入纳入经济效益指标中。其中营业收入评价企业和产业经营情况；职工人均营业收入反映企业的经营成果；利润率是指经营所得的净利润占总成本的百分比，其中企业的总成本包括各项费用支出（人工费用、销售费用、管理费用、资产投入等），可以综合反映一个企业或一个行业的经营效益；职工人均年收入反映企业利润分配情况。这四种指标中营业收入指标代表沙区生态产业企业价值链销售阶段销售产品的价值量，其中利润率指标代表沙区生态产业价值链中生产加工阶段物质消耗与销售阶段产品价值量的综合比较。

　　社会效益指标：沙区生态产业所在地区以农村为主，所发展的产业基本为农业或与农业相关的产业，因此沙区生态产业在生产经营时需要大量劳动力，所以沙区生态产业发展可以带动周边劳动力就业，促进居民收入增加，提高农牧民人均生活水平。同时沙区生态产业发展还需要投入大量资金进行基础设施建设，增加固定资产投资，来改善企业周边经营环境。据此选取固定资产投入比率、带动就业人数作为沙区生态产业社会效益评价指标，其中固定资产投入比率指标代表沙区生态产业价值链中的生产投入阶段产生的社会价值，沙区生态产业带动就业人数指标代表沙区生态产业价值链中生产加工阶段产生的社会价值。

表 5-3　沙区生态产业综合效益评价指标

准则层	编号	指标名称	指标释义
经济效益	C1	营业收入	企业营业收入（万元）
	C2	利润率	反映企业一定时期利润水平的相对指标（%）
	C3	职工人均营业收入	职工人均营业收入（元）
	C4	职工人均年收入	职工人均年收入（元）
社会效益	C5	带动就业人数	指沙区生态产业带动周围居民就业人数（人）
	C6	固定资产投入比率	固定资产投资占总收入的比重（%）
生态效益	C7	单位营业收入沙漠化治理面积	每万元营业收入沙漠化土地治理面积（亩/万元）
	C8	单位营业收入碳排放	每万元营业收入化肥、农药、农膜、农用柴油、农业灌溉、农业播耕碳排放总和（t/万元）
	C9	单位营业收入固体废弃物处置利用率	单位营业收入企业厂区内排放固体废弃物总量（t/万元）
	C10	单位营业收入综合物耗	报告期内消耗的主要原材料的总和（用价值量表示）与营业收入之比
	C11	单位营业收入综合能耗	报告期内园区综合能耗总量（用标准煤表示）与园区营业收入之比（t/万元）
	C12	单位营业收入耗水量	单位营业收入企业厂区内用于生产和生活的新鲜水量（t/万元）

　　生态效益指标：生态效益的核心就是研究企业资源消耗、企业生产经营对生态环境的影响，沙区生态产业基本以生态农业生产为主，对副产品进行充分循环利用，废气、废水排放量基本为零，但沙区生态产业农业具有其耗水耗能等特点，因此本节借鉴《循环经济评价指标体系》并参考沙区生态产业特点，选择单位营业收入综合物耗、单位营业收入综合能耗、单位营业收入耗水量、单位营业收入碳排放、单位营业收入固体废弃物处置利用率和单位营业收入沙漠化治理面积六项指标作为沙区生态产业生态效益评价影响观测因素，其中单位营业收入沙漠化治理面积反映沙区生态产业企业在环境治理中的成效，代表沙区生态产业价值链

中生产加工阶段产生的生态价值，单位营业收入综合物耗、单位营业收入综合能耗反映单位物质资源消耗的增减率，而单位营业收入耗水量则反映企业的用水情况，耗能耗水量越少越能反映企业科技和管理水平。碳排放指标计算公式来源于李波等（2011）的研究，具体为 $E = \sum E_i = \sum T_i \times \sigma_i$，式中，$E_i$ 为各种碳排放源的碳排放量；T_i 为各碳排放源的量；σ_i 为各碳排放源的碳排放系数，上述三项指标代表沙区生态产业价值链生产加工阶段产生的资源消耗量和环境污染。

根据表 5-3 对三项沙区生态产业相关数据进行处理，处理结果如表 5-4 所示。经济效益方面，B 集团交叉融合型利润率和职工人均营业收入位于三项产业最后，说明经济效率低于其余两个沙区生态产业。职工人均年收入指标中，三项沙区生态产业数值相差不多，利益分配方面较为接近。在社会效益方面，B 集团的葡萄酒加工产业和旅游产业需要更为完善的基础设施建设，因此其固定资产投入比率最高。在带动就业人数上，相对于其他两种沙区生态产业，D 集团大规模的沙米种植和草猪养殖带动了相对较多的农民就业。在生态效益方面，可以看出沙区生态产业对于资源消耗以及环境保护的重视程度，对于副产品均将给予充分利用。D 集团种植、养殖规模较大，使用农用机械进行作业较多，单位营业收入碳排放和单位营业收入综合能耗数值较高。而金沙苑集团在原材料投入方面消耗较大，在单位营业收入综合物耗方面高于其他两个产业。综上所述，三项沙区生态产业在经济效益、社会效益和生态效益各项指标原始数值方面各有优劣，因此需要运用灰色关联法进一步深入研究，进行更加精确的评判。

表 5-4　沙区生态产业综合效益评价原始指标数值

准则层	编号	交叉融合型沙区生态产业	产业延伸型沙区生态产业	单一产业型沙区生态产业
经济效益	C1	4102.0000	4436.0000	1912.0000
	C2	−0.1809	3.1362	0.9200
	C3	31.5538	295.7000	47.8000
社会效益	C4	5.2100	5.4000	4.8000
	C5	260.0000	1535.0000	340.0000
	C6	0.1463	0.0450	0.0648
生态效益	C7	1.2200	1.1300	3.2400
	C8	0.2353	0.6230	0.0353
	C9	0.0000	0.0000	0.0000
	C10	0.4161	0.0245	0.0437
	C11	0.1618	0.0518	0.0536
	C12	351.6000	338.1425	790.7950

5.5.2 沙区生态产业综合效益评价

对表 5-4 原始指标进行规范化，其中 C8、C9、C10、C11、C12 为逆向指标，利用式（5-1）将指标正向化，然后运用式（5-2）对所有指标进行无量纲化处理，最后为消除负值影响，还要将规范化值全部进行平移，即所有数值加 1，得到最终指标数值，然后利用熵值法确定各指标权重，各指标权重见表 5-5。

表 5-5　沙区生态产业综合效益评价指标权重

准则层	一级权重	具体指标	二级权重	总权重
经济效益	0.3968	C1	0.0516	0.0205
		C2	0.5359	0.2126
		C3	0.4103	0.1628
社会效益	0.1654	C4	0.0022	0.0009
		C5	0.7116	0.1177
		C6	0.2884	0.0477
生态效益	0.4378	C7	0.1123	0.0492
		C8	0.1645	0.0720
		C9	0.0010	0.0004
		C10	0.2409	0.1055
		C11	0.2406	0.1053
		C12	0.2407	0.1054

然后，用式（5-3）计算各指标的灰色关联度系数，结果见表 5-6。

表 5-6　沙区生态产业综合效益灰色关联度系数矩阵

指标	交叉融合型沙区生态产业	产业延伸型沙区生态产业	单一产业型沙区生态产业
C1	0.9305	1.0000	0.6393
C2	0.3333	1.0000	0.4281
C3	0.3780	1.0000	0.3930
C4	0.9720	1.0000	0.9166
C5	0.4175	1.0000	0.4333
C6	1.0000	0.5197	0.5735
C7	0.5417	0.5307	1.0000
C8	1.0000	0.5185	0.6701
C9	1.0000	1.0000	1.0000
C10	0.4551	1.0000	0.9448
C11	0.4593	1.0000	0.9821
C12	0.9659	1.0000	0.4575

最后根据式（5-4），利用表 5-6 灰色关联度系数矩阵和各指标二级权重分别计算经济效益、社会效益和生态效益准则层的灰色关联度。为了方便比较沙区生态产业综合效益情况，将计算结果整理至表 5-7。经济效益方面，B 集团尽管营业收入突破 4000 万元，但其在生产经营过程中成本投入费用过高，导致其净利润为负值，因此经济效益仍有较大的上升空间；社会效益方面，北疆现代集团单一产业型沙区生态产业在社会效益方面落后较大，未来应提高其沙区生态产业在社会回馈方面的作用；生态效益方面，B 集团在发展中除了注重经济效益外，也应对资源环境方面加大投入。三项沙区生态产业中 D 集团的产业延伸型沙区生态产业在经济效益、生态效益和社会效益方面均佳，这种产业方式在资源利用和环境保护以及社会贡献方面的优势均值得其他沙区生态产业借鉴。

表 5-7　沙区生态产业综合效益评价值

准则层	交叉融合型沙区生态产业	产业延伸型沙区生态产业	单一产业型沙区生态产业	均值
经济效益	0.3839	1.0000	0.4257	0.6032
社会效益	0.5855	0.8615	0.4738	0.6403
生态效益	0.6789	0.8681	0.7975	0.7815
总体水平	0.5464	0.9193	0.5964	0.6874

5.5.3　沙区生态产业综合效益影响因素

为了进一步分析影响其效益水平的具体因素及其影响程度，运用灰色关联度分析模型对制约沙区生态产业综合效益增加的主要原因进行分析。将各指标灰色关联度系数与指标所对应的总权重相乘，最后得出的结果见表 5-8。由灰色关联度定义可知，指标灰色关联度系数值越大，说明其对综合效益影响程度越大。可以看出，对于每种沙区生态产业来说，影响因素类别和大小均有差异。

表 5-8　沙区生态产业综合效益指标灰色关联度系数分值

指标	交叉融合型沙区生态产业	产业延伸型沙区生态产业	单一产业型沙区生态产业
C1	0.0191	0.0205	0.0131
C2	0.0709	0.2126	0.0910
C3	0.0615	0.1628	0.0640
C4	0.0008	0.0009	0.0008
C5	0.0491	0.1177	0.0510
C6	0.0477	0.0248	0.0274
C7	0.0266	0.0261	0.0492
C8	0.0720	0.0373	0.0483
C9	0.0004	0.0004	0.0004
C10	0.0480	0.1055	0.0996
C11	0.0484	0.1053	0.1045
C12	0.1018	0.1054	0.0482

1. B集团交叉融合型沙区生态产业

在经济效益指标中,利润率和职工人均营业收入对经济效益整体水平产生了一定影响。成本投入过高,导致净利润在三项沙区生态产业中最少,使得经济效益分值远远低于其他两种产业。可以说利润率和职工人均营业收入是导致经济效益变动的重要因素,因此在整个循环经济链条中,企业销售情况就显得尤为重要。近年来B集团营业收入变动较大,严重制约了企业效益的发展,主要原因是乌兰布和沙漠气候干旱、昼夜温差大、夜间温度低等特点使葡萄产量难以保证,而B集团从业人员整体科学素养偏低,缺乏专业的沙漠化治理和沙漠种植人才,使得葡萄种植产量不高,并且在预防病虫害方面没有科学有效手段,导致葡萄原料损失巨大,原材料成本过高,使得葡萄酒价格上涨。此外,葡萄酒产品研发周期长,同质化产品多,设备维护费用高,缺乏国际化高端人才,相比于知名品牌产品缺乏竞争力。随着国内进口葡萄酒的步伐逐步加快,进口税率大幅降低,国外优质葡萄酒进一步占据国内葡萄酒市场份额,导致2018年国内葡萄酒销售收入大减,据统计,2018年B集团营业收入下降10.5%,而且B集团产品较为单一,若产品力不足,其整个交叉融合型沙区生态产业发展很容易受限,形成生态和经济头重脚轻、本末倒置的现象。

在社会效益指标中,带动就业人数和固定资产投入比率指标对社会效益影响水平相当,沙区生态产业的主要目标之一就是带动周边地区人口致富,因此给予的工作岗位越多,对效益影响越大。而固定资产投入比率代表沙区生态产业企业对于沙漠地区基础设施改造建设的规模,基础设施越完善,对于企业生产越具有推动作用,进而促进企业经济效益的提高以及沙漠生态环境的改善,固定资产投入比率高有利于B集团未来发展。但B集团近些年来在葡萄种植生产加工以及旅游景区基础设施建设方面进行了大量投入,使得其固定资产投入成本消耗巨大。在生态效益方面,B集团受制于产业类型因素以及生产规模扩大,增加了农用机械的使用,在单位营业收入综合能耗、单位营业收入综合物耗、单位营业收入耗水量方面消耗较高,但对资源和能源利用率低,进而使得其生态效益水平不高,因此未来园区应注重加大农业科技投入,提高生产效率,降低资源消耗。

2. D集团产业延伸型沙区生态产业

D集团产业延伸型沙区生态产业在三项沙区生态产业中综合效益总体水平最高,主要得益于其主要影响因素中利润率和职工人均营业收入两项指标分值较高。在生态效益指标方面,单位营业收入综合能耗、单位营业收入综合物耗和单位营业收入耗水量对综合效益也有一定影响,由于沙漠地区土地贫瘠、资源匮乏，因此在发展沙区生态产业的同时能够用最少的资源获得最大的收益显得尤为重要。同时，D 集团通过沙米种植与草猪养殖带动了周边农牧民致富和大量劳动力就业，也使得其社会效益方面表现突出。但其规模较大，能源消耗相对较高，并使用大量不可降解的农膜来降低蒸发量，导致碳排放增多，因而影响了综合效益整体水平。

3. 北疆现代集团单一产业型沙区生态产业

经济效益方面，利润率和职工人均营业收入对于经济效益水平影响较大，这是因为该集团单一产业型沙区生态产业生产结构相对简单，但由于中药材生长周期长、耗水量高、前期投入多、产出慢，因此产量受限。据统计，2018 年所种植的 6200 亩中草药仅有 1400 亩收获，收获面积不到种植总面积的四分之一，导致其营业收入相对较低，并且该集团土地成本投入方面较高，每亩土地价格远高于其他两家沙区生态产业土地承包价格，使得该集团成本整体上升，利润率不高。生态效益方面的单位营业收入综合能耗、单位营业收入综合物耗以及经济效益方面的利润率、职工人均营业收入指标对综合效益影响水平较高。社会效益方面的固定资产投入比率和带动就业人数也对综合效益水平具有一定影响。以中药种植为主的单一产业型沙区生态产业，在固定资产投入方面需求量较少，固定资产投入比率较低，社会效益排在三种沙区生态产业末尾。另外，中药种植区别于饲草种植，栽培与收割不用过多地使用农用机械，主要以大量劳动力进行人工操作，所以整体产业不需要消耗大量的能源，促使其在生态效益方面表现优异，同样带动了周边农村居民就业。北疆现代集团综合效益较低的原因在于企业规模未达到最优，未来应进一步扩大种植规模，提高经济收益，改善生态环境。

第 6 章
沙区生态产业商业模式及其创新

6.1 商业模式创新

6.1.1 商业模式创新概念

1. 生态产业商业模式

1)商业模式

商业模式一词于1957年首次出现在论文中,在当时Timmers并未给出明确的定义,这一模糊概念也没有在学术界引起关注和重视。20世纪90年代以来,互联网、人工智能等新技术的迅猛发展与快速扩散蔓延不仅改变了传统产业经营模式与运作效率,更是打破了其与上下游企业、竞争对手等相关主体之间的利益边界。尤其伴随市场竞争,焦点由规模扩张向价值共创转变,传统的扩张产能规模、专注缩减成本、单纯追求利润而忽视顾客价值诉求的自我封闭式经营运作模式已难以为继;相反,适时引进嫁接新兴技术、注重多元主体共创价值,依据市场环境变化创新商业模式已势在必行。于是从20世纪末起,商业模式开始引起学界的普遍关注,大家率先围绕其定义展开广泛讨论。

大量学者或基于不同学术背景,或立足于不同研究视角,赋予商业模式多种定义,虽然研究成果不断增加,但尚未对其形成一致的看法。目前关于商业模式的定义,基本形成五类观点(原磊,2007;李鸿磊,2018a):①基于经济视角。侧重于企业经营管理,认为商业模式是为企业获取利润的逻辑,即企业为了创造利润、持续经营,在发展过程中会形成一套系统的经营方式,该系统整合企业内外部各项资源,旨在为顾客提供价值更高的或独特的产品或服务,并以此获取利润(Stewart and Zhao,2000;Rappa,2000;Afuah and Tucci,2001)。②基于运营视角。侧重关注企业结构及内部运行机制,认为商业模式是企业的运营结构,重点说明企业通过何种内部流程和基本构造设计来创造价值,即商业模式是涵盖不同交易主体,通过价值、物质或资本的流动和传递来获得利益的复杂框架(Timmers,1998;Mahadevan,2000;Applegate,2001;Amit and Zott,2001)。③基于战略视角。侧重关注企业在市场中的价值创造,把商业模式看作企业获取可持续竞争优势、超越竞争者的方法,即商业模式是企业针对目标顾客,定位与众不同的产品或服务,实现价值创造的一系列组织行为、结构体系和制度安排(Chesbrough and Rosenbloom,2002;Linder and Cantrell,2000;Weill and Vitale,2001)。④基于价值视角。侧重关注企业自身拥有的关键资源和能力,认为商业模式是企业与利益相关者在价值网络中创造价值、实现共赢的一种组合,在组合中既包含有形资产与无形资产,也包括与价值创造、价值获取相关的交易结构(魏江等，2012；张文松和郝宏兰，2012；Bocken et al.，2014）。⑤基于整合视角。认为商业模式描述了企业如何保持经济逻辑、运营结构及战略方向等维度的协调运行，从而在特定市场建立竞争优势，即商业模式是用来说明特定企业商业逻辑的概念性工具，包括企业如何创造顾客价值、建立内部结构，以及与伙伴形成网络关系来开拓市场、传递价值、创造关系资本、获得利润并维持现金流等内容（Morris et al.，2005；Osterwalder et al.，2005）。

通过比较上述不同视角研究，基于整合视角的商业模式概念界定，更能够全面、动态、系统地描述刻画商业运行的本质。因此本书借鉴整合视角的研究观点，认为商业模式是企业通过优化内部资源配置和构建与外部利益相关者协同发展的合作关系，实现价值创造、传递和分享的运行机制。可见，商业模式的本质是创新，是企业对自身核心资源和能力的掌控与优化，以及对动态多变的外部环境的适应和协调，进而形成可持续竞争优势、实现效益。

2）生态产业商业模式的概念

随着对商业模式定义研究的深度、广度不断提升，一些学者基于产业、行业或某一特定类型企业的特点，提出了更为具体、细化的见解。梁云志和司春林（2010）提出了孵化器商业模式分析框架，认为孵化器要解决客户定位、价值主张、价值链、动态能力和现金流模型五个要素相匹配的问题，其理想的商业模式是通过提供创业企业资本服务，整合社会资源，建立创新生态系统，通过产业化与规模化培育创业企业，获取现金流，从而实现自身的持续发展。叶强和王贺武（2012）认为电动汽车商业模式是包含政府、行业企业和消费者在内的多层次复杂巨系统，物流、资金流和信息流在各层次内部、层次之间以及层次与周围环境之间双向流动。黄之光等（2018）发现，私人银行的组织建设、资源投入、产品研发等日常运营环节均围绕着满足客户的实际需求而展开，其商业模式是围绕着客户维度展开的同心圆，即由价值实现、价值创造和价值支撑这三个"辅维度"共同作用于客户"主维度"。

近年来，伴随我国工业经济的快速扩张，资源过度开采和环境污染严重等现象日益突出，生态产业可持续发展的研究备受关注。目前学术界普遍接受的观点为，生态产业是指基于生态系统承载能力，在生产中应用生态工程方法模拟自然生态系统，形成的具有高效资源利用效率、和谐生态功能、统一生态价值和经济价值的网络型、进化型、复合型产业（鲁伟，2014）。作为生态工业、生态农业和生态服务业的总体概括（李棕和邓光亚 2010），生态产业并非单纯追求产品或利润增长，而是讲求经济与生态环境双赢，因此需要探索能够满足双重需求的创新型商业模式。目前关于生态产业商业模式并没有明确规范的说法，但许多学者在探讨生态产业的发展方向时都有所涉及。孙博（2012）以典型矿区生态产业为研究对象，发现通过产业共生模式能够实现矿区内各生产环节间副产物的循环利用，节约能耗并减少废物排放。王玲莉探索了洞庭湖生态区经济发展模式，认为区内生态产业发展应以低碳循环为核心，注重构建规模化、生态化、可持续的产业集群，坚持清洁生产并严控能效指标；郝以宽（2017）研究了黑龙江省绿色生态产业，认为生态产业应该结合现代科学技术，依托生态环境承载力从事生产、经营及销售活动，实现经济可持续发展。北欧部长理事会发布的绿皮书（2010年）中指出，商业模式应注重环境效益，提倡以提高资源使用效率的方式发展产品和服务。可见已有研究对于生态产业商业模式的论述都围绕"资源""效率""节约""可持续"等关键词进行描述。

综述以上，本书将生态产业商业模式定义为：以生态优先、绿色发展为导向，以价值共创为核心，以价值创造、价值传递、价值获取为主线，以节约集约资源技术为支撑，强调能源和物质的多级循环和高效利用，通过优化内部资源配置并协同外部利益相关者构建绿色合作关系网，旨在实现生态效益、经济效益与社会效益"多赢"的价值网络模式。可见，生态产业商业模式突出强调在价值创造、价值传递、价值获取过程中，尽力寻求"经济—社会—生态"的动态均衡，以期实现绿色可持续发展。

2. 生态产业商业模式创新

1）商业模式创新的概念

学术界普遍认同，商业模式创新是企业创造价值和提升竞争优势的重要手段。从价值视角来看，商业模式作为价值创造活动的系统，其创新是企业通过变革或重构活动系统的要素或者主题，以创造创业机会从而实现价值创造的活动组合（Zott and Amit, 2009）。从组织管理的角度看，商业模式创新是对组织资源进行重新配置，以提高企业运营效率、产生新的获利机会。从顾客视角来看，商业模式创新是在向顾客提供产品和服务时对为什么、做什么、谁来做、何时做、何地做、如何做等问题的改进。从活动系统的角度出发，商业模式创新是对现有活动系统的修正和再设计，要建立在企业资源整合能力的基础上，兼顾要素、外部环境以及网络关系等。从价值链视角来看，商业模式创新伴随着现有价值链或价值链要素的调整。从整体视角来看，商业模式创新涉及供应商、采购商、顾客、利益相关者等商业系统中的众多组成部分。在本书看来，商业模式创新并非某一要素或环节上的创新，而是既要考虑构成要素的多样性，又要注重对内外部资源和能力的整合，也要重视兼顾经济环境双重效益的企业运行机制的优化升级。

2）生态产业商业模式创新的概念

基于对生态产业商业模式概念界定的差异，学术界对商业模式构成要素的理解与认知也存在差异性。本书从商业模式构成要素的视角出发，结合生态产业特征，认为生态产业商业模式构成要素包括价值主张、价值创造、价值获取。价值主张即企业通过其产品和服务向顾客提供的价值。生态产业商业模式正是在循环经济环境保护基础上，为客户提供绿色意识、环保观念。价值创造即企业如何统筹安排将价值主张转化为产品或服务，生态产业在价值创造过程中，在强调循环理念、节约思想、提高资源利用率的同时减少对环境的影响。价值获取即企业获取其实现价值的方式。生态产业不仅要实现自己的经济效益，更要实现环境效益。生态产业要吸引消费者实现收入，同时还能够使收入来源多样化，如从购买实体产品转为租赁或购买功能等。因此，生态产业商业模式创新就是基于其构成要素进行的产品创新、服务升级以及在提供产品或服务过程中进行的生产要素或流程创新。

6.1.2 商业模式创新要素

商业模式创新要素构成分为产品、基础设施管理、客户和财务四个模块，主要包括价值主张、客户细分、客户关系、渠道通路、关键业务、核心资源、重要伙伴、收入来源、成本结构9个要素（图6-1）。其中，产品模块指的是企业的价值主张；基础设施管理模块包括核心资源、重要伙伴以及关键业务；客户模块包括客户关系、客户细分以及渠道通路；财务模块分为成本结构和收入来源。价值主张指的是企业为客户所提供的产品和服务用以满足顾客的需求；核心资源指的是企业维系生产运营所不可或缺的要素；重要伙伴指的是企业的合作伙伴；关键业务是企业确保其商业模式运行所进行的最重要的行动；客户关系是企业与特定

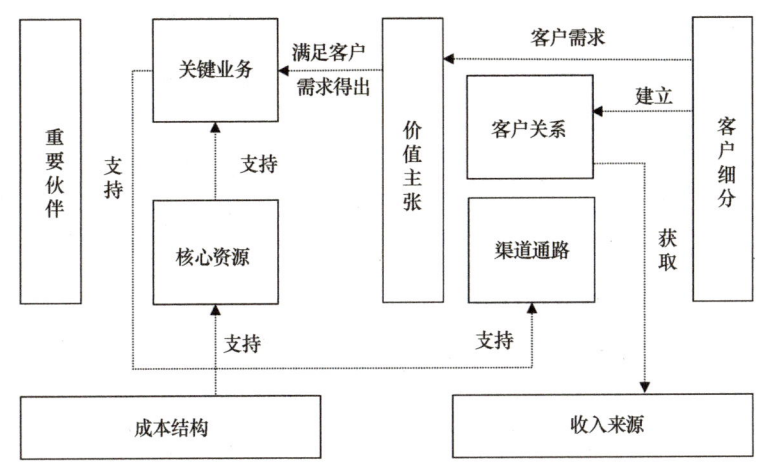

图6-1　商业模式创新要素（Osterwalder et al., 2005）

细分市场客户群体建立的关系；客户细分是企业产品与服务的最终消费者；渠道通路是企业用以传递价值主张的沟通、分销和销售渠道，企业通过渠道通路寻找目标客户并确立关系；成本结构指的是企业商业模式运转过程中的成本支出；收入来源则是指企业从顾客那里得到的收入。9个要素执行不同的功能，互相关联，维持企业的持续运转。从9个要素入手对企业商业模式进行拆解，为企业商业模式创新提供了广阔的思路。

6.1.3 商业模式创新动力

1. 技术推动

由于商业模式这一概念是随着网络经济的兴起而被广泛接受的，早期对商业模式创新的关注也更多地集中在新兴的互联网企业身上。以互联网技术为代表的新技术更是被早期学者看作商业模式创新的主要动力（Timmers，1998；Zott and Amit，2009）。例如，在更广泛的IT和ICT领域，产业模块化和产业融合等技术变化推动了美国、欧洲国家和日本相关企业的商业模式创新，而且商业模式创新有助于企业在更大程度上获得技术变化所带来的收益（Faber et al.，2003；Kodama，2004；Yovanof and Hazapis，2008）。

信息经济时代快速发展，技术进步对市场产生越来越广泛的影响，激励着各种行业的企业进行技术创新。而企业的技术创新正是通过商业模式来传达给市场，只有适当的商业模式才能使企业的技术创新得到合理的运用，并满足客户的新需求，进而为企业创造价值。当企业原有的商业模式与其不断变化的技术创新无法相适应时，就需要企业适时地进行商业模式创新，由此可见技术创新是企业商业模式创新的推动力（张越和赵树宽，2014）。突破性技术创新也会迫使企业采取与原来不同的商业模式，促进新产品或新服务迅速流通到市场中（Christensen，2016）。技术对商业模式创新的推动在多个领域得到了证实，以零售业为例，近年来行业发展的技术基础发生着深刻变化，逐渐形成了以移动网络及设备、虚拟与增强现实技术、新型社交平台与新媒体技术为基础的新型零售业技术基础，并且成为推动零售业商业模式创新的核心动力（齐严，2017）。事实上，在"互联网+"时代，万物互联、移动互联、高速互联的互联网，从支撑技术、发展驱动力、产业链条、参与主体等方面加速对传统各行各业进行渗透与融合，对制造业价值创造和价值获取的商业逻辑带来根本性影响，驱动制造企业商业模式创新（邢纪红和王翔，2017）。

技术驱动商业模式创新的情况在生态产业中也不例外。以信息技术、生物技术、新材料和新能源技术等为代表的一大批新兴技术对加快产品和服务更新迭代速度，推动社会经济发展做出了重要的贡献。这些新兴技术打破了在位企业相对稳定的内外部环境和竞争壁垒，重塑了在位企业的现有价值网络，对传统商业模式造成了强烈的冲击（魏云捷等，2016）。在新兴技术的推动下，现实中也不断涌现多种全新的商业模式（李鸿磊，2018b）。例如，矿区生态产业建立了共生发展的商业模式，这很大程度得益于废物复用等资源循环技术的开发与应用，在矿区共生系统内，某个企业的技术变化会对生态系统网络内合作伙伴关系产生影响（孙博，2012）。生态产业讲求绿色高效的生产过程，这就要求企业面对生态与经济之间的矛盾时做出必要的牺牲让步，摒弃高污染、高能耗的传统生产方式，以减轻对环境造成的负面影响。而新技术的出现有利于企业在追求绿色绩效的过程中降低成本，提高效率，加强余能资源、副产物循环利用，改变企业内资源配置方式，调整企业间协作关系，迅速构建资源节约型、环境友好型的生产经营模式，满足生态优先、绿色发展背景下顾客的潜在需求，形成新的利润增长点，可见技术的创新升级是推动企业商业模式创新的动力之一。因此，生态产业的高质量发展必须适时关注新兴技术的变迁，引进嫁接新技术，以驱动商业模式创新。

2. 需求拉动

随着商业模式创新研究从互联网行业扩展到更多的领域，人们发现商业模式创新并不仅是由技术推动的，有些商业模式创新根本就没有利用新的技术，而只是提供了能满足客户需求的新产品或新服务，实现了低成本和差异化策略有效融合的商业模式创新，通过满足年轻消费者的需求进而开辟一片新的海洋（谢佩洪和成立，2016）。

从需求拉动的视角来考察商业模式创新问题，会发现有些时候技术和创新并不一定使企业能够知道客户的价值偏好，应该把客户融合到研究、开发及创新的过程中，发展以市场需求拉动的商业模式，即将顾客价值创新视为商业模式创新的切入点（Thomke and von Hippe，2002；Johnson et al.，2008）。美国高端电动汽车市场中的某新能源汽车企业就是一个典型的例子，该企业为满足各个层级环保意识逐渐增强的消费者需求而推出整车租赁的商业模式，使得消费者不需要付出购置成本即可享受新能源汽车带来的便利，市场需求的不同使得该企业采取了不同的商业模式。商业模式创新的实质就是通过对各种"流"的改革，以在市场范围内寻求企业运营各要素的最优配置，提供满足顾客需求的产品和服务，寻找能留住客户以持久盈利的平衡系统（李长云，2012）。

当前日益严峻的生态安全形势已对人类生存构成威胁，刺激着人们主动改变生产生活方式，处理好人与环境的关系。伴随着环保意识逐渐深入，消费者迫切渴望成为环保行动的有效参与者，生态产品越来越受到消费者的喜爱，绿色食品、生态修复、水文调节等生态型产品和服务的市场存在巨大潜力，并处于供给稀缺的状况，生态产业若能抓住市场机会，及时为顾客提供符合期望的产品或服务，就能在市场竞争中占据优势地位。因此，生态产业的商业模式创新必须深度洞察市场需求的变化，聚焦需求痛点，提高响应客户需求的能力，保障与市场需求变化高度协同。

3. 政策驱动

生态产业不同于传统产业，其发展关乎缓解环境污染、改善人类生活环境等重要问题，因此政府导向对于生态环境商业模式创新具有推动作用。针对绿色发展问题，制订合理的绿色发展政策能够引导和激发企业开展创新（OECD，2011）。以养殖产业为例，国家补贴是影响养殖户创新生态养殖产业链的重要因素（郜兰娅等，2014）；类似地，对海洋产业而言，生态补偿政策不仅为海洋产业绿色转型提供环境基础，而且能够引导企业绿色经营，推动海洋产业结构优化升级和商业模式创新（魏学文，2018）。政府的"生态导向"激励是推动地方生态型小微企业发展的外在推动力，通过政策优化能够促进生态主导型产业的健康、有序发展；相对应地，有关政策的缺失、操作性不强或落实不到位则会一定程度上影响生态产业的发展（曾春花，2014；于法稳，2015；王曙光和杜宏颖，2014）。

早在2012年"五位一体"总布局就被纳入十八大报告中，十九大报告要求进一步统筹推进，政府对于生态文明建设的重视为生态产业的可持续发展建造了稳固的基石。对于生态产业而言，政府导向为产业合法化发展提供重要保障，政府支持意味着企业有机会争取到更多可支配资源，有助于推进生态产品商业化和生态技术市场化落地，保持良好的政企关系有利于生态企业从相关环保政策中准确捕捉生态市场未来发展趋势的信息并迅速做出反应，政府牵头能够促进生态产业内各组成部分的有机连接，政府监管则能有效避免产业内不同主体的投机行为，政府金融、税收工具能为生态产业发展提供便利。因此，生态产业商业模式创新需要各级政府及其部门正确引导和大力支持。

4. 环境逼迫

工业革命以来，自然资源快速耗竭、环境趋于恶化等问题日益突出，这种资源结构与环境状况的动态变化，是生态产业萌生和发展必不可少的外在压力，能够有力地推动科学研究和技术创新以解决这些问题（李周，1998）。随着经济快速发展，企业生产对生态环境的破坏日渐严重，生态环境改善相关问题迫在眉睫，环境的逼迫使得生态产业需要低耗高效、绿色循环的生产服务方式，通过新的商业模式以追求原有经济效益的同时注重生态环境承载力。例如，喀斯特地区生态环境已十分脆弱，如果其生态系统失去恢复能力，发生不能挽回的恶化，将无法在现有社会经济和技术水平下长期满足当地发展需求,因此当下喀斯特地区应以生态系统保护为侧重点,以新的模式发展生态相关产业(魏江等,2012)。同样民勤绿洲沙漠化地区的生态安全对区域经济发展影响重大,而人们对当地资源不合理开发已危及生态系统的平衡,区域经济发展被动并衰退,迫使当地构建更加科学合理的生态产业发展模式,进行商业模式创新(王生霞,2010)。可见自然资源对企业的约束使得企业无法按照原有依赖式发展,环境的有限承载力也逼迫生态产业朝着更加环保更绿色的经营模式进行转型,推进生态产业的商业模式创新。因此环境逼迫对于企业进行商业模式创新也是一种重要外在驱动力。

6.1.4 商业模式创新途径

1. 基于要素导向的视角

从商业模式的构成要素出发,目前学者主要形成两种观念。

一是通过企业商业模式构成要素本身的创新而形成的商业模式创新。例如,以提高能源可持续利用率为使命的某企业通过价值创造的创新,使得其技术能力强于其他企业,从而在产品性能方面在市场中获得消费者青睐,占据领先优势。相关领域学者对绿色包装行业的发展模式进行阐述时,指出要通过企业绿色包装技术创新,节约材料并减少过程污染排放,促进包装产业基于循环经济的可持续发展(梁晶,2007)。而在电动车行业也有学者提出了使用导向商业模式,使用导向意味着核心产品不再是重点,而是使客户直接购买产品服务功能,如共享汽车的理念便是使消费者不必实际购买汽车便可以享受产品服务(Kley et al., 2011),这种新的价值获取的商业模式能够减少汽车尾气污染,为环境保护做出贡献。对生态产业而言,采用"互联网+"的商业模式,借助现代信息技术开展管理创新,可以降低运行成本并拓展服务边界,丰富产品种类并创新服务内容,不仅提供更高层次的客户价值主张,而且提升企业和产业的价值创造能力(郑瑞强等,2018)。我国西部沙区企业的发展模式要建立在技术、经营组织及管理方式等创新机制上,可能表现在商业模式某个构成要素变革,也可能是多个要素的协调来适应变化(魏名邦,2009)。

二是通过对企业内部商业模式构成要素进行重新组合来激发新的商业模式,即商业模式要素不同的配置方式可以形成不同的商业模式(Weill and Vitale, 2001)。例如,电改背景下某核电集团对其商业模式重构,变其原有的总电量收入与发电成本差额的盈利模式为参与到售电和配电环节中去,建设售电平台,形成多元化市场主体,形成根据需求发电从而获取利润的商业模式(段勇刚,2017)。近年来,人们对环境气候变化的关注使得顾客在选取产品时不只以经济标准作为唯一参考，环境污染程度也是重要评价因素，因此在企业商业模式中，对顾客传递正确绿色的价值主张有助于其产品的推广（Williander and Stalstad, 2013）。可见，生态产业可以根据客户需求塑造价值主张，继而根据价值主张采取适当的价值创造或价值获取方式从而形成新的商业模式。

由此可见，基于要素导向的视角，生态产业商业模式创新是企业在技术推动、消费者需求变化等因素的驱动下进行的价值创造改变、价值获取方式调整、价值主张重塑或价值网络重构。尽管这种视角的商业模式创新能够提升企业自身能力，为生态产业提供支撑，但随着市场竞争愈加激烈，企业闭门造车式的创新无法使生态产业获得整体上的融合与进步，因此基于架构导向视角的商业模式创新逐渐引起重视。

2. 基于架构导向的视角

在商业模式创新途径研究中，许多学者也致力于从宏观视角对商业模式的整体构架进行研究分析。生态产业讲求生态网络中企业或生产工艺的耦合以及外部自然环境融合（魏江等，2012），因此基于框架导向视角的商业模式创新途径可以从宏观上促进生态产业的和谐发展。基于架构导向的商业模式创新途径目前同样有两条。

一是基于系统的创新，系统包括企业、政府与民众等主体。商业模式有时被看作若干企业合作形成的共同创造价值的系统，企业是经济区域内最基本的单位，只有将经济区内各企业都建设成生态经济企业，才能为区域生态产业建设奠定坚实的基础（Amit and Zott, 2010；孔凡斌，2009）。近年来我国环保产业发展正在发生合同环境服务的商业模式转型，即环境需求方从外部环境服务公司获取综合环境服务，责任方可以为排污主体或政府，其获得合同约定好的效果后才支付费用，逐渐形成了一种新型的商业模式（彭慧莲，2015）。对于生态修复行业而言，其技术研发离不开政府和社会大力的支持，可以采取公私合作的商业模式，由政府向修复公司购买环保服务（骆永明等，2009）。对于生态种植产业而言，分散的经营模式难以使能量、物质多级循环，阻碍了环境效益的提高，因此应该实施龙头带动战略，即发展种粮大户，促进生产主体的创新，加快生态技术的研发（张燕，2013）。此外，在很多生态产业发展过程中，强调公民的参与模式是关键，采用以社区为主导、以农民为主体的参与式，能够提高相关群体参与规划、决策、实施、管理等过程的积极性，有助于生态问题的解决（Dilger et al., 2017；王生霞，2010）。

二是基于价值链的创新，创新途径不再是与企业或政府之间的横向耦合，而是生态产业链上纵向传递过程的合作创新。例如，我国许多电动车制造企业，通过有效整合电动车价值链上下游活动环节，创新运营模式，以此提高更贴合消费者需求的服务（刘颖琦等，2014）。生态养殖业若要实现可持续发展研究，打造新型产业链是关键，新型产业链的诞生能够促进市场中金融相关机构及产业链上下游企业合作，把畜牧产业链上各方主体紧密地联系起来，减少价值链上资源流失，促进资源循环（郑景骥等，2008）。生态环境的污染破坏不只关乎企业自身，基于构架导向视角的商业模式创新也不仅拘泥于企业自身的创新。在政府导向与环境逼迫下，政府政策的扶持、公民的参与、竞争对手的合作使得生态系统或价值链上各个节点成为利益相关体，从宏观上整合彼此之间沟通交流合作方式也是商业模式创新的一种途径。基于构架导向的生态产业商业模式创新更强调企业与外部利益相关者的协同创新，通过改变生态企业内外部或生态产业链上下游关系来实现跨越式发展。

6.1.5 商业模式创新趋势

1. 环保节能化

生态产业发展目标不仅是单纯地追求产品或利润增长，而且追求资源低消耗高利用，增强社会服务功能。越来越多消费者的绿色环保观念、节能意识提升，未来生态产业更需要提供节能环保的新产品新服务以及完善的产品回收工艺，因此环保节能化的商业模式创新是生态产业未来所需要关注和研究的。一方面，我国沙产业商业模式要聚焦于提高资源的利用效率，充分利用科技手段促进光合作用，增加阳光资源的利用率，促进沙区产业发展（魏名邦，2009）。另一方面，沙产业未来的发展也要重视农业节水灌溉技术研发与进步，合理开发利用光、热、土地资源（韩永光，2012）。总之，生态产业的发展要在利用好自身资源优势的同时，依托科学技术手段形成高资源利用率、低废物排放率的特色产业（范海燕和张雅琴，2005）。面对全球生态失调、资源紧张的现状，若不能有效缓解生态危机，人类生存将会受到威胁。生态产业承担着改善生态、创造绿色绩效的重要使命，必须做好长期发展的准备，在国家环保政策持续收紧、市场参与者环保意识不断增强的情况下，要求生态产业未来必须提供清洁型、循环型、节约型的产品或服务，才能实现可持续发展。

2. 智能网络化

随着互联网技术和智能技术的快速发展，社会进入了移动互联网时代。"移动互联网以其技术优势和互联网优势，促进了各个领域深刻变革，也对传统商业带来巨大冲击，同时也带来发展机遇。"企业只有顺应移动互联网时代潮流，合理选择商业模式才能屹立于移动互联网时代，获得可持续发展（邢璐，2019）。生态产业是产品生产销售、资源循环、废物回收等过程的串联,强调资源的低消耗高利用,需要生产设备的智能化以及高科技手段的应用。同时生态产业也是不同企业或生产工艺的耦合,需要智能网络化的商业模式促进构成要素创新及企业或工艺合作关系创新。许多生态产业也必定要通过国际互联网将其绿色产品远销世界各地,可见商业模式与互联网紧密结合的重要性(覃勇荣和刘月生,2003)。位于青海省海西蒙古族藏族自治州的某典型生态型企业,商业模式创新的关键是在构建种植、养殖生态循环的过程中,充分利用生物技术、农艺技术、生态控制技术、信息化技术、废弃物资源化利用技术等现代科学手段掌握能量流流动规律,并借助二维码、无线传输、互联网、云计算等信息网络技术有效控制信息流和能量流,实现种植、养殖生态循环数字化和精准化作业及产品的可追溯(洪志生和李应博,2016)。生态产业涉及产品制造、推广销售、资源循环、废物回收等一系列生产经营活动,在这过程中资源的低消耗、高利用和多循环的实现就离不开现代信息技术的支持,物联网、大数据、人工智能等技术的出现加快了生产设备和生产工艺的革新与耦合,数字化、智能化的操作与决策将会大大提高生态企业的运行效率,而传统的商业模式必定被市场所淘汰,生态产业的智能网络化发展将是大势所趋。

3. 相关多元化

对于生态产业而言,如何增加收益途径、实现可持续发展仍是值得探讨的问题。以库布齐沙漠为例,要想从根本上进行沙漠治理,就要充分挖掘能够支撑其经济效益的相关产业,如发展沙产业与旅游产业,都能在治理的同时为其带来盈利收入,促进库布齐沙漠生态系统的可持续发展(韩新盛,2014)。类似地,生态茶产业未来的可持续发展既要做到充分利用茶叶资源本身,同时还应把开发相关的茶文化资源作为重点,将茶文化作为旅游项目,可以增加生态茶产业的经济效应(王贤秀和吴丛光,2011)。当然,生态企业也可以通过构建循环产业链的方式创新生产活动的连接结构,使各个环节的价值相互融合,在提高资源利用率的同时保证企业价值实现,生态产业的健康可持续发展应当将第一产业、第二产业、第三产业融合,打造养殖、种植、旅游、教育、文化发展相结合的多元化产业链(洪志生和李应博,2016;张蒙蒙,2019)。总而言之,生态产业的可持续发展不仅需要实现环境效益的提升,也需要经济效益的支撑,否则生态产业最终会失去发展的动力,因此相关多元化的商业模式为生态产业的可持续发展提供了根本保障。

6.2 典型商业模式

内蒙古东西沙区和沙漠众多,包括巴丹吉林沙漠、腾格里沙漠、库布齐沙区、乌兰布和沙区和科尔沁沙区等，其中以两个主要沙区，即科尔沁沙区和乌兰布和沙区最为典型。以科尔沁沙区为例，该区域位于内蒙古东部西辽河中下游赤峰市和通辽市附近的沙地，面积大约为 5.06 万 km^2，西辽河水系横贯其中。这里曾是水草丰美的科尔沁大草原，随着清末放垦开荒、战乱以及中华人民共和国初期"以粮为纲"的无序开发，科尔沁草原下的沙土层逐渐活化，演变为中国面积最大的沙地。科尔沁沙地的典型特点是处于北方半干旱农牧交错区，由于受风沙、干旱等自然因素和人们长期不合理生产生活方式的影响，草原退化沙化、河流湖泊干枯、湿地萎缩、降雨减少、地下水位下降，严重的荒漠化和沙化制约着地区经济的发展和农牧民生活水平的提高。就目前而言，沙区的种植、养殖、加工、工业、沙区旅游业等发展仍处于较低水平，因此，研究沙区生态产业中典型企业的商业模式，对于提升沙区整体产业发展水平至关重要。

商业模式是描述企业价值主张、价值创造、价值传递与价值获取等活动及要素间关系的过程架构，其最终目的是促使企业实现价值共创、价值共享及合作共赢。商业模式从价值创造视角强调企业通过建立、协调其与商业伙伴间的合作实现各方资源到顾客价值的转化，并基于价值传递逻辑为客户提供产品或服务，最终从创造的总体经济价值中取得一定份额，进而完成企业价值链终端的资源获取过程。本节期望利用商业模式分析的画布法，以沙区生态产业的视角，从沙区植物资源化开发商业模式、沙区动物资源化开发商业模式和空间整合型商业模式等角度，总结提炼目前内蒙古两大沙区中的生态产业现有的商业模式，尤其是典型的生态产业企业的商业模式，为沙区产业的创新型商业模式的提出提供有力的支撑和保证。

6.2.1 植物资源化开发型

1. 沙区典型植物资源化开发的商业模式

科尔沁沙区和乌兰布和沙区所处的独特的地理位置造就了独特的植物种类，同时沙区广阔的沙地面积和多光少水的特征非常适宜甘草、黄芪、沙漠水稻等植物的种植，因此在沙地形成了农业种植和林业种植两种方式。通过调研走访发现，目前在沙区主要是引入企业参与治沙，同时促进地区经济增长，企业介入的主要模式是采取"公司+合作社（基地）+农户"的形式，而在沙地无论是农业种植还是林业种植，都存在成活率低的挑战，如何突破？采取容器育苗、沙地机械开沟抗旱、保墒膜以及植物再生沙障营建等种植技术，在沙地种植一些耐寒、耐旱植物，能够在治沙的同时，实现生态效益和经济效益。这一特征也决定了在沙区开展生产活动不可回避的一个事实,即企业需要依托沙区的特色优势资源开展商业活动,这个资源都具有独特的沙区地域根植性,如生产蒙药的原材料黄芪、甘草和肉苁蓉等均具有极强的地域根植性,这也导致了沙区生态产业形成了独特的商业模式。

【案例一】内蒙古某药业公司C

Ⅰ. 企业概况

C公司是在沙区充分利用沙地种植资源的典型代表。公司是2000年12月由原内蒙古蒙药制药厂转制后成立的产权多元化的民族制药企业,它是20世纪80年代由国家民族事务委员会、国家中医药管理局、内蒙古自治区人民政府投资兴建的蒙药生产基地。公司于2006年进行第二次资产重组,实现了民营控股国有参股。厚重的民族文化底蕴及人文和地域优势为企业发展提供了得天独厚的资源。公司是集研发、生产、销售、药材种植于一体的现代化民族制药企业。

Ⅱ. 原料

作为蒙药主要原料的黄芪就具有典型的地域根植性,黄芪喜欢沙质或半沙质土壤,黏土地次之。幼苗需要的水分多些,长大后需要的水分较少,为半干旱作物。黄芪属于喜光植物,不宜在阴暗潮湿的环境下生长,对土地要求较高。其中,蒙古黄芪和膜荚黄芪为草原中典型的干旱作物、多年生草本植物,性喜凉爽,怕热怕涝,耐旱耐寒,适宜在海拔800~1500m的高原草地、林缘、山地以及阳光辐射强、降水量略小的干旱和半干旱环境生长,要求土层深厚、有机质多、透水力强的沙质土壤,草原栗钙土或黄沙土均可。

同时药材种植需要考虑轮种,由于不同作物对土壤中的养分具有不同的吸收利用能力,因此轮种有利于土壤中养分的均衡消耗。同时轮种还有利于减轻与作物伴生的病虫杂草的危害。高草、黄芪等药材都需要进行土地轮种,沙区地域相对广阔,为黄芪的轮种提供了有力的保障。

Ⅲ. 核心产业

C公司主要依托科尔沁沙地资源,通过采取"公司+合作社+农户"的形式,本着质量为先、管控严谨、工艺先进的原则,广泛种植蒙药材,借助创新型产品技术与工艺技术成果,着重开发生产蒙成药、中成药,年产蒙(中)成药1000t,包括6个剂型200多个品种。主要蒙成药有保利尔胶囊、珍宝丸、红花清肝十三味丸、扎冲十三味丸、桔梗八味颗粒、暖宫七味丸、冠心七味片、外用溃疡散、清感九味丸等；中成药有藤黄健骨丸、伤科跌打片、复方羊角片、红药片、止血宁、西黄丸等。产品涉及心脑血管、神经系统、风湿骨病等十余个治疗领域。

Ⅳ. 技术与研发合作

C 公司非常重视技术创新对企业发展的作用，持续对生产工艺技术进行改进与提高，目前已获得 4 项发明专利，实用新型专利 2 项，外观设计专利 1 项。

C 公司为发展蒙药产业，完善产业结构，从源头上保证蒙药产品质量，公司成立蒙药材种植示范基地和扎鲁特旗种植示范基地，大规模地进行野生蒙药材种植与科技开发。该公司在内蒙古自治区、通辽市两级政府的支持下，牵头成立了内蒙古蒙医药工程技术研究院，为蒙医药产业实现规模化和现代化搭建了科研技术平台。

【案例二】内蒙古某草业公司 A

Ⅰ. 公司概况

内蒙古草业公司 A 是以"草"为业的科技型生态企业，公司以"小草扎根"的力量，立足"草、草原、草科技"构建产业生态圈，其核心理念是驯化乡土植物进行生态修复，即通过选育原生植物种类量化配比，恢复完整生物链条，建立协调发展的生态恢复系统，实现草原绿色经济生态的可持续发展。公司 A 秉承"尊重生态、师法自然"的理念，先科研、后修复，在不同地区先后设立 13 个专项研究院及相应的种质资源库，掌握了野生植物驯化育种技术、节水园林绿化技术、生态修复集成技术，总结并形成"退化草地修复""草原区露天煤矿排土场植被恢复""荒废土地恢复草原植被""绿地节水""草原生态牧场管理"五大技术的行业或国家标准。

Ⅱ. 发展历程

公司 A 的发展主要经历了从园林业务到乡土植物驯化进而形成全产业链三个不同的阶段。①在园林业务发展阶段，企业资源相对匮乏，利用花店经营期间积累的人脉以及多方人力物力资源的集结，企业实现了新华广场大型美化项目的顺利承接，这也成为公司进军园林绿化行业的关键转折。2001 年内蒙古和信园园林绿化公司成立后，企业为降低成本，将草原乡土植物引入园林绿化项目，获得了良好口碑。②乡土植物驯化阶段，企业核心业务主要体现在草原本土植物驯养上。引入职业经理人后，企业重新梳理了战略定位和未来发展方向，明确提出"节约型生态修复"理念，并通过积极引入专家团队和开展产学研合作方式提升科研能力；同时企业聚焦于草原本土植物驯养，相继完成了抗旱抗寒优良品种的研发，实现了核心技术的资源体系构建。③全产业链形成阶段，企业在充分解读国家政策、政府诉求及企业发展模式的基础上，积极开展产业的多元化整合，先后成立了八大研究院、启动"草原生态产业联盟"、建立"草原植物种质资源库"、创新"牧草银行"模式，并积极布局"生态产业大数据平台"和"祖国北疆生态安全屏障智慧平台"战略，实现了由"蒙草抗旱"到"蒙草生态"的战略重心转变。企业通过收集北方干旱、半干旱地区草原种质资源 3000 余份，植物标本 2 万余份，土壤样本 40 余万份，打造集"种质资源研究、繁育、生产及销售"于一体的全产业链，可提供不同区域生态修复用种、乡土植物种子及种苗、运动及景观草坪、牧草草种及科技服务输出。

经过科研和实践的积累，结合应用遥感、地理信息系统、物联网、云计算等，该公司建立了"草原生态产业大数据平台"。应用大数据平台可查询任意经纬度地理坐标点近 20 年的"水、土、气、人、草、畜"等生态数据指标及变化，也可搜索任何一种植物适宜生长的地区，为公司 A 的生态修复提供数据支持和智慧型解决方案。以内蒙古为样板，公司 A 将"生态理念+技术智慧+资源储备+管理标准+生态产品"的生态修复模式复制成疆草、藏草、滇草、秦草等事业群，在新加坡、蒙古国、俄罗斯、阿联酋等国家和地区建立起生态修复科研及草种业合作关系，积极推进生态修复业务，以驯化乡土植物修复生态的理念和智慧，服务于"一带一路"沿线国家。

Ⅲ. 公司业务

ⅰ）生态修复

生态修复的目的是通过选育乡土植物种类量化配比，恢复"人、草、畜、水、土、气、微生物"协调发展的生态系统，通过人工修复促进生态自愈，实现生态的可持续性。依托乡土植物科研体系、种质资源储备、种业生产体系、大数据平台和生态修复标准，公司 A 的生态修复实现科学化细分，有草原修复、矿山/荒山/边坡修复、荒漠及沙地治理、盐碱地改良及土壤修复、垃圾场/废弃地修复、节水园林与海绵城市、运动草坪建植等不同类型，已在全国十多个省份开展生态修复业务。

ⅱ）种业科技

该公司种业科技体系以采集驯化野生乡土植物为起点，建成国内具有特色的草原乡土植物种质资源库，涵盖抗旱植物、耐寒植物、草原生态、盐碱地改良、矿山修复、土壤修复、荒漠生态、藏域生态、京津冀乡土植物、中东沙漠生态等。收集北方干旱、半干旱地区草原种质资源 2000 余种共 3000 余份，其中有 160 余种植物已成功应用到各类工程项目中。

该公司依托"生态修复和种业科技"的核心技术，致力于成为中国牧草专业供应商，坚持完善"育繁推一体化"模式，确定了生态修复用种、美化绿化用种、景观与饲草兼用品种三个育种方向，在全国各地区建立 45000 亩育种基地，建设运营口岸，保障草产品的稳定供给和品质安全，打造"植物科研+技术输出+种业基地+草种生产加工+草种销售"于一体的产业链，形成了以生态修复和种业科技为核心技术驱动的沙区生态产业独特的商业模式（图 6-2）。

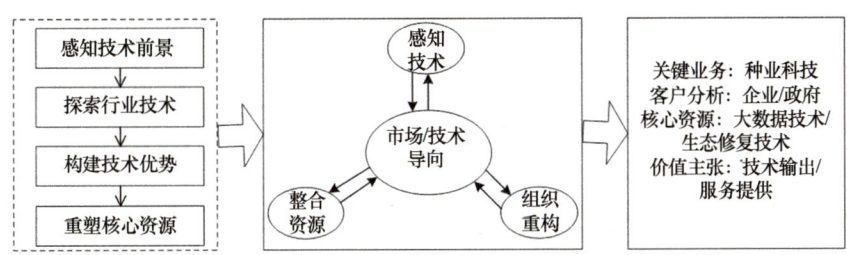

图 6-2　该公司的技术驱动型商业模式

【案例三】内蒙古某沙地农业投资公司 G

Ⅰ．企业概况

G 公司成立于 2014 年，注册资金 1.4 亿元，总部位于内蒙古奈曼旗，是中国沙地农业的领导品牌。

公司通过农业种植手段进行荒漠化土地还原与治理，现已还原荒漠化土地 3 万余亩，主要集中于内蒙古奈曼旗和库布齐沙漠。目前荒漠化还原的衍生产品弱碱有机沙米、沙米黄酒已辐射全国。另外，围绕荒漠化生态还原建立了企业生态圈，下设三大板块：以沙米、沙米黄酒、甘草、紫花苜蓿为主的生态还原板块，以红山草猪为主的生态养殖板块，以鲜稻屋为主的智农终端板块。

Ⅱ．发展历程

该公司发展历程如图 6-3 所示。

图 6-3　企业发展历程

Ⅲ. 公司业务

该公司自成立以来,以"将健康安全的食物送到中国老百姓餐桌"为企业使命,始终践行将沙产业构想变成现实的理想。公司依托沙地资源,先后发展起沙米种植和沙地养殖两大产业,形成了以"公司+基地+合作社+农户"的新型商业模式。

i）沙米种植业务

该公司通过农业手段还原沙漠为绿洲和良田,为确保在沙漠里种出的弱碱有机大米,公司所生产的农产品坚持不上化肥、不打农药、不用除草剂,坚守有机种植等系列做法,获得了业界一致好评。

几年来该公司种植板块中从当地农牧民手里收购的牛粪累计花了 700 多万元,用于沙漠平整、人工拔草等长期及临时工作岗位和农机车辆的费用在 300 万元以上,其核心产品沙米也获得了国家有机认证和银饭品质标准的双重背书。

随着种植的深入,作物种类日益丰富,沙漠生态治理成效也日益显著。目前,沙漠的扩展趋势得到有效控制,降雨增加、风沙减弱,甚至吸引众多水鸟来此栖息,沙漠生态环境获得了极大的改善。

ii）沙地养殖业务

该公司以生态农业为理念,开展了沙地养殖业务。2016 年该公司沙地养殖业务的代表品牌——生态黑猪品牌正式面市,红山草猪的特征表现在散放养、慢生长。该公司某养殖基地总面积达 200 亩,可容纳红山草猪 3000 头,主要分产舍和运动场两部分。其中,产舍面积约占 2000 km^2,200 个产位;运动场面积约占 13 万 km^2,可容纳 2600 头红山草猪的自由运动,平均每头红山草猪有将近 50 km^2 的活动场所。

红山草猪喜食百草和秸秆,可以为种植端产生的边角料带来完美的解决方案,同时猪粪还能作为农家肥为作物生长提供营养和能量。由此,该公司的产业链便可以实现"沙米秸秆—红山草猪饲养—猪粪发酵还田—沙米秸秆"的循环经济(图6-4)。不仅如此,红山草猪养殖需要的劳动力大多来自基地附近居民,该公司通过成立合作社的方式为当地居民提供充分就业的机会,在实现公司业务发展的同时也帮助当地居民实现收入增加。

图 6-4　该公司循环经济导视图

Ⅳ. 沙米种植核心支撑技术

该公司一直致力于研究在沙漠种植水稻的技术,包括已经研发成功的沙地育秧技术、井水增温技术、激光沙地精平机、衬膜节水技术等。此外,该公司还与通辽市农业科学研究院共同成立了沙漠农业研究所,包括教授 3 人、副教授 4 人。基于对沙漠水稻不断地研发和创新,目前该公司已经拥有 3 项发明和 11 项专利。

在用水方面,该公司使用并改进了衬膜技术,该技术是将沙子挖出一层后,覆上塑料膜再把沙子盖上,从而解决了沙地水渗漏的问题。传统的衬膜技术在沙子下面覆 15cm 深,但该公司通过创新研发可以将覆沙厚度提高到 80cm 深,从而保证了农作物的根系生长。该项节水技术使得沙漠中的水稻用水量仅相当于当地旱田玉米的一半。

此外,该公司还研发了一种新型塑料膜配方,可以降低膜的氧化,减少破损率,使用时长高达 50 年以上。土地耗水量高还有一个原因,就是土地高低不平。为此,企业发明了激光全自动精细平地机,可以将地面差控制在 3cm 以内。

Ⅴ. 沙米营销策略

对于沙米销售而言,公司采用故事营销结合互联网渠道的销售模式为沙米赋予故事,通过互联网进行广泛宣传,增加受众范围。沙漠里种出的大米本身就容易引发人们的好奇心,容易使人们心中产生疑问,如沙漠能种大米吗?因此,沙米本身就非常具有故事性和传播的可能性。沙米选择"互联网+故事"的营销策略的原因主要包括以下几个。

(ⅰ)传统渠道大米的同质化非常严重,竞争激烈。

（ii）采取众筹模式可以集中用户，做有价值的用户，同时参与众筹的用户忠诚度较高。

（iii）直销模式可以省掉中间环节费用，让利于消费者，同时也保证了沙米的品质。

（iv）通过众筹的方式带动更多的人到基地参观，带来传播效果。通过众筹节省下来的传播费用让利给消费者。

Ⅵ. 该公司循环农业 2.0 模式

该公司为其农业项目设置了 5 个维度，这 5 个维度分别是品牌维度、科技维度、资本维度、互联网维度和合作社维度。该企业在这 5 个维度里面形成了循环农业 2.0 模式（图 6-5），尤其是在这个过程中利用资本维度，更多的是用资本，如沙米众筹等方式来助力和快速加速企业的发展。

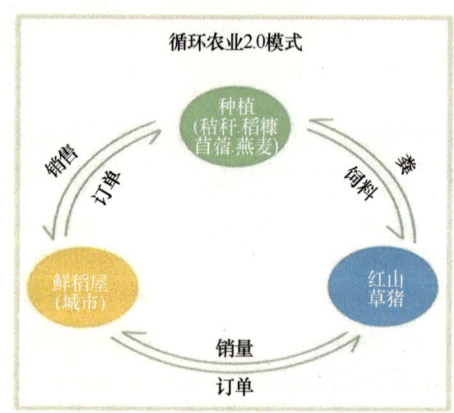

图 6-5　该公司循环农业 2.0 模式

2. 沙区典型植物资源化开发的商业模式特征分析

1）特征一：基于地域根植性的资源化开发特征

区域经济学认为，根植性是指产业的生长与其所在地域的一种天然、固有的联系，它以内在、基础性和长期性的力量制约着产业的成长、壮大、衰退、消亡。根植性对地方产业特色形成有着本质、根本性作用，不同地域的自然禀赋、历史、社会文化以及市场消费需求会催生出不同的特色产业。从某些典型企业的案例可以看出，企业生产中的每个资源和元素都深深地根植于沙地独特的地理区位和资源，企业经营在沙区资源联系中被根植和扩延，即企业的发展更多的是依托于沙区现有植物资源，通过从农业和林业种植中获取生产所需的原材料，从而进行开发利用和产业链延伸。从内蒙古自治区的沙地和沙漠来看，几乎百分之百都没有人类开垦的痕迹，是难得的一块"净土"，在这些区域种植一些极端环境下的药用植物资源，其产品必然也是无污染的。而这些产品的性状恰好符合国际市场对无污染中药中间体的要求，能够直接进入国际市场参与国际奥运经济的竞争，而且崇尚绿色是当今世界潮流，过去被人们弃置的沙漠，现在却为生态生物资源规模化、产业化经营奠定了基础。

2）特征二：市场需求导向下的价值创造特征

企业基于市场导向充分利用感知识别能力感知市场机遇、市场需求和国家政策进行战略选择，为抢占市场，内蒙古某生态环境公司模仿其他企业的商业模式进行苗木采购，同时积极整合伙伴和客户资源；为实现绿化项目成本的降低，企业将草原本土植物引入绿化项目并通过经济效益优势的分析来说服部分项目负责人选择草原本土植物；内蒙古某蒙草抗旱绿化公司成立后，企业以满足市场需求为主要战略目标，将市场定位聚焦于园林绿化行业。可见，蒙草生态的商业模式表现为市场需求导向下的价值创造特征。

3）特征三：技术研发和科技创新为主的创新导向特征

企业以技术导向为主，感知植物驯养技术和生态修复的广阔市场，通过推行股份制改革、引入职业经理人等组织重构方式，明确"节约型生态修复"的战略定位；同时通过引入专家团队的方式积极强化科研团队建设，并与国内知名高校建立产学研合作开展技术创新，以此进行新的核心资源体系构建；科研能力的不断积累增强了企业的产品创新能力，促使其凭借抗旱抗寒等优良品种的研发提高了市场竞争中产品的差异化和多样化水平，因此进一步促进了企业新兴市场的开拓。可见，"草原"本土植物驯养阶段，企业的商业模式体现在以技术研发和科技创新为主的创新导向。

又如，沙地衬膜水稻（俗称沙漠水稻）是根据沙地的自然特性和水稻的生长发育习性，在漏水漏肥、养分含量极低、风沙活动强烈的流动、半流动沙丘或丘间地上，经拉沙造田平整后铺设衬膜以形成防渗层，运用配方施肥、节水灌溉等综合措施栽培水稻，以获得高产的一项技术。沙地种植水稻，当然并非直接栽种，这涉及一整套沙土衬膜技术和覆膜滴灌技术。先把沙地挖深至 70~80cm，衬一层塑料膜，再将沙子回填。这样灌溉之后，水、肥的渗漏流失就很少了，水分散失渠道只剩下棵间蒸发和植物蒸腾，通过覆膜滴灌技术可以进一步阻止棵间蒸发，使每亩灌溉水量降低到 $180m^3$ 甚至更低。

在气候干旱的沙漠地区，沙地衬膜农业的节水效果非常明显，如果沙地水稻可以推广开来，其意义不仅是农业生产，而且还可以改良沙漠，为农业制造出一个新的广阔天地。

4）特征四：市场导向和技术导向作为双驱动趋势

从案例企业可知，沙区企业均强调以市场导向和技术导向作为双驱动，尤其以内蒙古某生态环境公司为代表，该公司通过资本市场运作及并购实现了草产业的进一步横向拓展，同时建立诸如"草原产业生态联盟""草原植物种质资源库""草原生态大数据平台""疆草、藏草、滇草、秦草"事业群等方式，致力于进行市场扩充并积极打造草产业运营平台，从而实现了"草原生态修复"基础上的多业务模式发展；与此同时，作为市场的开拓者，该公司充分利用先发优势和行业空白参与制定相关的行业标准，确立了行业话语权，从而形成了独特的商业模式，即"市场导向+技术导向"的双驱动模式，以此实现企业资源价值。

3. 沙区典型植物资源化开发商业模式存在的主要问题

1）问题一：经济林种植和延伸型产业，尚未形成比较完整的产业链

基于科尔沁沙地形成的林产业主要有三大基地：杨树用材林基地、生物质能林业基地、果树经济林基地；发展起来的沙地生态产业主要有五大类型，分别是木材加工业、森林生态旅游业、果品深加工产业、种苗花卉产业、林下经济产业。存在的主要问题是规模小、产量低、产业价值链短。其原因主要是：①杨树大面积死亡和樟子松品种单一，导致杨树和樟子松的种植和供给相对不足；②经济作物种植业价格上涨，引致农民"毁林还耕"，增加经济作物种植规模；③下游活动参与企业少，未能基于杨树与樟子松等经济林产品开展深加工活动，产业价值链极短。

2）问题二：产能限制问题，资源有限，产能小，成本高

沙区独特的地理区位导致种植规模受到一定的限制，对于从事加工的企业而言，由于其受到自身原材料资源的限制，不可能向市场提供能够满足一切需求的产品和服务。因此需要充分认识，企业在有限资源下产能扩张的难度极大，无法形成规模化，导致企业的生产成本居高不下，为了有效地进行竞争，企业必须进行市场细分，选择最有利可图的目标细分市场，集中企业的资源，制定有效的竞争策略，以取得和增加竞争优势。

3）问题三：技术依赖与技术水平之间的矛盾

沙地发展农业主要有3个障碍因素，那就是干旱缺水、土壤瘠薄和严重的风沙灾害。而荒漠农业，也被称作"沙产业"，主要通过滴灌、地膜、温室等技术发展适合荒漠地区的特色农业。沙区生态产业是农业型知识密集产业，就是靠高新技术进行生产，把全部现代化科技成果，包括新技术革命的成果都应用于农业型的生产体系中,以便极大地提高光合作用转化效率,提高农业型产业的效率。目前而言,沙区涉农企业经营面临非员工化的合作农户和非封闭化生产两大问题,导致其创新技术管理难度大,阻碍了沙区涉农企业获得相应的技术创新所产生的利润,因此,企业受技术引入成本过高,而农业技术研发落后等方面的限制,沙区发展农业的技术薄弱制约了企业的市场竞争力。

4)问题四:市场定位与合作伙伴问题

农户素质偏低,导致产品质量参差不齐,主要问题体现在:第一,企业与合作农户之间订单合同的履行率有待提高,合作过程中缺乏对接的稳定性;第二,农户素质差异较大,企业对农户种植养殖环节的监控难度较大,成本过高,产品质量安全与标准化等问题依然存在;第三,沙区龙头企业同农户的交易费用很高。农产品质量安全和供需稳定性是沙区以农业产业为主的龙头企业实现盈利的根本保障,从"公司+农户"组织模式演化到"公司+基地+农户"模式和"公司+合作社+农户"模式,始终没有解决农产品质量监控和流程管理标准化问题。

5)问题五:成本控制问题

相对于工业,农业是弱势产业,其比较利益相对偏低,偏低原因大致表现为两个方面:一是农业收益面临自然与市场的双重风险,这些风险减少了农业收益,降低了农业资本报酬率。二是偏低的农业劳动生产率降低了农业资本的报酬率,而投入的成本却很高,尤其是沙区的特殊性,其从事农业生产的成本比一般地区高出更多,更大的潜在风险是沙区涉农企业在种植和生产加工过程中会受到市场和自然状况的影响而使得成本投入不可控。

6.2.2 动物资源化开发型

1. 沙区典型动物资源化开发的商业模式

沙区典型动物资源化开发的商业模式主要指立足沙区广阔的沙地面积,充分结合沙区日照长、无污染的特征,通过采取"公司+合作社(基地)+农户"的形式,有针对性地规模化养殖适应性动物,借助创新型育种技术、养殖管理技术与产品工艺技术成果,生产特色优势有机产品的资源化创新商业模式。开发创新这种模式并给予推广使用的代表性沙区生态企业,有地处内蒙古乌兰布和沙漠的某牧业公司和地处通辽市科尔沁沙地的某牛业公司K。本节主要以某公司F为案例对象给予阐释。

【案例一】内蒙古某牧业公司 F

Ⅰ. 企业概况

F 公司于 2010 年 10 月成立,并在乌兰布和沙漠开展沙产业有机循环产业链的建设,公司选址于乌兰布和沙漠,依托内蒙古巴彦淖尔市磴口县的沙漠地区资源优势,以精品有机奶源产业基地建设为基础,建设沙产业有机循环产业链基地,现在拥有草业、牧业、奶业等产业,在全球首创"种植、养殖、加工"的一条龙沙产业循环产业链,形成以养殖技术、有机技术和环境技术为基础,发展成为资源节约型、环境友好型和生态技术型的现代牧场。公司致力于以科技为先导,以奶牛养殖业为核心,利用先进的胚胎工程、育种工程等重大关键技术,有效地实现奶牛种群规模化的改良换代,以期奶牛产奶综合效益达到世界先进水平。通过规模化牧场经营,利用各地养殖业的资源优势,生产销售优质、有机、营养丰富的牛奶产品,把公司办成具有国际先进水平的、高效快速成长的高科技牧业公司,并为中国乳品工业的发展打造大规模的精品奶源基地,为中国乳业赶超世界先进水平提供了强有力的原料保证,是国内首家获得国际和欧盟有机标准双认证的有机奶品牌。

公司将乌兰布和沙漠生态发展与沙产业发展结合起来,将企业发展与生态治理相融合,实现了生态经济化和经济生态化的可持续发展,为沙产业创造了一种全新的治理模式,实现了"双赢"的生态经济效益,公司也于 2014 年 7 月在香港上市,是内蒙古自治区第三家上市的乳品公司。自公司成立以来,其先后在乌兰布和沙漠投入超过 75 亿元的资金,在中国西部沙漠走廊的咽喉地带种植了 9000 多万棵沙生树木,以有机植物为主,如有机玉米、有机苜蓿、有机向日葵、有机燕麦草等,通过沙生植物的种植为农场提供了所需饲料的同时也筑起了一道严密的防沙屏障。已整合建设有机牧草饲料种植基地近 41 万亩,已建成基地 23 万亩,待建设基地 18 万亩。在乌兰布和沙漠已建成 11 座蓄水库、10 座有机粪肥综合处理厂和 23 座有机牧场,有机奶牛存栏量 10 万头,常规奶牛存栏量 3 万头,日产"双认证"有机奶 1300t(欧盟有机认证和中国中绿华夏有机认证),日产常规奶 450t,斥巨资引进瑞典 A3 级无菌灌装设备,严格遵循有机食品加工规范程序进行操作,保证有机奶系列产品的质量,努力将乌兰布和沙漠建设成国家沙漠治理与开发示范区、国际生态保护示范区、现代种养加智能化循环农业建设示范区、全球最高品质有机奶生产示范区和国家生态文明建设示范区五大示范区,创建全球有机乳业第一品牌,让国人享用全球最高品质的乳品。其产品销往全国 31 个省(自治区、直辖市)的 1000 多个市场,2017 年销售收入达 27 亿元,累计为国家创造税收 2.6 亿元（图 6-6）。

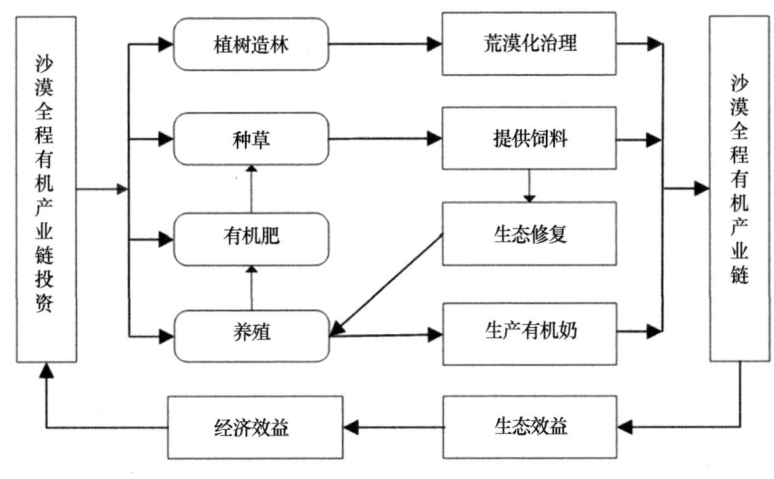

图 6-6 该公司全程有机产业链

Ⅱ. 业务概况

（i）有机草场。该公司在乌兰布和沙漠已开发约 115000 亩种植田，用于种植奶牛养殖所需的有机草料作物。凭借乌兰布和沙漠有利的生态环境、气候优势和独特的沙漠特征，该公司在种植草料过程中不需要使用任何合成农药。

（ii）有机奶牛养殖。公司在乌兰布和沙漠腹地已建有 13 座沙漠有机牧场，并有 6 座在建牧场；有机奶牛存栏 40000 余头，牛均占地 60～80km^2，所有牧场均为散栏式牧场，易获得方便的食物和水源。清洁、舒适、干燥的沙垫床及宽敞的运动场可以供奶牛食用、饮用、放松。绝大部分牧场可以容纳 2500～4500 头奶牛。适宜的牧场规模让该公司享有规模经济效益，而不会对环境造成过重的负担。

（iii）有机加工：该公司引进瑞典利乐 A3 生产设备，严格遵循有机奶的加工流程。每包有机奶产品均印有获国家认证认可监督管理委员会认可的条形码，以便追溯每件产品的生产源头，作为质量控制措施。

Ⅲ. 全产业链模式

从本质上看，"全产业链"集纵向一体化和紧密型多元化于一体，紧密型多元化是指产业链之间的业务关系非常紧密，并非一般意义上的多元化。其运行模式包含两个层次：①从纵向来看，一条产业链上的产品、服务和信息等均由一个企业全程控制，这应是全产业链的主要特征，没有纵向一体化，也就不称其为全产业链。②从横向来看，是紧密多元化，即在空间布局上有多条紧密相连的产业链,不同产业链之间在品牌、渠道、物流、财务等环节可以实现横向一体化的整合。该公司的全产业链涉足种植、养殖、工业、物流、文化、生态等产业链,这些产业链之间紧密程度较高,因此,它不是一般意义上的多元化经营。

按照钱学森关于沙产业的理论,沙产业的发展需要关注四个问题,即投入产出问题(经济回报)、核心竞争力形成问题(规模经济)和产业链形成问题(变生物链为产业链,生产终极产品,通过龙头企业提高附加值含量,变粗加工为深加工、精加工,获取最大利润)以及生态环境问题(寓生态环境的保护于科学开发之中,不以牺牲环境为代价,也不搞为生态而生态,坚持循环经济、节约经济和可持续发展)。该公司率先采取独特的完全整合的"全程有机"生产模式(图6-7),形成全程有机产业链,根据"全程有机"生产模式严格控制有机生产过程的每一个主要环节,以确保对原材料至终端零售产品实行全程追溯及控制。

(i) 有机环境。该公司位于乌兰布和沙漠有机牧场并无其他农业或工业活动。

(ii) 有机草料种植。通过从某草业公司采购绝大部分草料(该草业公司主要在乌兰布和沙漠种植青贮玉米及苜蓿,在此过程中并无使用任何农药或化学合成肥料)有效控制奶牛饲料的来源及质量。

(iii) 有机奶牛养殖。致力于在低密度低压力的环境中养殖奶牛,不使用生长激素。

(iv) 有机乳制品加工。液态奶产品生产所用的所有原料奶均由企业内部的有机牧场供应,在生产过程中不添加任何防腐剂、人造色素及人造香料。

(v) 有机奶原产地追踪。每包有机奶产品均印有国家认证认可监督管理委员会确认的条形码,以便追溯各产品的生产源头,作为质量控制措施。

【案例二】内蒙古某牛业公司 K

Ⅰ. 公司概况

i) 企业简介

该公司于1992年成立,总部位于内蒙古通辽市科尔沁草原腹地,地处42°~45°N优质黄金畜牧带。科尔沁牛源自黄牛主产区——内蒙古科尔沁,科尔沁大草原拥有得天独厚的自然资源优势,素有中国"黄牛之乡"的美誉。经过20多年的深耕,该公司已经将这片天然牧场打造成科尔沁牛的繁育基地,并形成年屠宰20万头肉牛,生产冷鲜、冷冻肉4万t的产业规模。该公司通过生态农业实践打造了从种植到养殖,从生产加工到冷链运输,从销售到餐桌全程可追溯的集种植、养殖、生产加工、销售于一体的全产业链模式。

截至 2016 年末,该公司总资产金额逾 34.4 亿元,耕地 3.4 万亩,草原 2.1 万亩,标准化万头牛养殖基地 7 座,10 万头屠宰场 2 座,拥有 36 家分子公司,在职员工逾 3000 人。该公司作为中国肉类产品驰名商标之一,开创出独具特色与核心竞争力的科尔沁模式,2016 年完成 19 亿元人民币的年度销售额。该公司涉及的项目主要有肉牛养殖、紫花苜蓿等饲料生产、草原畜牧业的开发、草原生态建设的保护以及牛肉制品的加工为基础的产业化链条。

该公司作为国内最大的牛肉生产商,先后成为 2008 年奥运会、2010 年广州亚运会、2012 年第九届全国大学生运动会指定的牛肉供应商,公司经营的产品主要包括国产冷鲜牛肉、国产冷冻牛肉、有机牛肉、深加工牛肉、风干牛肉、肉制品、牛副产品、各类牛排、牛肉礼品盒、牛肉干以及各类速冻产品、卤制品等。

ii) 公司历程

该公司有机肉牛养殖基地始建于 1999 年,公司选址于通辽市科尔沁左翼中旗,基地周边半径 100km 内活牛存栏量达 180 万头,其中西门塔尔改良牛占 95%以上,为基地提供了可靠的牛源。基地进行科学的分区管理、设备设施配套齐全,为保障肉食品的卫生安全,基地建立了科学的家畜自动跟踪监测系统,每头牛都有自己的标识,其年龄、性别、体重、防疫、饲料、饲养过程均有动态记录及实时监控,保证了肉食品的安全。

2007 年该公司在河南省南阳市新野县建成一座集肉牛养殖、屠宰加工于一体的大型工厂。新建两个万头肉牛养殖基地和一个万头母牛繁育基地,设计生产能力为年出栏育肥牛 4 万头。

2012 年该公司对某加工厂进行了扩建,在现有 10 万头/年肉牛屠宰加工生产线基础上,新建排酸间、冷库、分割车间、深加工车间等,并引进了先进的智能化剔骨分割包装生产线。现在公司总体生产规模达到年屠宰肉牛 30 万头,生产冷鲜、冷冻肉 6 万 t。

2013 年该公司在通辽牵头成立两个合作社,一是科尔沁肉牛养殖合作社,鼓励农牧民加入合作社,提高农牧民的收入,保证食品安全。二是牵头成立了科尔沁农机种植专业合作社,以土地流转形式鼓励农民入社,从德国 CLAAS、美国约翰迪尔、法国库恩、日本 TAKAKITA 等先进农机设备供应商进行采购,实现现代机械化种植,未来五年实现种植规模 12 万亩。

2018 年 11 月,该公司东盟办事处成立。该办事处旨在响应国家"一带一路"倡议,适应"买全球、卖全球"的新型开放格局,进一步拓展东盟市场,开展与东盟国家在牛肉进出口和肉食品精加工方面的合作。

iii）公司经营战略

公司的经营理念是"食品工业是道德工业，珍爱生命，做道德人"。发展战略是以地区资源为依托，以市场需求为导向，以现代化的大市场营销观念，用系统工程原理将企业全面推向社会化、规模化、产业化。公司将以肉牛的产业化经营为方向，依托地区资源，遵循市场导向，通过技术创新与产业整合，逐步形成以肉食品加工为龙头的绿色牛业纵向一体化发展格局，形成牛业产品现代化、经营体制集团化、资本运营资本化、市场营销国际化的态势。通过5年时间，把该公司做成中国肉牛产业第一品牌，再经过5年的发展，争取进入世界肉牛企业的十强之列。

iv）该公司商业模式

该公司通过"公司+基地+大户带农户"的模式，把加强生态建设与转变农牧业生产经营方式和增加农牧民收入紧密结合，在保护生态的前提下，大力培育和发展"国际化、专业化、群体化、标准化"的科尔沁肉牛产业。公司与农户之间按照合同或订单建立关系，公司对养牛户提供技术支持和必要的资金，农户按公司的要求和标准进行饲养和短期育肥，并按协议价卖给公司，通过公司大型育肥牛场，进行必要的检验，积累技术材料。在通辽市的七个旗、县、区培育和发展了年出栏1000头以上的养牛大户118户；年出栏500头以上的养牛大户200户；年出栏100头以上的养牛户500户；年出栏50头以下的养牛户1300户。全市农牧民通过养牛人均年增收400元，占牧业人均纯收入的35%。以发展产业化为方向，以现代化加工企业为龙头，以规模化养殖场为基地，以千家万户农牧民养殖户为依托，把通辽市建成一个无公害、无规定疫病的区域性绿色肉牛产业带。

将现代农业的发展理念和发展方式融入公司的生产经营过程中，保证食品安全，降低生产成本，提高产品竞争力，形成科尔沁独有的可持续发展的商业模式。

Ⅱ. 企业的客户分析

该公司的销售网络早已遍布全国，拥有销售渠道和网点2900家，K公司专卖店400家，销售代理商1000家，终端售卖点5000家。其大多都有自己的生产线、仓库、冷库、中转仓，方便给全国各地的大型连锁商超提供配送服务。其主要的配货商包括永辉超市股份有限公司、沃尔玛（中国）投资有限公司、兴隆大家庭商业集团、华润万家超级市场、家家悦集团、麦德龙商业集团有限公司、家乐福超市、世纪联华生活购物广场、骨里香食品有限公司、内蒙古科尔沁优牧食品有限公司、天虹数科商业股份有限公司、正大集团、大润发超市、淘宝网和麦当劳等。同时也是康师傅、海底捞等工业和餐饮企业的战略合作伙伴。

Ⅲ. 主要生产加工工厂分布情况

ⅰ）通辽工厂

通辽工厂位于素有"黄牛之乡"称号的科尔沁左翼后旗甘旗卡镇，建于2001年，总投资7000万元，使用德国 BANSS 全进口生产线，严格按照欧盟食品卫生标准建设，并建立了 HACCP 食品安全质量控制体系。工厂率先使用了一系列先进生产加工技术，包括家畜自动跟踪检测系统、自动分级系统、真空自动收集输送系统以及生产加工全程 PLC 控制系统，工厂年屠宰量 10 万头，产肉 2 万 t。

ⅱ）南阳工厂

南阳工厂位于河南省南阳市新野县，建于 2007 年，是一座集肉牛养殖、屠宰加工于一体的大型现代化工厂。工厂总投资 3 亿，包含 1 个 5000 头畜位的养殖有限公司及 10 个 1000 头畜位的肉牛育肥厂。屠宰加工生产线由美国、德国、西班牙专家联合设计，具有国际领先水平，拥有自动收集输送系统、真空蒸汽巴氏消毒系统 PLG 全程自动控制系统、肉品质量安全追溯系统等国际先进的生产系统。工厂年屠宰量 10 万头，产肉 20000t。

ⅲ）肉制品分公司

该公司肉制品分公司坐落于科尔沁草原腹地——通辽市，建于 2009 年，是该公司旗下分子公司之一，是专业从事集研发、生产、销售牛肉熟食制品于一体的专业化工厂。年加工熟食能力达 8000t，并配置全进口拉伸膜包装机。工厂主要产品有风干牛肉干系列、牛板筋系列、酱卤牛肉等即食牛肉熟食制品。

Ⅳ. 牛肉类食品追溯

该公司与某生鲜合作推出了"中国好牛肉"京东品牌专卖。双方联合推出"千里眼"溯源系统，在某销售平台售卖的科尔沁牛肉全部可以通过二维码直接溯源。"千里眼"溯源系统依托某公司自建的大数据库和京东追溯系统，将包括原料牛、养殖、生产加工、物流、销售等在内的全产业链信息汇集在一起，最终体现为出厂标签上的二维码。通过微信扫描二维码可以获得相应养殖场主的照片、名称、编号、地址等信息，同时还可以获得每块牛肉产品的原料牛品种、口龄、饲料、屠宰日期、产地检疫证号，甚至产地兽医等信息。从线下超市走向线上电商，该公司与该企业的合作不仅拓展了销售渠道，提升了销售能力，而且与互联网公司的深层次合作，有利于该公司采取"互联网+现代农业技术"的思路推进生产过程的数字化、网络化、智能化,提高生鲜农产品品质,进而带动行业转型升级。

通过采取"互联网+现代农业技术"可以在不同终端体现数据的重要作用:在生产端,从活牛的接收、屠宰,到排酸处理,智能化分割剔骨,需要经过6道信息采集环节,单独取出任何一块肉,都可以还原到上一个环节,直至最初的活牛,方便了生产管理和质量控制;在销售端,由于追溯体系的搭建,产品的综合竞争力随之提高,为市场拓展带来信任溢价;在消费端,"千里眼"彻底解决了农产品生产信息不透明的问题,让食品安全看得见、摸得着。

Ⅴ. 全产业链模式

对于该公司来说,无论是追溯体系的深度搭建,还是销售渠道的不断拓宽,都是在优质产品的前提下展开的,所有创新举措都为优质牛肉的售卖而服务。

目前,该公司已经形成饲草种植、天然放牧、科学养殖、生产加工、冷链运输、全渠道销售的"种养加销"垂直一体化全产业链模式(图6-7)。

在饲草种植环节,K公司已建起七大种植基地,可实现大规模联合作业,从根源上把控育牛品质,以安全优质的饲草喂养确保牛肉肉质更美、营养价值更高。

在养殖环节,只有经过严格检验的科尔沁架子牛才可被接收入场,甚至每头牛都得验血体检。在此基础上,该公司还与某企业合作在科尔沁草原上建立起专属牧场,为每头牛确定合理的放牧范围,使科尔沁牛得到最优化的成长空间。

在生产加工环节,该公司引进先进的肉牛屠宰加工生产线以及现代化智能剔骨分割流水线。值得一提的是,科尔沁首次将"贴体包装"首次引入中国,该包装采用世界领先的"贴体裹膜"技术,通过高压真空技术,在0~4℃高阻隔、全密封冷鲜环境下保证牛肉长时间的新鲜品质。

在销售环节,该公司已在全国建立起9个销售大区,并在北京、上海、广州设有二次分割加工车间。随着企业电商渠道的不断完善,科尔沁牛肉的市场份额有望进一步提升。

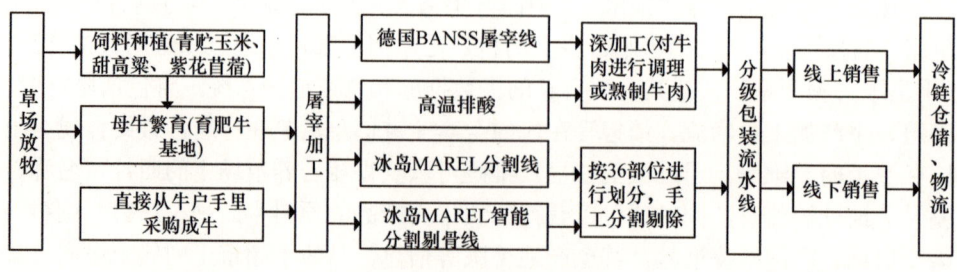

图6-7 该公司产业链

Ⅵ. 技术选择

该公司引进了当前世界上最先进的屠宰加工设备,严格按照欧盟食品卫生标准建立了牛肉加工生产流水线,形成了年屠宰 20 万头肉牛,生产冷鲜、冷冻肉 4 万 t 的规模。

经过几年的运作,该公司在硬件上已搭建了高标准的平台,在软件上已拥有了现代企业的管理模式。公司甘旗卡加工工厂(通辽工厂)生产线完全符合欧盟食品卫生标准,技术和装备达到世界先进水平。建立了 HACCP 食品安全质量控制体系。同时,还对欧洲国家最先进的技术和软件系统逐项研究,集中引进了家畜自动跟踪系统、自动分级系统、真空自动收集输送系统、生产加工 PLC 全程控制系统四大系统,采用卧式放血、水平输送系统、排酸技术等先进工艺。此外,该公司与国家畜牧研究所联合开发的气调包装和真空包装技术,不但解决了国际、国内在肉食品冷藏、保鲜方面的技术难题,而且在生产中投入了使用。目前已形成了年屠宰 10 万头肉牛,生产冷鲜、冷冻牛肉 2 万 t 的规模。

Ⅶ. 成本结构

该公司是一家集种植、养殖、加工、销售于一体的全方位肉牛生产加工企业,历经 20 多年的不懈努力,其产品已经遍布全国乃至全世界,在一定程度上鼓舞了该公司的发展。然而近几年,牛肉市场竞争加大,本土企业与外资企业都纷纷涌入,极大地冲击了国内市场,美国、巴西等国家采用的机械化大规模养殖,其规模相比于国内要先进很多,幼牛的培育期与育肥期仅为 6 个月,这决定了其成本较低,而面对巨大的竞争对手与相对透明的市场价格,该公司亟须开始着手于降低成本,这也凸显了成本控制的重要性。伴随着消费者对产品品质的要求不断提高,牛肉行业迅速崛起一批新的企业,导致市场上的牛肉不断饱和,国内外市场的双重打击使得该公司在行业中的竞争越来越激烈,另外,原材料成本、人工费用、各项费用逐年增加,单纯地降低售价已不能给企业带来更大的市场,领导层决定要彻底对企业的成本管理模式进行转变,对成本进行分解,剔除利益较小或无益的部分,使得企业得以长足发展。

Ⅷ. 中国牛品牌塑造

尽管该公司已经树立起了行业标杆,但短期来看,"小散乱"的行业格局很难改变。导致该公司在牛肉品类中的市场份额也很低的根源在于我国生鲜农产品标准缺失、品牌极度分散,没有形成产销一体化的品牌。

发达国家的卖场大多直接售卖已经初步加工过的半成品,中国企业还以卖原料为主,加工环节多是在卖场完成的。K 公司通过标准化建设,把生鲜从非标品转换成标准品。因此，公司努力把农产品打造成标准品类在线上销售，一方面是想借助互联网打造品牌，另一方面也想借此探索冷鲜肉类的行业标准，并通过线上售卖提供更安全卫生的购物体验。

Ⅸ. 营销模式

在营销模式上，该公司采取绿色营销模式，实现从工厂到厨房全程绿色，用极致的思维买牛肉，实现科尔沁牛肉全渠道资源整合。

ⅰ）国际认可度

科尔沁牛肉已获得多项国际贸易认可，无论是要求伊斯兰屠宰方式的科威特、阿拉伯、约旦、黎巴嫩等中东国家，还是中国香港、马来西亚、文莱、巴勒斯坦、以色列等国家或地区，科尔沁牛肉均得到了广泛认可。

ⅱ）国内终端网络

从工厂到厨房全程冷链：采用发达国家的售卖方式严格控制的全程 0~4℃的冷链运输售卖环境，分块密闭包装形式，实现了从工厂到厨房的全程冷鲜。目前冷鲜产品已经覆盖广州、深圳、上海、北京等国内特级城市，以及重庆、成都、长沙、南京等多数国内一线城市。

直营店、加盟店系统：冷冻产品采用公司直营店、经销商加盟店、超市店中店等形式，通过专业化服务，全程的质量监控，保证冷冻产品的品质。目前，科尔沁牛肉专卖店已经覆盖东北三省、内蒙古、山西、山东、河北、河南、陕西等北方地区。

ⅲ）互联网营销

消费者的传统观点认为，牛肉销售只能出现在商超渠道，该公司在成立之初便开始布局全国，2008 年之后，更是加大了对仓储物流的投入。利用互联网思维，采取线上线下相结合的渠道策略，两个渠道销售同样的货物，但是定价却不相同，这导致了渠道之间的价格竞争，激化了内部矛盾，带来了内部竞争。此时，亟须找到两种渠道的差异化，从而避免内部不同渠道之间的竞争，于是通过公司采取互联网创新思维来解决渠道竞争问题。

极致思维，开创牛肉类生鲜行业先河。科尔沁食品销售主要集中于牛肉干，冷冻牛排虽然选用顺丰快递，但是在实际订单中牛排和其他冷冻产品销量并不高。变革从 K 公司内部开始，市场部通过市场调研定制产品新包装方向；电子商务部分享后台数据，进行可行性分析；工厂生产部门重新专门定制电商需求；可以从全国六大仓库快捷发货。

2013 年融合成为该公司电子商务部的关键词，整合用户数据、线上线下物流系统、财务、订单四大模块整合。用户被新款牛肉干吸引，带动了冷冻产品的消费，物流可以 1 日内送达。一方面，一旦购买了产品，就会在系统中生成订单，工作人员会立马抓取订单，同时会转给各地分仓，另一方面通知快递到仓库取货。两边同时操作，只要用户身边有该公司的大仓，就能实现这个速度。正式线上线下打通，原来价格、物流等各种劣势马上变成了优势，2013 年该公司在某电商平台牛肉类食品中销售额第一名，2014 年继续扩大优势，又研发了两款针对电商的新款牛排，2014 年 11 月 11 日，整个线上一天销售额达到 800 万元。

K 公司通过互联网思维很好地将线上线下优势相结合。首先，消费者通过关注科尔沁微信账号，可以免费参加有奖竞猜活动。K 公司非常重视与线下结合密切的微信账号，每个季度都会针对性推出主体性活动，把福利给到忠实用户，通过微信平台形成忠实用户的聚集地。做极致的用户体验，也正是互联网思维追求的精神。

2. 沙区典型动物资源化开发的商业模式特征分析

1）特征一：全产业链思维

从典型企业的案例分析可以，很多企业都在极力打造全产业链，试图从饲草种植、天然放牧、科学养殖、初加工到深加工、冷链运输和全渠道销售形成集种、养、加、销于一体的全产业链发展模式。

2）特征二：依托本地植物资源，发展本地动物产业链

依托沙地或者林地资源和生态环境，开始发展沙地种植和林下种植业、养殖业。它是充分利用林下土地资源和林荫优势从事林下种植、养殖等立体复合生产经营，形成了种植支撑养殖，养殖反哺种植的态势，从而使农林牧各业实现资源共享、优势互补、循环相生、协调发展的生态农业模式。

3）特征三：对技术的依赖性极强

企业都需要不断创新育种方法，培育新品种，实现种源创新，因此需要建立胚胎工程和基因工程技术平台，探索自主创新，而不是依赖外部进口，另外，优质肉牛高效繁育和标准化养殖需要有相应的技术，并且需要有可推广和可示范的技术来实现种源的不断更替。为保证产品的质量，需要建立食品追溯系统，迫切需要相应的信息技术来支撑等。

4）特征四：营销策略与模式

借助"互联网+"，在营销中采取线上线下的模式，从案例可以看出，科尔沁

沙区和乌兰布和沙区的典型企业均采取线上线下的销售模式，K公司更是采取绿色营销模式，实现从工厂到厨房全程绿色，用极致的思维买牛肉，实现科尔沁牛肉全渠道资源整合，打通线上线下，利用事件营销和网络社区营销等方式扩大K公司的品牌营销力和知名度。

3. 沙区典型动物资源化开发商业模式存在的主要问题

1）问题一：过于强调全产业链的发展模式，却忽视区域资源限制的影响

当前，沙区在发展生态产业的过程中，基本遵循"龙头带动、链条延伸、要素集聚"的思路，企业，尤其是一些典型企业，希望通过优化整合要素资源，形成"纵向"上下游企业资源衔接与要素集聚和"横向"相关企业的协同与合作，因此期望找出产业链缺失或薄弱环节，打造"大而全"的生态产业链。觉得沙区生态产业发展的模式与其他地区经济和产业发展模式雷同，并没有充分考虑沙区生态产业的独特性和资源的"稀缺性"，偏离应追求核心竞争力的关键。区域产业根植性很重要，但这并不等于产业链的所有环节都需要集聚在沙区，事实上，沙区发展生态产业，可以将依托于自然资源禀赋的核心环节保留，而将产业链环节中的非核心环节在沙区之外来完成。

2）问题二：技术力量较薄弱

正如钱学森所言，沙区发展生态企业需要充分考虑"多光少水"的特征，因此要依赖高技术作为重要的产业发展手段，奶牛养殖是畜牧业中技术集成度较高的产业之一，是否拥有优质有机奶生产技术决定了生产企业的发展前景。某牧业有限公司拥有世界首个沙草有机循环产业链但未获得广泛的推广，影响了企业的市场拓展；肉牛良种推广体系和技术服务体系建设比较薄弱。目前，公司的技术力量仍较薄弱，与集约化养殖不匹配，需不断改进和提高，以适应企业的发展战略。

3）问题三：市场需求定位模糊

通过调研我们发现目前沙区从事动物资源化开发利用的企业普遍存在对市场定位模糊，没有充分利用其核心竞争力设计出有价值的、利润高的产品。现有产品品类多，覆盖面广，但大多数产品并不畅销，没有获得预期的利润。对于目标客户群到底是什么、在哪里没有准确的定位，如K公司开拓了大量的市场渠道，但普遍采用的做法就是满足市场需求，而没有更好地定位客户群体。

4）问题四：资金流不畅通，成本偏高

沙区生态企业普遍存在融资能力差的问题，而沙区发展的生态产业是以技术

创新驱动的产业，需要大量的资金投入，在研发阶段内蒙古自治区人民政府投入的资金有限，生产的产品不能及时与市场需求对接时，容易出现资金链断链的现象。通过综合分析沙区典型企业可以看出，普遍存在公司的市场营销相对传统，技术发展略为单一，导致产品品牌效益日趋衰弱，产品成本居高不下等，得出虽然公司致力于成为中国高端有机奶产品的领先品牌，但在有机奶产业战略实施过程中依旧面临以下很多问题，制约企业综合发展水平的提升。

动物资源，尤其是食品行业，食品行业对于安全要求更高，企业为了保证食品安全被迫采取全产业链模式，导致企业的资源投入分散，不能够聚焦于某一点，从而发挥更大的效能，而在沙区发展产业投入成本极高，限于沙地资源的根植性特点，种植和养殖的资源是有限的，从而不能够形成足够的规模化，产品成本居高不下，在市场中的价格竞争中完全处于劣势，

5）问题五：与产业链中下游对接缺乏地域优势

在与产业链中下游的企业形成产业链的过程中，处于上游的沙区生态企业会围绕价格、产品和服务质量展开竞争。地区发展的落后和沙区限制导致企业产品品牌尚未形成，上游研发出的技术和产品在与产业链中下游对接时缺乏知名度，形成新产业链的速度会较慢。产品同质化的情况下，消费者更愿意为品牌知名度高的企业支付更高的产品溢价，导致盈利能力进一步降低。总之，主要体现为：养、加、销各环节衔接不紧密，"利益共享、风险共担"利益连接机制不健全，龙头企业品牌产品不多，对肉牛产业带动性不强，养殖效益不高，应对进口牛肉冲击等市场风险能力不强。

6.2.3 空间资源化开发型

1. 沙区空间资源综合开发商业模式

沙区空间资源综合开发商业模式，主要是指立足沙漠或沙地资源，有效整合地上太阳能、风能、景观旅游等资源，借助相关技术，在整合相关产业融合发展的基础上，积极推进空间资源化整合发展的商业模式。开发创新这种模式并给予推广使用的代表性沙区生态企业，有地处内蒙古库布齐沙漠的某生态产业服务集团 H 和某产业化生态集团 B。本部分着重以 H 集团和 B 集团案例为对象给予阐释。

【案例一】H 集团

Ⅰ. 公司概况

H 集团创立于 1988 年，是中国百强民营企业，其业务涉及从沙漠到城市生态

环境修复，涉足绿土地、绿金融、绿健康及生态城等多业态（图6-8），已在库布齐沙漠、乌兰布和沙漠、腾格里沙漠、新疆南疆、河北坝上等生态脆弱地区开展大规模治理工作。H集团是中国领先的生态产业服务商，联合国认定的全球治沙领导者，长期致力于生态修复和绿色生态产业融合发展。公司资产逾1000亿元，员工超过8000人。经联合国环境规划署评估认定，H集团30年累计创造生态财富5000多亿元。H集团30多年坚守库布齐沙漠，与地方政府、民众共同创立了"科技带动企业发展、产业带动规模治沙、生态带动民生改善"的库布齐模式，绿化库布齐沙漠5000多 km^2，创造了"绿色、环保、民生、经济"的共赢。H集团先后获得"中国脱贫攻坚奖""国土绿化奖""绿色长城奖章"，获得联合国"全球治沙领导者奖"和"地球卫士终身成就奖"。库布齐沙漠生态示范区被命名为"绿水青山就是金山银山"实践创新基地。

2013年联合国授予H集团"全球治沙领导者奖"，并将库布齐沙漠确定为全球首个"生态经济示范区"，向全世界推广中国库布其"生态、经济、民生"平衡驱动发展模式。绿土地板块立足荒漠化、盐碱化等退化土地，充分利用大数据、互联网、高科技等业内先进技术手段，打造土地获取、土地流转、土壤修复、土地合作的农牧产业循环经济模式，逐步构建可持续发展从田间到餐桌的全产业链商业模式。

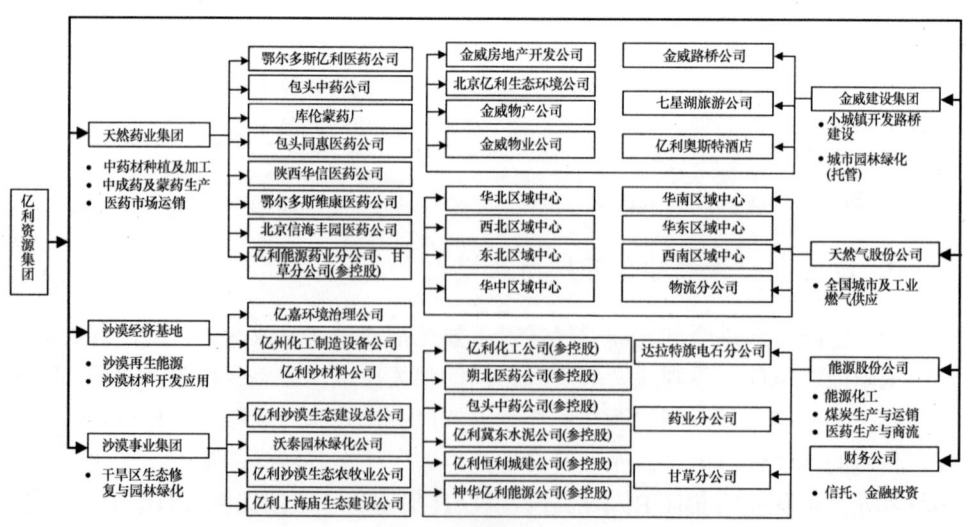

图6-8 H集团的构成

Ⅱ. 公司业务

H集团致力于"生态环保、绿色金融"。集团分为三大板块，生态股份板块聚焦于生态环境修复，主要包括修复土地、水环境，建设美丽生态小镇；洁能股份板块聚焦节能环保,治理大气污染;金融板块围绕生态环保,医疗健康,通过"基金+技术"模式,打造集"基金、信托、融资租赁、征信、第三方支付、财务公司、保险、碳金融"于一体的绿色金融平台。H 集团的主要业务范围如图 6-9 所示。

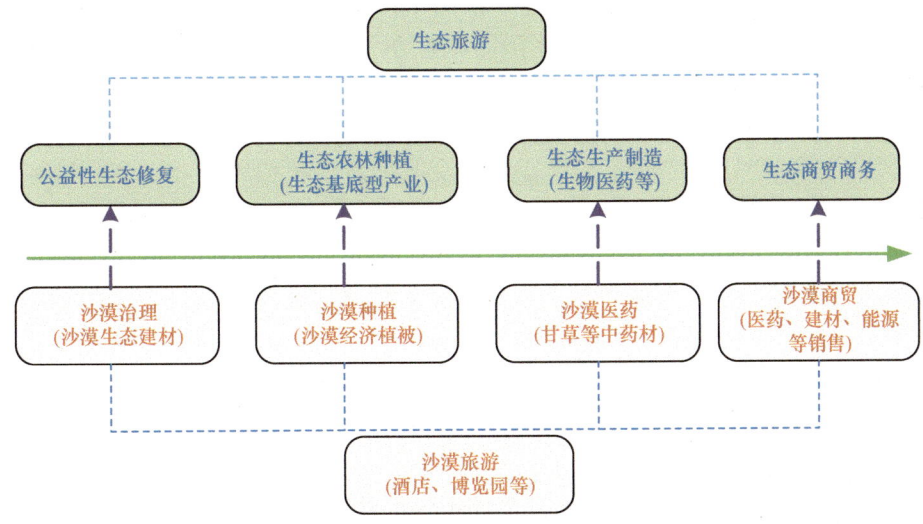

图 6-9 H 集团的主要业务范围

(i)沙漠农牧:利用无污染并远离污染源的沙漠修复土地,通过土壤培肥、水资源配给和基本设施建设打造适用于有机农牧业生产的土地,坚持"不用农药、不施化肥",为有机食品、绿色药品的开发打下坚实的基础,并形成一条绿色供应链。

(ii)生态健康:围绕"一草一蓉"战略,研发和销售以甘草、肉苁蓉为主要原料的绿色安全、具有沙漠生态元素的中蒙药品和保健食品,重点创建从甘草原料销售到中蒙药开发,再到甘草更深层加工的全产业链模式。

(iii)生态修复:利用防沙固沙、生态种植等综合治理手段改善沙漠生态环境,修复荒漠化、石漠化、盐碱化和城市退化土地。H 集团先后承担京津风沙源、三北防护林、北京冬奥会、南疆治沙治理苦咸水、西藏拉萨、青藏高原高寒地区生态修复等国家生态工程,并向海外输出转移生态修复技术,通过生态产业带动经济发展。

(iv)生态小镇:依托从沙漠到城市的生态环境修复核心能力,建设集生态修复、生态旅游、生态社区、智慧能源于一体的"生态小镇"。

(v)生态光伏:在荒漠化地区创新实施"发电+种树+种草+养殖+扶贫"特色生态光能产业,利用沙漠充足的阳光和空间优势发展沙漠太阳能,创新集成光伏发电、光热发电和储能技术，打造生态光能产业基地，实现修复沙漠土地、生产绿色能源、创造绿色岗位的多重效益。

Ⅲ."库布齐模式"

2011年H集团在库布齐沙漠开发了100MW的集"光、电、草、牧"于一体的太阳能光伏产业，一期10MW太阳能发电站已经并网发电。在沙漠里，光伏电池板遮风遮阴，促进了植物的生长，并为散养的羊和鸡提供庇护，禽畜的粪便提供了有机肥料，改良了土壤，使土地得到了修复。

"库布齐模式"既绿化了沙漠，又发展了沙漠种植养殖业，还创造了源源不断的绿色能源。在这个商业模式下，不仅光伏产业有投资效益，也促进了生态修复的效益，其中生态收益占总光伏收益的比重超过20%，可以看出，治理沙漠修复生态大大提高了企业的可持续发展。H集团近30年的沙漠修复和发展沙产业的实践说明，沙漠可以治理，沙漠的光热等自然资源禀赋完全可以利用。秉承这一理念，H集团系统化发展了"生态修复、生态牧业、生态健康、生态旅游、生态光能、生态工业"的"六位一体"沙漠生态产业体系。

更重要的是，通过30年坚守，H集团不仅积累了300余项生态修复专利技术，更建成了种类上千的耐寒、耐旱、耐盐碱的种质资源库，创新了"气流法"植树等100多项沙漠生态技术和100多种"沙漠生态工艺包"，以技术为驱动，真正实现了生态修复全域覆盖，为下一阶段的发展奠定了坚实基础。

生态修复是H集团最具杀伤力的看家本领。同时，它也是"库布齐模式"的核心。

H集团旗下的子公司I将生态修复作为核心业务。过去30年间，创造了库布齐生态治理模式并走向全国，利用领先的生物和生态核心专利技术，实施山水林田湖草的综合治理。修复荒漠化、石漠化、盐碱化和城市退化土地；修复矿山生态、重金属和废弃物污染场地；恢复荒山退化林，建设国家储备林；综合治理修复城市河道与江河湖泊等水生态；治理西部沙漠。先后承担京津风沙源、三北防护林、北京冬奥会、新疆塔克拉玛干治沙治理苦咸水、青藏高寒地区生态修复及西藏那曲科技植树等国家生态工程，并向"一带一路"输出生态修复经验与技术。

生态公园是I公司的核心产品，打造区域生态文明建设成果的示范区，生态产业和文化旅游发展的核心区，新时代绿色生态新形象的引领区。生态公园是以山水林田湖草等生态修复为基础，提供集绿色产业、生态人居、文化旅游、大数据服务于一体的生态综合体，实现人与动物和谐、人与自然和谐。目前已先后建成内蒙古库布齐国家沙漠公园、内蒙古霸王河、天津中新生态城等生态公园,并正在河北崇礼、雄安新区、广东深圳、浙江杭州、内蒙古乌兰察布等地区开拓建设生态公园,为改善区域生态环境、建设绿水青山的美好家园树立典范。

Ⅳ. H集团发展模式

H集团在近30年的荒漠化防治过程中,围绕种质资源保护、防沙治沙、生态种植、节水灌溉、荒漠造田、生态修复、苦咸水治理、盐碱地改良、沙漠资源能源利用、生态产业开发等领域,研发、创新、引进了243项生态技术,培育了1040种"耐寒、耐旱、耐盐碱"的种质资源,构建了多层次、多角度的技术体系,形成了独特的发展模式(图6-10),为持续的荒漠化防治及生态改善提供了强有力的科技支撑。

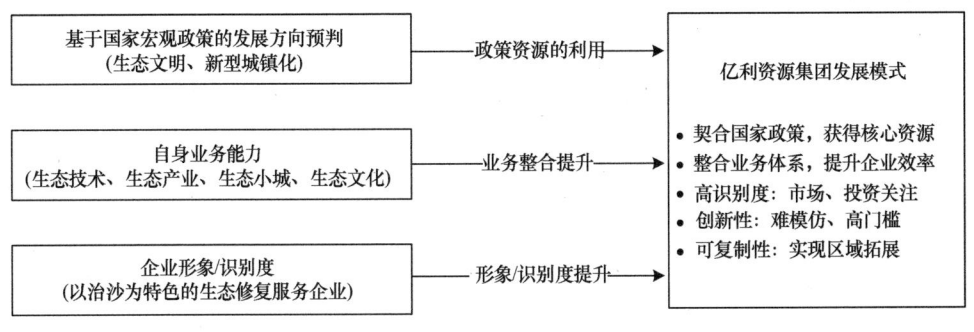

图6-10 H集团的发展模式

Ⅴ. 深耕产业链

H集团在前30年经历了多次转型:前10年,治沙只是为了保住盐厂活命;第二个10年,治沙产生了利益空间;第三个10年,H集团获取了全球的技术、金融、人才的支持,真正实现了生态修复与产业的融合。由此可以看出,H集团虽然经历了多次转型,但是每一次转型都让生态和产业有了更紧密的联系,目前,H集团正在逐渐成为世界领先的生态产业服务商。

一般而言,生态企业的发展路径大体分两类:其一,迅速扩张做大市值;其二,精耕细作布局全产业链。前者以重资产型国有企业为代表,但面临的挑战很明显,以公共基础设施工程运营为主的环保产业在20多年寸土必争的残酷份额争战后已趋于红海,其天然的排他性为产业构筑了极强的壁垒,很难寻找一个盈利切入点。因此,无论是基于市场现实还是企业基因都必须提前布局。然而,H集团却选择了后者,以强大的技术积累和协同的商业模式推动了生态修复和绿色生态产业的融合发展，从而实现了战略转型。H集团的四大核心价值如图6-11所示。

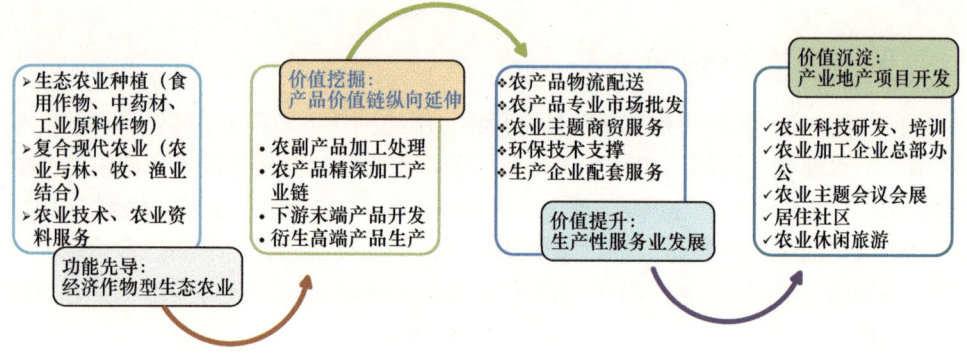

图6-11 H集团四大核心价值

H集团30年的发展形成了独特的"生态产业服务"模式，即通过规模化生态修复，实现农业土地、工业土地、城市土地的增值，导入包括节能环保产业、文化旅游产业、生态康养产业、农牧体验产业等绿色产业，实现多重生态产业收益。这也是"生态产业服务"的蓝图和造血模式。从现金流角度看，分为"短""中""长"三个阶段：生态修复创造短期现金流，土地增值收益创造中期现金流，绿色产业导入及运营创造长期现金流。

近些年，随着城市土地增值空间扩大，在政策与市场的双重利好推动下，I公司生态产业业务范围从沙漠拓展到城市，获得许多生态修复订单。生态修复已经成了"生态产业服务商"盈利模式的前沿阵地。

因此，生态修复仅是H集团盈利的切入口，更重要的收益在于土地增值，即经过修复后的土地，可变成工业用地、城市用地和农业良田。这个阶段，I公司通过生态工程技术服务、修复土地增值、土地开发变现、股权分红、土地招商分成等获得中期现金流。

位于天津的生态岛已着手与国际企业合作，引入动物观赏、餐饮、娱乐、生态康养、生态旅游等企业，打造集生态景观、水上休闲、绿色餐饮等功能于一体的四季生态旅游岛，构建了"生态修复+生态产业开发+生态社区"的生态圈。同时，H集团在怀来打造的华北最大湿地公园——官厅水库国家湿地公园已通过政府付费获得回报，未来，政府将依据项目公司的运营维护绩效考核情况、运营维护成本及利润、公共服务情况向项目公司支付资产可用性付费和运维绩效付费。H集团的核心产业与价值如图6-12所示。

第 6 章 沙区生态产业商业模式及其创新

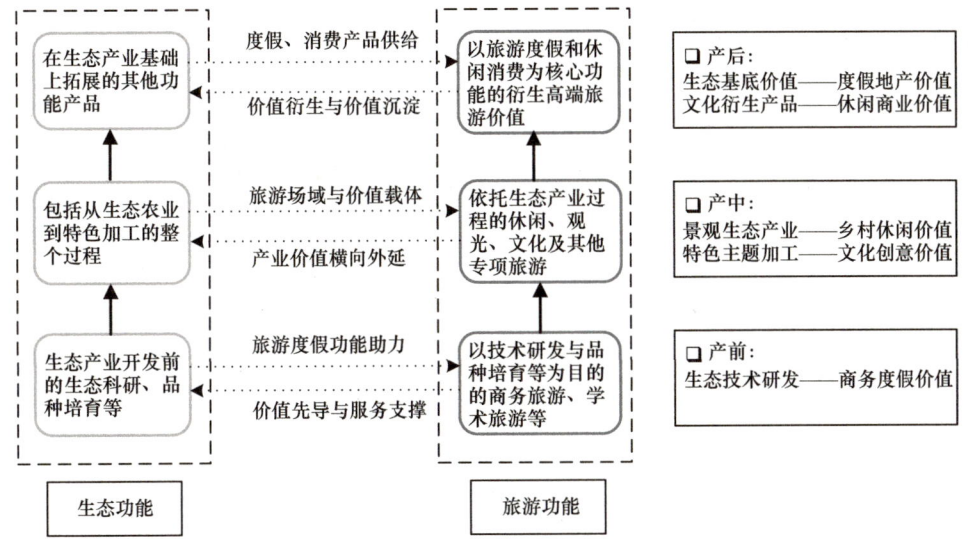

图 6-12 H 集团的核心产业与价值

Ⅵ. 绿色产业导入及运营盈利

H 集团这种"生态产业服务"模式已经在"库布齐沙漠生态示范区"落地。之前，随着库布齐沙漠生态修复的规模化成效，H 集团连同国有、民营和外资企业，共同建设了库布齐沙漠生态工业园区和达拉特能源循环经济园区，实现了长期"造血"。H 集团近十年的财报显示，这两个园区收入从 2008 年的不足 16 亿元，到 2018 年收入增长到了近 88 亿元，园区收益已成为上市公司重要的盈利来源。

【案例二】某产业化生态集团 B

Ⅰ. 公司概况

B 集团是以沙漠生态综合治理、农林牧业综合开发加工为主的产业化生态集团公司，自 2005 年以来以土地流转、企业投资的形式从事生态治沙产业，完善乌兰布和沙漠综合治理项目。项目设计建设总规模 22 万亩，包括 5 万亩葡萄种植基地、3 万 t 葡萄酒加工基地、3 万亩梭梭林嫁接苁蓉基地、4 万亩防风固沙生态林基地、3 万亩优质牧草高效农业种植基地、现代化畜牧业舍饲养殖基地、沙区生态旅游度假区、沙漠葡萄酒庄等，总投资约 20 多亿元。截至 2019 年末，金沙苑集团已平整沙漠 7 万多亩，修筑作业道路 120 多千米，配套输变电线路 110 多千米，打成配套机电井 63 眼，栽植防护林 1 万多亩，种植葡萄 2 万多亩，建设节能日光温棚34亩,利用大型喷灌种植牧草15000亩。该集团不仅已经成为阿拉善地区以沙漠生态综合治理、农林牧业综合开发加工为主的产业化生态工程的龙头企业,同时也是自治区扶贫龙头企业和第二批全国农产品加工业示范企业。

Ⅱ. 公司业务

B集团主要业务包括葡萄种植、草树种植、产业化养殖、葡萄酒酿造以及牛羊肉冷冻加工销售、葡萄酒销售、生态观光旅游等。

Ⅲ. "人与自然、和谐发展"的生物链模式

B集团强调项目间的循环利用和相互依存,通过优良牧草、高效农作物种植以及葡萄种植产生的枝条茎叶为畜牧业产业化提供优质蛋白饲料。牲畜产生的粪便通过发酵制作成沼气,为园区提供热能和电能,沼气渣为葡萄种植和高效农业种植提供优质有机肥料,葡萄种植、畜牧养殖为人类提供优质的葡萄酒和冷冻食品。公司充分利用项目区的资源优势,结合黄河水利枢纽工程形成 $118km^2$ 水面,形成漠水相连的景色,将其打造为集大漠探秘、葡萄园风情、葡萄酒庄、现代生态农牧业、高级度假酒店等景观于一体的独具特色的生态旅游观光胜地。

2. 沙区空间资源综合开发商业模式特征分析

1)特征一:空间资源利用体现了多光少水、高技术的特点

钱学森将沙产业定位为知识密集型产业,即充分运用现代化技术和新技术革命成果,用技术组装起来绿色产业是沙产业的内核。沙产业是综合利用生物技术、水利工程等前沿高新技术在荒漠、沙区开发节水、节能、节肥、高效的大农业,需要多学科相关技术体系的支持。治理沙漠是一个无底洞。25年间,H集团累计投入治沙资金高达30多亿元,这对任何一家企业都不是一个小数,单纯的公益性投入肯定是不可持续的。库布齐的成功,在于H集团找到了一条以技术为核心,从沙漠土地、阳光、生物质、沙材料及周边煤炭资源中"掘金",通过产业发展再来反哺治沙的可持续道路。

技术支撑是沙漠经济产业的基础。H集团通过自主研发、合作引进等方式,研究发明了100多项沙漠生态技术;培育、改良了沙柳、甘草等20多种免耕无灌溉的耐寒、耐旱经济植物;发明创造了在大沙漠中种树的"水气法植树新技术"。这种新技术可以让每亩树的种植成本降低1800多元,成活率由20%提高到85%以上,特别是能在高高的沙丘上种活树,突破了沙漠植树的世

界性难题。

沙产业前提条件是多采光、少用水。解决这些问题需要利用各种高新科学技术和现代知识，利用信息革命的成果，利用新材料、新工艺、新技术和新认识等手段来实现。沙产业的一套做法实际是高科技农业生产的试验，是未来农业，高科技农业。沙漠、沙地的优势是阳光充沛，但太阳能利用率低，需要通过人工设施改善局部环境，提高太阳能利用率，也需要通过微型藻类等太阳能生物转化器，充分转化太阳能；沙漠地区的劣势是水资源短缺，有水的地方可以采取地膜覆盖、温室、滴灌和渗灌等节水灌溉技术，提高水的利用率。从这个意义上说，沙产业的自然起点很高，需要运用各种生物技术、信息技术等现代科学技术。

2）特征二：产供销一体化特征

内蒙古在沙产业产业化经营过程中，遵循市场经济规律，重视龙头企业带动作用，涌现出一批龙头企业，形成了龙头企业带动、农民参与、基地建设及市场营销的产供销一体化的沙产业发展模式，沙生植物加工利用、能源开发、旅游观光等产业链条逐步完善。不断拉长和延伸沙产业开发的产品链、产业链和价值链，是沙产业开发长足发展的根本保证。H集团实现了从中蒙药材的种植、保护、初级产品的加工、中间体的提取、副产品的综合加工利用，到各类系列制剂的研发、产品的升级换代，以及推动销售网络的不断拓展，最终引进战略合作伙伴使其产品进入国际医药主流市场，实现经济效益的最大化。这三个链条的合理运作已取得了良好的发展态势。

3）特征三："企业+基地""公司+农户"的生态建设模式

解决了政府主动投资和群众被动建设相脱节的问题，形成了企业、群众双赢的利益驱动机制。H集团采取一次性补偿的办法从政府或农牧户手中取得建设所需"五荒"土地50年的使用权，成为企业再发展的载体。按照统一规划、分区治理的建设方式，除部分工程由企业示范建设外，大部分再以承包经营和量化股权的方式分解到农牧户，企业向经营农牧户制定质量标准，提供种子、苗条、技术服务和产品订单，使区域内农牧户成为企业的第一生产车间和股东，既壮大了企业规模，又充实了生态建设的群众基础，在解决了治理区域内农牧户就业问题的同时也使因环境而失去了家园的"生态难民"变成了"生态富民"。

H集团与农牧民签订了合作协议，农牧民以沙漠荒地入股，以劳务有偿种树；企业用经济林和中药材做绿化，既能卖药材，又能把沙漠改造为有效的土地；企业租用农民土地，为农民建设牧民新村，集中居住、集约生产，发展沙漠旅游业。这样农民有收入，公司有钱赚，沙漠绿化也实现了可持续，一举多得，多方受益。

4）特征四：有效实现了资源资本化

实现资源的二次增值是生态建设与产业可持续发展的有效实现模式。从H集团生态建设的初衷看，不是单纯为治沙而治沙，而是想通过开发极端环境下有价值的沙漠植物资源而获取更大的利润。除了药用植物资源直接出售和自我开发利用外，H集团还把沙漠植物资源当作一种资本进行再投入，通过这种资源资本化的再投入，不仅体现了资源直接的经济效益，而且作为资本还产生了增值效益，实现了资源的二次增值，获取了更大的效益。同时由于技术合作的拉动，大规模的原料需求，会更加激发企业、农牧户种植原料的积极性，进而形成互动效应，真正做到了"在保护中开发，在发展中保护"的良性循环格局，为生态建设与产业可持续发展寻找到了一条有效的发展途径。

H集团逐步构建了一个"生态+公益"互动共赢的产业发展机制，形成了"防沙治沙—生态修复—土地整治—产业开发—防沙治沙"一体化生态梯次循环产业链。他们通过发展沙漠生态经济，让沙漠环保公益得到了可持续发展，实现"治沙、生态、民生、经济"平衡驱动、良性发展，探索了一种"可持续公益商业治沙模式"。

3. 沙区空间资源综合开发商业模式存在的主要问题

1）问题一：沙区生态企业业绩持续稳步增长情形下大规模、高利润的具体路径

企业发展与中国下一步政治格局和经济发展如何挂钩进而促进企业的利润增长；企业发展与国家下一阶段核心经济主题，尤其是生态绿色进一步结合，同时实现企业在生态产业发展中获得更大的收益。

2）问题二：沙区生态企业内部结构有待优化，业务和模块缺乏互助力，核心能力并未获得充分展现

可能需要从以下几个方面思考，目前存在的问题，如未来依托什么能力，价值主张是什么？企业内部能力如何形成合力共同支撑企业的商业模式。沙区生态企业的布局和未来发展的方向是什么，是否要全国布局，如果是，全国化的商业发展模式如何确定？

3）问题三：沙区生态产业定位与认识问题

重新认识沙区生态企业，尤其是以沙区空间资源产业化发展的企业，其自身的核心能力除了沙漠治理，还有生态发展，如何重新组合，以适应政治、经济及开发模式的变化？

4）问题四：生态产业链各环节的价值增值问题

基本形成沙区生态产业链，实现绿色循环种植养殖，但农牧产品的深精加工及销售环节略显薄弱，相关产品仍有较大增值空间和市场扩展空间。

6.3 企业价值链优化

6.3.1 价值链特征

沙区生态产业是以沙地资源为依托发展经济，主要产业有农业、林业、畜牧业、能源产业、用沙产业、基于资源的制造加工业、旅游业等。沙区生态产业并不是一个独立存在的产业，而是嵌入于当前各个产业链之中，其企业价值链分析也必须在农业、林业、畜牧业、能源、旅游等产业链中进行。但沙区生态产业既要考虑经济效益，又要考虑生态效益，事实上生态效益是获得经济效益的前提，因此，沙区农业产业、林业产业、畜牧业产业、能源产业、旅游产业的企业价值链分析中始终得考虑生态环境建设以及技术选择和应用，生态环境建设和技术选择和应用是在进行沙区生态产业价值链分析中必须予以考虑的变量。

价值链概念于1985年由迈克尔·波特提出，波特认为，"每一个企业都是在设计、生产、销售、发送和辅助其产品的过程中进行种种活动的集合体。所有这些活动可以用一个价值链来表明。"价值链分析实质上是把企业这个黑箱打开，分析企业中互不相同、相互关联的生产经营活动所构成的创造价值的动态过程。沙区生态产业中的企业主要依赖于资源禀赋完成增值，而沙区无论是原生资源还是再造资源都由于其承载力限制，呈现出特殊的价值链特征，即资源的强约束和资源利用的高成本，在保护生态环境的前提下实现价值增值，就必须寻找新的方向。

如果把沙区分成沙漠腹地、再造资源区（通过植树造林或人工种植沙漠植被）和原生资源区（沙漠周边未被沙化的土地），则由于三个区域资源利用的方式不同，实现其价值增值的主要影响因素不同，在原生资源区主要的约束来源于生态环境承载力，再造资源区的建设整体提升了沙区产业的成本，基于沙漠腹地资源的生产本身就是高成本的，优化和重构沙区生态产业价值链必须在以上前提下进行。

6.3.2 价值链构成

总结沙区生态产业企业的共同规律，其基本增值活动可概括为资源开发、产品选择、产品生产、销售运输和服务，主要的辅助增值活动也就是其不同于传统企业，但在沙区必须完成的两项活动：生态环境建设及技术推广和利用（图6-13）。

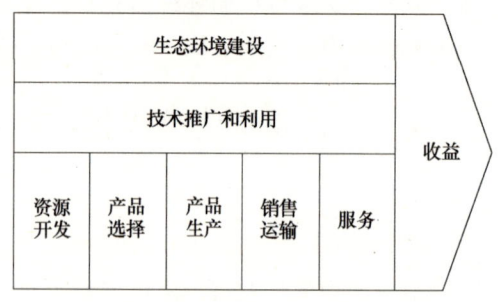

图6-13　沙区生态产业价值链构成

1. 基本增值活动

基本增值活动是指为客户创造价值的，与企业产品和服务的生产、分销最直接相关的活动。乌兰布和沙漠和科尔沁沙地属于内蒙古自治区主要的农牧业产区，沙区产业的产品和服务生产发端于资源开发，当前主要开发的资源有农业资源、林业资源、畜牧业资源、风能和太阳能资源和以砂矿为主的矿产资源，资源开发是整个价值链的第一个环节，但在沙区资源和环境的承载力是实现增值的强约束。沙区基于资源开发产品，但生态环境差，带来资源开发成本较高，合理选择产品就成为重要的环节，如选择肉苁蓉、文冠果、中草药等，并主推有机种植模式。在沙区，产品生产、销售、物流和服务环节与当前高效的制造业相比存在较大差距，并没有把资源优势转化为生产优势，有相当多一部分产业这一价值链条已由东部发达省份的企业接续。

2. 辅助增值活动

辅助增值活动是指支持、辅助主要活动开展的活动。从产业的角度来看，在沙区存在着两项重要的辅助活动：生态环境建设以及技术推广和利用，因为没有这两项活动，沙区的基本增值活动很难高效推进。生态环境建设是沙区所有生产活动的基础，没有防风固沙措施，资源获取区域将会被沙漠吞没，使得基本增值活动无法开展，生态环境建设是沙区产业链条中必需的一环。沙区生态环境建设一方面是其产业发展的必要条件,同时也使得沙区产业发展的成本结构存在着显著特征,生态环境建设成本在企业成本中占有相当的比重,同时这部分成本又有着沉没成本的特性,即已经付出且不可回收。这使得沙区产业的产品必须具有高附加值的特性,否则难以在市场上获得竞争优势。

第二项重要的辅助增值活动是技术创新、推广和利用。钱学森在1984年提出了沙产业的概念,他认为,沙产业是最少消耗水分、最大利用太阳能的绿色植物产业,是用现代技术组装起来的在不毛之地进行的大农业生产,是干旱、半干旱地区新的文明。技术是保证沙产业发展的关键因素之一,在沙区生态产业的价值增值中技术扮演着重要的角色。

6.3.3 价值链分析

1. 资源获取的高成本

乌兰布和沙漠和科尔沁沙地以资源型产业为主,一方面资源的利用和开发是推动区域经济发展的主要动力之一,另一方面资源的开发和利用又受到自然环境承载力的约束,由此沙区企业必须寻找到生态环境和经济发展的平衡。可以把沙区分成三个层面的资源区:原生资源区、再造资源区和沙漠腹地。三类区域资源利用与开发存在不同模式,并相互关联。

原生资源区指沙区周边没有被沙化的土地区域,原生资源区的资源开发与利用尽管与非沙区资源开发模式没有本质区别,但由于其资源开发与利用过程依赖于再造资源区的防风固沙保护,其总成本必然高于非沙区。因此,沙区资源开发必须追求更高效率,才可能在市场竞争中获得优势。

再造资源区指为了阻止沙化扩张而人工造林和种植相关防风固沙植被的区域,再造资源区起到了把沙漠腹地与原生资源区隔离的作用。再造资源区的主要目的是隔离沙漠,利用人造林和固沙植被资源必须保证其生态环境保护的作用不被减弱。由于这类资源的利用在量上有着严格的界限,再加上初始成本高,其资源开发与利用必定着眼于其特殊的价值。

沙漠腹地的资源开发与利用主要集中于矿产、光照资源,其得以有效利用的前提是资源本身的可利用价值。当前在乌兰布和和科尔沁沙地并没有发现大规模的矿产资源,而利用光照资源成本仍较高,还没有形成规模效益。

2. 产业差异化选择

沙区资源开发利用的特殊特征导致沙区企业在产业上必然需要差异化的选择,以抵偿沙区资源利用中生态环境的高成本。沙区产业在长期发展中既要保护生态环境平衡，又能高效率地开发利用资源，为区域经济增长提供动力。

1）乌兰布和沙区产业发展

位于乌兰布和沙区的阿拉善左旗当前重点发展节水高效农业，农作物总播面积控制在 28.2 万亩，其中中药材、牧草等 8.8 万亩，节水灌溉面积达 10 万亩，发展精品林果业，累计种植梅杏、李子等 7000 余亩，林沙产业基地规模不断扩大，接种肉苁蓉 10 万亩、锁阳 5 万亩。磴口县先后引进和培育一些龙头企业，建成梭梭林基地 30 万亩，其中嫁接肉苁蓉 10 万亩，建成酿酒葡萄、苹果梨等经济林 1 万多亩，甘草、黑枸杞、黄芪等中草药材基地 3500 亩，山药等特色作物 14000 亩，沙漠水稻试验示范基地 1000 亩。在治理沙漠中形成了五大产业。一是利用沙区丰富的光热资源，建成 1.2 万亩、装机容量为 205MW 的光伏产业园，在光伏板下发展设施农业、特色养殖；二是初步形成了 10 万头有机奶牛、日产原奶 1050t 的有机奶加工产业链；三是蒙中药材加工产业链；四是番茄加工产业链；五是葡萄酒加工产业链。

2）科尔沁沙区产业发展

位于科尔沁沙区的旗县则主要发展林产业、工业用砂、生态旅游、蒙医药种植、清洁能源等产业。

通辽市以木材加工、果品、种苗花卉和林下经济为主的林业产业体系已基本形成。以杨树为主的商品用材林基地 500 万亩以上，活立木蓄积 1500 多万立方米，木材初加工和深加工企业稳定在 100 家左右，年产值 5 亿元左右；以沙地葡萄、中小型苹果等为主的鲜果产业已形成规模，栽植面积达 60 多万亩，以山杏、大扁杏为主的干果类经济林达 260 万亩，果品产业年产值达 13 亿元；林木种苗花卉培育面积 10 余万亩，每年可为造林绿化提供种苗花卉 2 亿株，年产值达 6 亿元；林下种植养殖、食用菌培育等林下经济产业也不断得到发展，年产值达 10 亿元。

通辽市已形成了以玻璃、矽砂开采深加工、水泥、砂砖为主要框架的用沙产业体系。一是发展工业用砂，向提升效益型转变。全市先后建立了中建材通辽矽砂工业有限公司、大林型砂厂、长江造型公司、奈曼旗华鑫矽酸盐制品有限责任公司、奈曼旗东昇玻璃制品有限公司、福耀玻璃等利用硅砂为主要原料的地方工业企业。二是充分利用风积沙，发展循环经济。通过招商引资，分别引进了内蒙古东蒙水泥有限公司和通辽乌兰蒙东水泥有限公司，主要以风积沙为辅料，年设计生产能力达到 270 万 t，年产值 1.6 亿元。三是开发建设沙产业园，向高层次产业方向发展。北京仁创科技集团有限公司投资 30 亿元人民币在奈曼旗建设沙产业园，目前已建成具有年产覆膜砂 10 万 t，孚盛砂 5 万 t，生态砂系列产品 500 万 m^2 的生产能力的产业园。

沙区生态旅游产业蓬勃发展。依托自然保护区、森林公园、沙漠公园、湿地公园等独特的自然景观和资源条件，以科尔沁 500km 风景大道自驾游为抓手，打造生态旅游圈，着力创建全域旅游，以科尔沁左翼后期大青沟、乌旦塔拉为主的自然保护区，以库伦旗银沙湾、奈曼旗宝古图沙漠公园为主的生态旅游产业蓬勃发展，年产值达 20 亿元。

蒙医药种植产业有序发展。结合科尔沁沙地治理和退耕还林政策，坚持"草药结合、有序开采"的原则，采取"公司+合作社+农户"的方式，实行集约化连片轮种、有序开采，培植半野生、有机蒙药材，开发区域化、多样化绿色蒙药材种植基地。目前，通辽市已建成蒙药材种植基地 12 处，蒙中药材播种面积达 18.3 万亩，近 30 个品种。

清洁能源产业逐步兴起。科尔沁沙地的风能、光能资源丰富，发展清洁能源具有得天独厚的优势。目前，通辽市风电装机 413.28 万 kW，完成发电量 46.55 亿 kW·h，光伏发电装机规模 105.8 万 kW，其中，已建成集中式光伏规模 21 万 kW，完成发电量 6.98 亿 kW·h。

3. 生产、销售和服务能力弱

沙区产业的产品一般都是特色产品，本地市场的消费能力有限，需要更大的消费市场才能推进其产业的壮大和发展。而当前乌兰布和和科尔沁沙区周边区域制造加工能力不强，资源的深加工能力不足，基本上以资源直接输出为主要模式。

乌兰布和沙区的磴口县依托于本地沙区资源的完整产业链，主要集中于链条较短的牛奶、番茄等领域，整体的生产、销售和服务能力较弱。内蒙古磴口工业园区聚集了 30 家企业，主要聚焦于食品饮料、化工日化、建材冶金三个领域，没有直接利用本地沙区资源生产、销售的企业。阿拉善左旗的工业发展主要聚焦于能源化工等领域，也缺乏沙区资源整体产业链开发和生产能力。2014 年乌兰布和生态沙产业示范区成功升级为自治区级生态沙产业示范区，主要发展特色沙生植物产业、现代农业、新型能源、高端旅游等产业，目前引进 30 多家企业，但这些企业以治理沙漠为主，产品生产主要集中于牛奶和葡萄酒，整体的生产加工能力不强。

科尔沁沙区主要的林业、农业、林下经济、中草药等资源加工生产也处于产业链前端，以资源供给为主，没有形成产业链的主导优势。观察科尔沁沙区的两个工业园区（开鲁工业园区、科尔沁左翼后旗自主创新承接产业转移示范园区）的主要产业是装备制造业、医疗医药和农副产品业，缺乏完整的产业链条。

4. 生态环境建设成本补偿

中国是世界上荒漠化面积最大、受影响人口最多的国家，但治理成绩比较突出的国家之一，中国已实现荒漠化面积连续 3 个监测期保持净缩减，年均减少 2424km^2，取得这些成绩必须保持对沙区生态环境持续的高投入。生态环境建设的充足成本补充是保障沙区生态产业可持续发展的重要因素，如某集团在乌兰布和沙漠累计投入 75 亿元，种植了 9000 多万棵沙生树木，才保障了其 115000 亩有机草料作物的基础环境需求。生态环境建设成本是沙区生态产业必须投入的，是保证其可持续运营的基础条件。乌兰布和沙漠和科尔沁沙地的生态环境建设是其生态产业价值链中重要的辅助活动，建设投入不足必然影响产业的长期稳定发展。

5. 技术创新支撑

生态环境建设是沙区生态产业发展的基础要求，技术则是解决自然资源约束和高成本的重要方法，沙区生态产业要长期可持续发展必然要依靠技术创新的力量。

研究以色列等发达国家在沙区生态产业发展的经验可以看出，要使得沙区产业能够和资源禀赋更好的地区产业进行竞争，路径之一就是应用科技创新降低其间的资源条件势差。针对人均耕地资源的限制，以色列、日本和荷兰等国通过科技支撑大力发展现代设施农业，降低了农业用水量和各项资源，却提升了农业生产效率。当前，乌兰布和和科尔沁两个沙区在技术创新方面与以色列等发达国家相比差距巨大，还没有形成能吸引技术进入的环境和条件，农牧业生产方式总体上还处于粗放模式，未来发展空间巨大。

6.3.4 价值链优化

1. 沙区生态产业价值链优化方向

通过价值链分析可以总结出乌兰布和和科尔沁沙区生态产业的三个重要特征：一是沙区生态产业依赖和发端于其自然资源的禀赋；二是生态环境建设投入提高了沙区生态产业的产业成本，据此特色和高品质产品就成为其必然选择；三是当前类似于以色列等发达国家的资本密集和知识密集的沙区生态产业的特征还未形成。未来沙区生态产业价值链优化的关键词是资源、特色产品开发、资本积累与吸引、技术引进与创新。价值链优化的主要逻辑是，以现有资源开发为依托，选择特色产品叠加供应链资源，实现快速的资本聚集和技术聚集，从而形成新的价值循环。

2. 沙区生态产业价值链优化之资源利用

乌兰布和和科尔沁沙区未来生态产业价值链还必须依赖于其所拥有的特

色资源，资源依然是其价值链的起点，这是由其自然禀赋所决定的。特色农牧产品的差异化选择是经过多年的经济发展验证之后的结果，未来产业价值链的优化仍然坚持差异化的方向，与自然条件优越的地区选择一样的产品在成本上缺乏优势，因此，选择差异化产品并积极开拓产品的市场是沙区近期发展生态产业的必然选择。

沙区当前在资源全产业链开发利用上缺乏相应的工业基础和资本投入，简单地做产业链延伸实质上只是接续发达地区的过剩产能，投入大，但对于资源的深度开发作用有限，要做到资源更高效地利用不一定要自己加工，可以充分利用国内当前过剩产能，寻求特色产品的高效产业链模式，控制资源和资源利用技术，以达到控制整个产业链的目的。

3. 沙区生态产业价值链优化之技术创新

技术创新是沙区生态产业未来发展的必由之路，沙区产业的差异化一方面来自特殊的产品选择，另一方面则来自技术创新对沙区资源赋予的新价值。钱学森把沙产业定义为利用现代科学技术，通过植物的光合作用，固定转化太阳能，使用节水技术，以发展知识密集型的农业型新型产业，并提出沙产业是21世纪的新兴产业，将掀起第六次产业革命。这实质上是表明沙产业只有通过技术创新才有可能与其他产业并行，并推动其他产业的发展。没有技术的突破，依照当前的模式发展沙区生态产业，在资源强约束的限制下，其生产效率几乎无法提升，只有技术才能突破资源的限制，这正是当前以色列、日本、荷兰、德国等发达国家发展农业的主要思路，设施农业是利用技术来突破资源瓶颈的重要方式，不能寄希望于通过生态建设把沙漠变成良田，而是通过生态建设为设施农业提供基础的生态条件，真正推动沙区资源高效利用。

随着沙区高效利用资源技术的不断积累，这些技术本身不仅成为突破沙区资源约束的手段，其自身也成为技术产品，可以应用到其他资源约束场景和地区。这种技术产品完全不受沙区资源的限制和约束，因此，沙区生态产业不断的技术创新即优化当前产业链的重要方式之一，也可能创造出新的技术产品，产生更大的经济效益和社会效益。

4. 沙区生态产业价值链优化之生态建设

生态建设是沙区产业的基础，不解决沙区生态建设问题，沙区生态产业就难以持续发展，乌兰布和沙区和科尔沁沙区当前的经济发展也依赖于持续的生态建设。生态建设既是沙区生态产业价值链中必需的辅助活动，也是沙区产业发展重要的成本，因此，生态建设与沙区生态产业发展相适应才能更好地推动两者共同发展，把生态建设同沙区生态产业发展结合在一起，在一个价值链体系下分析其相互关系，才能寻找到沙区生态建设长期发展之路。

5. 沙区生态产业价值链优化之政策支持

沙区生态产业的发展离不开政府政策的支持，当前乌兰布和沙区和科尔沁沙区的生态产业没有政府的支持是不可能发展到当前水平的。但政府也不是要包揽全部，其除了直接参与沙区生态产业的建设，还需通过政策来激发社会各种力量参与到沙区生态产业发展中。依据价值链的分析，政府应该在沙区生态产业的痛点问题上予以更多的政策支持，如在生态基础建设、技术创新和推广、设施农业的基础建设、产品下游加工链的衔接、区域创新能力的提升等方面给予更多支持，而对于产品选择等交由市场力量去决定。

6.4 商业模式的创新及其实现路径

生态环境的脆弱性与经济发展的滞后性直接决定了沙区必须大力发展生态产业，方能实现生态效益、经济效益与社会效益的"多赢"。加速沙区荒漠化治理，着力防沙治沙、修复生态、改善环境，已经成为我国加快转变经济发展方式、推动生态文明建设的一项重要任务。内蒙古又是全国沙漠沙地最多、土地沙化最严重的地区之一。境内有巴丹吉林、腾格里、乌兰布和、库布齐、巴音温都尔五大沙漠，毛乌素、浑善达克、科尔沁、呼伦贝尔、乌珠穆沁五大沙地，以及阴山北麓大面积严重风蚀沙化的土地。这些地区土地沙化、盐碱化问题突出，生态环境脆弱，沙区经济发展滞后，大力发展沙区生态产业既是改善生态环境的需要，也是合理开发利用沙区资源，发展生产、增加农牧民收入的需要。

沙产业理论为探索沙区生态产业的培育发展提供了坚实的理论基础，涌现出一批以科技创新为支撑的生态企业与典型地区。1984年钱学森首次提出的沙产业理论为沙区农、林、草、药资源转换增值和生态产业联动发展提供了理论指导，也为沙区改善生态环境与发展地方经济、增加农牧民收入找到了结合点。多年来，社会各界以沙产业理论为指导，纷纷探索沙区生态产业培育和经济发展模式与路径，将沙产业理论广泛付诸实践，寓沙产业开发于防沙治沙中，坚持生态建设产业化、产业发展生态化的方针，不断加大沙漠、沙地生态保护和沙区可再生资源开发利用力度，既在生态保护建设方面取得了显著成效，也使沙产业发展迈出可喜步伐。目前，在以乌兰布和沙漠和科尔沁沙地为典型的沙区，已建成了具有一定规模的沙区生态产业试验示范基地，涌现出一批以民营企业为代表、以技术创新为特点的沙区生态产业龙头企业和重点地区，取得了良好的生态效益、经济效益和社会效益。

创新商业模式是沙区生态产业坚持以生态优先、绿色发展为导向，探索高质量发展新路子的必然选择。2019年全国两会期间，习近平总书记在参加十三届全国人大二次会议内蒙古代表团审议时强调，保持加强生态文明建设的战略定力，探索以生态优先、绿色发展为导向的高质量发展新路子，加大生态系统保护力度，打好污染防治攻坚战。这为以乌兰布和沙漠和科尔沁沙地为代表的沙区生态产业高质量发展以及实现生态效益、经济效益和社会效益"多赢"指明了方向和道路。沙区生态产业是利用全部现代技术，包括物理、化学、生物学等基础科学，通过植物的光合作用，固定转化太阳能的知识密集型产业，充分运用现代化技术是沙区生态产业的内核。因此，必须强化科技进步对沙产业的战略支撑作用。尽管以乌兰布和沙漠和科尔沁沙地为代表的沙区生态产业的发展取得了喜人成效。但面对资源综合利用率低、生态防治尚未完全、科学技术支撑不足、经济效益质量低下、社会效益尚未充分显现等问题，需要充分有效整合政府部门、行业协会、龙头企业、科研院所等组织机构，坚持"多采光、少用水、新技术、高效益"的原则，借助创新性技术成果，积极推进适应生态环境保护、经济效益提质、社会发展和谐的沙区生态产业商业模式创新已势在必行。

价值共创是沙区生态产业商业模式创新、达成各方利益相关者诉求均衡、实现生态–经济–社会"多赢"的根本出发点。十九大报告明确指出，我国社会主要矛盾已由人民日益增长的物质文化需要同落后的社会生产之间的矛盾，转化为人民日益增长的美好生活需要和不平衡不充分的发展之间的矛盾。其中，发展不均衡不充分问题，尤其是分配不公所带来的收入差距过大和贫富悬殊，已成为社会矛盾的主要"孵化器"，阻碍经济社会又好又快发展。要解决发展不平衡不充分问题，大力提升发展质量和效益，更好地满足人民在经济、政治、文化、社会、生态等方面日益增长的需要，更好地推动人的全面发展、社会全面进步，必须立足于价值共同创造、成果共同分享的价值共创基础上。因为，伴随网络经济和信息技术的迅速发展与蔓延扩散，特别是包括消费者在内的各方利益主体，日益追求经济价值、生态价值和社会价值等综合价值的获得，这对沙区传统产业主导逻辑下的价值创造带来了极大挑战。沙区生态企业的价值创造必须由过去仅仅"注重产品"，快速转向对产品、服务、体验、感知等综合注重。鉴于此，沙区生态企业必须联合包括顾客、农牧民、合作伙伴、科研院所、政府部门等在内的各方利益相关者，通过参与价值创造、价值传递、价值分配、价值获得等活动，展开价值共创。因此，价值共创是沙区生态产业商业模式创新、达成各方利益相关者诉求均衡、实现生态效益–经济效益–社会效益"多赢"的出发点。

6.4.1　价值共创与商业模式创新

1. 价值共创的内涵

随着消费者地位提升，共同生产（co-production）、消费者中心（consumer

centralism）等理论逐渐出现并得到蓬勃发展。在此背景下，基于消费者和企业共同创造商业价值的价值共创（value co-creation）概念引发了学术界和实践领域的广泛关注。

回顾国内外关于价值共创的研究，价值共创理论主要有两个不同的研究分支。一是由 Prahalad 和 Ramaswamy 提出的基于消费者体验的价值共创理论，即以个体为中心，由消费者与企业共同创造价值。传统的价值创造观点认为，价值由企业创造，继而传递给大众消费者，消费者只是价值的使用者，而非创造者。随着环境的变化，消费者的角色发生了很大转变，消费者不再是消极的购买者，而已经转变为积极的参与者。消费者积极参与企业的研发、设计和生产，以及在消费领域贡献自己的知识技能，创造更好的消费体验，这些都说明价值不仅来源于生产者，还建立在消费者参与的基础上，即来源于消费者与企业或其他相关利益者的共同创造，且价值最终由消费者决定。Vargo 和 Lusch（2004）提出了基于服务主导逻辑的价值共创理论，该理论认为生产者提供满足消费者个性化需求的产品和服务，而消费者在使用产品和消费服务的过程中共创价值。这一理论与以往的产品主导逻辑最大的差异就是改变了顾客的属性，将顾客视为价值的共同创造者。

基于上述两方面的主要观点，价值主张契合是价值共创的前提，价值主张契合包括三个层面：认知、情感和行为。在行为层面，将顾客主要从产品或服务过程中获得满足具体务实需求的技术价值、经济价值等视为功能价值，由此产生价值主张的功能契合；在认知和情感层面，将顾客所获得的心理上的享乐价值、体验价值、关系价值、社会价值等视为感知价值，由此产生价值主张的感知契合。生产性服务外包情境下，由于客户企业与外包供应商分属于不同的企业实体，供应商企业具有权利的自主性及管理的自治性，出于生产效率与发展的需要，供应商与核心企业之间依然会存在合作与竞争、冲突与协商，需要双方进行高频率互动，由此创造客户体验，产生客户感知，将价值融入用户的个性化体验之中。综合以上观点，本书认为，价值共创突出了企业与顾客异质性的角色和资源，强调了企业和顾客及利益相关者互动是价值创造的基础。

2. 价值共创的特征

价值共创的特征主要有互动（interaction）、体验（experience）、风险评估（risk assessment）和透明度（transparency）。

1）互动

通过互动不仅可以了解客户的需求，还可以让用户深度参与，和企业、设计团队做到共情、共景、共识。通过互动，企业的设计团队可以充分了解消费者的需求，站在消费者的角度来审视问题。有了情感和心理上的统一，设计者就可以和客户一起进入场景，识别关键环节和影响要素，体会在不同场景下消费者对产品性能的预期和依赖，还可以识别出客户对产品失灵或性能降低的容忍度。在完成这些工作的基础上，需要和客户就产品的设计性能和客户预期达成共识。保留能实现且符合成本要求、技术水平、设计理念的内容，搁置较为有争议的部分，摒弃有损企业形象、消费者利益的东西，在消费者预期和产品设计可行性之间取得平衡，更主要的是取得消费者的谅解，这样的设计才能获得消费者充分的认可和足够的包容。

2）体验

如果说互动是纸上谈兵的话，那么体验环节就是实际感受的过程。企业一定要让消费者得到体验的机会，同时给予必要的支持，如相关的专业知识、使用工具、必要的场景等。通过资源的投入来保证充分体验的必备条件，让消费者毫无阻碍地按照自己的方式去实践，随心所欲地进入实用场景中，从而激发出内心真实的感受。这个过程既可以验证消费者想法的科学性与可行性，同时也是检验设计团队的理解能力、研发能力，以及企业技术水平和资源保障能力的过程。体验得好，不仅可以获得一手资料，还可以树立企业的形象、赢得消费者的信心。从研发阶段就可以培养"粉丝群"，通过不断地体验缔造出专业水准的超级用户。

3）风险评估

风险评估是必不可少的环节。面对消费者体验过后的评价和期待，企业除了收集、整理之外，还有一项重要的工作就是评估风险。这里的风险主要是指产品一旦投入使用，对消费者造成的伤害和对企业带来的不利影响。在与消费者沟通的过程中，设计团队很可能因为创意的想法和灵感而兴奋，容易忽略潜在的风险。对于风险管控的最佳办法就是"披露"，毫无掩盖地将其公布于众。今天的消费者在了解产品效能的同时还对风险更加关注。俗话说"多一利必然添一弊"，消费者在为产品性能欢呼的时候，设计者们需要保持冷静的头脑，充分评估产品可能带来的风险。在充分评估风险的同时，将具体内容以及潜在危害进行披露，不仅保证了消费者的知情权，同时还大大降低了"危机公关"的概率和处置成本。

4）透明度

一直以来损害消费者利益的最大因素是信息的不对称。为此，企业可以攫取大量的隐形利润。但是随着网络信息的不断发展和普及，消费者的专业水平不断地提升，生产环节的"黑箱"和"信息孤岛"正在逐渐消失。随着商品、技术和信息获取的成本越来越低，企业很难再瞒住什么东西。与其让消费者挖出来，不如生产厂家率先做到信息透明，包括成本、周期、利润率、产品知识等相关信息都可以列入透明范畴。让消费者充分了解产品信息，还有一点好处是可以提升消费者对于价值共创机制的信任程度，充分的信任不仅有利于价值共创的实施效果，同时还会有利于维护这种机制的长远发展。

价值共创的核心概念是创造并提升利害关系人的经济、社会与个人的认知价值。换言之，串联利害关系人的问题、资源，通过人的互动、信息的交流、资源的互动与移动，解决问题而增加个人的认知价值，且整个价值网的认知价值也提升。因此，平台的媒合有助于利害关系人共创行为而增加个别与整体的认知价值。再者，在共创历程中，经常通过资源共享解决问题，进而共创价值。所以共创价值特别在意认知价值的提升。最后，互动让价值得以共创。

3. 价值共创的构成

学术界对价值共创内涵的探索主要有两种观点：基于消费者服务体验的理论和基于服务主导逻辑的理论。本书对两类价值共创理论进行了整合归纳，形成了价值共创理论的三层概念模型（图6-14）。

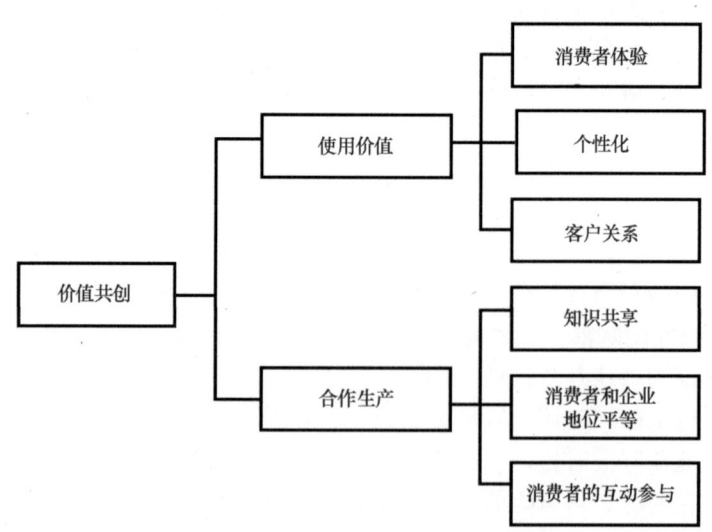

图6-14 价值共创理论的三层概念模型

价值共创的第一个维度是使用价值及合作生产，对使用价值强调基于服务主导逻辑，由于消费者使用过程即价值创造过程，因此包含三个重要组成要素：消费者体验、个性化、客户关系。合作生产则强调消费者参与企业生产、营销活动的过程，包括知识共享、消费者和企业地位平等、消费者的互动参与。

（1）使用价值。在价值共创的理论体系中，价值的恰当定义非常重要。在传统价值创造观点中，消费者使用企业创造出的价值，价值从企业传递至消费者是通过商品交换实现的。而在基于服务主导逻辑的价值共创理论中，传统交换价值的观点被改变，将价值归结为"使用价值"。使用价值以消费者为中心，将消费者使用产品或者服务界定为价值创造过程，将消费者的使用体验、服务感受等都纳入价值评价体系，以消费者主观感受为基准的评估方式因人而异、因产品而异、因服务而异。消费者在成为价值的共同创造者时，其自身价值受到企业的重视。由于消费者是价值的创造者，消费者的知识、经验等无形资源也逐渐成为企业们重视的资源。Vargo 和 Lusch（2004）也指出，企业利用消费者的智力资源显著提高价值创造的能力，也为其大幅度提高其市场竞争实力。

消费者体验。消费者体验包含消费者对产品或者服务的偏好。消费者的使用体验对企业改进生产、销售等流程具有指导意义。消费者对产品使用价值的评价直接影响到此次交易中价值创造。因此，企业通过分析消费者使用体验，了解其内在的需求，开发体验营销模式。同样地，由消费者体验产生的使用价值具有明确的指向性，帮助企业进行改进和创新。Immonen 等（2016）等指出，企业应当寻求与消费者的沟通与交互，在消费者的实时反馈中修正产品及服务，促进企业的发展。

个性化。企业在面对特点各异的消费者时，传统的产品和服务往往难以兼顾个性化的需求。随着消费者心理的变化，追求独特性的要求逐渐显现，使得个性化服务成为使用价值创造的重要元素。消费者的个性化体验，一方面要求使用过程中的情境应当富有创意，另一方面要求产品是独一无二的。相应地，个性化定制等方式推动了个性化体验的发展。这种追求个性化的做法为企业提供了更多的可能性，也将服务价值延伸到企业和消费者双方之外，进而扩展了消费者价值。

客户关系。客户关系是企业和消费者在价值共创的过程中形成的协调关系，企业的经营权益同消费者的产品使用权益密切相关，双方相互依存。作为密切联系的利益相关者，双方为达到互利共赢，会合理利用各类有形的物质资源以及知识、技术、创新等无形的操作性资源。因此，达成客户关系是进行合作生产的前提，也使企业和消费者获得相对平衡的位置。消费者在使用企业资金、固定资产等实物资源的同时，为企业提供了无形的知识资源，帮助企业做好需求分析及消费者偏好分析。通过这样的关系，消费者为商业实践活动创造价值。

（2）合作生产。合作生产是指消费者直接或间接参与产品的设计、生产过程，对价值共创的"共创"部分进行阐述。在消费者与企业合作生产过程中，消费者提供创意及想法，而企业负责生产流程中的技术性部分。有些学者指出，消费者参与合作生产实质上是告知企业其自身的消费需求，简化企业的需求分析工作，帮助企业将有限的资源进行最有效的配置利用。实际上，消费者获取最贴合自身需求的产品，企业提升了用户忠诚度、增强了用户黏性。合作生产也体现了企业的开放性态度，将消费者的心理和思路纳入企业的决策范围，充分尊重消费者意愿，极大提高消费者满意度。消费者作为生产过程的参与者，认同感增强，转变自身作为外部利益相关者的定位，使自己与企业共同追求利益最大化。消费者参与合作生产，有三个构成要素，包括知识共享、消费者和企业地位平等、消费者的互动参与。

知识共享。知识共享是指消费者同企业分享创造性想法、构思等。消费者通过分享表达其需求。知识的分享是消费者参与合作生产的主要前提，而消费者的参与促进企业在设计想法上的革新，使企业生产更加富有创造性和独特性。另外，消费者需要具备一定的信息认知能力，因为在消费者与企业的沟通交互过程中，认知能力的差距会使沟通出现障碍，导致企业对消费者的意图和构思产生偏差。

消费者和企业地位平等。传统的企业同消费者之间地位不平等的情况普遍存在。对消费者而言，既缺乏获得企业内部经营管理、战略政策信息的渠道，又易被企业的营销手段迷惑或误导，因此，在选择产品或服务时有一定的盲目性。而一旦消费者参与共同生产，企业应当提高消费者的地位，使顾客群体同企业自身处于同一地位，共享企业内部的生产状况、管理情况等信息，赋予消费者一定的企业控制权。因此，消费者在充分了解企业之后，针对自身需求，充分利用企业资源，指导企业生产及服务过程。消费者和企业地位平等体现了消费者的中心地位，为价值创造的实现提供重要保证。

消费者的互动参与。消费者的互动参与是消费者在共同生产过程中参与，是企业与消费者之间的交互过程。消费者通过意愿表达，参与共同设计、个性化定制，提出创新型意见，向企业传达自己的需求。而企业在结合消费者需求同时，兼顾生产可行性，为消费者提供极富针对性的产品及服务。消费者在使用产品及服务之后，提供使用体验，为企业后续的生产和管理提供回馈意见。整个生产周期中，企业为调动消费者参与的积极性采取了一系列措施，以消费者心理变化为主导，用个性化的服务、创造性的营销方式增加双方的交互程度，进而达成价值共创的目的。

4. 基于价值共创的商业模式创新

1）基于价值共创的商业模式创新内涵

商业模式是企业的生意模型，回答了企业如何创造价值这一根本问题。现有研究分别从战略视角、经济视角和运营视角分析商业模式，解析了商业模式的构成要素，其中最具有代表性的是：价值提高/主张、经济模式、顾客界面/关系、伙伴网络/角色、内部结构/关联行为和目标市场。商业模式创新就是基于各个要素形成不同的价值提升路径。

基于价值共创的商业模式创新突破了以往商业模式分析中的以企业为主导，

而更强调企业和顾客两个界面对价值创造的重要作用：顾客是价值创造者，企业是顾客创造价值的支持者。在创新过程中，基于价值共创的商业模式创新以促进顾客参与创造价值为目的，重新审视企业价值活动，推动企业重构价值要素，重新组合模块，从而推动企业商业模式创新。

2）价值共创对企业商业模式创新的作用

企业商业模式创新瓶颈。面对激烈的市场竞争和不断变化的顾客需求，企业试图通过商业模式创新获得更多竞争优势。韦杰和周静林将中小企业商业模式创新路径归纳为4种：重新定义顾客、重新定义服务、重新定义中小企业与顾客沟通模式和重新定义供应链组合方式。原磊提炼了基于价值模块、界面规则和二者混合的商业模式创新路径。也有学者从价值链角度对企业内外部价值活动进行优化重组，建立价值活动识别、价值活动重新组合、整合全体利益方关系、有效性评估和检验的商业价值创新模式。

虽然已有的商业模式创新研究给企业提供了多种创新路径和机制，但这些研究无一不是将企业作为价值创造核心，顾客作为价值消耗者，以收入和成本之差实现企业价值。此思路对企业资源和价值网络的理解具有局限性，从而在商业模式创新目标和机制选择上很难产生突破。李飞等（2013）等在对某火锅商业模式创新的研究中发现：目标顾客关注的要素本身及其重要影响因素是商业模式创新的关键。可见，在商业模式创新中应更加强调顾客的角色和作用。价值共创理论对企业和顾客角色的重新定义为构建基于服务主导逻辑的商业模式创新路径奠定了基础。

价值共创对商业模式创新的重要性。价值共创理论对传统的价值创造提出了巨大挑战，一经提出便引起了学术界和实践界的强烈响应。目前，战略管理、营销管理以及消费者行为等领域都在热烈讨论价值共创理论对其研究的深刻影响。

表 6-1 传统价值创造和价值共创理论下的商业模式创新

项目	以传统价值创造为基础	以价值共创为基础
商业模式创新理念	以企业为核心，企业价值最大化	以顾客和企业为主体，兼顾顾客和企业价值双赢
商业模式创新方法	以企业内的封闭式创新为主	以鼓励顾客参与的开放式创新为主
商业模式创新机制	以企业为主导，顾客几乎不参与	以顾客为主导，企业提供创新支持和创新平台

价值共创理论对顾客和企业角色的重新定义，以及对价值创造过程的深入讨论，也会对商业模式创新产生重要影响。表 6-1 对比了传统价值创造理论和价值共创理论下商业模式创新的差异性。价值共创对商业模式创新的重要性体现在以下方面。

价值共创完善了商业模式创新理念。传统价值创造下的商业模式创新关注企业自身，讨论企业如何找寻目标客户，如何设计产品和服务，如何获得利润，企业利益最大化是商业模式创新的驱动力。这种以企业为中心的商业模式创新理念固然可以促进企业获得更多利润和一定程度发展，但企业要获得持续和更强大的竞争力，需要考虑顾客、供应商、内部员工，乃至整个社会的利益诉求。价值共创理念中对顾客价值的强调可以更好地帮助企业在商业模式创新中兼顾企业和顾客价值双赢。

价值共创优化了商业模式创新方法。价值共创将顾客融入整个商业模式创新中，增加了企业和顾客协同创新的机会，促进了企业与顾客合作实施开放式创新。开放式创新打破了企业内外资源边界，将企业创新从内部活动拓展为合作行为。在开放式创新中，企业充分了解顾客需求，汲取顾客创意和资源，通过协调企业内外部资源进行创新。相较于封闭式创新，企业拥有了更丰富的创新资源、更敏捷的市场响应和更贴近市场的创意，顾客也从消费者变为了企业合作者，构建起更为紧密的企业-顾客关系。

价值共创更新了商业模式创新机制。基于价值共创的商业模式创新是以顾客为中心展开的。顾客需要怎样的产品和服务，顾客自己最清楚。符合顾客需求的商业模式应该是以顾客需求为出发点，企业为顾客提供满足其需求的服务体验及使用价值提升的产品和服务流程。基于此，为满足顾客不断变化的需求和不断提高的服务要求，顾客需要提供创新方向和创新目标，而企业需要整合内外资源，满足顾客要求，实现企业价值和顾客价值的双赢。因此，基于价值共创的商业模式创新机制，其核心是以顾客为主导，企业提供创新支持和创新平台。

3）基于价值共创的商业模式创新路径

根据现有商业模式创新遭遇的瓶颈和价值共创的核心理念，笔者参考杜兰英、钱玲等的研究构建了基于价值共创的商业模式创新路径。具体路径如图6-15所示。

基于价值共创的商业模式创新立足于顾客和企业两个界面，以顾客为创新主体，企业提供创新支持和促进创新实践，通过顾客和企业间资源互补和交换实现创新促进和共创，从而调整或变革企业商业模式。相较于传统的商业模式创新，基于价值共创的商业模式创新是以顾客和企业共赢为基础的合作式、开放式创新，该方式突出了"以顾客为中心"的企业理念，更有利于创造互惠性商业价值，构建更具有全局观的商业模式。①创新促进。顾客对已有产品和服务不满足，进而提出新的需求是企业商业模式创新的源动力。面对顾客的新需求，企业首先应该尊重顾客需求，并在与顾客交流互动过程中了解顾客的真实需求。其次，企业需要对顾客需求进行汇总和分析，进而将顾客对产品和服务的需求转化为对企业商业模式创新的导向，引领企业商业模式创新。最后，企业需要调配内外多方资源，如研发力量、生产人员和销售团队等，积极探寻产品改进和服务优化的可能性。

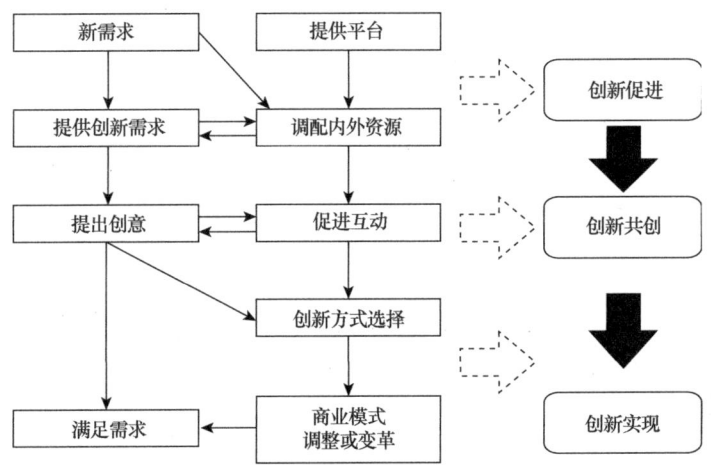

图 6-15　基于价值共创的商业模式创新路径（杜兰英和钱玲，2014）

同时，企业在与顾客交流的过程中应积极引导顾客需求，尽力使顾客需要与企业能力相互匹配，促进形成切实可行的创新需求。②创新共创。通过创新促进阶段形成明确的创新目标后，顾客与企业相互依存，投入双方异质性资源，形成有利于双方的创新过程。顾客作为创新主体，在使用和消费过程中形成创新构想，并通过与企业对话、体验服务、风险评估来保证创意的效率和价值。企业在此过程中主要有 3 点作用。第一，构建让顾客表达意见的创新平台，提供人力、物力和财力以支持顾客的创新行为。第二，促进企业与顾客间的互动和对话，尽可能让顾客提供更具有创造性和更多样化的创意构想，为企业商业模式创新提供更多的可能方式和路径。第三，选择适宜的创新方法，实现顾客"飘在空中"的创意，使创意真正成为优化企业商业模式的创新动力。顾客不同的创意类型和企业资源禀赋决定了企业创新方法的选择。挖掘式创新是基于企业现有商业模式，调整某一商业模块中要素或者某些要素的组合方式，其创新风险较小，但还是囿于原有商业模式框架。如果顾客创意是变革性的，打破了原有产品和服务的逻辑和设计，企业就需要重新梳理组织流程，重新设计商业模式，采用探索式创新给企业注入新的活力。③创新实现。基于价值共创的商业模式创新以实现顾客和企业价值双赢为目标。整个创新过程始终以满足顾客需求为导向，企业提供创新平台并指导创新过程，顾客提供各种创意，满足自我对产品和服务的需求。对于顾客而言，基于价值共创的商业模式创新满足了顾客最真实、高频次的企业互动交流，提升了顾客满意度和忠诚度。对于企业而言，增加了顾客的使用价值，提升了顾客体验过程，给予了企业更大的利润空间，实现了企业价值。顾客和企业之间互惠互利的价值产出使整个商业模式创新过程更具有特色。

6.4.2 产品生态化商业模式

1. 产品生态化的内涵与特征（产品使用价值）

产品生态化是指生态产业遵循自然环境与社会经济和谐统一发展的理念，力求在生产过程中做到尊重自然、改善环境、服务于生态、可持续发展，并使得产品本身也能够体现出不同于一般产品的生态化特点。其特征主要包含以下几点：①产品生态化受自然条件约束：对于沙区生态产业而言，在沙漠开展生产本身就意味着挑战，沙漠自然条件恶劣，水资源匮乏，风沙灾害严重，盐碱化问题突出，这就要求生态企业必须采取谨慎的做法来对待脆弱的生态环境，只有学会与艰苦恶劣的沙区环境相处，才能有所作为。②产品生态化是企业的主观追求：在环境问题日益突出的当下，越来越多的企业主动承担起环境保护责任，将生态优先、绿色发展视为企业实现高质量发展新路子；将实现经济、社会和环境的可持续发展视为企业实现长期生存的重要支柱；将经济活动过程和结果的绿色化、生态化视为企业坚定的追求。对于生态产业而言，改善环境、修复生态更是一种基于迫切需求下的主观的选择。③生态化产品凸显生态价值：不同于一般产品，生态化产品更加强调"人–产品–环境"是一个完整系统，产品的生态价值源自企业生产过程中对自然的保护、对生态的修复，这一价值通过产品进行传递，消费者在产品的购买和使用中获得感知。

2. 基于价值共创的产品生态化

基于价值共创的产品生态化更加强调客户对产品生态化的催化作用。毫无疑问，当企业不断追求创新、追求变革时，客户的价值取向也在发生着转变和升级。一方面，在过去，客户在购买产品时可能只会考虑其功能、品种、美观程度等，而现在，随着大众环保意识整体提高，一些客户还非常注重产品在生产或使用过程中是否绿色、低碳，生态价值高的产品会更受这些客户的青睐。在他们看来，对绿色产品的支持本身就是对环保理念的一种践行，是道德高尚、符合生态文明的体现，从中获取的成就感与满足感是一般产品无法提供的。另一方面，绿色环保理念的流行也使得部分客户对产品品质具有更高的要求。这一点尤其体现在农畜产品方面——"有机食品"的概念在全球范围都具有一定的影响力，客户选择有机产品，就意味着拒绝农药、远离污染、拥抱自然、拥抱健康，或许这是一种价格相对高昂的选择，但是对于有机产品的消费者而言，高价格的有机产品能够换来高品质的产品、高价值的安心与健康，那么这无疑是一笔非常划算的买卖。

当企业捕捉到客户对于生态价值、绿色价值、有机价值的需求时，就可以相应地推出符合客户生态价值取向的生态化产品。因此,基于价值共创的产品生态化的特征,不仅包括上述提到的三点:①产品生态化受自然条件约束。②产品生态化是企业的主观追求。③生态化产品凸显生态价值。④产品生态化是客户生态价值取向的产物。即产业生态化受客户价值取向的影响,生态企业通过与客户互动、交流、知识共享,获取客户的价值取向,结合客户价值需求,整合企业内外部资源,进行绿色创新、践行生态优先高质量发展,得到生态化产品。

3. 价值共创视角下的产品生态化商业模式

笔者基于沙区生态产业发展现状、集合生态产业未来发展趋势,提出了价值共创视角下的产品生态化商业模式(图6-16)。

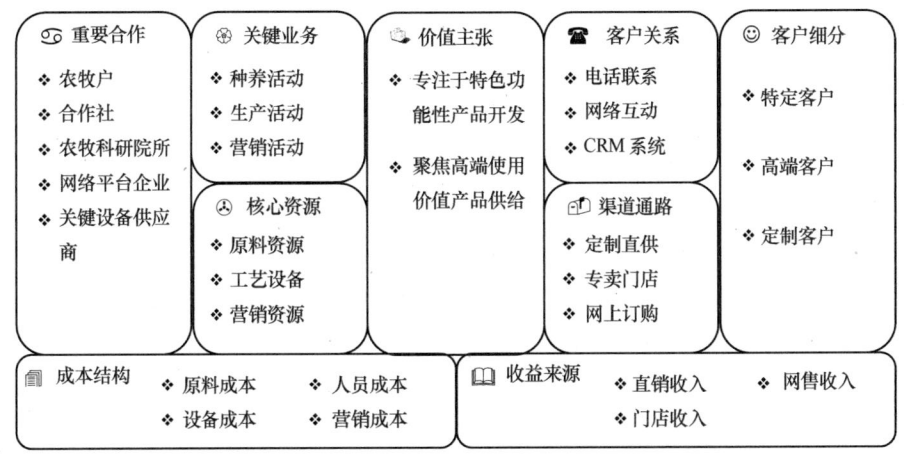

图6-16 基于价值共创的产品生态化商业模式

首先,在价值主张方面,产品生态化商业模式的企业通常在充分考虑消费者偏好和需求的前提下,专注于别具特色的功能性产品开发,或者为小众群体提供具有高端使用价值的产品。前者以内蒙古某药业公司C为代表,该公司发现黄芪是一味在中药、蒙药中广泛使用的药材,喜光、耐旱、喜欢沙质土地的特点,在沙漠里进行大规模的黄芪养殖,并进行了一系列以黄芪为主要成分的蒙药产品、中药产品的研发;后者以某奶业公司J为代表,该公司通过在乌兰布和沙区发展"牧草种植+奶牛养殖+液态奶生产"的全程有机产业链,向追求高品质有机奶的客户提供具有欧盟和华夏双重有机认证的高端乳产品;类似地,D集团生产的沙米、红山草猪等,也是面向追求健康有机的生态化产品的小众客户群体。

其次,在业务部分,在关键业务方面,生态企业立足于保持满足消费者需求与改善生态环境之间的平衡,进行关键业务的设计,主要包括三个方面:一是进行农作物的种植和畜禽养殖，通过科学的手段和绿色技术创新来提高沙区光热、沙土资源利用效率，通过各个种养环节之间剩余产物的循环利用，达到减少排放、降低污染的目的，这类种养活动通常有利于改善沙区贫瘠恶劣的自然环境，一些企业在达到一定种养规模时甚至能够形成独特的小气候，造福周边农牧民。二是对种养的农作物和畜禽产品进行加工，一方面，通过精深加工延长产业链，提高产品附加值，为企业带来更为可观的经济效益；另一方面，有针对性地生产满足目标消费群体需求的产品，并在此基础上丰富产品层次，有利于打开和稳定市场。三是营销活动，通过产品推介会、促销活动、赞助赛事论坛、媒体宣传等多种渠道让消费者了解生态化产品中所传递的"人—产品—环境"和谐统一的核心价值，并且认可产品中所蕴含的绿色生态价值，最终满足消费者需求。在核心资源方面，产品生态化商业模式中通常包含原料资源、工艺设备和营销资源。其中，原料资源即生态企业通过深度挖掘沙区优势所掌握的光照充足、热资源丰富、太阳能充裕和取之不尽用之不竭的沙土沙砾资源等；工艺设备则是指企业在生产活动中能够保障高品质、增加产品附加值、提高绿色生产效率和减低环境危害的重要设备、环保工艺和先进技术等。在重要合作方面，采用产品生态化商业模式的生态企业通常会与周边农牧民及合作社合作完成种植养殖业务，也会与高等院校、农牧业科研院所等开展科研合作，建设试验基地，利用科学的技术和先进的设备来实现生态企业提供清洁型、循环型、节约型产品的生产目标，另外还会与网络平台签署协议，将生态产品放在线上销售，以便于生态产品走向全国各地，甚至销向海外。

然后是客户部分，在客户关系方面，生态企业非常注重与客户保持沟通，通过电话联络、网上互动、CRM系统等渠道与客户不断进行交流和互动，提升服务环节的透明度，深入了解客户对生态型产品和服务的期望和诉求，有针对性地进行产品设计和优化升级，为价值共创打下坚实的基础。在客户细分方面，采用产品生态化商业模式的企业通常将客户划分为三大类，其一是特定客户，即不满足于一般产品或服务而关注产品蕴含的生态价值，对某一类型的生态产品或服务具有特定需求的客户群体；其二是高端客户，他们通常有较高的消费水平，追求高品质的生态产品和服务，愿意花高价获取最优质的产品和服务的消费群体；其三是定制客户，通常是指具有个性化定制需求的消费群体，要求企业按照其愿望进行个性化服务。在渠道通路方面，生态企业面向广大消费群体开放专卖门店，消费者可在线下直接购买，同时开设线上购买渠道支持网络订购，可以让消费者足不出户就能获取生态产品，另外，还针对企业、组织、团体等提供定制产品的直供通路。

最后是财务部分，在成本方面，对于生态企业而言，在沙区从事种养活动需要采购作物幼苗、畜禽幼仔，还要定期雇佣农牧民等负责播种、灌溉、收割、饲喂等基础劳务工作,为了提高生产效率,还要购置节水灌溉设备、生态控制系统和信息化技术等,尽可能使能源和物质得以多级循环利用,以满足清洁生产、低碳生产的要求,因此产品生态化商业模式下企业的成本主要由原料成本、人员成本、设备成本和营销成本构成。而收益通常来自三个方面,即常规产品的线上销售收入和门店销售收入,以及定制产品的直销收入。

6.4.3 技术生态化商业模式

1. 技术生态化的内涵与特征(增值体验价值)

百年前的工业革命为人类社会发展带来了质的飞跃,大大提高了人类获取资源、改造自然的能力,然而长此以往,人类无节制的采掘、消耗以及粗放密集的污染物排放也为今日的资源与环境问题埋下了祸根。而当今社会的发展要求企业既要注重经济发展,也不能以牺牲生态环境为代价,传统生产方式与发展观显然不能同现如今生态优先的理念相适应。所以企业必须通过技术生态化来破解矛盾的局面,技术生态化就是指在技术创新与升级中融入生态理念,以生态价值为核心,促进自然–经济–社会和谐发展,通过新技术的应用来实现低能耗、少排放、无污染、高效率的绿色高质量发展目标,满足人与自然和谐共处的迫切需求,遏制环境恶化。技术生态化的特征主要有三点:①生态意识是技术生态化的驱动因素,即技术生态化是在资源节约、环境友好、绿色发展、生态优先等生态理念的启发下,引导企业综合考量生态环境容量和资源承载力进行的绿色技术创新或对原有技术进行的绿色革新、升级。②技术生态化的根本目的在于实现绿色高质量发展,即通过技术生态化来推动绿色发展,创造绿色GDP,力求在节约资源、减少污染物排放、改善环境、促进生态平衡等方面做出积极贡献。③技术生态化能够使客户获得更加优质的产品或服务。对于此商业模式下的客户而言,生态价值正是他们所期望的重要收益之一,他们或是期望通过企业所提供的专业化技术服务来提升水平,或是期望通过这些企业提供的整合型技术服务包来改善区域生态状况,总之技术生态化应当可以增强客户对产品的满意度。

2. 基于价值共创的技术生态化

基于价值共创的技术生态化,强调位于产品或服务终端的客户对产品或服务满意度的提升及受用感受反馈。需要明确的是,与上文所述产品生态化类似,此处"技术"是指由生态企业向客户提供的具有高技术水平的服务,这种技术服务本事可以看作一种高技术型"产品"。例如,内蒙古草业集团 A 有限公司就是一家以技术作为产品的公司,其生态修复业务就是依托乡土植物科研体系、种质资源储备、种业生产体系、大数据平台和生态修复标准,有针对性地提供不同地域特征的生态修复技术包，如草原修复、矿山修复、荒漠及沙地治理、盐碱地改良及土壤修复、垃圾场修复、节水园林与海绵城市、运动草坪建植等；类似地，H集团在近30年的荒漠化防治过程中，围绕种质资源保护、防沙治沙、生态种植、节水灌溉、荒漠造田、生态修复、苦咸水治理、沙漠资源能源利用、生态产业开发等领域，研发、创新、引进了243项生态技术，培育了1000多种耐寒旱、耐盐碱的种质资源，构建了多层次、多角度的技术体系，为持续的荒漠化防治及生态改善提供了强有力的科技支撑。从价值共创视角来看，上述企业所提供的生态修复服务正是考量了位于不同地区、处于不同环境的客户群体对于环境改善的多样需求。因此，基于价值共创的技术生态化的主要特征包括：①生态意识是技术生态化的驱动因素；②技术生态化的根本目的在于实现绿色高质量发展；③技术生态化能够使客户获得更加优质的产品或服务；④客户生态价值取向是企业技术生态多元化的重要依据，即企业通过与顾客沟通，深度挖掘客户生态需求，为客户提供更加个性化、更有针对性的生态化技术。

3. 价值共创视角下的技术生态化商业模式

笔者基于沙区生态产业发展现状、集合生态产业未来发展趋势，提出了价值共创视角下的技术生态化商业模式（图6-17）。

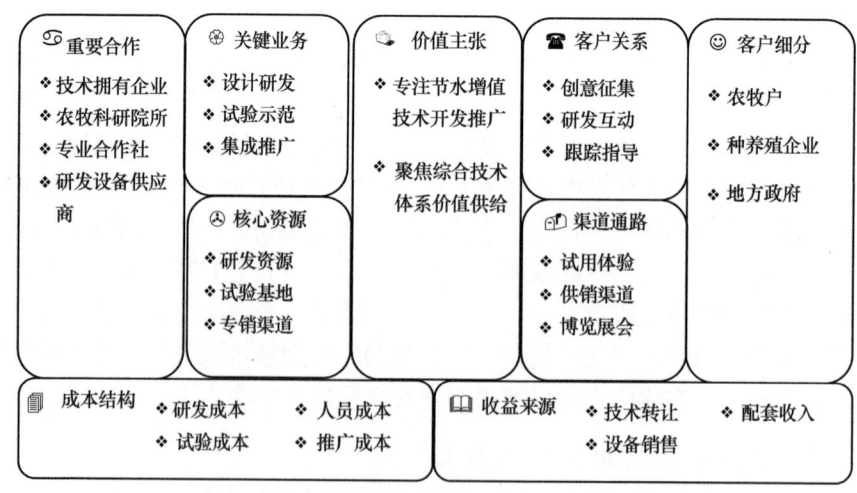

图6-17 基于价值共创的技术生态化商业模式

首先是价值主张方面，技术生态化商业模式下的生态企业深刻认识到沙漠地区水资源匮乏对农作物种植、畜禽养殖等基本生产活动产生的不利影响和对周边居民生活造成的诸多不便，因此这些企业大多专注于节水增值技术开发和推广，如农业节水设施设计、灌溉技术的研发、抗旱节水造林技术优化等，直击问题根源，通过提高水资源利用效率来缓解水资源不足的困境。另外，生态企业也会从整体视角出发，创新设计综合技术体系，有针对性地为客户提供系统化的综合技术服务包，如对土壤盐浓度过高地区提供盐碱地改良技术包，帮助客户排盐、洗盐、降低土壤盐分含量，使得改良后的土体适宜种植作物耕种，充分提高土地利用率，为农民增收。

其次是业务部分，在关键业务方面，技术生态化商业模式下的生态企业主要从事生态化技术的研发活动，针对不同地区进行深入调研和数据收录，分析环境问题所在，辨别不同生态条件下的优势和劣势，通过大数据、云计算等技术进行精密核算，设计出科学合理的生态问题解决方案，通过不断试验进行技术方案优化，最后将完善的荒漠治理、坡边修复、土壤改良等生态化服务向市场推广。在核心资源方面，此类生态企业对技术创新尤为看重，保持技术领先、走在科技前沿是其保持竞争优势的重要法则，因此，具有卓越创新能力和一流研发水平的高端科研人才非常重要，拥有成熟的研发团队才能保证自主创新生态技术的不断产出。另外，成熟的技术需要经过反复试验才能得到完善，因此针对节水、抗洪、土壤修复、防风固沙等不同技术设置的多个试验集体也是宝贵的资源。在重要合作方面，技术生态化商业模式下的生态企业首先非常愿意与拥有配套技术的企业进行合作，取长补短，完善企业自身能力，为顾客提供更加优质、便捷的产品和服务；此外，生态企业还非常注重与高等学府和优秀科研院所进行合作交流，以开阔视野、获取更多专业知识，并且及时掌握科技前沿信息，通过与院校师生和企业外研究员进行知识共享与合作，共同突破技术壁垒、攻克技术难题。

然后是客户部分，在客户关系方面，技术生态化商业模式下的企业非常愿意主动与客户进行交流，如以创意征集的形式全面、深层次地捕捉客户的切实需求，不断挖掘生态技术市场上的空缺。生态企业还会实时追踪客户对产品和技术的使用情况，一方面搜集客户使用信息，以便对产品和服务进行优化完善；另一方面对客户提供专业指导，及时纠正不当或错误的使用方法，以保障生态产品和技术发挥最大的效用。在客户细分方面，技术生态化商业模式下的生态企业通常将客户细分为三大类型，一是一般农牧民，他们希望作物高产、畜禽健康，通常会购买绿色无公害的肥料或饲料；二是一些种植养殖企业，由于他们所处的环境的生态状况不佳，因此无法顺利开展基本生产活动，但自身技术和知识储备有限，需要专业的技术服务帮助他们克服环境中的不利因素，改善生态环境，提高环境承载力，实现规模化种养的目的；三是地方政府，其承担着推动地方低碳生产、节约资源、推动地方绿色发展的环保责任，政企合作能够使地方政府提高环境绩效、为激活绿色 GDP 提供必要的技术保障。在渠道通路方面，考虑到一些客户通常抱有疑虑，不会轻易购买技术型产品，因此生态企业为潜在客户提供体验的机会，让他们通过简单的试用亲身感受技术服务带来的好处与便利；另外，生态企业也通过积极参加农业会展、博览会等方式吸引更多客户。

最后是财务部分，在成本方面，技术生态化商业模式下的企业成本通常包括新技术的研发成本、必要进行的试验成本、吸纳和培养高端技术人才的人力成本，以及对技术和服务进行推广的成本等；而在收益方面，对技术生态化商业模式下的企业进行技术指导、技术包销售、配套用品的销售等都能够带来可观的收益。

6.4.4 实现路径

1. 产品生态化商业模式创新的实现路径

产品生态化商业模式创新的实现首先建立在资源快速耗竭和生态安全日益严峻的大环境下，伴随着大众环保理念的不断提升，现有产品不能满足客户对低碳型、环保型和生态型产品的追求；而生态企业也因受制于沙区环境恶劣、资源匮乏的自然条件，必须从生态环境保护、经济效益提质、社会发展和谐的角度出发，在充分考量沙区环境承载力前提下进行创新。首先，沙区生态企业应与客户保持良好的关系，通过不断地沟通、交流和知识共享，深度理解客户对生态产品的需求，并对客户需求进行汇总和分析，以顾客偏好为导向进行产品生态化商业模式创新。其次，在掌握消费者偏好之后，生态企业结合自身条件做好调研，充分整合内外部资源，针对特定客户、高端客户和定制客户等消费群体进行特色功能性产品开发，既要保证产品的创新性，又要使其能够满足目标客户群体对品质和生态价值的追求。最后，生态企业通过与农牧户、科研院所、平台企业保持良好的关系，在必要时开展种养、生产、营销等方面的创新合作，尽可能地完善产品、优化服务，为客户带来最佳的消费体验，让客户和企业能在产品生态化商业模式下实现双赢。

2. 技术生态化商业模式创新的实现路径

由于沙漠地区水资源匮乏，难以为生产提供基础保障，农作物种植与畜禽养殖也因此困难重重，而大多数农牧散户、农业生产合作社以及有关企业，或科研水平有限，或研发资源不足，虽然需要通过生态化技术来提高自身生产力水平和企业绿色绩效，但并没有与之匹配的能力来实现技术自给。这些客户迫切寻求专业的技术支持，渴望通过有关技术提高沙区现有资源的利用效率、弥补不足、改善生产状况，生态企业技术生态化商业模式创新动力应运而生。首先，生态企业通过创意征集、研发互动等形式与目标客户群体进行沟通，挖掘他们真正渴求、具有一定代表性、适宜在沙区生态企业中普遍推广应用的典型技术，如农业节水灌溉技术、抗旱节水造林技术优化等，这类技术的应用能够直击根源，通过提高水资源利用效率来缓解生态企业困境，因此具有广泛的应用前景。其次，技术生态化商业模式下的生态企业在明确企业价值主张的情况下，可以有针对性地进行关键技术的研发，并随着技术的成熟进行试验和调整，此外，技术成熟的生态企业也可以从整体视角出发，创新设计综合技术体系，考虑为客户提供系统化的综合技术服务。为了能够获取更多专业知识、拓展创新视野，生态企业在必要时应当与拥有其他技术的企业或农牧科研院所等开展合作，进行知识共享与合作，共同突破技术壁垒、攻克技术难题。最后，生态企业通过技术体验活动、参加农业博览会等形式对技术服务包进行推广宣传，不断创新技术服务模式，通过视频教学、线上指导等方式为购买生态化技术的客户提供更加完善的售后服务，丰富客户体验，实现企业价值传递（图 6-18）。

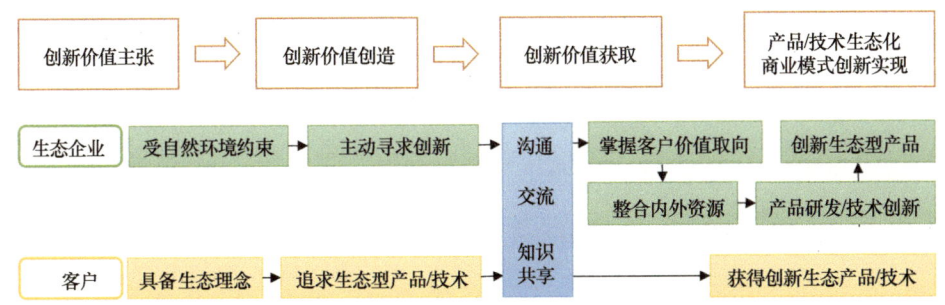

图 6-18　产品生态化和技术生态化商业模式创新的实现路径

第7章

沙地生态产业发展实践——科尔沁沙地案例

本章主要针对科尔沁沙地生态产业前端种类多、特色优势不明显、后端产业结构与链条格局不合理以及产业潜在优势亟待挖掘等问题，突出沙地特色植物种植产业化示范、沙地固沙灌草青贮加工利用产业化示范、沙地生物质固体废物分解发酵利用技术及示范，引导多个沙地生态产业进行发展模式的融合、集成与优化，促进资源利用效率大幅度提升，产业发展态势稳定，为我国沙区沙质荒漠化土地综合治理以及区域农牧业的结构调整和技术模式创新服务。科尔沁沙地为总项目的指导服务试验区，是我国沙区生态产业发展的一种主要类型，本章内容既是项目构建荒漠化防治产业体系的重要补充，也是其链条的前端，承担着我国北方农牧交错带沙区生态产业技术的创新研发。

基于以上课题目标，在内蒙古地区及科尔沁沙地的实际工作进程中，重点在特色作物-藜麦种植、沙地蒙中药材种植、沙地固沙植被饲用化以及沙地有机固废物资源化利用等方面开展了一些新的技术研发，提出了部分生态沙产业的发展模式及展示案例。同时，对相关产业化发展前景进行了展望。

本章共有 4 节。7.1 节藜麦种植、加工及产业化模式。藜麦作为抗逆性强、全营养的作物，近些年受到人民群众的广泛关注和关爱。重点从品种选择、栽培技术，特别是作为优质全营养饲草开发利用做了较为系统和深入的工作，并就可能的产业化进行了部分尝试。7.2 节蒙中药材种植、加工及产业化模式。蒙中药材作为近些年沙地发展的新兴产业，一直备受地方政府和广大农牧民的重视和喜爱，也是通辽地区重点培育和发展的产业。重点从 5 种很有潜力的药材（防风、黄芪、苦参、甘草、板蓝根）的品种选择、栽培管理以及初加工等方面进行了系统的技术规范，并就可以产业化的模式进行了总结。7.3 节固沙灌木饲用化开发模式。主要是针对现有广泛分布的小叶锦鸡儿固沙植被饲用化及其前景所做的工作。为充分发挥其潜在的经济价值，从抚育技术方面、利用模式方面进行了尝试与探索。7.4 节有机固废资源化利用模式。资源循环利用已成为生态文明建设的重大举措，也是生态沙产业中最具潜力的发展方向。重点从分解菌群的采集、分离、培养以及有机固废物发酵、应用地点方面开展工作。同时就农牧户应用、合作社应用等模式进行试验示范，并给出了应用案例。

7.1 藜麦种植、加工及产业化模式

7.1.1 背景与现状

1. 藜麦主要特点

1) 藜麦的生物学特性

藜麦，是苋科藜亚科的一年生双子叶草本植物。藜麦植株呈扫帚状，株高 0.6～

3m，分枝较多，根系发达，呈网状分布，主根可延伸至地下 1.5m 左右，有利于抵御大风等恶劣天气（Ruales and Nair，1992）。藜麦主茎直立且粗壮，叶片单叶互生，下部叶片卵状三角形至卵状长椭圆形，幼叶通常为绿色，且幼叶表面有蜡粉，老叶有红色、黄色、紫色和深绿色等颜色，长 6~15cm，稍肥厚，先端急尖或渐尖，基部截形或楔形，边缘具不整齐的齿或波形（肖正春和张广伦，2014）。藜麦为雌雄同花，花药 5 枚，多为黄色，自花授粉或异花授粉，花序顶生（王棐等，2018）。藜麦种子大小及形状与小米相似，直径为 2~3mm，有黑、白、红、黄、粉等多种颜色（王晨静等，2014）。

藜麦具有耐寒、耐旱、耐盐碱和耐瘠薄等多种特性，能够适应极端气候，特别是沙地气候，也是未来农业生态系统适应环境变化的重要作物（Bhargrava and Srivastava，2013）。藜麦为短日照植物，性喜强光。生长气温为 2~35℃，适温为 14~18℃，在营养生长阶段可耐轻度的霜冻（–1~0℃），种子结实后可耐–6℃低温；藜麦多分布于高海拔地区，最适宜栽植于 3000~4000m 海拔的山地或高原上；藜麦为耐盐碱植物，适宜生长在 pH 4.5~9.5 且排水良好的砂质壤土或壤质砂土（黄杰和杨发荣，2015；成明锁等，2013）。在高海拔、干燥、寒冷的地区，一般作物很难生长和积累足够的生物量，而藜麦不仅生长良好，还能够形成大量的生物质积累（刘敏国等，2017）。

2）藜麦的生长发育

藜麦的生育期一般为 80~150d（李进才，2016）。藜麦生长发育过程一般分为苗期、分枝期、抽穗期、开花期、灌浆期和成熟期 6 个阶段。藜麦通常在 5 月播种，8 月种子开始成熟，需水量逐渐减少，8 月底到 9 月上旬，藜麦穗由青绿色变为红色、黄色、粉色等，便可收获（肖正春和张广伦，2014）。研究表明，藜麦在 2℃以上的环境中开始发芽，低于该温度将延迟发芽，其生长和开花适宜温度在 8~28℃（薛庆禹等，2012）。Jacobsen 等（1996）用 5 年时间对 14 个品系的藜麦进行栽培研究，通过设计不同播种方式等大田试验，确定了藜麦的生育期为 109~182d，并将其主要划分为 4 个阶段：种子发芽、抽穗阶段、开花阶段和成熟阶段。Sosa 等（2017）采用 BBCH 系统代码将藜麦生育期划分为 9 个主要阶段，同时配有图释，进一步完善了藜麦生育期的划分。张崇玺等（1994）、贡布扎西等（1994）的研究明确了藜麦在我国通常 5 月播种，9 月即可收获。周海涛等（2014）在张家口地区试种藜麦，5 月下旬播种，9 月下旬即可收获，全生育期天数短，表现为早熟类型品种。吕树鸣等（2018）在六盘水地区种植 5 个藜麦品种（系）的研究结果表明，藜麦的生育期为 70~80d。de Santis 等（2016）的研究表明，在干旱气候条件下藜麦整个生育期为 108~135d，与正常条件下的生育天数相比明显缩短。

藜麦对温度、光照等环境因子较敏感（Bertero，2003）。宋鑫玲等（2014）研究认为，植株鲜重、株高和根长可作为衡量植物苗期抗旱能力的指标。陈光等（2018）研究认为生长环境和品种等均会对藜麦的株高、茎粗、分枝数和产量产生相关影响。徐天才等（2017）研究表明，藜麦的总糖、Mn、K 和氨基酸总量随着海拔的增高而增高，海拔变化引起的气候、地质因子改变会影响作物的表型性状。魏玉明等（2018）对在同一地点进行藜麦种植的研究发现，在营养生长期叶片和根的干物质含量迅速上升，在生殖生长期果穗和籽粒的干物质含量达到最大值，藜麦干物质含量随生育期的推进逐渐增加。

2. 藜麦的营养

1）藜麦籽粒的营养价值

藜麦具有独特、丰富的营养价值，是南美洲印加民族备受推崇的主要粮食作物之一（Kasuga et al.，2004），当地藜麦已有约 7000 年的栽培历史（Bazile et al.，2015）。联合国粮农组织（FAO）认为藜麦为 21 世纪具有承担粮食安全使命的作物之一，联合国将 2013 年定为国际藜麦年。藜麦籽粒实富含蛋白质、人体必需氨基酸、矿物质、维生素、膳食纤维，且低脂、低糖、低热量、不含麸质，是一种碱性蛋白食品（黄杰等，2017）。藜麦籽粒的胚乳占种子的 68%，其蛋白质含量为 12%~23%，与小麦蛋白质含量（15.4%）相当（魏爱春等，2015）。藜麦富含人体不能自身合成的 8 种必需氨基酸和其他谷物不能合成的赖氨酸，其中苯丙氨酸及赖氨酸的含量比大多数的谷物都要高（Ruales and Nair，1992）。藜麦籽粒的营养成分与人类生命活动的基本物质需求完美匹配，被古代印加人称为"粮食之母"。淀粉是藜麦籽粒实中最主要的碳水化合物，含量为 53.5%~69.2%（Norbert，1998）。藜麦籽粒中还富含 Ca、Mg、Fe、K、Cu 等多种矿物质元素，且容易被吸收和利用。藜麦富含多种维生素，尤其是核黄素、维生素 E 和叶酸含量较高，超过了绝大多数谷物（Tang et al.，2015；Korotkova et al.，2008）。藜麦膳食纤维的含量约为 6%，与许多全谷物食品的含量相当。经联合国粮食及农业组织研究，将其推荐为最适宜人类的"全营养食品"，列为全球十大健康营养食品之一。研究显示，膳食纤维在调节肠道健康、降低胆固醇、预防心血管疾病和糖尿病等方面具有功效，食用藜麦后血糖不会明显升高，因此可以作为糖尿病人的主食（Oshodi et al.，1999）。

2）饲用藜麦的营养价值

一直以来人们针对藜麦开展了大量研究，但研究和利用藜麦的重点仍然在籽粒及其作为人类食物的潜力上（Bazile et al.，2015），使用藜麦作为饲料喂养牲畜的研究和实践也仅限于零星的文献报告（Patrón and Soikeso，1968）。然而，藜麦的生物量积累和品质表现都说明，它是一种很有价值的饲草，可在适当时期将地上部分直接饲用。藜麦秸秆与其他农业畜牧业副产品混合，经厌氧发酵，可产生大量的沼气（Alvarez et al., 2008），藜麦生物产量高，富含蛋白和纤维，适口性好，具有优质饲草的营养价值（贡布扎西等，1994）。藜麦茎秆中含有非常丰富的营养成分，可以作为牲畜（如牛、羊）的动物饲料（Hirose et al., 2010），在开花期前后收获作为牧草，其干物质产量可达 $10t/hm^2$（Capelo, 1980；Oscar, 1995），平均蛋白质含量能超过 15%，杨发荣等 2017 年的试验表明乳熟期全株 16 种必需氨基酸含量均高于苜蓿（*Medicago sativa*），藜麦秸秆饲喂的家畜，增重不低于用燕麦（*Avena sativa*）和大麦（*Hordeum vulgare*）饲喂的家畜。郝怀志等（2017，2019）采用添加不同比例的藜麦茎秆替代部分全株玉米青贮，试验发现，西杂肉牛育肥后期饲料中利用藜麦茎秆替代干物质 20%的全株青贮玉米时，对肉牛健康无不良影响，同时可提高干物质消化率，增加养殖效益。藜麦品种全株的主要化学成分见表 7-1。

表 7-1 藜麦品种全株的主要化学成分

试验地	品种	DM/%	CP/%DM	WSC/%DM	NDF/%DM	ADF/%DM
开鲁	C4R-11F$_4$	30.63±1.69a	20.63±2.80b	1.11±0.01d	51.67±2.00ab	32.94±1.70d
	蒙藜 2 号	31.35±2.21a	18.52±2.59c	1.43±0.04a	52.04±1.73a	37.58±1.23a
	R1BF$_2$	27.15±2.37c	23.23±1.79a	1.22±0.06b	50.82±2.55b	34.08±2.03c
	F$_2$	26.42±1.58c	19.90±2.51c	1.24±0.01c	48.95±2.21c	30.92±1.69e
	SC	27.16±3.23c	21.13±0.51c	1.10±0.01d	51.31±1.33ab	35.92±0.81b
奈曼	C4R-11F$_4$	28.12±1.49b	20.33±2.66b	1.19±0.02bc	48.38±1.42c	34.44±1.50c
	蒙藜 2 号	30.69±3.13a	18.42±2.53c	1.24±0.02b	53.81±0.53a	33.38±1.93d
	R1BF$_2$	29.85±2.66b	21.84±1.00b	1.22±0.03b	52.11±1.45a	35.17±1.70b
	F$_2$	29.76±3.87b	17.11±2.39c	1.39±0.07a	49.55±1.18c	34.12±1.52c
	SC	29.99±2.56b	21.89±0.31b	1.14±0.04c	53.72±1.37a	34.84±2.79c

注：DM：干物质；WSC：可溶性碳水化合物；CP：粗蛋白；NDF：中性洗涤纤维；ADF：酸性洗涤纤维；表 7-3 各缩写含义与此表相同。表中数据后的不同字母表示显著性差异（显著性水平为 $p<0.05$），下同。

3. 藜麦的适应性

藜麦属于喜冷凉和高海拔作物，具有耐寒、耐旱、耐瘠薄、耐盐碱等特性，非常适合内蒙古高原干旱、半干旱地区种植，尤其适合于乌兰察布、赤峰、通辽、包头后山等生态脆弱、干旱冷凉的北方农牧交错区域种植。既可以促进与当地马铃薯、燕麦、油菜等主要作物轮作倒茬，减少病虫害发生，也可以调整优化种植结构，增加农业生产效益。藜麦种植方法简单，农艺技术要求较低，有利于向广大农牧户推广种植。

4. 藜麦的开发前景

藜麦籽粒蛋白质含量在 12.5%～16.7%，高于大麦、水稻、玉米等作物。含有清蛋白与球蛋白，消化率和功效比值均较高。氨基酸组成均衡且接近牛奶中的酪蛋白，必需氨基酸比例比普通谷物高，尤其是赖氨酸、组氨酸与蛋氨酸含量。淀粉是藜麦籽粒中含量最高的成分，范围在 38%～71%，支链淀粉所占比例比直链淀粉高。藜麦淀粉具有典型的 A 型 X 衍射结构，在冷冻与老化过程中稳定性强，糊化温度约为 64℃。藜麦籽粒脂类含量为 1.8%～9.3%，不饱和脂肪酸含量高。藜麦籽粒中微量元素含量受品种、栽培条件影响较大，但其钙、镁、铜、铁、锌等含量比普通谷物含量要高。藜麦籽粒也是很好的维生素（尤其是维生素 B 族与维生素 C）来源。藜麦籽粒皮中皂苷含量很高，为 0.1～46.5g/kg，是藜麦中主要的抗营养物质，在传统食用与制作食物过程中通常先使用湿法或干法去除。藜麦皂苷主要为三萜皂苷，通过异戊二烯途径生成，齐墩果酸型、商陆酸型等为常见类型，糖苷配基主要为半乳糖、阿拉伯糖与葡萄糖。藜麦皂苷的毒性低且具有多种生理活性（抗真菌、增强免疫、抗炎症等），这使其在洗护用品、抑菌剂与医药方面有广阔的发展前景。

饲用方面，据伊利牧场连续两年饲喂奶牛的数据显示，藜麦草青贮替代部分苜蓿草，在不增加任何成本的情况下，奶牛每天可增加 0.79kg 产奶量，奶质还有不同程度的改善。藜麦不仅产草量高、适口性好，而且饲草的营养价值也非常高，既能替代苜蓿草，满足优质饲草高蛋白质含量的要求，也能替代玉米等高碳饲草，是非常理想的饲草作物。

7.1.2　技术要点

藜麦有很强的耐寒特性，但茎秆高大又使其不抗大风，花期高温又造成花粉失活不结实。目前，藜麦的种植面积逐年扩大，在藜麦的引种过程中出现了地区间气候差异以及品种对地区适应的不确定性导致生产上的损失，直接影响藜麦产业的健康发展，因此对藜麦品种的要求也逐步提高。内蒙古地区从 2010 年开始引进藜麦种植，在凉城县和察右中旗试种，试种成功后，从 2012 年开始开展藜麦品种选育和栽培技术研究，同时推广到武川县等地区进行种植，研究中发现藜麦生长高效节水，适应内蒙古地区的气候。2016～2019 年进一步将藜麦种植推广到巴彦淖尔乌拉特、乌海、通辽等地。但在生产实践中也遇到一些问题。2017 年内蒙古乌海市六团种植藜麦 60 亩，总产量仅 800 斤，大多藜麦穗没有结实，调查发现主要原因是花期高温持续 35d，气温最高达到 40℃；2018 年在乌兰察布市种植藜麦，秋季大风导致藜麦茎秆折断，减产高达 50%

以上。

为解决乌海地区花期高温相遇的问题，2019年采取了适期晚播的措施，播期为7月5日，2019年10月15日乌海市遭遇罕见的断崖式降温，之后藜麦依然正常成熟，亩产250斤左右。

生产实践中藜麦的大面积推广需要因地制宜地选择合适的品种，藜麦不同的利用方向需要不同的藜麦品种。适期播种、合理密植和科学水肥管理条件下，藜麦植株个体发育良好，群体结构合理，则其生育前期群体叶面积指数、光合势及干物质积累量增加较快。到灌浆期，其叶面积和光合势衰减相对缓慢，叶片光合效率较高，维持较高的群体物质生产能力，最终获得高产。

1. 藜麦品种选择

1) 籽粒型藜麦品种选择

近年来内蒙古地区种植的大多为灰藜品种，籽粒小、生长不整齐、产量低、商品性差，成熟不整齐，倒伏造成减产、严重影响机械化收割效率和质量；生育期较长的，在冷凉的后山不能成熟，在热量资源丰富的地区又出现播期不好掌握等问题。生产上应该选择丰产、早熟、矮秆抗倒伏的藜麦品种。科尔沁沙地适宜种植的品种有蒙藜2号、3号等籽粒大、生育期短的矮秆藜麦品种。

2) 饲草型藜麦品种选择

种植适应内蒙古地区气候和土壤条件的饲草型藜麦，可充分利用不同生态条件下的光热水土资源，优良的牧草应具备生物产量高、富含营养、适口性好、消化率高等特性。因此饲草型藜麦应能适应内蒙古自治区气候条件，茎叶生物产量高，皂苷含量少无苦味，蛋白质含量高，纤维较少，家畜适口性好，并有较好抗逆性、抗病性和抗倒伏性。科尔沁沙地适于种植的有蒙藜1号、陇藜1号、青藜1号等产草量大、蛋白含量较高的藜麦品种。

2. 藜麦高产高效栽培技术

藜麦2014年开始在内蒙古地区种植推广，到2020年累计种植藜麦近20万亩，通过近5年开展的藜麦选育种和高产栽培技术研究，已经形成了适合内蒙古各地的适时播种、水肥管理适宜的配套生产技术。在乌兰察布、阴山北麓等冷凉干旱地区，旱地覆膜穴播藜麦，产量可达到150～200kg/亩，种植效益远高于传统农作物燕麦、油菜等杂粮作物。

藜麦在不同生态条件下进行播期调节、水肥调控、种植密度调整等技术措施，可形成适地适种的藜麦高产高效种植技术（表7-2）。

表 7-2 不同生态条件下籽粒型藜麦种植技术

种植区	藜麦生育期/d	播种时间	种植密度/（万株/亩）	施肥	灌溉	收获
呼和浩特后山地区	100	5月20日	1.2~1.5	底肥25kg，开花期和灌浆期分别追肥7~8kg	苗期、分枝期、开花期、灌浆期	9月20日
乌兰察布地区	100	5月20日	1.2~1.5	底肥25kg，开花期和灌浆期分别追肥7~8kg	苗期、分枝期、开花期、灌浆期	9月20日
乌海、巴盟地区	120~140	4月10日或6月20日	1.2~1.5	底肥25kg，开花期和灌浆期分别追肥7~8kg	苗期、分枝期、开花期、灌浆期	8月15日或10月15日
赤峰、通辽地区	120	6月10日	0.8~1	底肥25kg，开花期和灌浆期分别追肥7~8kg	苗期、分枝期、开花期、灌浆期	10月10日
呼伦贝尔旱作	100	5月1日	3~4	底肥15kg，中耕锄草时追肥10kg	—	9月10日
呼和浩特、乌兰察布旱作	100~120	4月20日	3~4	底肥15kg，中耕锄草时追肥10kg	—	9月10日

藜麦不宜连作，一般要求与荞麦、玉米、谷类、大豆、薯蓣类、十字花科及瓜类等实行 3 年以上轮作，最好选择上年豆类及马铃薯地种植。藜麦种子以地势较高、阳光充足、通风良好及排水便利的地块较好，沙壤土、壤土和沙土均可种植。在乌兰察布地区旱地覆膜穴播种植藜麦，保墒防草，生产成本低、产量稳定。而在巴彦淖尔、乌海等地区，选择早熟藜麦品种，宜采用早播和麦后复种技术，既可充分利用沙区丰富的光热资源以及藜麦的耐寒特性，又能实现一年两季生产，提高土地利用率。

3. 饲用藜麦草场及青贮技术

2014 年以来在内蒙古乌兰察布凉城县和察右中旗等地种植藜麦，研究中发现藜麦生长高效节水，适应冷凉气候，并且茎叶生物量很高，遂开展饲用价值的研究，并通过种植试验筛选生物量大、粗蛋白含量高、纤维质量好的饲用藜麦。

藜麦作为日益受到关注的高营养作物的相关研究开展迅速，但作为饲草利用的工作刚刚开展，大面积的饲用藜麦的种植，青贮是保证饲草周年供应以及缓解旱季粗饲料供需矛盾的重要途径。2017~2019 年为进一步保存藜麦草以保证周年供应，开展了藜麦青贮制作，藜麦青贮的 pH 在 4.1~5.1（图 7-1 和图 7-2），茎叶结构完整，有淡酸香味，由此可知藜麦适合制作青贮。

青贮是通过有益微生物的增殖，将原料中的发酵底物（主要是可溶性糖）转化成乳酸等酸类物质，创造酸性环境，抑制有害微生物增殖，从而保存原料的营养成分（玉柱等，2008）。

开鲁试验地藜麦青贮的化学成分见表 7-3，藜麦全株青贮的蛋白质、可溶性碳水化合物含量以及中性和酸性洗涤纤维含量均低于原料。

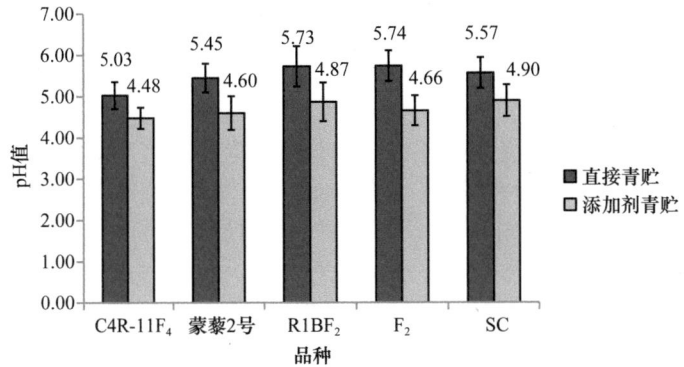

图 7-1 开鲁试验地藜麦青贮 pH 值

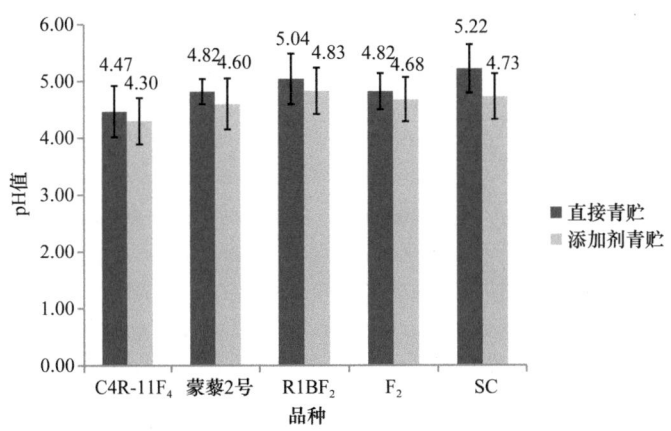

图 7-2 奈曼试验地藜麦青贮 pH 值

表 7-3 开鲁试验地藜麦青贮的化学成分

品种	DM/%	CP/%DM	WSC/%DM	NDF/%DM	ADF/%DM
C4R-11F$_4$ Z	47.97±2.03a	18.56±1.44b	0.25±0.02c	49.91±0.53b	31.25±0.48c
C4R-11F$_4$ T	46.18±2.95b	17.65±0.46c	0.11±0.02d	51.74±2.68a	32.79±1.22c
蒙藜 2 号 Z	47.99±2.37a	17.15±1.32c	0.45±0.01a	51.65±1.46a	36.78±2.30b
蒙藜 2 号 T	45.72±1.36b	16.44±1.31c	0.36±0.02b	51.51±1.57a	39.12±1.76a
R1BF$_2$ Z	43.67±1.61c	20.60±1.16a	0.31±0.02b	51.66±1.43a	33.03±1.16c
R1BF$_2$ T	39.73±1.53d	19.32±1.39a	0.14±0.04d	49.18±1.81b	33.42±2.83c
F$_2$ Z	40.81±2.37d	15.23±1.30d	0.32±0.03b	48.05±0.42b	29.38±0.43d
F$_2$ T	35.93±1.96e	14.63±1.24d	0.17±0.01d	44.21±1.72c	27.84±1.95e
SC Z	42.93±1.17c	18.92±2.15b	0.28±0.03bc	47.55±0.59b	35.32±1.50b
SC T	36.31±2.58e	19.49±1.58a	0.12±0.02d	48.01±2.33a	35.53±2.75b

注：Z 表示直接青贮，T 表示添加青贮菌剂，下同。

R1BF2 青贮的粗蛋白含量最高（表 7-3 和表 7-4），由表 7-3 可知，开鲁试验地 R1BF2 青贮发酵后粗蛋白含量显著高于其他品种。直接青贮、添加青贮菌剂的粗蛋白含量分别为 20.6%和 19.32%。除 C4R-11F$_4$ 直接青贮的粗蛋白含量显著高于添加青贮菌剂的以外，其余四个品种直接青贮和添加青贮菌剂之间无显著差异（$p<0.05$）。由表 7-1 和表 7-4 可知，奈曼试验地蒙藜 2 号、F$_2$ 直接青贮的粗蛋白含量显著高于添加青贮菌剂的，其余三个品种青贮前后粗蛋白含量则差异不显著。

藜麦青贮后可溶性碳水化合物含量为 0.11%~0.45%，较原料中 1.10%~1.43%的含量降低，底物含量的降低说明发酵过程正常进行。开鲁试验地藜麦青贮中性洗涤纤维和酸性洗涤纤维含量分别为 44.21%~51.74%和 27.84%~39.12%，奈曼试验地藜麦青贮中性洗涤纤维和酸性洗涤纤维含量分别为 43.35%~53.83%和 26.12%~34.36%。

表 7-4　奈曼试验地藜麦青贮的化学成分

品种	DM（%）	CP（%DM）	WSC（%DM）	NDF（%DM）	ADF（%DM）
C4R-11F$_4$ Z	34.21±2.21cd	15.62±2.75b	0.29±0.04c	43.35±2.33c	33.44±1.87a
C4R-11F$_4$ T	34.32±2.08cd	15.28±2.70bc	0.19±0.01d	44.55±1.75b	31.47±2.12b
蒙藜 2 号 Z	46.27±2.88a	15.77±2.06b	0.34±0.07b	51.74±2.12a	28.21±0.97b
蒙藜 2 号 T	45.98±1.13a	14.96±0.89c	0.13±0.02d	52.78±2.36a	26.12±1.72c
R1BF$_2$ Z	42.87±2.57b	17.45±1.52a	0.35±0.01b	51.91±0.42b	34.36±2.62a
R1BF$_2$ T	36.81±1.91c	18.81±1.83a	0.17±0.06d	46.56±2.61b	33.38±3.05a
F$_2$ Z	35.45±2.81c	15.78±1.68b	0.42±0.06a	46.81±2.05b	33.90±1.87a
F$_2$ T	32.52±1.31e	15.67±1.37b	0.25±0.05c	46.29±2.33b	29.13±2.05b
SC Z	35.76±2.03c	16.64±1.41b	0.33±0.08b	52.90±1.01a	33.12±2.60b
SC T	33.37±1.85e	16.65±1.52b	0.11±0.02e	53.83±1.64a	33.84±2.59a

青贮的本质是微生物（酵母菌等）在有氧胁迫下分解饲料内部糖类等营养物质，迅速增殖，导致一系列物理、化学参数以及微生物参数发生变化，具体表现为 pH 值变化、O_2 和 CO_2 浓度变化，微生物增长速率发生变化（Ashbell et al., 2002; 韩立英和玉柱, 2009）。青贮饲料可保持青绿饲料的营养特性，富含多种维生素；消化性强，适口性好，具有酸香味，柔软多汁；占用空间小，管理费用低，可长期保存（玉柱等, 2004）。青贮饲料的制作过程相对复杂，质量受诸多因素的影响，主要包括青贮原料的水分和可溶性糖含量，青贮设施、装填速率与压实密封等，而原料的收割时间决定饲草的生物量、水分和发酵底物含量，不同的青贮方法往往采用不同的青贮设施并影响到填装和压实情况。

藜麦茎叶的含水量、主要营养成分以及可溶性碳水化合物含量随藜麦的生长发育进程而变化，开花期后生物量和营养物质含量较高，适宜制作青贮时间为藜麦乳熟后期至蜡熟前期。采用约翰迪尔 8300 青贮收割机（配牧草捡拾台）收割带穗全株藜麦，切碎 1~2cm 。均匀喷洒混合饲料植物乳杆菌添加剂 1∶1000 稀释液，用 Orkel MP2000 高密度压实裹包机处理，处理成 800kg/m³ 的裹包，裹包直径 115cm，长度为 120cm，体积为 1.25m³。薄膜包膜 3~4 层密封，在干燥处，于 15℃以上条件下储存 45 d 后，完成青贮制作。

4. 藜麦的深加工

藜麦籽粒蛋白质含量高，均衡含有人体自身不能合成的 9 种必需氨基酸，不饱和脂肪酸等，其他营养成分含量也十分丰富。藜麦易消化，不含麸质，不会造成过敏，适合素食者和食物易过敏者，以及对减肥瘦身有需求的人群；其营养丰富。藜麦口感独特，熟后散发坚果清香或者人参味，很受儿童喜爱；其全营养特性和高含量可为孕妇提供足够的营养；其升糖指数低，是预防糖尿病的最佳食品；联合国粮食及农业组织推荐藜麦为适宜人类食用的"全营养食品"。藜麦作为营养价值极高的全营养食物，产品形态丰富多样。

目前关于藜麦的主要产品有藜麦米、藜麦面、藜麦冲调粉、藜麦片、藜麦挂面、藜麦饼干、藜麦酒、藜麦茶等；开发出纯藜麦植物酸奶，藜麦酸奶多酚和黄酮含量数倍于藜麦米，具有很强的抗氧化作用，可提高人体免疫力。藜麦酸奶不含乳糖，是乳糜泻、糖尿病患者及三高人群的理想食品；藜麦蛋白粉、藜麦面膜等高端产品尚处于研发阶段。

7.1.3 产业发展模式

1. 藜麦育种、种植及加工模式

内蒙古地区从 2014 年开始先后从玻利维亚、智利、秘鲁、厄瓜多尔等地引进了千余份藜麦种质资源及品系，以高产优质藜麦新品种选育为目标，通过在不同的生态条件下，比较不同基因型藜麦产量和品质表现，发掘和培育综合性状优良、目标性状突出的优异育种新材料，筛选符合市场需求的高产优质藜麦品种。近年来通过对近千份藜麦品种资源（包括观赏、饲用、无皂苷、矮化等不同品种）的种植、观测研究和选育，培育出适合在活动积温 1800℃以上区域种植的 20 多个品种，适合在内蒙古地区，尤其是乌兰察布市及周边种植。2018 年内蒙古第一个藜麦品种"蒙藜 1 号"完成选育登记。

2. 饲用藜麦、青贮加工及饲喂模式

饲用藜麦采取合理密植的方法，鲜草产量一般可达 3~5t/亩，采用机械裹包方法，并添加益生菌进行青贮。青贮后进行牛羊饲喂，形成种植—养殖产业链。

7.1.4 前景分析

1. 籽粒型藜麦产业发展的需求

藜麦籽粒较高的营养价值吸引了人们的广泛关注（Carrasco et al., 2003），自 2000 年开始南美洲主产地的藜麦被大量出口。其中 90%被发达国家所购买，7 年价格飙升近 10 倍，当地人甚至因买不起藜麦而改食进口的大米、面粉，如玻利维亚政府不得不把藜麦定为"战略性物资"，并对孕妇补贴藜麦。2010 年前国际市场最大消费国为美国和加拿大，欧洲市场后来居上，日本、韩国、中国台湾等国家和地区也已有藜麦粉等深加工产品销售。有分析表明，藜麦自从被重新发现以来，国际市场份额达到百亿美元。国际上对藜麦的研究也比较深入，开展了抗盐碱育种、抗旱育种、基因测序等工作。

由于气候、地理、生产条件及政治等因素，2000 年前藜麦原产地产量有限。近些年强大的需求让藜麦从安第斯山快速走向世界。虽然北美一些基金和公司对南美洲藜麦生产给予了专业扶持和帮助，但是受地理因素限制，产量继续扩展能力空间有限，到 2012 年其产量仍不足 10 万 t。全球的藜麦原粮 98%以上来自南美洲，由于需求强劲，2008 年开始几乎每年都供不应求。近几年很多国家都在大力发展藜麦种植，其中美国已率先开始本土化种植。

我国 20 世纪末在西藏地区试种藜麦。但是由于气候不适宜，未能实现规模化种植，后来在山西地区试种成功。在大同恒山和忻州五台山、吕梁山建立了首批种植基地。目前青海、甘肃部分地区也实现了规模化种植。藜麦商品在国内市场的价格在 75～300 元/kg，藜麦原粮的价格在 16～20 元/kg。2010 年后藜麦产业在我国迅速发展，藜麦产品从单一的藜麦米发展到藜麦茶、藜麦营养片、藜麦粉等十几种。从最初的仅在山西和西藏种植，发展到河北、甘肃、青海等 18 个省份都有种植，到 2020 年全国藜麦种植面积达到约 25 万亩。

内蒙古自治区属于大陆季风性气候，尤其是位于农牧交错带的乌兰察布市丘陵山区和科尔沁地区，春季多风少雨，夏季冷凉，大部分年份相对干旱，土壤相对贫瘠，而藜麦耐旱性比较强，同时耐盐碱，耐瘠薄。因此内蒙古自治区种植藜麦具有得天独厚的优势。通过引进不同类型的藜麦资源，开展资源创新和育种研究，培育适用于我国藜麦生产的品种，充分挖掘其生产潜力。同时，开展藜麦高产优质配套栽培技术研究，根据国人饮食习惯，积极开发满足市场需求的藜麦系列加工产品，对内蒙古乃至全国特色杂粮产业的发展及精品农业的提升均具有重要的促进作用。

2. 藜麦饲用产业发展需求

世界发达国家的畜牧业产值占其农业总产值的50%以上，而我国畜牧业产值仅占30%左右（郭冬生等，2014）。因此无论对发达国家还是发展中国家来说，畜牧业都被认为是促进农业经济增长最重要的领域之一。我国种植业长期以来生产效率低，处于增产不增收的状态。由于家畜头数的增加以及全球气候的变化，天然草地持续退化、沙化，草地生产力下降严重（李海，2009）。改善草原牧区生态环境迫在眉睫，草畜平衡问题已经成为制约畜牧业经济发展的主要矛盾（李海，2009；肖力宏等，2004）。优质饲草的缺乏已成为限制我国畜牧业发展的重要瓶颈问题，急需发现新的优质牧草资源（王利民等，2004）。

2016年，内蒙古农业大学和中国农业科学院草原研究所等单位开展了苜蓿、燕麦等与藜麦饲用价值的对比研究，藜麦茎叶的营养成分的测定结果见表7-5，由表7-1、表7-5可知，藜麦的营养价值可与优质牧草苜蓿媲美。

表 7-5 藜麦茎叶的营养成分

品种	干物质/%	水分/%	粗蛋白/DM%	粗脂肪/DM%	粗灰分/DM%	中性洗涤纤维/DM%	酸性洗涤纤维/DM%	钙/DM%	磷/DM%
SC1	38.9	61.1	32.6	0.6	6.94	60.9	37.0	2.39	0.54
ZK2	30.3	69.7	24.6	0.5	25.4	62.0	42.5	2.44	0.79
ZK3	29.5	70.5	14.8	0.5	21.0	55.3	34.2	2.24	0.41
ZK4	34.7	66.3	29.3	1.0	22.3	48.4	32.0	2.14	0.47
ZK5	42.6	57.4	23.8	1.0	16.0	70.9	41.1	2.44	0.63
ZK6	40	60.0	21.5	0.7	18.0	69.2	45.5	1.85	0.55
ZK7	31.8	68.2	28.2	0.6	21.4	48.7	26.4	1.86	0.75
陇藜	63.8	36.2	20.8	1.9	19.7	53.8	31.3	2.88	0.30
蒙藜	66.5	33.5	16.9	0.7	20.3	49.5	32.5	1.65	0.29
台红	38.2	61.8	9.16	1.0	25.7	44.5	28.8	5.58	0.29

近年来内蒙古自治区以及全国畜牧业迅猛发展，对优质饲草的需求逐年增加，目前主要种植青贮玉米和少量苜蓿，但远远不能满足畜牧业的需求，牧草的缺口主要依赖进口苜蓿补充，但近年苜蓿价格持续上涨，严重影响了畜牧业的发展。藜麦适应性强，耐贫瘠，耐盐碱，抗寒性强、抗旱性强，生物产量高（Jensen et al., 2000），富含蛋白和纤维，适口性好（Oscar et al., 1995；刘敏国等，2017）。陈光等（2018）的研究发现藜麦秸秆的纤维素、蛋白质及脂肪含量接近玉米秸秆，但木质素含量明显低于玉米秸秆，这大大降低了秸秆作为动物饲料时木质素对胃蛋白酶及胰蛋白酶的酶解抗性作用，使藜麦秸秆呈现出更加柔软蓬松的性质，适口性更好，有利于动物主动采食，更有利于生物降解和动物消化吸收，使其较其他

秸秆更加适用于饲料生产。

3. 内蒙古发展藜麦产业的潜在比较优势

1）内蒙古地区自然优势明显

内蒙古地区土地资源丰富，该区生态条件与藜麦生长的自然环境相吻合，种植藜麦有着得天独厚的自然条件和区位优势。内蒙古地处中国北方，属于大陆季风性气候，尤其是丘陵山区，春季多风少雨，夏季冷凉，大部分年份相对干旱，土壤偏碱性，盐分高，相对贫瘠。而藜麦耐旱性比较强，耐盐碱，耐瘠薄。因此，内蒙古种植藜麦具有得天独厚的地理条件。内蒙古从通辽、赤峰至额吉纳旗，大部分地区海拔较高、干旱缺水、气候冷凉、日照时间长、昼夜温差大等，有着与藜麦原产地安第斯山非常相似的自然气候特点，非常适宜藜麦种植。近几年，通过其在赤峰、凉城、四子王旗、武川等地的推广种植，证明大部分地区适合藜麦生长，并且能够保证较高的产量和品质，特别是这些地区人少地多，适合藜麦大面积推广种植，形成规模效应。

2）藜麦产业的市场区位优势

与青海、甘肃等我国藜麦的主产地相比。内蒙古内联八省、外接俄蒙，航空、铁路、高等级公路纵横交错、四通八达，区位交通优势明显，就近市场辐射面积大、消费人口多，特别是距离京津冀、东南沿海等发达地区及高端市场更近，交通更加便捷，对藜麦产业的快速发展更有优势。

3）藜麦产业的生产效益优势

与小麦、燕麦和油菜等传统寒旱区的其他作物相比。藜麦亩产量基本相当，但市场价格、种植收益却遥遥领先。近5年，藜麦市场价格约是小麦、燕麦和油菜等传统寒旱区作物的2~4倍，种植农户每亩纯收益可达600~1300元，而种植小麦、燕麦和油菜等作物的亩纯收益在70~270元。如果采取种养结合，藜麦秸秆产量大、营养价值高、适口性好等，生产效益会更加明显。从长期看，随着人们膳食结构的改善，营养、健康、优质的藜麦食品会得到越来越多消费者的认可，在受种植区域限制较大的前提下，藜麦市场前景非常乐观。

4. 藜麦产业发展展望

1）有利于调整与优化农牧业种养结构

调整优化农牧业种养结构和种植业内部结构是内蒙古农牧业供给侧结构性改革的重要内容。但干旱冷凉、生育期较短、生态脆弱的旱作耕地面积约占内蒙古自治区耕地总面积近60%,受自然条件限制,可以用来轮作倒茬、调整种植结构的作物品种有限,既是农业供给侧结构性改革的难题,也是增加牲畜头数,调整种养结构,实现"为养而种"的难点。藜麦非常适合该区旱作农田种植,而且籽粒、饲草(秸秆)产量较高,营养丰富,种植收益好,非常有利于区域调整优化农牧业结构,实现增产增效。

2)有利于壮大内蒙古特色产业经济

农牧业始终是内蒙古地区的优势特色产业,尽管很多传统农产品地理标志和品质优势明显,但受整体行业市场价格影响,优质难优价,产业效益、特色经济也难以有效发挥。该区地理区位、自然环境非常适于发展优质藜麦产业,且全国可竞争的产地较少,随着人们膳食质量的不断提高,市场需求潜力巨大,在今后较长时期内,完全可以实现优质优价、特色发展,有利于农业特色产业的发展壮大。

3)有利于助推乡村振兴

由于自然条件较差,特色产业发展不充分,适于藜麦种植的地区基本属于欠发达地区,是脱贫攻坚和乡村振兴的重中之重、难中之难。发展藜麦产业既可将大部分欠发达地区自然环境的劣势转化成藜麦特色产业的优势,又可将地多人少、自然生产力低下的短板变成发展大规模、高效益藜麦产业的长项,有利于促进产业扶贫,助推乡村振兴。据武川和察右中旗等欠发达旗县种植收益测算,农户种植藜麦的亩均年收益约和种植马铃薯的效益相当,但投入仅是马铃薯的1/5。是种植燕麦效益的4~6倍。

内蒙古是当之无愧的"小杂粮王国",谷子、杂豆、莜麦等产量在国名列前茅,但真正能走出国门的并不多。藜麦的引进种植除能体现高山、天然、生态等固有的原生态特质外,还有独特的营养价值,对内蒙古特色农业的形成与精品农业的提升具有一定的促进作用。

4)有利于筑牢祖国北疆生态安全屏障

实践表明,藜麦适合在生态环境脆弱的地区生长,防风、固沙、蓄水、固土等功能俱佳,能够有效保护和改善寒旱区的生态环境。特别是,藜麦种植需水量较低,单位产量需水量约是玉米的1/3、小麦的1/5、马铃薯的1/4、苜蓿的1/4,非常有利于内蒙古东西部水资源匮乏的干旱、半干旱地区增加植被、修复生态。同时,藜麦生长较快、植株高大,色彩艳丽,且随季节变化,大面积种植,非常壮美,极具观赏价值。因此,发展藜麦产业有利于筑牢祖国北疆生态安全屏障,将内蒙古打造得更加亮丽。

近年来，藜麦的国际需求增长很快，尤其是欧美国家进口量和消费量剧增，致使主产国玻利维亚 2003~2007 年藜麦出口量增长了 6 倍。2009 年 3~10 月，藜麦出口国的藜麦价格涨了近 2 倍。目前，国际市场的藜麦价格为 12 美元/kg。随着国内消费者对养生和保健的需求不断攀升，我国也必将造就一个容量巨大的新兴产品市场。藜麦平均产量如果达到每公顷 2250 kg，按 15 元/kg 计算，农民每公顷相对收入会提高 12000 元以上；种植面积达到 0.67 万 hm^2，农业产值可达 22.5 亿元，市场价可达 10 亿元以上，可带动 8 万个家庭，解决 1 万多劳动力的就业问题。

5. 饲用藜麦产业发展展望

2014~2019 年藜麦营养价值、青贮试验以及饲喂试验的研究表明，藜麦的粗蛋白含量高，营养价值可与优质牧草苜蓿媲美；开花期后藜麦全株的营养价值、生物量以及水分含量是进行青贮的最佳时期；进行青贮制作时添加了混合饲料植物乳杆菌添加剂青贮邦（其主要成分为植物乳杆菌 Ps-8、Ps-F、蔗糖、硅铝酸钠），制作的青贮感官性状好、品质优良。

目前，由于北方草原退化，优质饲草比例降低，草地承载能力下降，优质粗饲料的不足已成为制约畜牧业发展的主要因素之一。畜牧业高速发展对高品质饲草的旺盛需求会进一步推动新型饲草的开发，藜麦作为适应性强的高蛋白饲草，大面积种植藜麦是解决这一问题的有效措施。同时在防治草地退化、恢复草地生态系统平衡方面也起着重要作用。饲用藜麦在干旱、半干旱草原区以及农牧交错带种植，采用青贮的方法解决饲草淡旺季不平衡的问题，是畜牧业发展的新途径，巨大的需求使其成为发展前景广阔的新的产业模式。

科尔沁沙地位于中国北方农牧交错带，区域生态环境脆弱，属于大陆季风性气候，春季多风少雨（吕朋等，2018），大部分年份相对干旱。近年来科尔沁沙地畜牧业迅猛发展，对优质饲草的需求逐年增加，目前主要种植青贮玉米和少量苜蓿，但远远不能满足畜牧业的需求。在科尔沁沙地发展藜麦沙产业，通过种植藜麦并进行青贮加工与应用，可为当地畜牧业的发展提供优质饲料。这对缓解该区域畜牧业发展与优质饲草供给不足的矛盾，具有重要的作用和意义。

7.2　蒙中药材种植、加工及产业化模式

7.2.1　背景与现状

蒙中医药作为我国蒙古族独特的医药资源、潜力巨大的经济资源、具有原创优势的科技资源、优秀的文化资源和重要的生态资源，蒙中药材是蒙中医药事业

传承和发展的物质基础，是关系国计民生的战略性资源（张素君等，2016；唐艺玲等，2019）。随着市场经济发展和全民健康意识不断增强，食品药品安全特别是原料质量保障问题受到全社会高度关注，蒙中药材在中医药事业和健康服务业发展中的基础地位更加突出（袁郡和张藤，2018）。

随着人们生活水平的不断提高和卫生保健事业的发展，以及药品生产规范化的发展，对中药材的需求量大幅度增加，致使多种药材市场供应出现不同程度的紧缺现象。另外，野生蒙中药材过度开采，导致资源枯竭甚至濒危。致使传统的蒙中药材采收利用方式，已经不能满足现代人们对蒙中药材的需求，同时对生态环境造成破坏等，尤其在生态脆弱的科尔沁沙地更是如此（张素君等，2016；袁郡和张藤，2018）。近年来，国家大力推动农村经济结构调整，极大地促进了高效农业和立体农业的发展，药用植物种植与加工的中药事业得到了快速发展，无论是在生产规模上，还是在商品产量上，都较以往有了成倍的增长。

近年科尔沁沙地为进一步加快农业产业化发展步伐，调整和优化种植业结构，着力扭转玉米种植"一家独大"的局面，将蒙中药材产业作为种植业调整的重要方向和农民致富的主要路径，加大种植面积。为了推动蒙中药产业发展，内蒙古自治区各级政府和相关科研机构重点做了如下工作。

1. 加强蒙中药资源保护利用

结合全国中药资源普查工作，积极推进蒙中药资源调查，构建蒙中药资源数据库和信息共享平台，编制蒙医药中医药大数据平台。结合蒙中药材资源保护工程，做好蒙中药材资源保护工作，建立濒危野生药用动植物保护区。以蒙中药特色、常用、珍稀、濒危品种为重点，建立蒙中药种质资源库，开展种质保存、评价、种子种苗规模繁育、规范化种植等关键技术研究，保障蒙中药资源的可持续利用。

2. 推进蒙中药材规范化种植养殖

以少数民族药常用、濒危、制剂大品种原料药材特色品种为重点，制定蒙中药材生产区划，开展人工繁育、规范化种植及产地加工等关键技术研究。探索适宜蒙中药材生物学、生态学特点的高原、山地、草原及荒漠化地区蒙中药材生态种植生产模式。制定蒙中药材种植养殖、采集、储藏技术标准，加强对蒙中药材种植养殖的科学指导。积极推动公司+农户+科技+商贸（物流）、种植养殖专业合作社、合作联社等多种形式，建立蒙中药材规范化、规模化种植养殖生产基地。引导民族地区农户以多种方式参与蒙中药材种植。

3. 提升蒙中药产业化水平

以蒙古族医经典名方、医疗机构制剂为重点，开展新药研发，形成一批具有自主知识产权、安全有效、临床价值高的创新蒙中药产品。选择具有临床价值及市场潜力、市场占有率高的蒙中药成药大品种，开展制药工艺技术改进研究、制药装备研发与产业化转化，促进蒙中药制药技术水平、蒙中药制药企业核心竞争力提升。支持大型蒙中药企业规模化发展，逐步推进产业数字化、网络化、智能化，培育蒙中药企业集团和产业集群。规范蒙中药材市场流通，打造传统经营与电子商务相结合的现代营销模式。

7.2.2 技术要点

1. 沙地蒙中药材种植品种选择

我国的中药材不但种类多、分布广，而且栽培历史十分悠久。我国可供药用的植物已鉴定的有5000多种，其中在药材市场上销售的常用中草药就有500多种，需求量较大，主要依靠栽培的有250多种。

1）蒙中药材种植品种选择考虑的因素

从众多蒙中药材品种中选择何种药材品种种植，一般需要考虑如下几个因素。

生态环境适应性和生态效益：首先考察该品种是否适合当地的气候条件、土壤条件、灌溉和排水条件，以及其他品种生长习性的特殊要求。例如，西洋参、人参、大黄必须种植在冷凉地区，冬天低温，才能正常生长发育。因此药材品种不能盲目引进种植。引进种植品种的生态原则：尽量种植当地的道地药材品种，这些品种适应性没有问题，也有栽培技术和市场基础；对于新引进的品种，则一定要慎重。沙地蒙中药材种植的生态优势：中草药大多是多年生植物，蒙中药材的种植减少了沙地土壤翻耕的次数，而且冬春季节药材地上部分防风固沙作用突出，生态效益明显。沙地蒙中药材种植的品质优势：沙地的沙质土壤土层疏松，氧气充足，根系代谢旺盛，有助于根系药材药用器官的生长；科尔沁沙地昼夜温差大、日照时间长，且水质、大气、土壤污染较少；同时沙地经常面临干旱高温等逆境条件，促进了药材次生代谢产物和有效成分的积累，这些条件保证了沙地蒙中药材的品质。

种植的经济效益：沙地蒙中药材种植可调整沙地作物种植结构，有效提升沙地的生态效益和经济效益。沙地蒙中药材种植有利于提高沙地的利用价值，沙地中草药种植多为合作社模式，大规模种植有利于提高农田利用效率，机械化程度更高，同时解放农村劳动力，具有较好的经济效益。同时，蒙中药材种植的经济效益是种植户和企业等种植主体首先关心的问题。影响种植中草药收入的因素较多，主要客观因素有种植成本、栽培技术、市场价格。中草药种植成本由种子种苗费、肥料费、农药费、管理费等组成。种子种苗费是一个要仔细考量的因素。种子种苗价格在不同年份间变化很大。种子价格的变化基本和中草药价格平行，但稍有滞后。中草药价格是选择品种时要考虑的最重要因素之一。首先应该有一个非常清晰的概念，即每种中草药价格不是一成不变的，大部分中草药品种，不同年份，甚至不同月份价格差异能达到几倍，甚至十几倍。综上，影响蒙中药材种植经济效益的可变因素主要为种子种苗和药材的价格。因此，应初步了解不同类型中草药价格的变化趋势，根据变化特点选择种植品种。

按照历史的资料分析，有些中草药历年价格变化呈现一定的趋势，如人参、太子参、黄连、当归、麦冬、百合、枸杞等中草药，人工栽培有几十年甚至百年以上。它们的价格变化呈现周期性波动。影响波动周期的两个重要因素是：中草药收获年限，以及生产恢复难易和快慢。例如，人参一般5～6年收获，价格达到顶峰的年头后，到收获年份就会下跌。天麻的价格变化周期为3～5年，红花、太子参的变化周期则为2～3年。对于这些中草药，在价格跌入低谷或其后1～2年发展种植，收获时能赶上较高价格。在价格很高时不宜种植，否则收获时正好赶上价格降低的时候。另外，还需考虑药材供应量和需求量的增长情况，尤其是种植药材资源的发展规模和速度。

当然，影响中草药价格变化的因素有很多，现在只能分析一些药材的总体趋势。有很多时候会发生偏离，这还需要加强相关研究和跟踪。由于预测每种中草药价格的变化趋势有一定难度，除非选择种植品种时有很好的把握。为了较好地规避价格风险，应该搞多元化种植，即可以选择2～5个品种，主种1～3个品种，其余品种繁育种源，等待时机好时，可以及时扩大面积。这种方式可以避免全部赔本的风险，又可以及时调整种植的品种。同时长短结合，以短养长，即同时种植一年生和多年生品种。一般多年生中草药品种效益较好，价格比较稳定，一年生品种则效益相对差一些，价格变化快。

2）科尔沁沙地蒙中药材种植品种的调查、整理与评价

经过调查科尔沁沙地目前主要种植品种31个，按照产值需要年限划分：

（1）当年生药材，主要品种16个，分别是板蓝根、丹参、防风（种子）、款冬花、牛膝、铁苋、水飞蓟、草红花、蒺藜、北沙参、土木香、紫苏、黄芪育苗、甘草育苗、防风育苗、射干育苗。

（2）多年生药材，主要品种15个，分别是苦参、桔梗、柴胡、甘草、黄芪、苍术、沙苑子、茺蔚子、黄芩、知母、射干、芍药、山桃、枸杞、黑枸杞。

（3）其他成功种植的药材品种有7种，分别是草麻黄、柴胡、牛蒡子、瞿麦、蒺藜、紫苏和益母草。

另外，当年种植的丹参、益母草、车前子、白术、蒲公英5种药材长势良好。

调查其越冬情况后表明，大田种植的车前子不能越冬，但是在科尔沁沙地田间地边偶尔会遇到自然生长的车前子；移栽的赤芍生长特别慢，原因尚不明确，需要进一步调查。

按照主要的土壤类型区划分：

（1）南部石质山区的粗骨褐土、栗钙土、褐土和黄褐土区：适宜苍术、知母、黄芩、远志、柴胡、地黄、甘草、益母草等种类；

（2）中部沙区的沙壤土区：适宜黄芪、苦参、甘草、麻黄、防风、赤芍、菟丝子、枸杞等种类；

（3）北部平原区的草甸土区：适宜丹参、黄芪、木香、牛膝、板蓝根、北沙参、冬花、皂角刺等种类。

3）沙地蒙中药材的生物学特征

植物的生物学特征是其个体生长发育规律及其生长周期各阶段的性状表现（张武等，2015；何念鹏等，2018）。应用于中药材生产管理中，就是研究植物性中药材的生长发育规律，尤其是在生长发育过程中药用器官变化的规律，以指导中药材生产与应用的实践。目前，对药材的生物学特性的深入研究较少，可能导致药材生长年限不够、抢青采收等现象，进而影响中药材的质量。通过蒙中药材生物学特征的调查，可以了解其个体的生长发育规律和产量等要素。遵循药用植物的生物学特性，不仅有助于优化药用植物的种植年限，保证中药材的品质和有效性，而且有助于提高药材的产量，兼顾药材种植的经济效益。综上，中药材的生物学特征研究对于提高药材的产量和质量具有重要作用，也是制定中药生态种植技术规范的科学基础（都晓伟和刘鸣远，2004）。

在GAP（中药材生产质量管理规范）有关药用植物栽培管理条文中明确规定，根据药用植物生长发育要求、发育时期、生长发育特性和不同的药用部位，制定相应的种植规程和田间管理，调控植株生长发育，提高药材产量，保持质量稳定。这就要求首先要对植物的生长发育规律进行深入的研究和掌握，根据不同植物生长发育的特点和要求，提供必要的栽培条件和管理措施，制定药材的生产标准操作规程，以保证药材的质量，提高药材的产量（都晓伟和刘鸣远，2004）。本研究拟通过测定七种蒙中药材在科尔沁沙地生长的根长、鲜根直径、根干重、茎叶干重简单易测的生物学性状，了解这几种药材在沙地的生长发育规律，以指导半干旱沙地蒙中药材生产与应用的实践。

通过测定科尔沁沙地当年种植的7种中草药，包括防风、黄芩、苦参、远志、板蓝根、黄芪和甘草，除了板蓝根的叶子也可入药外，这几种药材的药用器官都是根。于生长季末期尽量完整地挖取整株，每种药材随机取3～5株，重复测定根长、鲜根直径、根干重、茎叶干重等生物学特征。比根长为根长和生物量的比值，根干重与茎叶干重的比值为根冠比。以期通过中药材生物学特征为沙地蒙中药材种植品种选择和种植管理提供科学依据。

a. 当年根生物量

作为以根入药的药材，根生物量反映了药材的产量。七种药材根的生物量从大到小依次为板蓝根、黄芪、苦参、甘草、黄芩、防风和远志。板蓝根的根生物量最高，达到 11.54g/株，而根生物量最小的远志只有 0.40 g/株（图 7-3）。

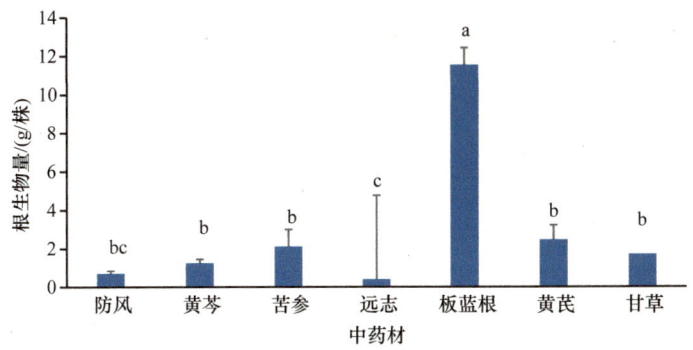

图 7-3　七种中药材根的生物量

b. 根的长度和直径

根的长度和直径是药材品质的重要指标。七种药材中，甘草的根长最大，为 59.67cm，板蓝根和防风的根长也超过 45cm，黄芩和苦参的根长平均为 30cm，黄芪和远志的根长较小，低于 30cm（图 7-4）。七种药材鲜根的直径表现为板蓝根的最大，为 9.34mm，黄芩、苦参和黄芪的直径均超过 7cm，甘草的直径为 6.49cm，防风和远志的直径较小，分别为 4.57mm 和 2.54mm（图 7-5）。

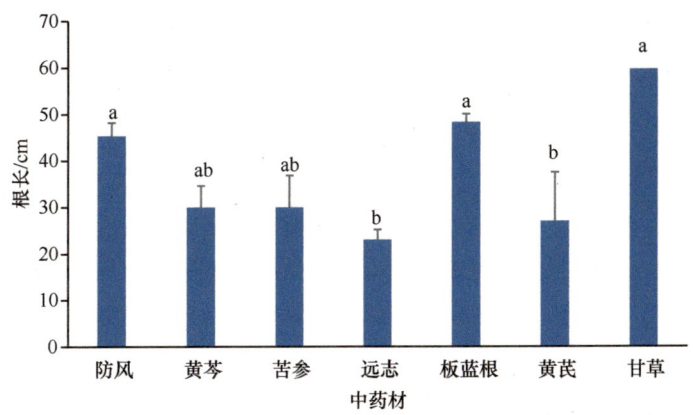

图 7-4　七种中药材根的根长

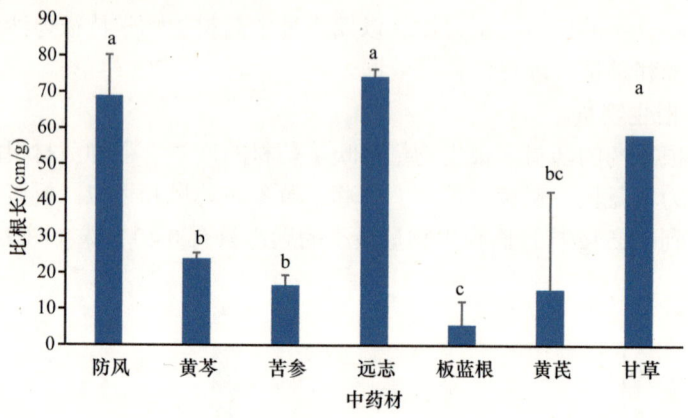

图 7-5　七种中药材根的鲜根直径

c. 比根长

比根长指根单位重量的根长,可以表征根系收益和成本的关系。七种中药材中,远志的比根长最大,为 74.35cm/g;防风和甘草的比根长较大,分别为 68.95 和 58.29 cm/g;板蓝根的比根长最小,为 5.64 cm/g（图 7-6）。

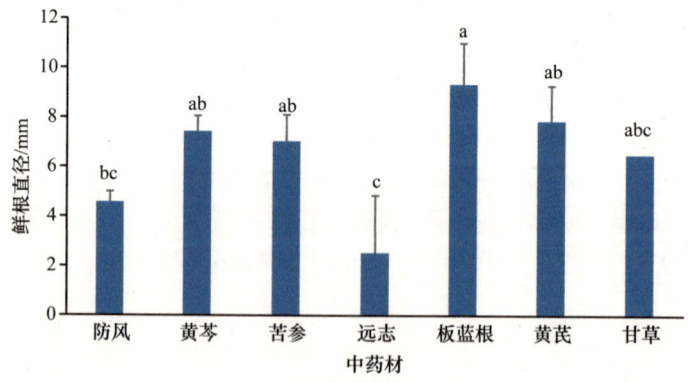

图 7-6　七种中药材根的比根长

d. 根冠比

根冠比是指植物地下部分与地上部分的鲜重或干重的比值,可以表征植物地下与地上部分的相关性。七种中药材中,板蓝根的根冠比远远高于其他中药材,达 3.59,而防风和黄芩的根冠比很小,均低于 0.15（图 7-7）。

4）沙地蒙中药材品种选择和种植建议

开展道地蒙中药材生物学特性和生长发育规律等基础研究,才能完善蒙药材中药材生产的基础理论,指导蒙药材中药材科学研究。考虑每种药材生物学特性

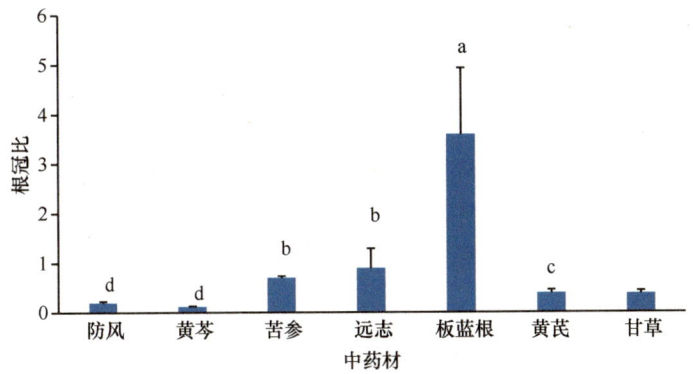

图 7-7 七种中药材根的根冠比

的差异及其经济效益,才能为合理制定蒙中药材的种植年限提供科学依据。

板蓝根在种植当年,根生物量、直径和根冠比明显高于其他药材品种,表明板蓝根适合当年采收,短期经济效益较大。另外,考虑到板蓝根的叶片和根系均可入药,可以根据市场行情决定采收叶子或者根;同时可以根据干旱有利于提高根冠比的理论,通过控制水分供给等措施,调节其茎叶和根的物质分配(Luo et al., 2014; 孙淑英和陈贵林, 2019)。

防风、甘草、苦参、黄芩和黄芪 5 种药材当年根系长度长,但是直径细,应该增加种植年限,提高其药用价值和经济效益。另外,可以通过当年合理密植、次年移栽的方式扩大种植面积以提高其经济效益。远志本身生长较慢,应合理密植并适当增加种植年限,以提高其药用价值和经济效益。

蒙中药材本身的生物学特点和不同年限的产量和品质也有差异。因此在该区推广种植蒙中药材的过程中,应结合蒙中药材的生物学特点确定不同的种植年限,同时应搭配不同的品种,兼顾农户的短期效益和长期效益。

综上所述,7 种主要以根入药的药材在科尔沁沙地种植当年,到 8 月根长均在 20cm 以上、有较大的发展潜力。在科尔沁沙地蒙中药材种植中,应根据药材本身的生物学特点确定其种植年限,如板蓝根适合当年采收,防风、甘草、苦参、黄芩和黄芪 5 种药材适合移栽和延长种植年限,远志适合密植并延长种植年限。选择和配置不同的药材种类,不仅能兼顾种植户的短期效益和长期效益,而且能尽量降低单种药材价格大幅波动的风险。基于在科尔沁沙地对药材生物学特征的调查,在科尔沁沙地,一年生药材推荐种植大宗药材品种板蓝根,产量较高,而且会快速取得收益。多年生药材推荐沙地道地药材品种,如防风、黄芪、苦参和甘草等。

2. 沙地蒙中药材主要品种种植与加工技术

1）防风

防风为常用中药材，应用历史悠久。其具有解表祛风，除湿止痉，舒经通络的功能，享誉国内外。其为伞形科植物，分布于东北三省、河北、河南、甘肃、青海等地。多为野生，近已野生改家种成功，是典型的沙地道地药材品种。

A. 种植技术

a. 选地整地

选择质地疏松、排水良好、较肥沃的沙壤土为宜。根据黑龙江种植经验，对于半野生半家种的大面积商品基地，以选择有野生防风分布的荒地为好；建立防风种子田地，多选择二荒地或农田。

b. 播种

其于5～7月播种，每亩施50kg复合肥和2000～3000kg腐熟有机肥作为基肥。直播或者移栽均可，直播每亩播种量5kg。条播行距30cm，开深2～3cm的浅沟，将种子均匀撒沟内，覆盖薄土后，稍加镇压，浇透水，经常保持土壤湿润，15d左右出苗。待苗长到7～10cm时即进行间苗，株距20cm，可将间下来的幼苗另行移栽。

c. 病虫害防治

（1）病害。①白粉病：主要在夏秋季节危害叶片，被害叶片呈白粉状斑，后逐渐长出小黑点，严重时叶片早期脱落，只剩茎秆。防治方法为，一是农业措施。秋季落叶后清理田园，将残株落叶清出田外，集中烧毁，杜绝病原菌来源；加强田间管理，注意通风透光，增施磷、钾肥，增强抗病力；不选用低洼地种植防风，雨后及时排水；与禾本科作物轮作，都能减轻病害发生。二是化学防治。用15%三唑酮可湿性粉剂1500倍液，或50%瑞毒霉·锰锌可湿性粉剂1000倍液，每5～7d喷一次，连喷2～3次。②立枯病：根、枝条、茎整株均受危害。受害后主根表皮破裂，部分干腐，病斑红褐色条状，有白色菌丝体和黑褐色菌核，枝条呈褐色或黑色焦枯状，茎基部呈现长条形黑色病斑，病斑很快扩大呈水渍状，病部逐渐萎缩、腐烂，最后整株枯死。防治方法为，一是农业措施。合理密植，注意通风透光，及时摘掉下部枯叶，清出田外烧毁或深埋，减少传染源。二是化学防治。发病前或发病初期用50%甲基托布津800～1000倍液，或50%多菌灵600～800倍液喷雾防治，每7～10d喷一次，连喷2～3次。③根腐病：在多雨季节发生。发病初期叶片萎蔫，根部与地面交接处变黑腐烂，根皮脱落，几天后整株死亡。防治方法为，一是农业措施。选择土层深厚、排水良好、疏松干燥的砂质壤土种植较好，雨季注意排水，防止积水烂根。二是化学防治。及时拔除病株，并用生石灰消毒，预防大面积传染，同时用50%多菌灵500倍液根际浇灌。

（2）虫害。①黄翅茴香螟：发生在现蕾开花期，幼虫在花蕾上结网，取食花与果实，8月上中旬是危害果实盛期。防治方法为，发生期早晚用90%敌百虫800倍液喷雾防治，也可用50%杀螟松乳油1000倍液，或用25%溴氰菊酯乳油3000倍液傍晚喷雾防治，每5～10d喷一次，连续喷2～3次。②黄凤蝶：5月开始危害，幼虫危害叶片和花蕾，将叶片咬成缺刻，或将花蕾吃掉，仅剩花梗，严重时整个叶片被吃光。防治方法为，发病初期喷80%敌敌畏乳油1000倍液，或20%菊马乳油3000倍液，或21%增效氰马乳油4000倍液防治。③蚜虫：蚜虫是农作物和药用植物最常见的害虫，危害叶片及嫩茎，严重时茎叶布满蚜虫，吸取汁液，使叶片卷曲干枯，嫩茎萎缩，影响药材产量及质量。防治方法为，用10%吡虫啉可湿性粉剂1500倍液，或3%啶虫脒可湿性粉剂2000倍液，或10%万安可湿性粉剂2000倍液，每5～7d喷雾一次，连续2～3次。必要时可增加喷雾次数，但药液浓度过大或喷药间隔较短容易产生药害。

B. 栽培管理

幼苗长出之后，应根据表土板结和杂草生长情况，及时进行几次中耕除草，并且应根据土质肥瘦的情况，在中耕的同时追肥复合肥或二胺，以促进防风生长发育。

C. 收获与加工

防风种植2～3年后收获，于春、夏、秋季均可采挖，但以春、秋季采挖的质量好，质坚，折干率高，一般2.2～2.5kg鲜货可出干货1kg。夏季采挖的含水量大，质疏松，折干率低，一般3kg鲜货出1kg干货。防风采挖后，先去净泥土，晾晒至8成干时打捆，每捆约1kg，继续晾晒至全干即成。

2）黄芪

黄芪为著名常用中药材，应用历史悠久，为补气固表、排脓、利尿排毒、敛疮生肌之佳品，疗效显著，深受广大医生、患者所喜爱，享誉国内外。本品为豆科植物蒙古黄芪、膜荚黄芪和多序岩黄芪的根。黄芪野生、家种均有，分布于东北三省、内蒙古、山西、甘肃、四川、陕西、宁夏等省（自治区）。

A. 种植技术

a. 选地整地

黄芪为深根性植物，平地栽培应选择地势高、干燥、排水良好、疏松而肥沃的沙壤土；在山区应选择土层深厚、排水好、背风向阳的山坡或荒地栽种。地下水位高，土壤湿度大，质地黏紧，低洼易涝的黏土或土质瘠薄的沙砾土，均不宜栽种。选地后进行整地，一般深耕30～45cm。结合翻地施基肥。每亩施混合肥50kg、农家肥2500～3000kg。春耕翻地要注意土壤保墒，然后耙细整平。

b. 种植方法

(1) 种子前处理：播种前必须进行种子处理。黄芪种子比较硬，种前可磨破一点外皮，有利于吸水发芽。例如，多采用粗砂或磨米机轻度摩擦种皮，也可在水泥地上用砖头压着来回摩擦 3~5 遍。这样处理一下后再种。

(2) 田块播种：分春播、伏播和秋播。科尔沁沙地一般在 5 月上旬播种，条播行距 40cm，每亩播种量 3.5kg。在生产上多采用直播，田间管理方便，省工且产量高，质量好。育苗移栽不仅费工，而且移栽时易伤主根，形成鸡爪芪，影响药品质量。

B. 栽培管理

a. 中耕除草和追肥

当年苗出齐后即可松土除草，一般进行 2~3 次。当苗高 7~10cm 时进行疏苗，按 15~20cm 株距定苗。以后每年于生长期视土壤板结和杂草长势进行松土除草。1~2 年生黄芪播种后生长旺盛，根部发育较快，可结合中耕除草适当追施磷、钾肥料。

b. 灌溉与排水

出苗和返青期需水分较多。例如，遇干旱，应及时进行灌水。雨季土壤湿度大，易积水地块应及时疏沟排水，以防烂根。

c. 病虫害防治

(1) 病害。①白粉病：从苗期到成株均可发病，一般多在 7~8 月。主要危害叶片，也可危害荚果。受害的叶片和荚果表面生出白粉，后在病斑上出现小黑点，可造成早期落叶或整株枯萎。防治方法为，发病前或发病初期，每 15d 喷一次波美 0.3 度石硫合剂，或用 50%托布津 800~1000 倍液喷雾，每 10d 一次，连续 2 或 3 次。②根腐病：主要危害根部，造成烂根。发病后植株自上而下萎蔫、枯黄，以至死亡。发病多在 6~8 月，在高温高湿、土质黏重的情况下更易发病。防治方法为，认真选地，加强田间管理，及时拔除病株，病穴用石灰消毒；整地时每 $667m^2$ 施 70%五氯硝基苯 1kg 进行土壤消毒，并施石灰氮 20~25kg 作为基肥。

(2) 虫害。①蚜虫：属于同翅目昆虫，多在 6~8 月发生，主要危害植株上部的嫩茎叶，从而影响植株正常生长发育。防治方法为，用 40%乐果乳油 1500~2000 倍液和 50%杀螟松 1000 倍液喷洒，每 7d 一次。②豆荚螟：鳞翅目螟蛾科昆虫，一般在 6~9 月发生，成虫产卵于嫩荚或花苞上，幼虫孵化后危害种子。防治方法为，在成虫盛发期，于傍晚喷洒 80%晶体敌百虫 1500~2000 倍液，每 7~10d 一次，连续 3~5 次，直到种子全部成熟。

C. 收获与加工

黄芪药用部分为根部。根必须长至一定的长度和粗度才能采收。一般 3~4 年即可采收。以秋季 10~11 月为采刨期，因其根生长很深，采挖时应以铁镐深刨，一般刨至 100cm 左右,才可拔起。刨时切勿损伤其外皮并避免折断。然后洗净泥土,将黄芪放于沸水锅内略浸 1~2 分钟,随即取出,置阴凉处,让其回润(吸湿回润),再削去头尾,然后用绳捆把晒干,再搓直,这样可使根条挺直。

3)苦参

苦参为豆科多年生草本植物,以干燥的根及根茎入药,具有清热解毒、消肿止痛、杀虫、利尿、健胃、通便之功效,常用于治疗咽喉肿痛、皮肤瘙痒等疾病。在农业生产上是较好的杀虫剂,是开发生物农药的原材料。

A. 种植技术

a. 选地与整地

苦参为深根系植物。选择土层深厚、肥沃、排水良好的砂质壤土为好。选地后进行整地,一般深耕 30~45cm,整细整平。结合翻地施基肥,每亩施混合肥 50kg、农家肥 2500~3000kg。

b. 种植方法

(1)种子的处理。播种前必须对种子进行处理。苦参种子比较硬,种前可磨破一点外皮,有利于吸水发芽,如多采用粗砂或磨末机轻度摩擦种皮,也可在水泥地上用砖头压着来回摩擦 3~5 遍。

(2)在科尔沁沙地应在 5 月初播种为宜,条播或穴播。从田间管理的角度来看,以穴播较好,每亩播种量 3kg。也有采用育苗移栽方式的,但移栽时较为烦琐。先将床面反复搂耙,按行距 50cm,株距 30cm 挖穴,穴深 2~3cm,每穴播种 6~8 粒种子,覆平,稍镇压。每亩播种量为 3kg。

B. 栽培管理

a. 中耕除草

正常条件下播种后 7d 左右出苗。由于杂草生长较快,应及时清除,并适当松土。当年苗出齐后即可松土除草,一般进行 2~3 次。当苗高 7~10cm 时进行疏苗。以后每年于生长期视土壤板结和杂草长势进行松土除草。

b. 追肥

7 月上旬再进行一次追肥,以磷、钾为主,加强复壮、促进根部营养成分的积累及越冬芽的分化;8 月中下旬培土一次,以促进越冬芽的形成和保护。

c. 灌溉

出苗和返青期需水分较多。如遇干旱,应及时进行灌水,以保证小苗的正常生长。

d. 病虫害防治

科尔沁沙地种植苦参的病虫害主要有根腐病、白粉病、蚜虫和野草螟,根腐病、白粉病和蚜虫的防治参考黄芪病虫害防治的方法。

野草螟：苦参返青期，将喷雾器喷头拧下，用 48%毒死蜱乳油 60mL/亩，或 40%辛硫磷 70mL/亩，兑水喷淋植株根围。喷淋时药液量要大，保证药液渗到苦参根围害虫藏匿的地方。

e. 打顶

在采收之前，如果不需要采收种子，则去掉花序进行打顶，保证根部对营养物质的积累，以便获得量高质优的中药材。

C. 收获与加工

苦参以根入药。栽种两年后，于春秋季采挖，以秋采者为佳。挖出根后，去掉根头、须根，洗净泥沙，晒干。鲜根切片晒干，称为苦参片。

4）甘草

甘草为我国销用最广的传统中药材之一，具有补脾益气，清热解毒，祛痰止咳，缓急止痛，调和诸药的功能，享誉国内外。本品为豆科植物甘草（*Glycyrrhiza uralensis* Fishch）、胀果甘草（*G.inflata* Bat.）、光果甘草（*G.glabra* L）的根茎。多为野生，20 世纪 70 年代野生变家种获得成功，产量有较大增长。甘草主要分布于内蒙古、宁夏、东北三省、河北、陕西、甘肃等地；光果甘草主要分布于新疆、青海及甘肃西部；胀果甘草主要分布于新疆南部、东部及甘肃酒泉、金塔一带。

A. 种植技术

a. 选地整地

通常选择土壤肥沃、质地疏松、排水良好的沙质土。一般多机械翻地，深耕 20cm 左右，耕翻后整平耙细。若垅作，一般垄距为 60~70cm。

b. 种植方法

（1）种子繁殖。甘草种子的种皮厚而坚实，透水性差，不易萌发，播种前要进行种子处理。各地处理种子的方法有所不同，有的利用粗沙或制米机将种皮轻磨一下，也可在水泥地上用砖头压着来回摩擦 3~5 遍，使种皮粗糙，增强透水性；也有的将种子在水中浸 30 秒，再在 45℃温水中浸泡 10h；还有的用浓硫酸一份、种子 1.5 份的比例进行拌种，混抖均匀后用清水冲洗，晾干后备作种用。播种期一般春、夏、秋均可，但以春播为好，科尔沁沙地在 5 月初播种比较适宜。播种量每亩 1~2kg，行距 50cm，播种深 2~3cm，方法为机播或人工播种，播后适当镇压。

（2）根茎繁殖。甘草根茎上的不定芽可萌生新的植株。要选择粗 0.5~1.5cm 的根茎，并将其切成长 15~25cm 的段，每段有 3~5 个不定芽。方法多为条栽或穴栽，行距 50cm，株距 25cm，深 15cm；盐碱化荒地和干旱地块深度可达 20cm。播后适当镇压。栽种时期多为春季或秋季，科尔沁沙地春栽以 5 月上旬为宜。

B. 栽培管理

a. 灌水

应视土壤类型及盐碱度而定。沙性无盐碱或微盐碱土壤，播种后可灌水；若土壤黏重或盐碱较重，应于播种前灌水；抢墒播种，播种后不灌水，以免土壤板结和盐碱度上升。人工栽培甘草的关键是保苗，一般植株长成后不进行浇水。

b. 中耕除草

一般在出苗的当年进行中耕除草，从第 2 年起甘草根分蘖，杂草很难与之竞争，不需要中耕除草。

c. 施肥

播种前要施足基肥，每亩施 50kg 复合肥和 2000~3000kg 腐熟有机肥作为基肥。每年生长期可于早春追施磷肥。甘草根具有根瘤，有固氮作用，一般不缺氮肥。

d. 病虫害防治

（1）病害。主要有锈病、褐斑病和白粉病，均危害叶部，多于 5~6 月发病，可用波美 2~3 度石硫合剂喷洒防治。

（2）虫害。主要有甘草叶甲、甘草蛛蚧、红蜘蛛、甘草种子豆象、榆叶蝉及蚜虫，可用乐果乳剂 1500~2000 倍液喷杀防治。

C. 收获与加工

种子种植甘草一般 3~4 年，根状茎繁殖 2~3 年即可采收。一般生长 3~4 年后采收，采挖以秋季为好。在秋季 9 月下旬至 10 月初，地上茎叶枯萎时采挖。甘草根深，必须深挖，不可刨断或伤根皮，挖出后去掉残茎。将挖取的根和根茎切去两端，除去小根、茎基和幼芽，洗净，晒干或烘干，再以根的粗细大小，进行品级分类；也有选择条粗和质坚重的甘草，削去皮，即成为去皮甘草，别名"粉甘草"。

5）板蓝根

板蓝根分为北板蓝根和南板蓝根。北板蓝根为十字花科植物菘蓝（*Isatis tinctoria* L.）的干燥根，有清热解毒、凉血利咽的功效。其主治温毒发斑，舌绛紫暗，痄腮，喉痹，烂喉丹痧，大头瘟毒，丹毒，痈肿等症，是大宗药材品种之一。

A. 种植技术

a. 选地整地

选择地势平坦、灌溉方便、含腐殖质较多的疏松沙质壤土。每亩施腐熟有机肥 3000~4000kg，磷酸二铵 15kg，生物钾肥 4kg，均匀撒于地内深翻 30cm 以上，有利于根部顺直光滑不分叉。

b. 种植方法

（1）种子育苗。当年收根不结子，在收获板蓝根时，选择顺直、粗壮、不分叉、无病虫害的根条，按株距×行距 30cm×40cm 移栽到肥沃的留种田内。及时浇水，11 月下旬再铺上一层薄薄的土杂肥防寒。翌春返青时浇水松土，苗高 6～7cm 时，追肥、浇水，促使其生长旺盛。开花时，再追肥一次，使籽粒饱满。种子成熟后，分批采收，采后及时晒干，妥善保管。

（2）种子前处理。播种前用 30℃温水浸种 3～4h，捞出种子，稍晾后用适量干细土拌匀，以便播种。

（3）田块播种。分春播和夏播两种。春播在清明与谷雨之间进行；夏播在芒种至夏至进行，春播商品品质较优。科尔沁沙地在 5 月上旬播种为宜。播种方法可采用条播或撒播，一般多采用条播。在整好的畦面上，开宽沟进行播种，行距 25cm，播幅 4～5cm，播后覆土，稍加镇压，即浇水。每亩播种量为 1.5～2 kg，一般 5～10d 即可出苗。

B. 栽培管理

a. 间苗除草

出苗 10d 左右间苗，可结合松土进行。苗高 5～10cm 时，可按株距 6cm 左右三角形定苗。如果水肥充足，可适当密些。经常除草。

b. 追肥

在板蓝根生长过程中，先割其叶子（大青叶）两次。植株生长需肥量大，除在播种时施足基肥外，还要在每次割叶后，及时追肥一次，8 月中旬再追施一次粪肥或复合肥，促使其根部生长。

c. 灌水排水

定苗后，若天气干旱，可结合除草进行灌水，特别是采叶后更要灌水。雨季要及时清沟理墒，避免田间积水、烂根，科尔沁沙地一般不会积水。

d. 病虫害防治

（1）病害。①白锈病：由真菌鞭毛菌引起。叶、茎、花均可发病，叶背面较严重。通常氮肥过多，植株软嫩，雨水多、湿度大，时冷时暖，发病较多；连作病菌多，发病更为严重。防治方法为，及时间苗、清沟排水，中耕除草，降低田间湿度，促使幼苗生长健壮，增强抗病力。苗期结合间苗，剔除病苗，后期要摘除病叶，以免病菌传播。发病初期喷洒波尔多液，抑制病害蔓延。收获时搜集病残枝并将其烧毁，消灭越冬病菌。②霜霉病：主要危害叶部。一般于 6 月上旬开始发病，7 月中旬发病严重。土壤中的病残组织是霜霉病的浸染区。生长期间，病叶背面的分生孢子借风雨传播，反复浸染。防治方法为，选留种子，即选择无病地块作为留种田，留种植株分别采收，种根分别存放。清洁田园，即采挖时，清除地上枯枝、残叶，减轻病菌。注意排水，因为土壤湿度大是霜霉病发生的有利条件，所以雨后要及时排水，降低田间湿度。合理轮作，即与禾本科植物玉米等进行轮作。发病初期用 50%甲基托布津 800～1000 倍液，或 5%多菌灵 1000 倍液喷洒。③白粉病：主要危害叶片。一般低温多湿，施氮肥过多，植株过密，通风透光不良，均易发病。高温干燥时，病害停止蔓延。防治方法为，排除田间积水，抑制病害发生。合理密植，氮、磷、钾肥合理配合，使植株生长健壮，增强抗病力。发病初期摘除病叶，收获后清除病残株落叶，集中烧毁。用 65%福美锌可湿性粉剂 300～500 倍液喷洒。

（2）虫害。①小造桥虫：于 8～9 月发生。1～3 龄幼虫咬食叶肉，残留表皮，形成透明小点，5 龄或 6 龄咬食全叶；老熟幼虫在叶边缘或茎叶间吐丝作薄茧、化蛹。冬季以蛹在田间杂草中越冬，来年孵化后再变为害。防治方法为，用 90%敌百虫 1500 倍液喷洒，喷药时要着重喷中、下部老叶，效果明显。②蚜虫：发生时其多密集在嫩叶、新梢上吸取汁液，使叶片、嫩梢卷缩、枯萎、生长不良。防治方法为，收获后清除残枝落叶及地边杂草，集中烧毁，消灭越冬虫口。用 4%乐果 1500 倍液喷洒，或用 90%敌百虫 1500 倍液喷杀。土农药即用烟筋 0.5kg、石灰 0.5kg、水 25kg 配成烟筋石灰水药液。

C. 收获与加工

春播的植株应在立秋至霜降时采挖，将根全部挖出。根据各地经验，秋末采挖的质量优于春季采挖的，因此应提倡秋季采挖。采收后抖去泥土，在芦头和叶子之间用刀切开，分别晾晒干燥，拣去黄叶杂质，即为板蓝根和大青叶。

7.2.3 产业化发展模式

经过对沙地蒙中药材相关经济产业的系统调查，整理出了 6 项沙地蒙中药材特色种植模式，包括光伏板下药材种植、药材条带状间作、沙地蒙中药材仿野生种植、林间和林下蒙中药材种植、蒙中药材种植产业合作模式和蒙中药材产业链模式。其中光伏板下药材种植和蒙中药材产业链两种模式适合依托企业做大做强，提高内循环经济发展模式；药材条带状间作、沙地蒙中药材仿野生种植与林间和林下蒙中药材种植三种发展模式既适合农户做，也适合企业发展。这不仅有利于拓展农户收入来源，也可以改善小气候，有些还可以观赏，美化环境，有利于当地生态旅游业的发展。蒙中药材种植产业合作模式则可调动政府、企业、合作社和农户等各方资源，可有效促进当地蒙中药材产业的规模化发展，并可起到示范带动作用。

1. 光伏板下药材种植

科尔沁沙地光照充足，太阳能资源丰富，光伏发电项目较多。光伏板下药材种植是将光伏发电与药材种植相结合的新技术,可实现光伏组件框架上清洁发电、框架下高效种植的"互补"。种植中草药温润的土地环境可大大改善光伏组件的"热阻效应",同时光伏板可为光伏板下中草药部分遮阴并减少地表蒸散,而且可为中草药汇集增加雨水供应,真正实现"药光互补"。由于光伏板的遮光作用,光伏板下种植的药材要选择喜阴或者耐阴的中药材,经过调查,适合光伏板下种植的药材品种有黄芩、甘草、丹参、柴胡、白术、赤芍和玉簪花等。

2. 药材条带状间作

将不同蒙中药材按照相同方向条带状相间的方式种植,不会因同一种或同一类作物都在同一季节收获而造成大面积的沙地表面裸露和引起严重的水土流失。带状间作的布局原则:①要保证在不同季节,特别是在风季和雨季,使地面有尽可能良好的植被(包括立枯物)覆盖。②栽植作物(植物)种类的选择应根据生产要求、土壤改良和水土保持统一部署,可根据地形及土质条件,安排作物种植带、牧草种植带以及天然乔木、灌木、草类水土保持带。此外,不同季节收获的作物,高、矮秆作物,疏生植物和密生植物也可采用带状间作或带状套作的方式。

3. 沙地蒙中药材仿野生种植

"仿野生"就是完全模拟药材野生生态环境,不打农药,不上化肥,不过度人工干预,只选择性地除去一定比例的杂草而不是全部,这样做的好处是,药材里面没有农药和化肥的残留,杂草和药物之间的生长竞争,还原了药材在野生环境中的生长过程,能够提高药物的药效,从而使药材更绿色、更高效。

怎么去模拟野生环境呢?首先要选择最靠近野生环境的种植地。科尔沁独特的气候和土壤,使在这里生长的药材药用价值很高。好药材的长成,种植大环境的选择是第一位。其次,要做到仿野生,还要求微生物、植物类型等细微的生态因素也要最大限度地接近药材的原生地。如果缺少,就要人工模拟。例如,添加腐熟的有机肥或者生物菌剂,可以改造土壤并为药材提供更多的养分。

用飞播的方法把适合当地的药种撒播到绿水青山之间,几年的时间就可以形成一个野生中药材宝库。在飞播造林时,可捎带播下道地药材种子,让药材与绿植伴生。目前,在科尔沁沙地荒沙地飞播苦参和甘草等蒙中药材,发现其生长较好,这既增强了荒沙地的防风固沙功能,也还原了蒙中药材的野生生长环境,有利于提高药效。但是为了保护沙地环境,需要采取更合理的采挖措施。

4. 林间和林下蒙中药材种植

推广利用林地种植中药材,发展林下特色经济。这样不但提高了土地利用率,也可推进产业发展,有效增加农民收入。结合科尔沁沙地实际,利用丰富的林地资源，大力发展林间和林下蒙中药材种植，带动当地农户发展产业，增加经济收入。但林下种植药材与大田种植药材有较大差别，与常规种粮差异则更大。要提高林下种药效益，必须要注意以下六大问题。

1）必须选择适应性强的药材品种

首先，选定的中药材必须适应当地的土壤、气候条件，适宜在林地生长。由于林地大都土层薄、肥力差、易干旱、易荒草。因此在中药材种类选择上，总体应选择耐瘠薄、耐干旱、耐荒草的粗生易长品种，如柴胡、金银花等。此外，还必须因地制宜考虑海拔、向山、土壤、湿度、树龄大小、树木种类等因素。例如，高山阳坡地可种耐寒喜阳的白芍、柴胡；在低山阴湿的阴坡地适宜种植耐阴耐湿的鱼腥草、绞股蓝等；树龄小的林地，可种植对光照条件要求较高的丹参等阳生植物；树龄较大的林地，则必须种植对光照条件要求不高的黄连、黄精等阴生植物。对于猪苓来说，其适宜生存在海拔 800～2000m 的地区。在选择林地时，应坚持低海拔选阴坡林地，中度海拔选半阴半阳的林地，高海拔选较阳林地的原则，实施林下种植。此外，大多数药材在种植 3～5 年后不宜重茬。

2）产品有效成分要达标

品种适应性只能决定中药材在林地种植成功与否，即产量高低，而中药材是否有用还要看其有效成分含量。有的中药材虽然在林地种植，产量也不错，但其有效成分含量却很低，或商品性状差，根本不能药用，这样的中药材不能盲目种植。例如，许多高山中药材就不宜在低山种植。保证中药材品质的简单办法，就是发展当地有野生资源、且过去知道有效成分含量较高的道地品种。对引进的外地品种，一定要先试验、示范，确认其产量及有效成分含量后，才可在类似生态区适度推广。

3）必须符合国家林业政策

林下种植中药材的目的是利用林下空旷闲地资源，实现农民增收，做到保护—开发—再保护—再开发的良性循环，进而更好地保护林地，不可"舍本求末"或"本末倒置"。因此，在考虑林地种植品种时，首先应选择以收获茎、叶、花、果等地上部分为主，一年种植可多年受益的中药材，如金银花、木瓜、五味子等；其次，可选择种植需多年后才能收获或种后不必连年翻耕，地面绿色植被保持时间长的中药材，如芍药、薄荷、猪苓等。总之，在林地，特别是在退耕还林地，不能套种与林业政策有冲突的当年生地下根茎类中药材。

4）突出重点，规范技术操作

现代中药材生产必须走区域化、规模化、规范化、专业化、标准化的路子，林下种植药材也不例外。各乡镇应根据自身实际，通过认真分析、比较，因地制宜地发展重点，并按照统一的管理技术标准组织生产。只有这样，产品才有市场竞争力，才能获得较为理想的效益。

5）要有快捷、有效的技术服务作为支撑

现在农村最需要的是技术。基层农民常这样说："给钱享用一时，给技术享用一生"，此话不无道理。林下种植中药材，大多数干部和农民缺乏应有的技术与经验。由于种植药材技术与种植粮食差异较大，因此，发展林下种植必须建立相应的技术服务体系，一是从农民种到收提供全程技术指导；二是在生产中一旦遇到问题，能够及时发现，并快捷、有效地提供技术指导，提出对策措施，解决实际问题。只有这样，才能尽量减少失败，降低损失。

6）要有良好的经济效益

林下种植中药材可以充分利用林地资源，增加农民收入，因此，必须讲求经济效益。这就要求在林下种植中药材时，在药材种类选择、种植布局、栽培技术、收获加工、包装储运等方面，尽量按市场要求运作，既要发挥地方优势，又要注重市场变化；既要防止不问市场的盲目发展，又要防止脱离实际"跟风攥价"。只有把握好这两点，林下种植中药材才能获得长久的发展与良好的效益。

5. 蒙中药材种植产业合作模式

由于中药材种植面临投入成本高、价格波动大等风险，实践表明，采取"公司+合作社（政府）+农户"的合作模式，建立蒙中药材种植基地是比较好的合作模式。具体讲，"公司"负责提供资金、技术、合格种苗、指导技术、管理，负责药材的深加工和市场销售工作；"合作社"主要是根据公司的整体部署，与"农户"达成土地流转手续，负责组织培训，协调组织肥料、农药以及劳动力的综合调配；"农户"获得土地租金、务工收入，遵照公司以及村委会的组织，参与种植的相关环节。

以基地为中心，依托产业、技术等优势，构建了"公司+合作社+农户"的模式，蒙中药材的种植、管理全部雇佣当地村民，待药材收获后，公司采取雇佣村民收获和定价回收两种方式进行收购，使当地村民长期受益。公司提供种苗和技术，合作社和农户种植药材，药材成熟后公司再回收，农户不仅不愁销路，还能得到一笔不错的收入。

通过基地的规模优势，采取蒙中药材多品种搭配种植、开展光伏板下种植和林下种植中药材等多元化种植模式相结合，尽量规避沙地蒙中药材种植的风险。另外，通过基地的示范引领作用，带动沙地蒙中药材种植产业的发展和乡村振兴。

6. 蒙中药材产业链模式

通辽市奈曼旗从经济社会发展的实际出发，立足资源优势，遵循合作共赢理念，顺应推进供给侧结构性改革，着眼市场需求，通过招商引资引进了多个药材加工仓储项目，着力打造"种、储、加、销、研"全产业链，全力打响"占布拉道尔吉"蒙医药品牌。支持企业以药材种植、精深加工、互联网营销为重点，完善产业发展链条，打造蒙中药产业园区，提高产业附加值，实现高效发展。

通辽市蒙中药材加工与仓储基地建设项目是按照内蒙古自治区发展蒙中医药产业的战略部署，响应通辽市建设"中国蒙药之都"的战略目标，围绕药材资源的开发利用和产业升级，打造"从药材育种、药材溯源到初加工生产、质量检测、仓储物流与国内外贸易"的完整产业链。

据了解，通辽市蒙中药材加工与仓储基地建设项目投产后，将实现全年工业产值3.5亿元，直接解决当地就业人口150人以上，带动药材种植面积2万亩，间接带动物流、包装、种植等行业就业近千人，带动产值近3亿元。蒙济堂药业公司还将与北京中医药大学、中国医学科学院药用植物研究所等院所开展深度产学研合作。该项目的实施将有助于振兴奈曼旗蒙中药产业，为奈曼旗乡村振兴做出更多的贡献。

内蒙古一家立足于中医药抑菌剂研发、生产和推广的民营生物科技有限公司，开创了足部抑菌剂品牌，经过发展，市场快速形成初步规模，产品受到了广大使用者的高度好评，治愈率是中外同行业平均值的3倍以上。抑菌剂专注足部健康，是足部中草药抑菌剂领域的领导者，传承中医药古方，融合现代高科技，运用中草药发酵技术与细胞提取技术，使传统古方药效提高；并研发了足部中药抑菌剂的多项技术，填补了全球行业技术空白，是行业技术领域绝对的领军者。以沙地道地药材苦参为主要原料的抑菌剂脚不臭喷雾、治脚气套装、灰指甲套装、甲沟炎足粉目前效果较好，而且不刺激，无依赖。

7.2.4 前景分析

广义上讲，中药产业包括中药材、中药饮片和中成药三大部分，中药饮片处于中药产业的中间环节，在中药产业中起到承上启下的作用。国家层面和各地出台的一系列引导鼓励发展中医药的政策，如调整中医医疗服务价格政策、提升基层中医药服务能力政策等，从不同角度激励中医医疗机构充分发挥中医药的特色优势。

1. 中药材产业发展趋势和市场地位

据国家统计局数据，2006~2015年，医药工业规模以上企业实现的主营业务收入由 5345.7 亿元增长至 26885.2 亿元，年复合增长率（CAGR）达 19.7%；从医药工业细分子行业来看，中药饮片加工主营业务收入由 190.2 亿元增加至 1699.9 亿元，CAGR 为 27.6%，中药饮片加工市场规模年复合增长速度显著高于医药工业整体增速。

随着中医医疗服务体系的不断健全，中药饮片行业在医药制造业中的市场地位在不断加强。从医药工业近三年细分子行业横向比较来看，中药饮片加工行业增速均排在 8 类子行业首位。从中药饮片行业主营业务收入占医药制造业主营业务收入的比重来看，最近几年基本保持了逐年上升的趋势。

2015 年医药工业规模以上企业实现利润总额 2768.23 亿元，同比增长 12.22%，高于全国工业增速 14.52 个百分点，较上年下降 0.93 个百分点。其中中药饮片加工行业全年利润增速高于 8 类子行业利润增速。

近年来，我国医药行业发展十分迅猛，而且这个发展势头还将持续。随着产业政策环境的不断改善和市场需求空间的不断扩大，中药饮片行业未来发展空间将非常广阔。

2. 中药材产业挑战和产业升级空间

目前，中药饮片产业的市场容量不断增大，中药饮片行业及中药饮片加工行业已进入一个全面快速发展的新时期。国家政策导向为中药饮片产业带来了升级空间，同时中药饮片行业的发展也面临很多挑战。应防控盲目生产和中药材种植过剩，并关注饮片的炮制过程，提高行业规范。

1）防控盲目生产和中药材种植过剩

总体来看，中药饮片的市场需求仍在增长。根据中药材天地网综合指数，2016 年 8 月 1 日中药材价格指数值为 2408.74，而 2007 年 8 月 1 日，价格指数值为 1218.79，复合增长率（CAGR）达 7.86%。

为防止市场价格波动带来的生产盲目效应，建议政府部门分析中药材的历史价格和走势，预判种植周期的价格变化，引导种植品种和数量。应避免片面地鼓励农民种植，而忽视产业链均衡发展。

政策方面，2015 年 4 月 27 日，国务院办公厅转发工业和信息化部、国家中医药管理局等部门发布的《中药材保护和发展规划（2015—2020 年）》，对我国中药材资源保护和中药材产业发展进行全面部署。这是我国第一个关于中药材保护和发展的国家级规划，规划特别提出要"建立反映生产经营成本、市场供求关系和资源稀缺程度的中药材价格形成机制"。

2）关注饮片的炮制过程，提高行业规范

中药饮片介于中药材与中成药之间，中药经过炮制以后，由于温度、时间、溶剂以及不同辅料的处理，所含的成分会发生不同的变化。尽管目前对于大多数中药材的有效成分还不十分清楚，然而人们从实践中认识到在中药材中可能起生理作用的化学成分主要在生物碱类、甙类、挥发油、树脂、有机酸、油脂、无机盐等几类成分中。炮制就是要保留有治疗作用的成分，使药材纯净、改变药性、降低毒性和副作用等。

中医院、中医馆里所接触到的中药就是中药材经过加工、炮制后合格的饮片。所以，规范好中药的炮制过程，是提高中药质量和中医疗效的根本保证。

3）中药材产业机会与发展方向

种植、加工、研发全链模式：产业价值和增值的根本途径是产业链的建设。中药饮片加工过程是指对采集的天然或人工种植、养殖的动物和植物中草药进行加工、处理的活动。包括对各种中药材经过加工、炮制后形成的中药饮片以及其他提取中药的加工。

正是由于中药材原材料是在自然条件下生成的，不同于化学药的质量特性，因而很难对其进行定量的人工控制。因此，需建立中药材 GAP 种植、加工、研发全流程基地，并开发提取、萃取中药材有效成分的新技术，以获得稳定可靠、可追溯的中药材来源。

这种全产业链模式不仅有助于种植标准化，提高中药材出产品质，也可保护中药材物种多样性。同时，通过规范行业准入标准，还能巩固和保护企业自身的核心竞争壁垒。

"互联网+"医院终端的服务延伸：利用互联网与物联网（LOT）结合平台，对传统医药物流进行探索实践，可为医疗终端和患者带来更加安全、高效的延伸服务。例如，中药饮片代煎、膏方熬制、对中药材的个性化加工炮制、送药上门等服务。事实上，近两年中药饮片代煎服务已经在北京、上海、广州、武汉、江苏等地快速发展，且势不可挡。这种新型的服务模式正逐步吞噬巨大的中医药市场。未来，中药材和中药饮片的互联网化趋势不可逆转。

过去，随着国家扶贫事业的开展，产业扶贫成为实现脱贫攻坚的重要抓手，很多学者就中药材产业扶贫进行了相关研究（卢亚妹等，2019）。认识到中药材作为特色民族产业，肩负着精准扶贫的职责，但是该产业存在产业方向定位不够精准、产业成果的保护和政策支持不能做到精准施策等问题，马楠（2016）构建了中药材"量化道地地图"，为各地中药材产业的精准扶贫提供了重要支撑。在收集了大量贫困地区中药材相关资料的基础上，黄璐琦等（2017）划分出具有优先开展中药材产业扶贫条件的区域，同时从宏观视角对贫困地区可种植的中药材名录进行了分析整理。庞德建（2017）分析了宣汉县中药材产业扶贫的现状及动力，构建了 Logistic 回归模型，对中药材产业扶贫的效果进行评价，较为深入地分析了宣汉县中药材产业扶贫存在的问题及原因，提出了针对性的政策建议。

随着"一带一路"倡议的大力推进，中药材产业迎来新的发展机遇，学者们今后应加大进出口贸易方面的研究，为中药材产业更好地"走出去"打下坚实的理论基础。

7.3 固沙灌木饲用化开发模式

7.3.1 背景与现状

我国是世界上受沙漠化影响最严重的国家之一，根据第五次全国荒漠化和沙化监测情况分析的结果，截至2014年，我国沙化土地面积有172.12×$10^4 km^2$，约占国土面积的17.93%，并且我国沙化土地集中分布于新疆、内蒙古、西藏、青海、甘肃5省（自治区）（王涛，2001；王涛等，2006；屠志方等，2016）。土地沙漠化主要是由人类不合理的资源开发利用方式所导致的，沙区干旱少雨、风沙频繁、植被低矮、稀疏等，通常会引起一系列生态环境问题，进而抑制当地经济的发展，因此国家大力实行退耕还林还草政策，采取保护天然植被、控制载畜量、实施保护性耕作、合理利用水资源等措施治理土地沙化问题（蒋瑾和戴枫年，1983；王庆锁和李玉中，2003；解谦等，2008）。许多沙区除了响应国家政策、抓住机遇进行大面积的人工种植固沙灌草植物的同时，还对已有的防风固沙植物资源加大保护力度，实现资源的综合开发利用，从而提高当地的生态经济效益。同时，我国干旱、半干旱沙区广泛采用种植植物材料的方法固定流沙，并且取得了非常显著的生态效益。裸露沙地或风蚀迹地经固沙植物逐渐固定后，风沙流活动显著减弱，土壤的养分含量明显改善（曹成有等，2006）。挑选优良的固沙植物种使其在适宜的地区发挥最优的资源利用价值，包括饲用价值、绿化价值以及药用价值等，这些举措对真正实现固沙植物防风固沙和水土保持，以及充分保证固沙植物经济效益的可持续性具有关键的决定作用（李文龙等，2004；张兵等，2012）。多年研究和实践表明，固沙植物中优良的固沙灌木和半灌木普遍具有较高的经济饲用价值（刘保清等，2017），随着现在林业用地面积的逐年增加，可利用牧场和牧业资源都受到草场发展滞后的限制，因此固沙植物尤其是固沙灌木作为牧草的补充或替代材料，对于畜牧业发达的地区无疑是至关重要的发展方式，也是固沙植物资源的潜在经济效益得以开发的重要途径（闫志坚等，2006）。

近年来越来越多的研究深入探索了固沙植物资源的利用价值，使得固沙植物的饲用、绿化以及药用价值等都被有效地开发和利用起来。随着全球气候变化的加剧，许多研究也着重探索固沙植物的生态价值。固沙植物的首要价值为根据其自身在沙化地区的生长特性，达到降低风速、防止风蚀、固定流沙、保护沙地生物资源和改善沙地生态环境的作用（霍建林等，1994），继而通过深入研究与技术开发完善固沙植物具有发展前景的饲用价值、景观价值优势，并且充分发挥其带动当地经济发展的工业药用等价值。当前虽然有较多关于我国固沙植物资源分布、利用方式以及如何提高固沙植物资源综合利用价值的研究，但是关于固沙植物资源饲用化方面的研究和发展模式还相对欠缺，如何在合理布局和科学抚育管理的基础上，最大限度地发掘固沙植物的饲用经济价值，促进区域固沙植物资源生态与经济的协同可持续发展是当前我国干旱和半干旱地区固沙植物资源开发利用过程中亟待解决的科学问题。

1. 固沙植物资源分布现状

20 世纪 50~70 年代，中国政府组织广大人民和科技人员开展了大规模的全民防沙治沙行动，展开了一系列固沙植物引种驯化工作，以期更好地进行沙漠治理。例如，中国科学院林业土壤所章古台工作站和辽宁省章古台固沙造林试验站成功引种了差巴嘎蒿、黄柳、小叶锦鸡儿、胡枝子、紫穗槐等固沙植物。黑龙江、吉林、辽宁、河北、山西、内蒙古、陕西、新疆、宁夏等省（自治区）大面积种植了樟子松，以及宁夏中卫铁路防沙工作站成功引入了固沙植物沙拐枣。我国西北及内蒙古六省（自治区）的各个治沙站点成功引种了小叶杨、胡杨、沙枣、梭梭、白梭梭、小叶锦鸡儿、柠条、花棒、羊柴、沙拐枣、怪柳、老鼠瓜、沙柳、胡枝子、沙蒿等优良固沙植物（闫志坚等，2007）。这些成功的引种工作使得固沙植物生长在我国不同的沙区，产生了非常明显的生态效益。研究人员根据引种驯化和植被演替进展提出，应依据因地制宜的原则在流动沙丘率先引种固沙先锋植物，在半固定、固定沙丘上选择混种优良的固沙植物（潘伯荣，1987）。现今，我国固沙植物资源分布情况为：毛乌素沙地有 680 种分属 71 科 350 属，浑善达克沙地有 2166 种分属 170 科 784 属，科尔沁沙地野生药用植物资源有 63 种分属 32 科 57 属，呼伦贝尔沙地有野生植物资源 1400 多种。先锋固沙植物差巴嘎蒿、褐沙蒿、油蒿、白沙蒿已广泛种植在内蒙古、辽宁省西部，科尔沁沙地、乌珠穆沁沙地、呼伦贝尔沙地、毛乌素沙地，以及腾格里沙漠、乌兰布和沙漠、库布齐沙漠；沙拐枣、甘草、怪柳和沙棘大面积生长在内蒙古、新疆、甘肃、宁夏、青海和陕西等地区。这些固沙植物的引种极大地改善了沙区生态环境，产生了显著的生态效益及经济效益。

2. 固沙植物资源化利用现状

我国固沙植物广泛生长在沙地（沙漠）地区，其除了发挥防风固沙、水土保持和改善当地生态环境的作用外，还具有其他已经开发的经济价值。经过多年引种研究发现，岩黄芪属（闫志坚等，2007；唐华南，2009；袁继英，2011）、锦鸡儿属（时永杰和常根柱，2003；马文智等，2004；许冬梅等，2004）、蒿属（黄兆华和刘媖心，1991；刘瑞香等，2011；沙拐枣属（时永杰，2003b；张杰等，2014；王力伟等，2016）、紫穗槐属（时永杰，2003a；王印川，2003）、梭梭属（时永杰和高万林，2003；苏培玺等，2003）、柳属（黄振英等，2002）、甘草（龙鸿艳和魏林，2010；陈小娜等，2016）、沙棘属（李根前等，2000；王琳等，2002）、山柑属（付涌玉，2011；蒋军和富锐，2015）植物均是我国西北沙区优良的固沙植物和饲用灌木，具有非常高的饲用价值、绿化价值、药用价值和生态经济价值（表7-6）。

表7-6 优良固沙植物的资源利用价值

物种名	饲用价值	绿化价值	药用价值	生态经济价值
羊柴	花期制作干草饲料、粗老茎秆用来制作草粉	叶片翠绿，花冠美丽		提高土壤降雨入渗率、改良土壤有机质含量
花棒	嫩枝、鲜叶、花序青饲或调制干草后补饲			枝干可烧柴、树干可作农具柄、茎皮可搓麻绳、种子可榨油
山竹岩黄芪	刈割为饲草、花期调制干草			
柠条	幼嫩枝叶为优良的饲料			种子可提炼工业润滑油、枝条是良好的薪炭材，花开茂盛时期是优良的蜜源
小叶锦鸡儿	嫩枝、花为优良饲料	引种做庭院树、行道树、护岸以及护坡树	可入药；滋阴养血、通经、镇静、止痒等	用种子制作工业润滑油
中间锦鸡儿	嫩枝、嫩叶和花为优良饲料			
褐沙蒿	具有蒿子气味，春秋冬季适口性高于夏季		嫩枝叶可止咳、祛痰、平喘，治疗慢性气管炎、哮喘、感冒、斑疹伤寒和风湿性关节炎等	
油蒿	具有蒿子气味，春秋冬季适口性高于夏季		根、嫩叶、嫩枝、花蕾和种子可入药	
沙拐枣	嫩枝生物量大，营养丰富，适口性中等			优良的薪柴、蜜源
紫穗槐	嫩枝和嫩叶产量高，晒干后可做冬季饲料			优良绿肥植物；枝条可编制篮筐，可用种子制作甘油及润滑油，花期可作为蜜源植物
梭梭	骆驼的"抓膘草"、细枝嫩叶、花、果实适口性较好			根部寄生有传统的珍稀名贵补益类中药材肉苁蓉

续表

物种名	饲用价值	绿化价值	药用价值	生态经济价值
沙棘	优良的饲料或饲料添加剂	枝叶繁茂、果实鲜艳	沙棘黄酮可抑制动脉硬化,降低血液中胆固醇、增强心脏收缩和舒张;沙棘油、沙棘汁可治疗缺血性心脏病和高血脂、抗炎和抗辐射损伤、作为治疗癌症的辅助药物、保健药物	制作饮料、食品,具有美容保健的功效;可提取化妆品
柽柳	嫩枝叶具有较高的营养价值、适口性好	树姿优美、花穗美丽、花色艳丽、根系发达、叶纤枝细	保肝、抗炎、抗菌、解热、镇痛等;可治疗麻疹难透、风疹身痒、感冒、咳喘、风湿骨痛等病症	优良的能源薪材
甘草	幼嫩植株适口性较好;现蕾期和花期刈割制作牧草		补脾益气、清热解毒、祛痰止咳、缓急止痛、调和诸药;治疗脾气虚弱、心悸气短、咳喘、脘腹、四肢挛急疼痛、痛肿疮毒等多种病症	防风固沙、固土
刺山柑	枝、叶可制作牧草;果实是羊的抓膘精料	花瓣色彩艳丽、果似小槌	医治风湿性关节炎、炎症、跌打损伤、蛇伤、败血病等,具有清热解毒、清肝镇痛、疗肺止咳、生津利喉、止血、催产避孕等功效	防风固沙;种子可榨油;花蕾可调味、酿酒;花期可作蜜源

其中 14 种优良固沙植物均具有良好的饲用价值（表 7-7）。沙区紫穗槐的粗蛋白含量高达 20.73%。锦鸡儿属植物的平均粗蛋白含量均高于岩黄芪属和蒿属植物。固沙植物胡枝子、锦鸡儿等均具有较高的粗蛋白、氨基酸和粗脂肪等营养成分含量,现今被开发利用为优质的家畜饲料。在过去,固沙灌木资源

表 7-7 优良固沙植物不同生长期的营养成分含量

固沙植物		生长期	粗蛋白/%	粗纤维/%	粗脂肪/%	无氮浸出物/%	粗灰分/%	钙/%	磷/%
岩黄芪属	羊柴	营养期	15.71	34.84	3.11	39.60	4.28	1.10	0.19
	花棒	营养期	14.92	27.28	3.13	39.79	5.16	1.26	0.20
	山竹岩黄芪	营养期	14.08	—	—	—	3.50	1.18	0.16
锦鸡儿属	柠条	营养期	16.00	30.73	4.18	36.75	4.87	1.00	0.13
	小叶锦鸡儿	营养期	17.25	—	—	—	10.56	0.77	0.14
	中间锦鸡儿	营养期	17.88	—	2.82	—	8.26	2.44	0.21
蒿属	差不嘎蒿	营养期	18.14	20.69	2.64	44.80	13.73	2.01	0.23
	黑沙蒿	花期	17.94	29.39	7.74	35.25	9.68	3.45	0.54
	白沙蒿	始花期	11.04	34.64	7.05	38.73	8.54	2.64	0.39
沙拐枣属	沙拐枣	营养期	9.28	18.42	2.78	52.38	7.94	1.69	0.11
紫穗槐属	紫穗槐	营养期	20.73	16.87	9.94	45.18	7.28	0.35	0.35
梭梭属	梭梭	营养期	12.66	20.43	2.83	41.54	14.62	1.20	0.11
柳属	沙柳	营养期	10.49	16.34	5.36	53.16	10.48	1.22	0.18
柽柳属	柽柳	营养期	9.03	21.46	4.07	52.51	12.93	—	—

单一的封闭式采条、采种、燃烧利用使其经济效益不能完全发挥。许多耐牧固沙植物，在生长期的夏秋季节是牛、羊等草食性牲畜的良好饲料，但是冬春季节的饲料化利用会受到营养含量降低的限制，因此，优良固沙植物的更高营养饲料化开发及其加工利用技术值得进一步深化研究（玉柱等，2009）。现今，饲用灌木锦鸡儿单独青贮技术的成功研发为当地食草牲畜提供了一年四季可食用的多汁饲料，并且经济效益十分显著（于景瑞等，1999；韩福贵等，2015）。优良的固沙植物作为粗饲料供牲畜食用，具有为其提供能量、控制采食量、维持正常的生产性能、改善胴体品质、促进胃肠道的消化吸收以及降低饲养成本等作用。羊柴为优良的固沙先锋植物和水土保持植物（霍建林等，1994），其花瓣可用来制作干草饲料、粗老茎秆可制作草粉，叶片翠绿，花冠美丽。花棒花期时间长、枝叶茂盛、花序长而繁茂，骆驼一年四季喜食，并且牛、羊、马喜食花棒的幼嫩枝叶和花。牧民可采收嫩枝、鲜叶、花序青饲或调制干草后补饲。其枝干可烧柴、树干可作农具柄、茎皮可搓麻绳、种子可榨油。山竹岩黄芪粗蛋白、粗脂肪和无氮浸出物的含量较高，在灰分中含钙量较多，富含家畜生长发育所必需的多种氨基酸，可以用来制作优良的家畜饲料。野生山竹岩黄芪多为放牧利用，栽培的多用于刈割为饲草，各种家畜均喜食花期调制的干草（闫志坚等，2007）。这些优良的物种可用于解决陕西榆林、内蒙古鄂尔多斯市和阿拉善牧民的家畜饲料和薪柴问题，取得了优良的生态经济效益。柠条幼嫩枝叶为牛羊、骆驼的优良饲料，对北方干旱、半干旱沙区畜牧经济建设和发展具有调节补充的作用，其种子可提炼工业润滑油，枝条是良好的薪炭材，花开茂盛时期还是优良的蜜源。小叶锦鸡儿的嫩枝、花为优良饲料，绵羊、山羊以及骆驼等都喜食其嫩枝，春末时期喜食其花；其可引种作为庭院树、行道树、护岸及护坡树；该植物入药后具有滋阴养血、通经、镇静、止痒等功效；种子可制作工业润滑油。中间锦鸡儿是抓膘植物，春季绵羊、山羊喜食其嫩枝、嫩叶和花，骆驼一年四季喜食，马和牛不喜食；其枝、叶、花可制作补益类药材；其种子可榨油，茎可作为编织材料，树皮可作为纤维原料，花是良好的蜜源（闫志坚等，2006）。锦鸡儿属植物在宁夏盐池县的广泛种植不仅可满足羊的庇荫需求，并且可为该区提供优良的饲料和新柴。蒿属植物具有蒿子气味从而使其春、秋、冬季的适口性高于夏季，如骆驼、山羊和绵羊于秋后直至冬、春季均喜采食，牛、马一般不采食（黄兆华和刘媖心，1991）。褐沙蒿的嫩枝叶具有止咳、祛痰、平喘的功效，可以用于治疗慢性气管炎、哮喘、感冒、斑疹伤寒和风湿性关节炎等症；油蒿的根、嫩叶和嫩枝、花蕾和种子均可入药（马全林等，2012；陈栋等，2015）。白沙蒿的种子可用于消炎散淤等。这些蒿属的种子含有丰富的油脂，可以用来制作磁漆以及食品添加剂等。沙拐枣的嫩枝生物量大、营养丰富，夏、秋季绵羊和山羊喜食其嫩枝叶及果实，冬、春季动物采食率较低。骆驼一年四季喜食，马与牛不喜食，其为优良的薪柴、蜜源植物（苏培玺等，2003）。紫穗槐的嫩枝和嫩叶产量高，晒干后可作为冬季饲料，供牛羊食用，也是优良绿肥植物。其枝条可编制篮筐；其种子可提炼甘油及润滑油；开花时可作为蜜源植物。梭梭是骆驼的抓膘植物，其细枝嫩叶、花、果实适口性较好；其根部寄生有传统的珍稀名贵补益类中药材肉苁蓉，具有较高的经济价值（常学向等，2007；徐世琴等，2015）。沙棘是优良的饲料或饲料添加剂；枝叶繁茂、果实鲜艳；沙棘黄酮可抑制动脉硬化，降低血液中胆固醇、增加心脏收缩和舒张；沙棘油、沙棘汁可治疗缺血性心脏病和高血脂，可抗炎和抗辐射损伤，可作为治疗癌症的辅助药物、保健药物；还可制作饮料、食品，具有美容保健的功效；也可提取制作化妆品（王琳等，2002；何士敏等，2008）。柽柳属植物的嫩枝叶具有较高的营养价值，可供牛、驴、马等大牲畜食用，也是羊的理想饲料；其树姿优美、花穗美丽、花色艳丽、根系发达、叶纤枝细，是优良的绿化植物资源；入药可保肝、抗炎、抗菌、解热、镇痛等，可治疗麻疹难透、风疹身痒、感冒、咳喘、风湿骨痛等病症；还是优良的能源薪材（黄振英等，2002；惠学东等，2007）。

此外，沙区政府组织当地人民和科技人员通过选育和引种固沙植物、研发咸水灌溉技术等，建成地区人工绿地。沙区园林绿化多以简单栽植树种为主，而对具有观花、观果价值的植物利用较少（陈珩和张志谦，2006）。近年来，沙区发展开始应用新植物种以期提高观赏效果、丰富城市园林绿化植物的种类（汪海强，2013；韩福贵等，2015），并且加大对山柑属植物、野生的柽柳种质资源以及沙棘资源的保护、开发和利用（付涌玉，2011）。应用乡土树种来保持园林植物绿化的多样性和景观持续性，具有较高的经济效益和生态效益（刘翠英等，2006）。地方政府越来越重视绿化树种开发利用的研究工作，采取有效手段不断提高树种丰富度，不断培育地方已有固沙植物种来突出地方风格特色，协调好资源利用与环境保护之间的关系。我国沙区野生药用植物资源的蕴藏量较为丰富（刘生梅，2007；解谦等，2008），然而对其开发利用基本上处于无序状态。沙区居民乱挖、滥采现象十分严重，严重破坏了野生药用植物资源，致使优良药用物种濒临灭绝。沙区政府采取有力措施恢复当地植物资源的可持续利用，要求对于各类药用植物资源，如甘草、羌活、大黄、冬虫夏草等适当采挖（罗珍等，2019），禁挖秦艽，建立优良药用植物种植基地（张国荣，1993）。

研究优良固沙植物营养成分含量及其比例，对于评价其饲用价值与合理开发利用沙区植物资源、建立高产优质的人工饲料基地具有重要意义。沙区锦鸡儿属植物的粗蛋白平均含量高于岩黄芪属和蒿属植物，如紫穗槐的粗蛋白含量高于锦鸡儿属植物，达 20.73%。综合表 7-7 中所列的 14 种优良固沙植物，应加大对沙区锦鸡儿属、岩黄芪属及蒿属植物的资源化利用，尤其是进一步探索该类固沙植物的饲用价值，充分利用优良固沙植物的饲用资源。

3. 固沙灌木资源饲用化

随着我国社会经济发展和民众生活水平的提高，人们对优质肉食产品的需求越来越大。而畜禽养殖业的扩增加大了饲草料的需求（Wang et al.，2018），从而出现饲草业与畜禽养殖业之间的供需失衡。同时，受农林草种植业发展水平不高和种植规模不足的制约，目前我国饲料资源的利用方式仍停留在以利用常规饲料为主，兼用少量非常规饲料的低效益阶段，导致我国常规饲料的供需缺口越来越大。要想畜禽养殖业稳定发展，则必须减少动物与人争粮（Rad et al.，2015），大力拓展我国饲料资源。既要充分利用常规饲料，避免其副产物浪费，也要结合高新技术积极探索我国极具开发利用前景的非常规饲料资源。小叶锦鸡儿是豆科锦鸡儿属多年生灌木，蛋白质含量较高、富含十多种氨基酸和微量元素（Shang et al.，2017），在我国"三北"地区种植数量大、分布面积广，数据调查显示，在内蒙古中西部地区，小叶锦鸡儿一般每公顷产可食性鲜枝叶 665.3～1350.4kg；人工种植在第 3、4 年每公顷产鲜枝叶 904.5kg，在第 6、7 年每公顷产鲜枝叶 1110.4kg。粗老枝叶占比较大，占生物量的 18.2%～49.10%，放牧利用率低，但是，其经粉碎加工调制后，各种牲畜均喜食，利用率可达 90%以上。目前已成为内蒙古自治区固沙灌草植物重点开发利用的资源之一（王峰等，2005），也是我国北方干旱、半干旱区开拓非常规饲料资源的首要选择。

研究表明，在适宜的刈割期（Bewley et al.，1963）进行适当加工（王峰等，2005）有助于充分利用锦鸡儿属灌木的营养价值和改善其饲喂效果。目前，小叶锦鸡儿的加工利用方式多元化，其中随着草场禁牧政策的实施，自然放牧已受到限制。近年来以切碎、揉搓及制粒 3 种利用方式为主，但其产业化规模及潜力尚有待提升。因而许多国内外专家将目光转向了易操作、低成本的青贮加工利用技术（Weinberg and Muck，1996；Randby et al.，2019；Agarussi et al.，2020）。青贮技术在我国对非常规饲料资源运用较多，而作为青贮原料，非常规饲料存在可溶性碳水化合物低和缓冲能值高等问题（任昱鑫等，2020），从而导致其常规青贮难以成功。在这种情况下，为保证青贮饲料的发酵品质，可考虑应用青贮添加剂。常用的青贮添加剂有乳酸菌类添加剂、甲酸和糖蜜等。其中糖蜜在国外青贮中早已广泛应用，其添加主要是为了在缺乏可溶性糖的饲料（如豆科牧草）进行青贮发酵时，能增加乳酸菌生长所需的有效能供应（杨富裕等，2004）。青贮菌剂近年来在我国应用较广，是专门用于饲料青贮的一类微生物添加剂，由 1 种或 1 种以上乳酸菌、酶和一些活化剂组成，因其无污染、使用方便、对农用机械无腐蚀而优于化学添加剂（如添加氨水、甲酸、丙酸等）（张涛等，2007）。关于添加剂对锦鸡儿属植物青贮的影响的研究表明，添加蔗糖或乳酸菌等添加剂可获得发酵品质更好的青贮饲料（Thoetkiattikul et al.，2013；高文俊等，2011；王保平等，2014）。我国的青贮技术起步较晚，前人的研究又各有侧重，目前在小叶锦鸡儿饲用青贮加工方面尚未形成相对成熟的技术（刘国谦等，2003）。因此本节通过比较不同生育期小叶锦鸡儿的营养价值差异，综合分析生育期及菌剂和糖分添加对青贮小叶锦鸡儿营养成分含量的影响，并利用灰色关联度分析法筛选小叶锦鸡儿的最佳青贮加工技术，以期为锦鸡儿属非常规粗饲料的进一步开发和利用提供参考依据。

7.3.2 技术要点

1. 抚育管理

小叶锦鸡儿作为旱生多年生灌木，具有较宽的生态适应幅度和较强的抗逆性，能在严酷的环境中迅速调整生存策略而形成优势群落，一般不需要进行特别的抚育管理，但要每 2～3 年平茬一次以保持其长势和减少病虫害。平茬在每年生长季结束的 11～12 月进行，平茬时要注意枝条切口平整，留茬离地高度不大于 10cm，为保证次年枝条成活率，最好在平茬后的切口上涂抹防水胶，以减少水分消耗。平茬后的枝条可作为原材料进行揉搓加工和青贮。

2. 揉搓技术

小叶锦鸡儿揉搓加工比较简单易行。平茬后的小叶锦鸡儿枝条需要自然晾晒 1～2d，减少枝条水分。加工时因其木质部发达，枝条坚硬，需要大型揉搓机械，可有效减少加工时间。国内生产大型揉搓机械的厂家有很多，如吉林生产的 FS88-3 型多功能锦鸡儿揉丝机，揉搓后的锦鸡儿青贮原材料揉丝均匀，无明显块状枝条等优点（图 7-8）。

(a) 灌木揉搓机

(b) 小叶锦鸡儿揉搓后青贮原材料

图 7-8　小叶锦鸡儿揉搓加工

3. 青贮技术

选取前一年冬季平茬的小叶锦鸡儿作为试验材料,采用三因素完全随机设计,第一个因素为生育期,设三个水平:花期(A_1)、果期(A_2)、生长季末期(A_3);第二个因素为菌剂,设四个添加水平:不添加(B_0)、0.02g/kg(B_1)、0.04g/kg(B_2)、0.06 g/kg(B_3);第三个因素为糖分,设两个添加水平:不添加(C_0)、10g/kg(C_1);以青贮前三个生育期样品为对照,分别为CK_1、CK_2、CK_3。共 27 个处理,每个处理 3 个重复。分别于 5 月中旬(花期)、7 月中旬(果期)和 8 月中旬(生长季末期)收割基茎粗细基本一致的枝条约 70kg,用揉搓机加工至无明显茎秆。取适量样品称重后 60℃烘干 24h,测定样品茎叶含水量。采用袋装密封青贮发酵技术(代寒凌等,2019;Mugabe et al., 2016),添加菌剂前,先将复合青贮菌剂用温水溶解,并常温放置 2~3 h 活化。每个处理称取样品 2.5 kg,将配置好的菌剂溶液和红糖溶液均匀地喷洒在称取的样品上,搅拌均匀,并控制样品含水量至 60%~65%,装入真空袋。封口时先在真空袋封口处涂抹凡士林,然后进行密封,抽出空气,最后将装好的青贮袋用黑色塑料布包裹进行青贮发酵,60d 后取样测定营养成分(图 7-9)。

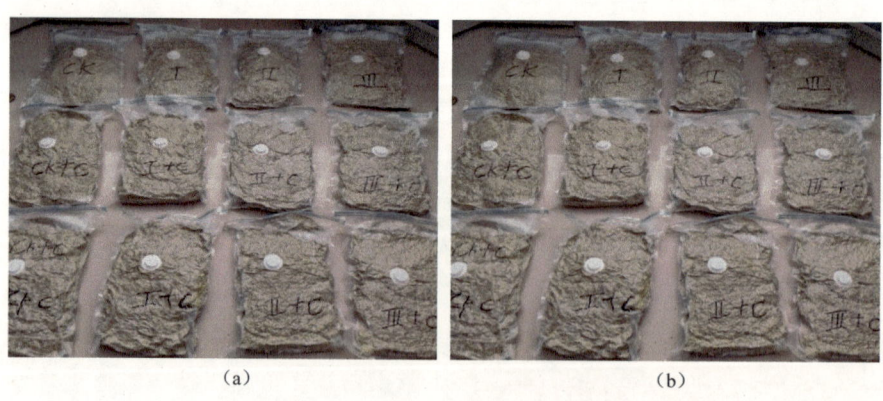

(a)   (b)

图 7-9　小叶锦鸡儿裹包(a)和袋装密封(b)青贮

1)不同生育期小叶锦鸡儿青贮前的营养成分

随着生育期的推移,除 P 含量无显著变化外($p>0.05$),其余营养成分在不同生育期之间均存在显著差异($p<0.05$)。其中 CF 含量随生育期推移先升高后降低,在生长季末期降至最低($p<0.05$),而 CP、Ash 和 EE 含量变化趋势与其完全相反,均在果期显著低于其他生育期($p<0.05$);生育期的延迟会升高 NFE、ADL 和 Ca 含量,其中生长季末期显著高于花期和果期($p>0.05$)(图 7-10)。

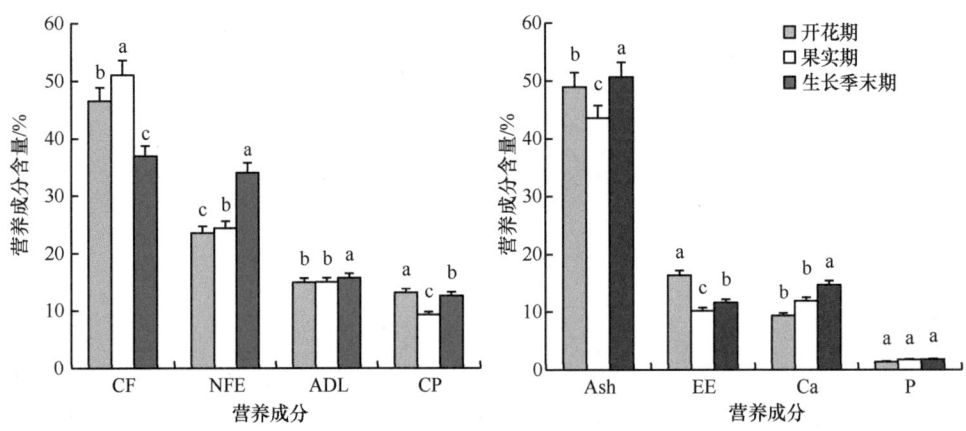

图 7-10　不同生育期小叶锦鸡儿青贮前的营养成分

CF：粗纤维；NFE：无氮浸出物；ADL：酸性洗涤木质素；CP：粗蛋白；Ash：粗灰分；EE：粗脂肪；P：磷；Ca：钙；不同小写字母表示同一营养成分不同生育期差异显著（$p<0.05$）

2）不同青贮处理间营养成分的差异

开花期，CK_1 处理的 EE 含量除与 B_1+C_0、B_2+C_0 和 B_0+C_1 无显著差异外，显著高于其他处理（$p<0.05$）。糖分添加处理的 Ash 含量较高，而 CF 含量的变化呈现与其完全相反的变化。各青贮处理的 NFE 含量较对照均有显著提高（$p<0.05$）。其中 B_3+C_1 效果最好，提高了 6.39%。不同青贮处理间 CP 和 P 含量变化不明显，其中仅 B_1+C_0 和 B_1+C_1 的 CP 含量显著低于 CK_1（$p<0.05$），而 B_2+C_1 和 B_3+C_1 的 P 含量则显著高于 CK_1（$p<0.05$）。CK_1、B_2+C_0 和 B_3+C_1 处理的 Ca 含量显著低于其他处理（$p<0.05$），含量在 1.01%～1.05%。ADL 含量随菌剂和糖分添加量的增减无明显变化，除 B_1+C_0 处理外，其他处理间均无显著差异（$p>0.05$）。

果实期，菌剂和糖分添加对 ADL、Ash 和 CF 含量均有显著影响（$p<0.05$），同对照相比，ADL 和 Ash 含量升高，而 CF 含量降低。各青贮处理间 P 含量无显著差异（$p>0.05$），其中 B_0+C_0 和 B_1+C_1 均显著高于 CK_2（$p<0.05$）。各青贮处理的 CP 含量较 CK_2 均有降低，其中 B_0+C_1 最低，较对照降低了 3.73%。糖分添加处理的 EE 含量普遍较低，Ca 含量变化较小，除 B_0+C_0 和 B_1+C_0 处理外，其他处理均与 CK_2 无显著差异（$p>0.05$）。B_2+C_0 和 B_2+C_1 处理的 NFE 含量在 28.16%～29.37%，显著高于其他处理（$p<0.05$）。

生长季末期，各青贮处理间 Ash、CF、NFE 和 Ca 含量差异不显著（$p>0.05$），但均与 CK_3 存在显著差异（$p<0.05$）。其中糖分添加处理的 Ca 含量明显较高，菌剂和糖分均添加处理的 NFE 含量明显较低。随着菌剂和糖分添加量的增减，ADL 含量并无明显变化趋势，其中 B_1+C_0 处理最低（$p<0.05$），与 CK_3 存在显

著差异（$p<0.05$）。而 CP 和 P 含量均无显著变化（$p>0.05$）；除 B_1+C_0 外，其他青贮处理的 EE 含量均显著高于 CK_3（$p<0.05$）。其中 B_3+C_1 最高，提升了 1.47%（图 7-11）。

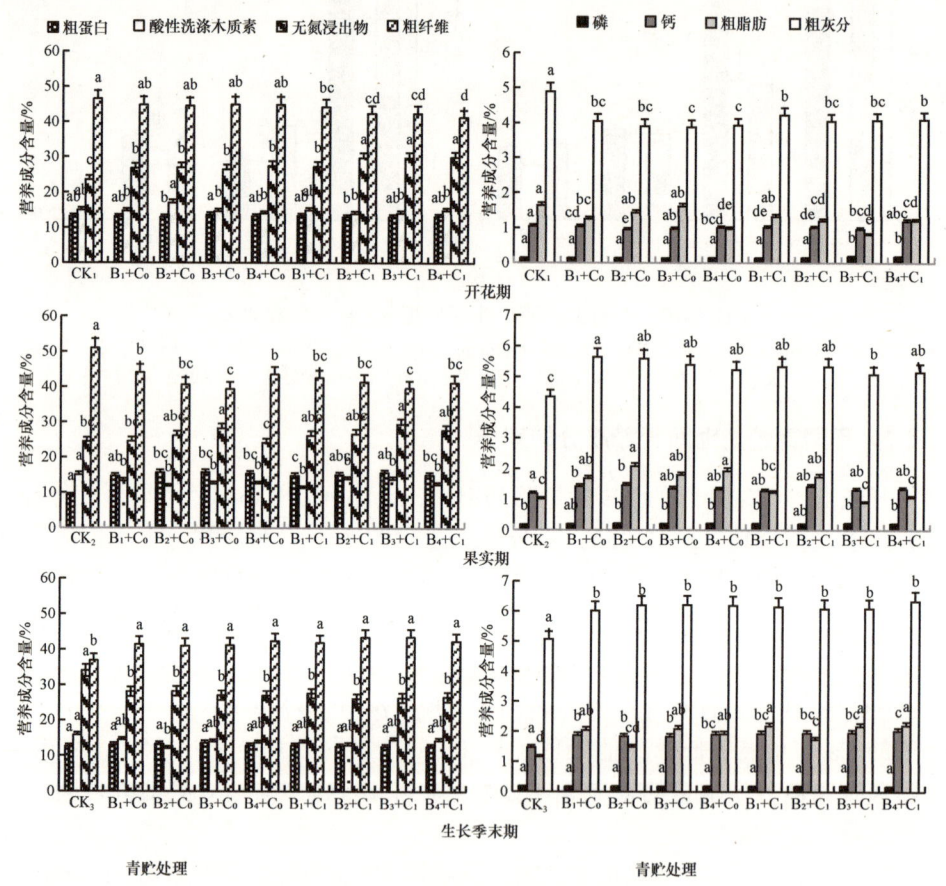

图 7-11 不同处理的小叶锦鸡儿营养成分

对照 CK_1、CK_2、CK_3 分别为开花期、果实期和生长季末期采集的样品；B_1、B_2、B_3、B_4 分别为不添加菌剂和添加不同量菌剂 0.02g/kg、0.04g/kg、0.06 g/kg 的处理；C_0 和 C_1 分别为不添加糖分和添加糖分 10g/kg 的处理。不同小写字母表示同一营养成分不同处理差异显著（$p<0.05$）

3）最佳青贮加工技术的筛选

利用灰色关联度分析法计算出各营养成分指标权重：$\omega_{CP}=0.1372$、$\omega_{NFE}=0.1216$、$\omega_{CF}=0.1361$、$\omega_{ADL}=0.1265$、$\omega_{EE}=0.1126$、$\omega_{Ash}=0.1292$、$\omega_{P}=0.1264$、$\omega_{Ca}=0.1105$，判断出每个营养成分指标在青贮处理综合评价筛选中的作用大小排序为 CP>CF>Ash>ADL>P>NFE>EE>Ca。由表 7-8 可看出，$A_2+B_1+C_0$（果实期，添加菌剂 0.05g/25kg，但不添加糖分）的加权关联度最大，为小叶锦鸡儿的最佳

青贮加工技术。其加权关联度达 0.8155，较 CK_1、CK_2 和 CK_3 分别高出 0.2233、0.2654 和 0.1055。

表 7-8 各参试处理的加权关联度及其排序

处理	加权关联度	排序	处理	加权关联度	排序
$A_2+B_1+C_0$	0.8155	1	$A_2+B_1+C_1$	0.7227	15
$A_3+B_3+C_1$	0.7872	2	CK_3	0.7099	16
$A_3+B_0+C_1$	0.7801	3	$A_2+B_0+C_0$	0.7059	17
$A_2+B_2+C_0$	0.7783	4	$A_1+B_3+C_1$	0.6359	18
$A_3+B_2+C_1$	0.7671	5	$A_1+B_2+C_1$	0.6108	19
$A_3+B_2+C_0$	0.7655	6	$A_1+B_1+C_1$	0.6067	20
$A_3+B_1+C_0$	0.7578	7	$A_1+B_2+C_0$	0.5947	21
$A_3+B_0+C_0$	0.7520	8	$A_1+B_0+C_1$	0.5928	22
$A_3+B_3+C_0$	0.7503	9	CK_1	0.5922	23
$A_2+B_3+C_0$	0.7492	10	$A_1+B_0+C_0$	0.5826	24
$A_2+B_2+C_1$	0.7423	11	$A_1+B_3+C_0$	0.5810	25
$A_3+B_1+C_1$	0.7384	12	$A_1+B_1+C_0$	0.5744	26
$A_2+B_0+C_1$	0.7360	13	CK_2	0.5501	27
$A_2+B_3+C_1$	0.7277	14			

注：CK_1、CK_2、CK_3 分别为开花期、果实期和生长季末期采集的对照样品；A_1、A_2 和 A_3 分别为开花期、果实期和生长季末期的青贮样品；B_0、B_1、B_2 和 B_3 分别为不添加菌剂和添加不同量菌剂 0.02g/kg、0.04g/kg、0.06 g/kg 的处理；C_0 和 C_1 分别为不添加糖分和添加糖分 10g/kg 的处理。

7.3.3 产业化发展模式

1. 试验示范区建设

科尔沁沙地可饲用化天然灌草植被资源相对比较单一，灌木代表性植物主要是小叶锦鸡儿、柠条锦鸡儿，半灌木有差不嘎蒿，草本植物包括狗尾草、白草、羊草、虫实、胡枝子、沙打旺等。就资源储量来看，灌木植物小叶锦鸡儿、柠条锦鸡儿和半灌木差不嘎蒿分布面积较广，资源储量相对丰富。但小叶锦鸡儿与柠条锦鸡儿相比，虽然都属于优良的饲用植物，但是小叶锦鸡儿枝条更细、枝多叶茂、适口性更好。牛羊等牲畜更喜采食其幼嫩枝叶和树皮，尤其在春末最喜食其花，营养价值较高，家畜采食后易上膘，能使瘦弱家畜迅速肥壮，有抓膘作用，在一年中 5～6 月的可食性系数最高，此后逐渐下降。而差不嘎蒿的适口性相对较差，仅在苗期（4～5 月）有牲畜采食。草本植物分布较广，但生产力有限。初步拟选小叶锦鸡儿作为青贮加工利用的对象。根据小叶锦鸡儿生长特征，结合采样营养成分分析，同时综合考虑适口性问题，认为1～3年生嫩枝对于牛羊采食适口性相对较好，而且木质素也易于分解。因此，于2018年在科尔沁沙地尧勒甸子村附近选取了3000亩小叶锦鸡儿分布面积较广的区域作为试验示范区。在2018年冬季12月在植被盖度较好且无明显风蚀的区域对自然生长5年以上的小叶锦鸡儿进行了平茬管理，次年平茬后的小叶锦鸡儿自然萌条和存活率达到了98%以上。

2. 饲用化模式

牧户调查资料显示，科尔沁沙地牧区农户每家至少有草场面积600亩，最多可达3000亩。草场内主要灌木为小叶锦鸡儿，由于禁牧期不能利用，而放牧期时间较短，造成对它的利用率很低。小叶锦鸡儿地上生物量的测定结果显示，可食性生物量鲜重平均为768.8kg/亩；粗老枝条所占比例较大，平均占生物量的68.7%，放牧利用率低。因此，可考虑以农牧户个体、合作社形式发展小叶锦鸡儿青贮饲用化模式。为了增加草场生产力，首先要对牧户草场内覆盖度较低的裸露沙斑或者风蚀迹地人工补栽小叶锦鸡儿。利用本模式中小叶锦鸡儿收获、揉搓和青贮技术开拓固沙灌草资源。根据营养价值的评测，可在小叶锦鸡儿果期即果荚即将成熟的时期对其进行部分收割用于青贮。也可以根据地方固沙灌木林的管理政策，在生长季结束后采用条带状（带宽不大于4m）平茬收获锦鸡儿枝条用于青贮发展养殖，既能保证灌木林的防风固沙效果，又能带来一定的经济效益。

模式中所涉及的小叶锦鸡儿抚育管理、揉搓和青贮技术工序相对简单、易于操作，适用于农牧户、合作社和企业。对于农牧户和合作社而言，可充分利用自家草场，对草场内的灌木按照本模式中的技术进行抚育管理，并根据经济承受能力自行购置，或者以合作社的形式共同出资购置大型灌木揉搓机械，生长季结束后收获小叶锦鸡儿枝条进行青贮加工后用于冬季牛羊饲喂。对于企业而言，可通过土地流转和承包的方式，在充分利用天然分布的小叶锦鸡儿平茬资源的同时，人工种植小叶锦鸡儿以保证企业生产所需的原材料。此外，还可以通过收购原材料或代加工的方式进行产业化，并进一步拓展和深化产业链条，立足于"精细"和"特别"，通过精品、高效、生态的饲养模式逐步实现种植—加工—养殖—销售一条龙产业体系，打造以精致养殖和生产高品质、高附加值的农牧产品为目标的高新企业。

7.3.4 前景分析

沙区固沙灌草植物资源相对比较丰富，从而为固沙灌木饲用化发展提供了基础。但是目前沙区固沙灌草资源利用率低下、产业化程度不高严重限制了沙区植物资源的可持续利用。固沙灌草资源产业化一方面需要不断筛选改良能适应沙区环境且具有经济价值的固沙植物,另一方面需要大力研发和发展固沙灌草资源的利用技术和模式。要实现地区固沙灌草资源的可持续发展,必须从思想源头上树立防沙治沙新观念,以循环经济为指导发展固沙灌草饲用化模式,加强政策调控及搞好宏观规划和服务,深化科研成果转化,提高地区固沙灌草资源的利用率和附加值。坚持把封沙育林、育草作为改善生态环境的中心任务,通过恢复植被和改善生态,合理、适度地开发利用资源。

我国沙地现在的固沙植物尤其是固沙灌木利用率都很低,并且大部分都被农牧民废弃或当柴烧,资源浪费严重。未来对多数优良固沙可饲用植物,均需要研制更先进的加工方法,并且需要确定适宜的平茬时间和方法。单独青贮和添加剂青贮技术的发展无疑是固沙植物饲用化价值提升的关键,发展多种类、优良的固沙植物青贮饲料资源可以为我国牧业资源的发展奠定基础。研究显示,在小叶锦鸡儿青贮原料中加入微生物活性菌种,采用发酵后的微贮技术可以增加小叶锦鸡儿粗蛋白的含量,降低其粗纤维的含量。添加剂青贮技术可以满足食草动物对不同营养成分含量的需求。同时,在未来的固沙植物资源饲用化价值的探索中,以青贮技术为主的固沙灌草资源利用产业化模式发展将是实现沙区生态与经济效益协同发展,以及培育新业态——生态沙产业的重要举措。

7.4 有机固废资源化利用模式

7.4.1 背景与现状

我国是传统的农业大国,近几年,随着经济的快速增长,养殖业也呈现出加快发展趋势,由此产生的农作物秸秆和畜禽粪便等有机固废物也迅速增加。据不完全统计,2016 年我国主要农作物秸秆产生总量约达 9.84 亿 t,2018 年畜禽粪便产量约达 74.3 亿 t,这相当于在此期间产生的工业固体废弃物产量的 8.2 倍,农作物秸秆和畜禽粪便废弃物已经成为城乡地区的主要污染源之一(李红霞,2019;朱亚辉,2019)。

内蒙古自治区地处我国北疆,由于自身地理环境因素的影响,其拥有大面积的农牧交错带,下垫面普遍为沙地,属于典型的脆弱生态系统,科尔沁沙地尤其明显,科尔沁沙地也是我国北方农牧交错带荒漠化最严重的地区之一(包苏日古嘎,2016)。探究原因,18 世纪初,清代康熙年间,政府为了发展科尔沁地区的经济,开始了新一轮的大规模垦荒;到清朝后期,由于国力的衰败、社会的动荡和外交赔款的巨大压力,科尔沁地区的草地开垦规模达到了史无前例的程度,疏林草原景观已不复存在,取而代之的是荒漠草原景观,现代科尔沁沙地的轮廓自此时已基本形成（任鸿昌等，2004）。大规模的垦荒也造成该区是农耕文化与游牧文化的典型交错地带，存在着农牧业生产活动并存的特殊形式（肖全胜和包美丽，2016）。因此，该区域产出的有机固废物主要为农作物残余废物（以玉米秸秆为主）和来源于农村畜牧养殖业的副产品——牲畜粪便。内蒙古作为能源大省，煤、天然气等新型能源已成为农村生产生活的主要能源，并逐渐取代了以往农村传统的火力能源，而作为农村传统火力能源的主要供应物，秸秆由于其体积大、能效低的缺点，首先成为被替代的对象，同时由于农村传统的秸秆灰增肥的固有想法，因此富余的大量秸秆只能被大批量田间燃烧销毁。此外，由于农牧交错带的特殊性，其所产生的牲畜粪便产量也处于全国前列。鉴于此，如何处理好该区域的有机固废物成为该地区可持续发展的重中之重，这也将成为该区域重要的生态沙产业。

有机固废物作为人类生产生活过程中所产生的副产品，与人类的生产生活息息相关。由于其本身所具有的特性（富含有机物和营养元素等），采用常规处理方法很难妥善处理该类废弃物，如果处理不当或不经任何处理就直接排放、堆积，不但会严重影响土地资源利用率，造成大气、土壤和水环境污染等一系列环境问题，还会造成巨大的资源浪费（颜瑾等，2018）。因此，为了避免这些问题的发生，人类一直在探索如何有效地处理有机固废物。经过不断实践，目前世界各国普遍采用有机好氧发酵堆肥这一技术来尽可能处理有机固废物。有机固废物堆肥处理既可实现废弃物的资源化，还可有效避免其对生态环境的污染，是一种非常有效的处理手段（Abdullah and Chin，2010；颜瑾等，2018）。

我国在有机好氧发酵堆肥技术方面有较丰富的实战经验，通常采用的静态堆肥方式为露天强制通风垛，或是在密闭的发酵池、发酵箱、静态发酵仓内进行。但是，发酵池、发酵箱具有占地面积大、不可移动以及缺乏美观等缺点；静态发酵仓又具有进出料不方便、好氧发酵不彻底、对发酵对象的粒径要求高、可靠性差、造价昂贵等缺点，难以在普通农牧户中推广。此外，无论是农作物废物，还是禽畜粪便，作为有机固废弃物都具有较高的碳氮比，其主要成分为纤维素、半纤维素和木质素及灰分。但三种成分相互交织形成坚固的木质纤维素层使其难以被微生物所降解（Wang et al.，2018）。

综上所述，应用有机好氧发酵堆肥技术原理，选择乡土的能够有效降解纤维素的适宜分解菌群，将秸秆和牲畜粪便混合并添加适宜分解菌群，置于适用于农牧户的简易发酵装置中，促使其快速有效地发酵形成有机混合物，不仅可以用于农田地力提升、沙地植树造林和沙丘创面修复以及特色植物种植的土壤改良等，还对该地区防治荒漠化、改善人居环境和沙地土壤质量具有重要意义。

7.4.2 技术要点

1. 分解菌分离与培养技术

1) 乡土分解菌的采集

采样地点及类型包括沙区已分解的枯落物、农田、草地、秸秆和牲畜粪便等。

2) 优质分解菌种的筛选

A. 配制培养基

富集培养基 1（100mL）：CMC-Na 1.0g、K_2HPO_4 0.1g、$MgSO_4·7H_2O$ 0.01g、$FeSO_4·7H_2O$ 0.01g、$MnSO_4$ 5g、蛋白胨 1g、牛肉膏 1g。富集培养基 2（100mL）：CMC-Na 1.0g、KH_2PO_4 0.2g、K_2HPO_4 0.2g、NaCl 0.05g、$MgSO_4·7H_2O$ 0.001g、$(NH_4)_2SO_4$ 0.04g、KNO_3 0.04g、CMC-Na 3g。纯化培养基 1（100ml）：CMC-Na 1.0g、$MgSO_4·7H_2O$ 0.01g、$FeSO_4·7H_2O$ 0.01g、$MnSO_4$ 5g、K_2HPO_4 0.1g、蛋白胨 1g、酵母膏 1g、琼脂粉 1.6g。纯化培养基 2（100mL）：$NaNO_3$ 0.2g、CMC-Na 1g、$FeSO_4·7H_2O$ 0.01g、K_2HPO_4 0.05g、KCl 0.05g、$MgSO_4·7H_2O$ 0.05g、蔗糖 3g、琼脂粉 1.5g。复筛培养基（CMC）：CMC-Na 10g、$(NH_4)_2SO_4$ 4g、K_2HPO_4 2g、$MgSO_4·7H_2O$ 0.5g、蛋白胨 1g、琼脂粉 16g、蒸馏水 1000mL。

需要注意的是，配置培养基所使用的器皿和蒸馏水都需要在 121℃下蒸气灭菌 20min 后方可使用。

B. 试验方法及步骤

a. 富集培养

配制 90mL 富集培养基，在 121℃下蒸气灭菌 20min。称取 10g 样品，置于装有 90mL 无菌水的 250mL 规格锥形瓶中，放入经过灭菌的磁力搅拌子，然后用磁力搅拌器搅拌 20min，使其混合均匀。混合均匀后，取 10mL 菌剂悬液加入灭菌后的富集培养基中，这时需要将瓶身置于摇床上震荡培养直至培养基变浑浊，温度条件为 30℃，为了减小误差可多做 3 组富集培养，分别编号为 1、2、3。

b. 菌种分离

用移液枪从富集培养菌剂原液中吸取 1mL 悬液加入盛有 9mL 无菌水的第一支试管中充分混匀。然后用移液枪从第一支试管中吸取 1mL 混合溶液加入另一盛有 9mL 无菌水的第二支试管中，混合均匀，以此类推直到制成第 9 支试管液，编号分别为 10-1、10-2、10-3、10-4、10-5、10-6、10-7、10-8、10-9，为不同稀释度的菌剂溶液，贴好标签。

c. 分离纯化

复筛培养基（CMC）的制备：按上文所述比例配制出 1000mL 的复筛培养基，并于 121℃下高压蒸气灭菌 20min。灭菌后，倒在灭菌平板上，凝固后待用。按涂布平板：在已倒培养基的 9 个平板底面分别标记 10-6、10-7、10-8 三种稀释度，其中每个稀释度划 3 个平板。然后用移液枪分别从 10-6、10-7、10-8 三管菌剂稀释液中各吸取 120ul 菌剂稀释液，对号加入已写好稀释度的平板中，在超净工作台工作环境下使用消毒后的涂布棒在培养基表面轻轻地涂布均匀，于室温下静置 5～10min，使菌液能够被吸附进培养基。38℃条件下倒置培养 2～3d，直至菌落长出。

3）所选菌种的鉴别

配制 100mL 复筛培养基，灭菌后四个平板，其中两个平板作为备份，在另外两个培养基上分别接种纯化培养基上长出的不同形态的菌落，注意要用记号笔在每个培养皿对应的菌落下进行明确标注，室温下静置 8min 使菌落被吸附在平板上，接下来放入 30℃恒温培养箱进行倒置培养，直至平板上长出菌落。

刚果红染色：用 0.2%的刚果红染液对平板进行浸染 30min，按照顺序用蒸馏水和 1mol/L 的氯化钠冲洗，然后用 5%的醋酸溶液浸染 5min 以固定颜色，这时产生纤维素酶的菌落周围将会出现透明圈，通过测量菌落周围所产生的透明圈的大小计算 CMC 酶相对活性（A=透明圈直径/培养时间）。

4）所选菌种酶活力的测定

（1）滤纸崩解实验。培养基的配制：滤纸崩解实验培养基（100mL）：$(NH_4)_2SO_4$ 0.4g、K_2HPO_4 0.2g、$MgSO_4·7H_2O$ 0.01g、蛋白胨 0.1g、酵母膏 1.0g、滤纸条（1cm×6cm）。滤纸前处理：1%稀醋酸浸泡一夜。加入碘液进行检验，在确认无淀粉后用 2%苏打水冲洗后烘干备用。实验步骤：将几个菌株进行肉眼比较，透明圈较大的接种到配置好的滤纸崩解培养基中，在 1100r/min、30℃条件下培养 3d，观察滤纸条的降解情况。

（2）DNS 法绘制标准曲线。取 9 个干净的比色皿按表 7-9 顺序依次加入试剂，然后将各个比色管中的所加试剂摇晃均匀，同时用一空白比色皿做调零用。之后放入紫外线分光光度计中以测定光密度值，绘制标准曲线（波长 520nm）。DNS 含糖量对比见表 7-9。

表 7-9 DNS 含糖量对比表

编号	0	1	2	3	4	5	6	7	8
含糖总量/mg	0	0.2	0.4	0.6	0.8	1.0	1.2	1.4	1.6
葡萄糖液/mL	0	0.2	0.4	0.6	0.8	1.0	1.2	1.4	1.6
蒸馏水/mL	2.0	1.8	1.6	1.4	1.2	1.0	0.8	0.6	0.4
DNS 试剂/mL	1.5	1.5	1.5	1.5	1.5	1.5	1.5	1.5	1.5

（3）纤维素分解酶活力的测定。粗酶液的制备：取新鲜细发酵液直接作为粗酶液。CX 酶活力测定：移取含有 0.5% CMC-Na 的醋酸缓冲液（0.05 mol/L，pH =4.4）1.5mL，于试管中加入酶液 0.5 mL。于 50 ℃条件下保温 30 min 后，使用 DNS 法测糖。在以上前提下，一般定义每分钟催化纤维素水解生成 1μg 葡萄糖的酶量为一个酶活力单位。滤纸酶活（FPA）的测定：使用滤纸条（规格 1 cm×6 cm）一条，卷成小卷后塞入试管中，加 1.5 mL HAc- NaAc 缓冲液（pH=4.8）后再加 0.5 mL 酶液，混合均匀使滤纸条可以完全浸入液体，在 50℃条件下保温 1h 后用 DNS 法测糖。酶学性质研究：通过在不同 pH 和温度下测定 FPA 并进行比对，可以进一步了解酶反应特性。最佳产酶条件研究：通过改变产酶的培养状况，分别加入不同的物质，再分别测定 FPA，通过对比以寻求发现更好的产酶条件。

5）筛选出的优质菌种（图 7-12）

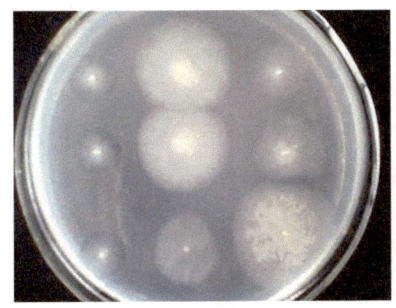
产木聚糖酶菌

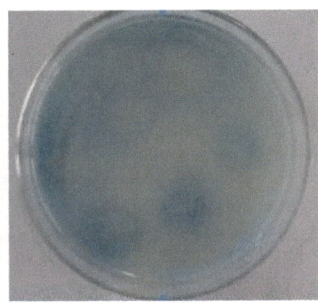
产漆酶菌

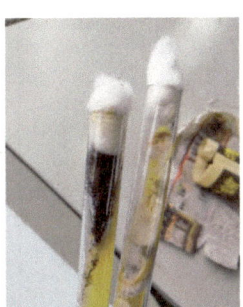
降解木质素菌

图 7-12　筛选出的优质菌种

6）菌群制剂的制备

制备的半固态菌群制剂形态如图 7-13 所示。

图 7-13　制备的半固态菌群制剂

2. 固废物资源现状调查

1) 调查内容

调查内容如图 7-14 所示。

关于农村固体废弃物的调研

姓名：　　　　年龄：　　　　家庭人口数：

1. 您家庭的主要收入来源：
   □务农　□外出打工　□养殖　其他_____
2. 您认为目前农村的居住环境如何？
   □非常好　□好　□不知道　□不好　□非常不好
3. 您家的主要固体废弃物是：
   □秸秆　□牲畜粪便　□废弃的圈养用饲料　其他_____
4. 您目前随意排放固体废弃物的频次：
   □频繁　□经常　□一般　□偶尔　□从不
5. 您认为固体废弃物对居住环境影响大吗？
   □非常大　□大　□不知道　□不大　□没影响
6. 您认为固体废弃物的问题是否严重？
   □非常严重　□严重　□不知道　□不严重
7. 您认为固体废弃物对农村环境的影响主要是什么？(可多选)
   □污染水体　□污染农田　□污染空气　□危害人体健康　□影响村容
8. 您认为农村环境保护是政府的责任还是村民的责任？
   □政府　□村民　□政府和村民共同承担　□不知道
9. 请问您家的作物秸秆每年有多少？_____
10. 请问您家的牲畜粪便每年有多少？_____
11. 请问您家圈养用饲料每年废弃多少？_____
12. 您是否经常清扫（或规整）家里的固体废弃物？
    □是　□否　□不清楚
13. 假如通过购买一包分解菌，然后在特制的发酵池中可以将固体废弃物变为有机肥，您是否愿意购买这种分解菌？
    □是　□否　□不清楚
14. 您愿意为自己家的固体废弃物处理支付多少元/年？
    _____元
15. 您认为农村的固体废弃物还可以怎么处理？

16. 您对使用分解菌将固体废弃物变为有机肥有什么看法和建议？

图 7-14　调查内容

2) 养殖牛羊户数比例

养殖牛羊户数比例如图 7-15 所示。

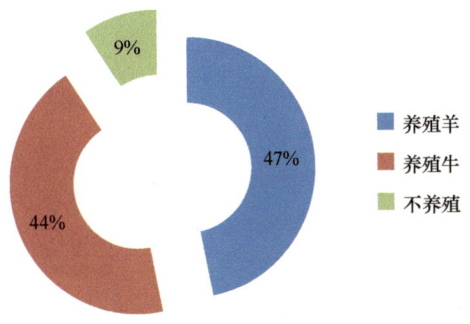

图 7-15 养殖牛羊户数比例

该地区没有混养的农牧户，养殖牛、养殖羊和不养殖的户数比例分别为 44%、47% 和 9%，并且养殖羊的农牧户均有由养殖羊变成养殖牛的意愿。

3）每户养殖数量、产粪量及秸秆产量

调查的每户养殖数量、产粪量及秸秆产量见表 7-10。从表 7-10 中可以看出，该地区养殖牛的农牧户每户平均养殖牛 15 头/户，产粪 63.71 方/(户·a)，秸秆产量为 35.04 t/(户·a)；该地区养殖羊的农牧户每户平均养殖羊 37.93 只/户，产粪 34.33 方/(户·a)，秸秆产量为 13.23t/(户·a)。

表 7-10 每户养殖数量、产粪量及秸秆产量

养殖动物品种	牛	羊
每户养殖数量/[头（只）/户]	15±10.63	37.93±12.93
产粪量/[方/(户·a)]	63.71±47.16	34.33±18.31
秸秆产量/[t/(户·a)]	35.04±24.98	13.23±5.92

4）村民家庭主要收入来源及对居住环境的认识

村民家庭主要收入来源及对居住环境的认识见图 7-16。由图 7-16 可知，村民家庭主要收入来源于务农+养殖方式（79%），并且认为居住环境好的达到了 74%。关于固体废弃物对居住环境的影响，认为非常大和大以及不大和没影响的分别占 44% 和 53%。关于固体废弃物的问题是否严重，认为非常严重和严重以及不严重的均占到 47%。关于固体废弃物对农村环境的影响，认为主要是影响村容（45%）＞污染空气（19%）＞污染水体（15%）＞危害人体健康（13%）＞污染农田（8%）。关于农村环境保护是谁的责任，认为政府和村民共同承担的占 35%，村民的责任占 16%，政府的责任占 15%。

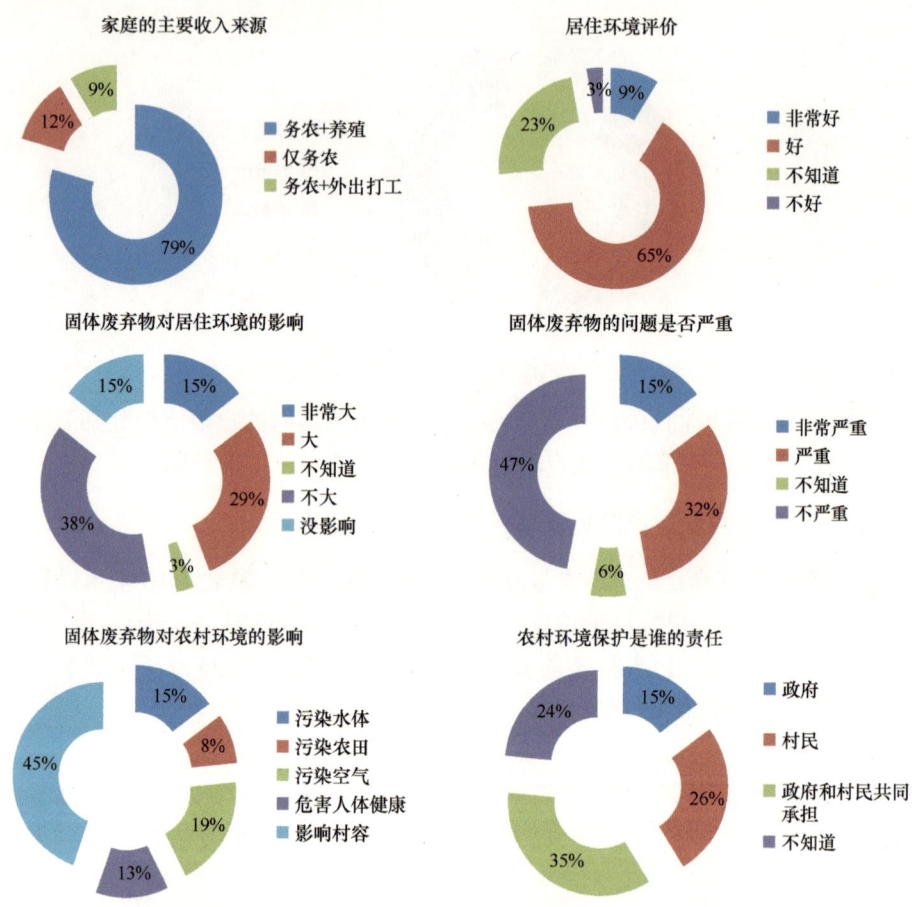

图 7-16 村民家庭主要收入来源及对居住环境的认识

3. 固废物发酵分解技术

1）不同菌群添加量、含水量和翻堆频率的区组试验

对所用秸秆分别进行适当的粉碎并称取 10kg，拌入 2.5kg 牛羊粪中，装于容器中，采用 $L_9(3^3)$ 正交试验来确定最佳配比、含水率及翻堆次数，以有机物降解率为指标进行正交试验；正交试验因素为配比、含水率和翻堆次数，每个因素设置 3 个水平，最终以温度、pH、含水率、发芽指数（GI）的变化和最终有机碳的降解率为检测指标，正交试验因素与水平设计如表 7-11 所示。

2）不同菌群添加量与不同配比（秸秆与牛羊粪的重量比）的大田区组试验

试验在自制发酵罐中（8 个，规格为直径 1.2m、高 1m 的圆筒，使用 5mm 厚铁板焊接而成）进行，具体试验设计见图 7-17。

表 7-11　正交试验因素与水平设计

水平	因素		
	配比 (A) / (mL/g)	含水率 (B) /%	翻堆频率 (C) / (d/次)
1	0.025	50	1
2	0.030	60	3

3）好氧堆肥过程温度监测

在发酵罐中设置 6 个温度计记录点，进行温度监测。

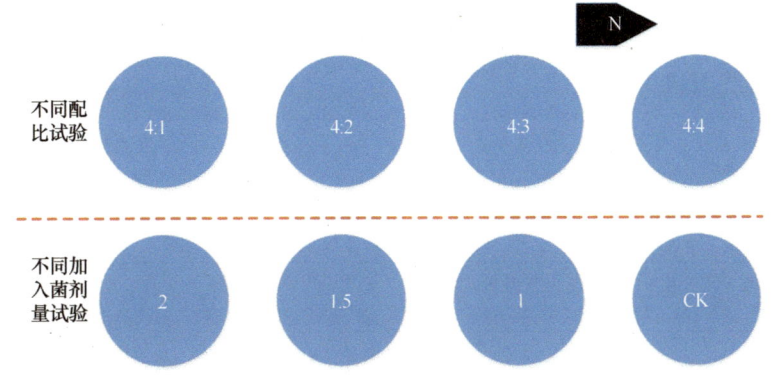

图 7-17　发酵罐试验设计

注：图中 4∶1，4∶2，4∶3 分别代表牛羊粪与秸秆的重量比例；图中 2，1.5，1 和 CK 分别代表加入的分解菌的量，即 0.025mL/g；0.03mL/g；0.035mL/g 和不添加

4）堆肥腐熟度及达标情况测定

发酵开始后第 30 d 和 60 d，在位于发酵表层 15 cm 处进行采样，按 5 点采样法的原则将其充分混匀后，分为鲜样和干样两份，干样风干，鲜样存于 4℃冰箱内备用。检测的主要指标如下。

干样：pH 值，有机质（以干基计），Cd、Pb、Cr、Hg 含量，总养分含量以（N、P_2O_5、K_2O）总量表示。

鲜样：有效活菌数（cfu），粪大肠菌群数，蛔虫卵死亡率，水分，并测定种子发芽率（GI）以确定腐熟程度。

5）秸秆最佳堆肥方案

秸秆最佳堆肥方案正交试验结果见表 7-12。结果显示,配比最优水平为 0.030 mL/g，初始含水量的最优水平为 60%，翻堆频率的最优水平为 5d/次，最佳的堆肥方案为 A2B2C3。

表 7-12　正交试验结果

实验号	因素 A：配比/(mL/g)	因素 B：初始含水量/%	因素 C：翻堆方式/(d/次)	有机质降解率/%
1#	0.025	50	1	3.12
2#	0.025	60	3	5.28
3#	0.025	70	5	5.11
4#	0.030	50	3	4.23
5#	0.030	60	5	6.65
6#	0.030	70	1	5.79
7#	0.035	50	5	2.31
8#	0.035	60	1	5.23
9#	0.035	70	3	6.32
最优方案	A2	B2	C3	

6）堆肥天数

不同堆肥天数腐熟度及达标情况见表 7-13。结果显示，发酵 60d 后的各指标接近行标值，发酵效果明显。

表 7-13　不同堆肥天数腐熟度及达标情况对比

堆肥天数	pH	有机质/(g/kg)	总养分/(g/kg)	铬/(mg/kg)	镉/(mg/kg)	铅/(mg/kg)
30d	8.42a	368.1254b	40.0325a	0.98a	2.11a	5.22a
60d	7.74a	440.8569a	54.5487a	0.08b	2.09a	2.03b
行业标准[生物有机肥（NY 884—2012）]	5.5~8.5	≥450	≥50	≤150	≤3	≤50
牛粪（对照）	7.46b	134.5180b	10.5382b	0.00	3.69a	0.64a
羊粪（对照）	8.25a	367.3280a	36.0737a	0.00	1.05b	0.75a

7）最佳配比比例

秸秆与牛羊粪不同配比对比试验结果见表 7-14。结果显示，秸秆与牛羊粪的比例以 4∶4 为最好，其次是 4∶3。

表 7-14　不同配比的对比

配比（秸秆∶牛羊粪）	pH	有机质/(g/kg)	总养分/(g/kg)	铬/(mg/kg)	镉/(mg/kg)	铅/(mg/kg)
4∶1	7.78a	259.79d	31.2356c	0.00d	1.15c	1.74d
4∶2	7.75a	296.65c	44.5789b	0.07c	2.02b	2.17c
4∶3	7.69a	396.78b	45.6987b	0.71b	3.33a	4.04b
4∶4	8.12a	469.56a	55.5429a	1.33a	3.67a	5.31a

8）技术操作要点及注意事项

（1）充足的水分：秸秆一定要吸足水分，水分含量一般控制在60%左右。

（2）调节合适的C/N：加入适量的畜禽粪便或氮肥来调节堆体的C/N。

（3）菌群添加量最优为0.030 mL/g，翻堆次数为3~5d/次。

（4）混匀物料：加入的有机肥发酵剂或菌种要均匀洒在秸秆中，或用器具搅拌均匀。

（5）通风：微生物在好氧的条件下发酵速度较快，通气的状况会直接影响秸秆的腐熟速度，所以堆垛时不要踩实，以利通气。堆好后用掺有秸秆的泥封堆，堆内温度超过65℃时，要采取通风或翻堆。

（6）封严：堆沤时堆体的四周要封严，防止水分和养分流失。

（7）增温：冬季或高寒地区秸秆堆沤成肥时，在堆料上可加盖塑料薄膜增温。

（8）堆沤物料水分充足，混合均匀，封严保温保水，保证秸秆快速腐熟，堆积时不要在上边踩，稍稍拍实。

（9）适宜区域：各地各种秸秆类作物在收获后都可以利用秸秆堆沤还田技术进行处理。

4. 有机混合物应用技术

发酵形成的有机混合物可用于农田地力提升和特色植物种植等。具体用法和用量见表7-15，试验结果见图7-18～图7-20。结果显示，与市售有机肥使用无差异并且单位面积 $6kg/m^2$ 即可，撒匀耕翻。

表7-15 有机混合物及市售微生物肥料用法、用量

类型	有机混合物及市售微生物肥料用量	有机混合物用法
玉米、大豆种植	$4kg/m^2$、$6kg/m^2$、$8kg/m^2$	撒匀耕翻
中草药（红花、防风、芍药和牛膝）	$4kg/m^2$、$6kg/m^2$、$8kg/m^2$	撒匀耕翻
藜麦	$4kg/m^2$、$6kg/m^2$、$8kg/m^2$	撒匀耕翻

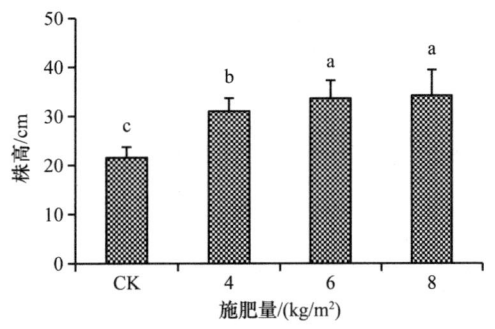

图7-18 射干不同施肥量生长情况对比

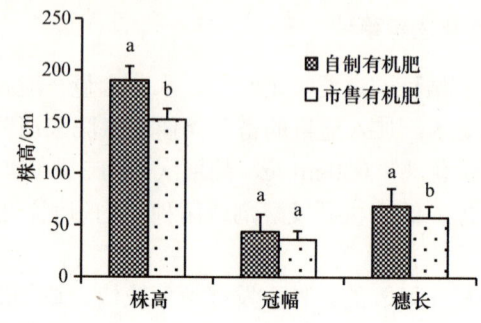

图 7-19　藜麦使用自制和市售有机肥生长情况对比

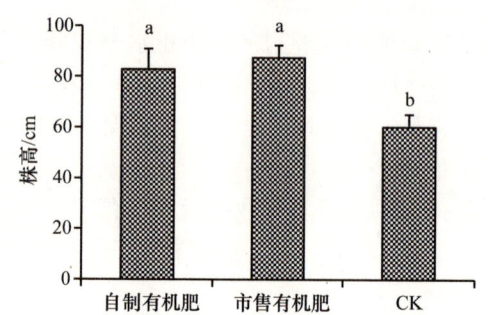

图 7-20　大豆使用自制和市售有机肥生长情况对比

7.4.3　产业化发展模式

1. 有机固废物利用潜在发展模式

1）有机固废物以农牧户为单元的资源化利用模式

科尔沁沙地大部分区域多为农牧交错带，农业以玉米等作物种植为主，年产秸秆 13.23~35.04t。该地区养殖牛、养殖羊的户数比例分别为 44% 和 47%，其中养殖牛的农牧户每年每户平均养殖 15 头，产粪 63.71 方/a，养殖羊的农牧户每年每户平均养殖 37.93 只，产粪 34.33 方/a。目前，该地区每户收获的秸秆主要用于自家牲畜的饲喂，也存在随意堆放的现象。喂养过程中会出现大量的秸秆掉落圈内的情况，形成牛羊粪便与秸秆的混合物，该混合物在当地一年清圈一次，不经过腐熟，直接还田。

因此，在沙区，以农牧户为单元对有机固废物开展资源化利用具有先天优势，通过建立科学的利用体系，推广秸秆、牛羊粪等有机固废物的还田改土，形成秸秆—牲畜养殖—资源化利用（发酵）—还田改土的可持续发展模式。

2）有机固废物资源化利用的合作社模式

近年来，沙区依托资源和产业优势，积极推进各类农村专业合作社建设，把分散弱小的农户结成共担风险的利益共同体，提高了农业生产组织化程度，助推了农村经济发展，其中养殖专业合作社在该地区最为普遍。养殖专业合作社覆盖面广，普遍牛、羊存栏数在 5000 只以上，同单一农牧户一样，同样存在有机固废物资源化利用的问题。由于养殖的体量更大了，在建立科学的利用体系下，应建立完善的收储体系和大型发酵仓，同样形成秸秆收储—牲畜养殖—资源化利用（发酵）—还田改土的可持续发展模式。

2. 有机固废物以农牧户为单元的资源化利用案例

在奈曼旗尧勒甸子村设立示范户，示范面积为 193 亩，并建造 3.5m×8m 长方形发酵池一个，应用筛选的优质菌群完成了发酵，应用于自家还田改土，形成了秸秆—牲畜养殖—资源化利用（发酵）—还田改土的可持续发展模式。

7.4.4 前景分析

1. 内蒙古有机固废物利用现状与不足

内蒙古作为我国主要的牧区，牛羊养殖是主要的牧区产业。以 2019 年为例，内蒙古自治区牛肉产量 63.8 万 t，增长 3.8%；羊肉产量 109.8 万 t，增长 3.2%；年末牛存栏 626.1 万头；羊存栏 5975.9 万只（内蒙古自治区统计局，2019）。发展的同时，相关的环境污染问题也日益突出，越来越多没有经过处理的有机固废物已经成为不可小视的环境污染和生态保护问题，尤其是在沙地的农牧交错带，其直接影响着美丽乡村建设和人居环境。

总体而言，内蒙古自治区固体废物的现状是产生量大，利用和处置率较低，还未形成一套科学的动态管理体系。固体废物的环境管理相对水、大气的管理起步晚，全区各盟市都没有专门的固体废物管理机构，人员、技术力量薄弱，管理手段滞后，处置能力较弱，机制不健全，信息不灵通（崔晋江等，2009）。

2. 产业发展前景

有机固废物中有机质含量较高（淀粉、糖类、纤维素、木质素、蛋白质等）；氮的含量也较高，另外，还含有较多的磷、钾等作物必需元素，经好氧堆肥处理后，适用于土壤改良（李红霞，2019）。现今沙地有机固废物的处理还是很粗放，形成了玉米种植—秸秆喂养牲畜—圈肥不经发酵春季直接还田的固有生产方式，大大降低了固废物的利用效率，其中的有害病菌和寄生虫也没有被杀死。应用好氧堆肥技术，添加优选的菌群可大大提高固体废弃物处理的资源化、无害化和稳定性。

以奈曼旗尧勒甸子村示范户为例，在提供菌剂的前提下，农牧户积极响应这一政策，建造发酵池，在美化自家周边环境的同时，也提高了固体废弃物的利用率。因此，在政府主导下，积极推进农牧户小型发酵池修建，并提供相关的菌剂（菌剂成本相对低廉），具有广阔前景。

3. 秸秆—牲畜养殖（粪便）—资源化利用—还田改土的模式展望

近些年，我国固废物产生量与日俱增，环境负载能力日趋紧张，垃圾围城（村）现象早已屡见不鲜，固体废弃物的污染问题更是时有报道。坚持人与自然和谐共生，坚持节约资源和保护环境的基本国策，必须树立和践行"绿水青山就是金山银山"的理念。如何在实践中将"绿水青山就是金山银山"的理念化为可操作的行动，成为需要思考的重点问题。固体废弃物的防治工作也成为我国环保工作的重中之重（钟书翀，2020）。

对于内蒙古自治区，目前固废物污染环境的问题尤为严重，尤其是在沙地的农牧交错带，仍以玉米种植—秸秆喂养牲畜—圈肥不经发酵春季直接还田的粗放生产生活方式为主，改变生产生活方式，提高有机固废物资源化、无害化和稳定性利用效率迫在眉睫。在沙地开展秸秆—牲畜养殖（粪便）—资源化利用—还田改土的可持续发展模式是一种有效途径，这不仅可改变现有方式利用造成的二次污染严重且难控制的问题，也可提高有机固废物的资源化利用效率，在找到一种无污染、经济、高效的处理方式的同时，为美丽乡村建设提供一种新的路径。因此好氧堆肥技术必定会成为内蒙古自治区甚至我国未来农牧业有机固废物的主要处理形式和产业模式。

参 考 文 献

包苏日古嘎. 2016. 生态恢复背景下科尔沁沙地植被净初级生产力时空变化研究. 呼和浩特: 内蒙古师范大学.

蔡守秋. 2002. 论环境权. 金陵法律评论, (1): 83-119.

曹成有, 滕晓慧, 陈家模, 等. 2006. 不同固沙植物材料对土壤生物活性的影响. 东北大学学报, (10): 1157-1160.

常学向, 赵文智, 张智慧. 2007. 荒漠区固沙植物梭梭(*Haloxylon ammodendron*)耗水特征. 生态学报, 27(5): 1826-1837.

陈栋, 周海燕, 李培广, 等. 2015. 油蒿(*Artemisia ordosica*)和柠条(*Caragana korshinskii*)生理生态特性的昼夜变化特征与调节机制. 中国沙漠, 35(6): 1549-1556.

陈光, 孙旸, 王刚, 等. 2018. 藜麦全植株的综合利用及开发前景. 吉林农业大学学报, 40(1): 1-6.

陈珩, 张志谦. 2006. 塔克拉玛干沙漠公路固沙植物立地条件分区评价. 中国沙漠, 26(1): 131-136.

陈守煜, 王子茹. 2011. 基于对立统一与质量互变定理的水资源系统可变模糊评价新方法. 水利学报, 42(3): 253-261, 270.

陈小娜, 邱黛玉, 蔺海明. 2016. 甘肃河西五种甘草属植物的植物学特性及药用价值研究. 草业学报, 25(4): 246-253.

陈一君, 郭耀煌. 2002. 企业战略联盟的价值链分析. 商业研究, (23): 25-28.

成明锁, 刘增玉, 李玉春. 2013. 藜麦的种植与栽培技术. 河南农业, (21): 43.

崔晋江, 田小兵, 靳玮. 2009. 加强我区固体废物管理促进固体废物污染防治. 内蒙古环境科学, 21(3): 78-79.

崔向慧, 卢琦. 2012. 中国荒漠化防治标准化发展现状与展望. 干旱区研究, 29(5): 913-919.

代寒凌, 田新会, 杜文华, 等. 2019. 不同添加剂处理对小黑麦和黑麦青贮营养价值和发酵品质的影响. 草业学报, 28(12): 211-219.

邓晓红, 付永飞, 倪俊艳, 等. 2017. 乌兰布和沙区沙产业发展建议. 内蒙古林业, (4): 24.

都晓伟, 刘鸣远. 2004. 药材生物学研究是 GAP 研究的前提和理论基础. 世界科学技术: 中医药现代化, 6(3): 73-76.

杜兰英, 钱玲. 2014. 基于价值共创的商业模式创新研究. 科技进步与对策, 31(23): 14-16.

段勇刚. 2017. 新电改背景下 G 核电集团售电平台的商业模式重构研究. 深圳: 深圳大学.

樊胜岳, 李斌. 1999. 沙产业理论内涵探讨. 中国沙漠, 19(3): 256-260.

范海燕, 张雅琴. 2005. 黑龙江省发展生态产业的几点思考. 黑龙江社会科学, (2): 35-37.

方莉华, 张才国. 2005. 循环经济概念的科学界定及其实质. 华东经济管理, 19(3): 83-85.

冯绍元, 陈绍军, 霍再林, 等. 2009. 基于 SD 模型的石羊河流域中下游水资源承载力初步研究. 东华理工大学学报(自然科学版), 32(4): 301-306.

付涌玉. 2011. 山柑属植物在园林绿化中的应用综述. 安徽农业科学, 39(10): 5863-5865.

高启杰. 2013. 美国合作推广服务改革的动向、原因与启示. 中国农村经济, (3): 80-88.

高文俊, 许庆方, 玉柱, 等. 2011. 添加剂对柠条青贮影响的研究. 草业科学, 28(2): 323-326.
贡布扎西, 旺姆, 张崇玺, 等. 1994. 南美藜在西藏的生物学特性研究. 西北农业学报, 3(4): 81-86.
郭彩贇, 韩致文, 李爱敏, 等. 2017. 库布齐沙漠生态治理与开发利用的典型模式. 西北师范大学学报(自然科学版), 53(1): 112-118.
郭冬生, 王文龙, 龚群辉, 等. 2014. 我国畜牧业发展现状及发展趋势. 江苏农业科学, 42(2): 18-21.
韩福贵, 徐先英, 尉秋实, 等. 2015. 民勤绿洲—荒漠过渡带典型固沙植物生殖物候对气候变化的响应. 中国沙漠, 35(2): 330-337.
韩立英, 玉柱. 2009. 3 种乳酸菌制剂对苜蓿和羊草的青贮效果. 草业科学, 26(2): 66-71.
韩新盛. 2014. 基于生态链网的沙产业集群化研究——以库布奇沙漠为例. 呼和浩特: 内蒙古大学.
韩永光. 2012. 乌兰布和沙漠绿洲沙产业可持续发展研究. 呼和浩特: 内蒙古农业大学.
郝怀志, 董俊, 何振富, 等. 2017. 藜麦茎秆对肉牛生产性能、养分表观消化率及血清生化指标的影响. 中国草食动物科学, 37(5): 26-31.
郝怀志, 董俊, 杨发荣. 2019. 日粮中添加藜麦秸秆对奶牛生产性能和血清生化指标的影响. 中国饲料, (11): 61-65.
郝以宽. 2017. 黑龙江省绿色生态产业发展的财税政策研究. 哈尔滨: 哈尔滨商业大学.
何念鹏, 刘聪聪, 张佳慧, 等. 2018. 植物性状研究的机遇与挑战: 从器官到群落. 生态学报, 38(19): 6487-6796.
何士敏, 袁小娟, 汪建华. 2008. 中国沙棘属植物资源及其开发利用现状. 现代农业科学, 15(11): 87-92.
何希吾. 2000. 水资源承载力//孙鸿烈主编. 中国资源百科全书. 北京: 中国大百科全书出版社.
洪志生, 李应博. 2016. 生态生产力视角下的商业模式创新研究——以青海海西州生态型企业为例. 生态经济, (1): 27-33.
胡顺军, 田长彦, 宋郁东, 等. 2006. 裸地与柽柳生长条件下潜水蒸发计算模型. 科学通报, 51(z1): 36-41.
黄杰, 刘文瑜, 魏玉明, 等. 2017. 4 个藜麦品种在陇东旱作区幼苗生长量及生理生化指标分析. 甘肃农业科技, (10): 35-38.
黄杰, 杨发荣. 2015. 藜麦在甘肃的研发现状及前景. 甘肃农业科技, (1): 49-52.
黄璐琦, 苏钢强, 张小波, 等. 2017. 中药材产业扶贫重点优先区域划分和推荐种植中药材名录整理. 中国中药杂志, 42(22): 4319-4328.
黄兆华, 刘媖心. 1991. 我国沙区重要蒿属植物的特性及应用. 干旱区资源与环境, 5(1): 12-21.
黄振英, 董学军, 蒋高明. 2002. 沙柳光合作用和蒸腾作用日动态变化的初步研究. 西北植物学报, 22(4): 93-99.
黄之光, 纪尚伯, 胡毅, 等. 2018. 私人银行商业模式分析模型——ZS 银行私人银行案例研究. 管理评论, 30(10): 295-304.
惠学东, 唐建宁, 杨汉国, 等. 2007. 宁夏柽柳属植物开发与利用前景浅析. 内蒙古林业科技, 33(2): 44-46.
惠泱河, 蒋晓辉, 黄强, 等. 2001. 二元模式下水资源承载力系统动态仿真模型研究. 地理研究, 20(2): 191-198.

参考文献

霍建林, 王晓云, 漆建忠. 1994. 固沙灌丛及其饲用价值评价. 水土保持通报, 14(7): 11-14.
江珊. 2016. 新形势下我国农业推广现状及改革思路. 现代农业科技, (7): 317-318.
蒋瑾, 戴枫年. 1983. 沙坡头地区主要固沙植物生物学、生理学特性的研究. 林业科学, (2): 113-120.:
蒋军, 富锐.2015. 山柑属植物在新疆园林绿化中的应用. 新疆农业科技, (2): 44-45.
孔凡斌. 2009. 生态经济区建设理论与生态产业体系构建分析——以江西省鄱阳湖生态经济区为例. 农业经济问题, (7): 101-104.
李波, 张俊飚, 李海鹏. 2011. 中国农业碳排放时空特征及影响因素分解. 中国人口·资源与环境. 21(8): 80- 86.
李长云. 2012. 创新商业模式的机理与实现路径. 中国软科学, (4): 167-176.
李承明. 2016. 大力发展沙产业加快实现强国梦. 西部大开发, (5): 95-97.
李发明, 张莹花, 贺访印, 等. 2012. 沙产业的发展历程和前景分析. 中国沙漠, 32(6): 1765-1772.
李飞, 米卜, 刘会. 2013. 中国零售企业商业模式成功创新的路径——基于海底捞餐饮公司的案例研究. 中国软科学, (9): 97-111.
李根前, 唐德瑞, 赵一庆.2000. 沙棘属植物资源与开发利用. 沙棘, (2): 22-26.
李海. 2009. 典型草原天然牧草青贮技术研究. 呼和浩特: 内蒙古农业大学.
李红霞. 2019. 羊粪好氧堆肥工艺参数的优化研究. 包头: 内蒙古科技大学.
李鸿磊. 2018a. 基于价值创造视角的商业模式分类研究——以三个典型企业的分类应用为例. 管理评论, 30(4): 257-272.
李鸿磊. 2018b. 商业模式创新与企业绩效影响: 案例与实证. 北京: 经济管理出版社.
李进才. 2016. 藜麦的生物学特性及栽培技术. 天津农林科技, (3): 23-26.
李清河, 赵英铭, 江泽平, 等. 2005. 乌兰布和沙漠东北部绿洲灌区水资源供需平衡及其承载力研究. 水土保持通报, 25(6): 24-27.
李文龙, 李自珍, 王刚, 等. 2004. 沙坡头地区人工固沙植物水分利用及其生态位适宜度过程数值模拟分析. 西北植物学报, (6): 1012-1017.
李周. 1998. 生态产业初探. 中国农村经济, (7): 4-9.
李棕, 邓光亚. 2010. 生态产业理论研究综述. 江西师范大学学报(哲学社会科学版), 43(5): 206-210.
梁晶. 2007. 基于循环经济的我国绿色包装发展模式研究. 保定: 河北大学.
梁云志, 司春林. 2010. 孵化器的商业模式研究: 理论框架与实证分析. 研究与发展管理, 22(1): 43-51,67.
刘保清, 刘志民, 钱建强, 等. 2017. 科尔沁沙地南缘主要固沙植物旱季水分来源. 应用生态学报, 28(7): 2093-2101.
刘翠英, 贺学林, 张雄. 2006. 毛乌素沙地可用于园林绿化的植物资源及开发利用. 水土保持通报, 26(4): 91-95.
刘光哲. 2012. 多元化农业推广理论与实践的研究. 陕西: 西北农林科技大学.
刘国谦, 张俊宝, 刘东庆. 2003. 柠条的开发利用及草粉加工饲喂技术. 草业科学, (7): 26-32.
刘红旗. 2018. 试论内蒙古西部沙产业地理标志产品品牌的培育和发展.才智, (30): 229-230.
刘璐. 2019. 沙产业融合发展模式研究. 呼和浩特: 内蒙古大学.
刘璐, 钱福檬, 钱贵霞. 2020. 沙产业融合发展模式. 中国沙漠, 40(3): 67-76.

刘敏国, 杨倩, 杨梅, 等. 2017. 藜麦的饲用潜力及适应性. 草业科学, 34(6): 1264-1271.

刘瑞香, 孙启忠, 包娜. 2011. 油蒿的可青贮性研究. 草地学报, 19(02): 264-268.

刘生梅. 2007. 青海省大通县重点野生药用植物资源的分布利用及开发. 青海农技推广, 2007(1): 26-27.

刘恕. 2002. 对钱学森沙产业理论的学习和理解. 中国工程科学, 4(1): 9-14.

刘恕. 2005. 对沙产业科学内涵的认识——纪念钱学森沙产业论述发表 20 周年. 西安交通大学学报(社会科学版), 25(1): 57-61.

刘颖琦, 王静宇, Kokko A. 2014. 电动汽车示范运营的政策与商业模式创新: 全球经验及中国实践. 中国软科学, (12): 1-16.

刘子刚, 郑瑜. 2011. 基于生态足迹法的区域水生态承载力研究——以浙江省湖州市为例. 资源科学, 33(6): 1083-1088.

龙鸿艳, 魏林. 2010. 合理利用甘草资源保护我区生态环境. 新疆畜牧业, (S2): 38-39.

卢亚妹, 王晓辉, 王建忠, 等. 2019. 中药材产业发展现状研究综述. 现代商贸工业, (2): 14-15.

鲁伟. 2014. 生态产业: 理论、实践及展望. 经济问题, (11): 16-19,43.

罗军刚, 解建仓, 阮本清. 2008. 基于熵权的水资源短缺风险模糊综合评价模型及应用. 水利学报, 39(9): 1092-1097, 1104.

罗珍, 曹岚, 益西拉姆, 等. 2019. 西藏锦鸡儿属药用植物资源调查. 西藏科技, (5): 50-51.

骆永明. 2009. 污染土壤修复技术研究现状与趋势. 化学进展, 21(2-3): 558-565.

吕朋, 左小安, 岳喜元, 等. 2018. 科尔沁沙地封育过程中植被特征的动态变化. 生态学杂志, 37(10): 2880-2888.

吕树鸣, 莫庆忠, 邹盘龙, 等. 2018. 5 个藜麦品种(系)在六盘水地区的适应性. 贵州农业科学, 46(7): 15-17.

马楠. 2016. 民族地区特色产业精准扶贫研究——以中药材开发产业为例. 中南民族大学学报, 36(1): 128-132.

马全林, 卢琦, 张德魁, 等. 2012. 沙蒿与油蒿灌丛的防风阻沙作用. 生态学杂志, 31(7): 1639-1645.

马文智, 赵丽莉, 姚爱兴. 2004. 柠条饲用价值及其加工利用研究进展. 宁夏农学院学报, (04): 72-75.

南岭, 董治宝. 2016. 西部地区沙产业发展探讨. 现代农业科技, (23): 267-268.

内蒙古自治区统计局. 2019. 内蒙古自治区 2019 年国民经济和社会发展统计公报. http://tj.nmg.gov.cn/tjgb/14035.html.[2020-6-13].

宁宝英, 马建霞, 姜志德. 2019. 基于专利视角的中国沙产业技术发展现状及限制因素. 中国农业资源与区划, 40(7): 119-125.

潘伯荣. 1987. 我国固沙植物引种的历史及展望. 中国沙漠, 7(1): 4-11.

潘红星, 尹俊珍. 2007. 我国沙产业发展现状分析及对策探讨. 林业资源管理, (3): 37-41

庞德建. 2017. 宣汉县中药材产业扶贫效果评价研究. 成都: 西南大学.

彭慧莲. 2015. 我国环保产业发展中的合同环境服务模式研究. 南昌: 江西财经大学.

齐严. 2017. 商业模式创新与"新零售"方向选择. 中国流通经济, 31(10): 3-11.

钱贵霞, 田欣. 2020. 不同发展模式的沙区生态产业价值链特征及其综合效益. 干旱区资源与环境, 34(12): 25-34.

覃勇荣, 刘月生. 2003. 天峨县发展生态产业的几点思考. 河池师专学报: 综合版, (2): 55-59.

参 考 文 献

曲格平. 1988. 中国环境政策的探索与实践. 环境科学动态, (10): 1-14.
曲耀光, 樊胜岳. 2000. 黑河流域水资源承载力分析计算与对策. 中国沙漠, 20(1): 1-8.
任鸿昌, 吕永龙, 杨萍, 等. 2004. 科尔沁沙地土地沙漠化的历史与现状. 中国沙漠, 24(5): 544-547.
任昱鑫, 代寒凌, 田新会, 等. 2020. 添加剂对甘肃省高寒牧区不同刈割期小黑麦青贮饲料营养价值和青贮品质的影响. 草业学报, (03): 197-206.
施勇, 白净. 2011. 科学用砂治沙——看仁创科技集团如何创新驱动发展砂产业. 中国科技产业, (10): 72-74.
时永杰. 2003a. 紫穗槐. 中兽医医药杂志, (S1): 145-146.
时永杰. 2003b. 沙拐枣属植物的种类分布及其在生态环境建设中的作用. 中兽医医药杂志, (S1): 37-39.
时永杰, 常根柱. 2003. 中间锦鸡儿. 中兽医医药杂志, (S1): 144-145.
时永杰, 高万林. 2003. 梭梭. 中兽医医药杂志, (S1): 148-150.
史培军, 刘学敏. 2003. 生态建设产业化产业发展生态化. 求是, (4): 32-34.
舒涛. 2011. 生态产业链稳定性研究. 大连：大连理工大学.
宋鑫玲, 夏尊民, 高树仁, 等. 2014. PEG 模拟干旱胁迫下亚麻幼苗生长量及生理指标的研究. 黑龙江科学, 5(3): 8-11, 15.
苏培玺, 赵爱芬, 张立新, 等. 2003. 荒漠植物梭梭和沙拐枣光合作用、蒸腾作用及水分利用效率特征. 西北植物学报, (01): 11-17.
孙博. 2012. 典型矿区生态产业共生模式研究. 济南：山东师范大学.
孙才志, 张智雄. 2017. 中国水生态足迹广度、深度评价及空间格局. 生态学报, 37(21): 7048-7060.
孙淑英, 陈贵林. 2019. 干旱胁迫对蒙古黄芪生殖生长及活性成分的影响. 分子植物育种, 17(22): 293-299.
唐华南. 2009. 固沙先锋植物–羊柴的治沙应用. 畜牧与饲料科学, 30(02): 47.
唐艺玲, 雷晓青, 李雪芹, 等. 2019. 中药材与其他植物间作的效益及机理研究进展. 中药材, 42(3): 693-697.
陶明, 黄高宝. 2009a. 沙产业理论体系构建初探. 中国沙漠, 29(3): 424-432.
陶明, 黄高宝. 2009b. 沙产业实践模式研究. 安全与环境学报, 9(3): 100-105.
屠志方, 李梦先, 孙涛. 2016. 第五次全国荒漠化和沙化监测结果及分析. 林业资源管理, (1): 1-5.
汪海强. 2013. 沙漠地区防风固沙植物的选择. 现代园艺, 10(20): 172.
王保平, 董晓燕, 董宽虎. 2014. 不同添加剂对柠条嫩枝叶青贮品质的影响. 草地学报, 22(05): 1096-1102.
王晨静, 赵习武, 陆国权, 等. 2014. 藜麦特性及开发利用研究进展. 浙江农林大学学报, 31(2): 296-301.
王棐, 张文斌, 杨瑞金, 等. 2018. 藜麦蛋白质的提取及其功能性质研究. 食品科技, 43(2): 228-234.
王峰, 左忠, 张浩, 等. 2005. 柠条饲料加工相关问题的探讨. 草业科学, (03): 30-35.
王力伟, 房永雨, 何江峰, 等. 2016. 沙拐枣属植物的研究进展. 畜牧与饲料科学, 37(12): 48-52.
王利民, 姜怀志, 姚纪元, 等. 2004. 我国北方草地的现状和可持续发展对策. 家畜生态, (02):

4-7.

王琳, 冯建菊, 蒋学玮. 2002. 沙棘植物资源的综合利用. 北方园艺, (6): 24-25.

王玲莉. 2014. 洞庭湖生态经济区产业发展研究. 长沙: 湖南农业大学.

王曼曼, 吴秀芹, 吴斌, 等. 2016. 盐池北部风沙区乡村聚落空间格局演变分析. 农业工程学报, 32(8): 260-271.

王庆锁, 李玉中. 2003. 我国的土地沙化及治理对策. 中国农业科技导报, (06): 50-54.

王睿, 周立华, 陈勇, 等. 2017. 库布齐沙漠 3 种沙产业模式的经济效益评价. 中国沙漠, 37(2): 392-398.

王生霞. 2010. 绿洲沙漠化地区生态产业模式研究——以民勤绿洲为例. 兰州: 兰州大学.

王曙光, 杜宏颖. 2014. 促进黑龙江省生态主导型产业发展的财税政策研究. 商业研究, (4): 69-77.

王涛. 2001. 走向世界的中国沙漠化防治的研究与实践. 中国沙漠, 21(1): 4-6.

王涛, 陈广庭, 赵哈林, 等. 2006. 中国北方沙漠化过程及其防治研究的新进展. 中国沙漠, 26(4): 507-516.

王贤秀, 吴丛光. 2011. 贫困山区县生态茶产业发展的几点思考. 农技服务, 28(7): 1085-1086, 1088.

王馨康, 任胜钢, 李晓磊. 2018. 不同类型环境政策对我国区域碳排放的差异化影响研究. 大连理工大学学报(社会科学版), 39(2): 55-64.

王印川. 2003. 紫穗槐及其经济利用价值. 山西水土保持科技, (01): 21-23.

王宇. 2012. 内蒙古沙产业发展的问题与对策. 北方经济, (1): 104-105.

王岳, 刘学敏, 哈斯额尔敦. 2019a. 毛乌素沙地"沙产业"发展水平评价. 中国软科学, (6): 22-34.

王岳, 刘学敏, 哈斯额尔敦, 等. 2019b. 中国沙产业研究评述. 中国沙漠, 39(4): 27-34.

王兆华, 尹建华, 武春友. 2003. 生态工业园中的生态产业链结构模型研究. 中国软科学, (10): 149-152, 148.

王卓然. 2019. 基于沙产业发展下的鄂尔多斯市沙化土地利用效益研究. 呼和浩特: 内蒙古师范大学.

魏爱春, 杨修仕, 么杨, 等. 2015. 藜麦营养功能成分及生物活性研究进展. 食品科学, 36(15): 272-276.

魏江, 刘洋, 应瑛. 2012. 商业模式内涵与研究框架建构. 科研管理, 33(5): 107-114.

魏名邦. 2009. 中国西部沙产业发展模式与对策研究. 兰州: 兰州大学.

魏学文. 2018. 海洋产业绿色转型的生态补偿政策研究. 湖州师范学院学报, 40(9): 1-5.

魏玉明, 杨发荣, 刘文瑜, 等. 2018. 藜麦不同生育期营养物质积累与分配规律. 草业科学, 35(7): 1720-1727.

魏云捷, 徐大为, 杨一帆, 等. 2016. 商业模式变革研究: TCL 案例. 管理评论, 28(10): 250-258.

邬兰娅, 齐振宏, 唐素云, 等. 2014. 养猪户建立生态产业链的影响因素实证研究. 中国农业大学学报, 19(3): 236-242.

吴頔, 杨波. 2016. 问道"沙漠都江堰". 黄河报, 2016-11-22(003).

吴志峰, 胡永红, 李定强, 等. 2006. 城市水生态足迹变化分析与模拟. 资源科学, 28(5): 152-156.

武春友. 2006. 资源效率与生态规划管理. 北京: 清华大学出版社.

夏军, 朱一中. 2002. 水资源安全的度量: 水资源承载力的研究与挑战. 自然资源学报, 17(3):

262-269.

肖力宏, 宝音陶格涛, 刘海林. 2004. 草地退化的原因及退化草地改良的研究. 科学管理研究, 22(2): 27-29.

肖全胜, 包美丽. 2016. 刍议科尔沁沙地人地关系演变. 内蒙古科技与经济, (22):43-45.

肖正春, 张广伦. 2014. 藜麦及其资源开发利用. 中国野生植物资源, 33(2): 62-66.

谢佩洪, 成立. 2016. 中国 PC 网络游戏行业商业模式创新的演化研究. 科研管理, 37(10): 60-68.

解谦, 周凤, 张晓文, 等. 2008. 大同地区防风固沙植物资源调查. 山西农业大学学报(自然科学版), (4): 396-399.

邢纪红, 王翔. 2017. 传统制造企业 "互联网+" 商业模式创新的结构特征及其实现路径研究. 世界经济与政治论坛, (2): 70-90.

邢璐. 2019. 移动互联网背景下商业模式选择研究. 现代营销(信息版), (10): 199.

邢清枝, 任志远, 王丽霞, 等. 2009. 基于生态足迹法的陕北地区水资源可持续利用评价. 干旱区研究, 26(6): 793-798.

熊银解. 1993. 90 年代中国农村科技政策的思考. 科学管理研究, 11(3): 48-51.

徐世琴, 吉喜斌, 金博文. 2015. 典型固沙植物梭梭生长季蒸腾变化及其对环境因子的响应. 植物生态学报, 39(9): 890-900.

徐天才, 和桂青, 李兆光, 等. 2017. 不同海拔藜麦的营养成分差异性研究. 中国农学通报, 33(17): 129-133.

许冬梅, 崔慰贤, 郭思加. 2004. 沙地优良饲料灌木中间锦鸡儿. 黑龙江畜牧兽医, (04): 51-52.

许端阳. 2019. 创新驱动沙区生态产业发展若干问题研究. 中国软科学, (9): 31-36.

许有鹏. 1993. 干旱区水资源承载能力综合评价研究——以新疆和田河流域为例. 自然资源学报, (3): 229-237.

薛庆禹, 王靖, 曹秀萍, 等. 2012. 不同播期对华北平原夏玉米生长发育的影响. 中国农业大学学报, 17(5): 30-38.

闫志坚, 高雪峰, 高天明. 2007a. 6 种优势固沙植物饲用养分含量及动态研究. 饲料工业, 28(11): 19-23.

闫志坚, 杨持, 高天明, 等. 2006. 6 种常用固沙植物的生态经济价值比较. 干旱区资源与环境, (03): 163-168.

闫志坚, 杨持, 高天明. 2007b. 岩黄芪属 3 种固沙灌木或半灌木生物量蓄积特性研究. 吉林农业大学学报, (02): 173-180.

颜瑾, 李燕, 熊仁, 等. 2018. 农村不同类型有机固体废弃物混合堆肥配比优化. 环境工程学报, 12(7): 2106-2113.

杨超, 李钢铁, 刘艳琦. 2019. 我国土地沙漠化治理产业化研究综述. 内蒙古林业调查设计, 42(6): 20-23,100.

杨发荣, 黄杰, 魏玉明, 等. 2017. 藜麦生物学特性及应用. 草业科学, 34(3): 607-613.

杨富裕, 周禾, 韩建国, 等. 2004, 添加蔗糖对草木樨青贮品质的影响. 草业科学, (03): 35-38.

杨明杰, 杨广, 何新林, 等. 2018. 基于系统动力学的玛纳斯河灌区水资源供需平衡分析. 干旱区资源与环境, 32(1): 174-180.

杨松华. 1998. 应用价值链理论做好市场营销策划. 北京工业大学学报, (S1): 32-36.

杨伟民, 杜凤莲. 2019. 内蒙古沙产业发展现状、问题及对策研究. 北方经济, (12): 12-15.

叶强, 王贺武. 2012. 关于电动汽车商业模式系统的理论思考. 中国科技论坛, (1): 44-48.

叶宗裕. 2003. 关于多指标综合评价中指标正向化和无量纲化方法的选择. 浙江统计, (4): 24-25.
尹郑刚. 2011. 我国沙漠旅游景区开发的现状和前景. 干旱区资源与环境, 25(11): 221-225.
于法稳. 2015. 中国生态产业发展政策回顾及展望. 社会科学家, (10): 7-13.
于航, 何俊仕. 2017. 基于改进生态足迹的朝阳市水资源可持续利用研究. 湖北农业科学, 56(5): 841-844.
于景瑞, 王贵东, 鲍振生, 等. 1999. 饲用灌木锦鸡儿单独青贮技术研究. 内蒙古畜牧科学, (2): 19-21.
玉柱, 贾玉山, 张秀芬. 2004. 牧草加工贮藏与利用. 北京: 化学工业出版社.
玉柱, 孙启忠, 邓波, 等. 2008. 老芒麦青贮研究. 中国农业科技导报, 10(1): 98-102.
玉柱, 魏馨, 于艳冬, 等. 2009. 添加剂对尖叶胡枝子青贮发酵品质及体外消化率的影响. 草业学报, 18(5): 73-79.
袁郡, 张藤. 2018. 中药材生态种植探讨. 科学种养, 155(11): 58-59.
袁继英. 2011. 固沙植物羊柴生态经济价值研究. 内蒙古草业, 23(03): 37-40.
原磊. 2007. 国外商业模式理论研究评介. 外国经济与管理, 29(10): 17-25.
曾春花. 2014. 喀斯特地区生态型小微企业发展的三维合力模型. 湖北大学学报(哲学社会科学版), 41(4): 129-135.
张兵. 2012. 主要防风固沙植物及其应用价值. 内蒙古林业调查设计, 35(05): 62-65.
张崇玺, 贡布扎西, 旺姆. 1994. 南美藜苗期霜冻试验研究报告. 草业科学, (6): 7-11.
张国荣. 1993. 强度采挖甘草资源对干旱区环境的影响. 干旱区资源与环境, 7(3): 363-365.
张杰, 贾斌斌, 张永虎, 等. 2014. 我国沙拐枣属植物研究进展. 甘肃科技, 30(15): 145-148.
张蒙蒙. 2019. 基于蚕桑主题的农业生态园规划设计研究. 济南: 山东农业大学.
张睿蕾. 2017. 经济新常态背景下内蒙古沙产业发展路径研究. 内蒙古工业大学学报(社会科学版), 26(1): 31-35.
张素君, 薛志宏, 刘桂霞. 2016. 对奈曼旗蒙中药材产业发展的思考. 现代农业科技, (16): 281-282, 284.
张涛, 李蕾, 张燕忠, 等. 2007. 青贮菌剂在苜蓿裹包青贮中的应用效果. 草业学报, (01): 100-104.
张文松, 郝宏兰. 2012. 商业模式再造. 北京: 北京交通大学出版社.
张武, 李宝华, 吴俊彦, 等. 2015. 白花鸭跖草生物学特性. 江苏农业科学, 43(3): 133-135.
张小龙. 2016. 新疆沙雅县盖孜库木乡沙产业发展思路. 内蒙古林业, (7): 28-29.
张燕. 2013. 园区生态产业链利益分配模式研究. 长沙: 长沙理工大学.
张越, 赵树宽. 2014. 基于要素视角的商业模式创新机理及路径. 财贸经济, (6): 90-99.
赵吉, 钱贵霞, 杨志坚, 等. 2020.沙区生态产业理论体系与实践模式.干旱区资源与环境, 34(12): 1-8.
赵媛媛, 丁国栋, 高广磊, 等. 2017. 毛乌素沙区沙漠化土地防治区划. 中国沙漠, 37(4): 635-643.
郑景骥, 王阳, 唐文金, 等. 2008. 创新产业化经营模式, 促进生态养殖业可持续发展——以资阳市为例. 生态经济(学术版), (1): 212-215, 245.
郑瑞强, 徐瑾, 翁贞林. 2018. 猪产业商业模式: 结构要素、价值创造逻辑与模式创新.华中农业大学学报(社会科学版), (5): 103-109.
钟书翀. 2020. 固体废弃物污染对环境的危害分析及其防治探讨. 环境与发展, (3): 42-44.

参 考 文 献

周海涛, 刘浩, 么杨, 等. 2014. 藜麦在张家口地区试种的表现与评价. 植物遗传资源学报, 15(1): 222-227.

朱俊凤. 2004. 沙产业理论概念及其内涵的探讨. 中国沙漠, 24(5): 529-533.

朱亚辉. 2019. 有机固废发酵中新型产甲烷过程的强化手段研究. 大连: 大连理工大学.

诸大建, 朱远. 2013. 生态文明背景下循环经济理论的深化研究. 中国科学院院刊, 28(2): 207-218.

Abdullah N, Chin N L. 2010. Simplex-centroid mixture formulation for optimized composting of kitchen waste. Bioresource Technology, 101(21): 8205-8210.

Afuah A, Tucci C L. 2001. Internet Business Models and Strategies: Text and Cases. Boston: McGraw-Hill/Irwin.

Agarussi M C N, Silva V P, Paula E M, et al. 2020. Effects of ensiling of whole-plant corn on silage processing score and fermentation and long-chain fatty acid profiles. Applied Animal Science, 36(2): 167-171.

Alvarez J L, Arendt E K, Gallagher E. 2009. Nutritive value and chemical composition of pseudocereals as gluten-free ingredients. International Journal of Food Sciences and Nutrition, 60: 240-257.

Amit R, Zott C. 2001. Value creation in e-business. Strategic Management Journal, 22(6 -7): 493-520.

Amorim D S, Edvan R L, do Nascimento R R, et al. 2020. Fermentation profile and nutritional value of sesame silage compared to usual silages. Italian Journal of Animal Sciences, 19(1): 230-239.

Applegate L M. 2001. E-business models: Making sense of the Internet business landscape//Dickson G, Gary W, de Sanctis. Information Technology and the Future Enterprise: New Models for Managers. New York: Prentice Hall.

Ashbell G, Weinberg Z G, Hen Y, et al. 2002. The effects of temperature on the aerobic stability of wheat and corn silages. Journal of Industrial Microbiology and Biotechnology, 28(5): 261-263.

Baez W C. 1979. Evaluación del potencial forrajero y alimenticio de la quinua dulce "Sajama" y quinua amarga "chaucha" en tres épocasde corte. Escuela Superior Politécnica de Chimborazo Facultad de Ingenieria Zootecnica, Riobamba, Ecuador: 85-88.

Bazile D, Bertero H D, Nieto C. 2015. State of the art report on quinoa around the world in 2013.

Bazile V, Le Moguédec G, Marshall D J, et al. 2015. Fluid physico-chemical properties influence capture and diet in Nepenthes pitcher plants. Annals of botany, 115(4): 705-16.

Bertero H D. 2003. Response of Developmental Processes to Temperature and Photo period in Quinoa (ChenopodiumquinoaWilld.). Food Reviews International, 19(1-2):87-97.

Bewley J D, Krochko J E, Robert H K, et al. 1963. Proceedings of the Fifth Canadian Mathematical Congress, University of Montreal, 1961. Toronto: University of Toronto Press.

Bhargrava A, Srivastava S. 2013. Quinoa: Botany, Production and Uses. Croydon:Printed and bound in the UK by CPI Group (UK) Ltd, CR0 4YY.

Bocken N, Short S W, Rana P, et al. 2014. A literature and practice review to develop sustainable business model archetypes. Journal of Cleaner Production, (65): 42-56.

Carrasco R, Espinoza C, Jacobsen S E. 2003. Nutritional value and use of the andean crops Quinoa (Chenopodiumquinoa) and Kaniwa (Chenopodiumpallidicaule). Food Reviews International, 19(1-2): 179-189.

Chesbrough H, Rosenbloom R S. 2002. The role of the business model in capturing value innovation: Evidence from xerox corporation's technology spin-off companies. Industrial and Corporate Change, 11(3): 533-534.

Christensen C M. 2016. The Innovator's Dilemma: When New Technologies Cause Great Firms to Fail. Boston: Harvard Business Review Press.

Chun D J, Kim J. 2016. Analysis and application of water footprint to improve water resource management system. Journal of Environmental Impact Assessment, 25(3): 222-232.

Collins A, Flynn A. 2007. Engaging with the ecological footprint as a decision-making tool: Process and responses. Local Environment, 12(3): 295-312.

de Santis G, D'Ambrosio T, Rinaldi M, et al. 2016. Heritabilities of morphological and quality traits and interrelationships with yield in quinoa (Chenopodium quinoa Willd.) genotypes in the Mediterranean environment. Journal of Cereal Science, 70: 177-185.

Dilger M G, Jovanovic T, Voigt K I. 2017. Upcrowding energy co-operatives—Evaluating the potential of crowdfunding for business model innovation of energy co-operatives. Journal of Environmental Management, 198(Pt 1): 50-62.

Faber E, Ballon P, Bouwman H, et al. 2003. Designing Business Models for Mobile ICT Services.16th Bled Electronic Commerce Transformation.

Gao Y, Zhang S, Xu G W, et al. 2012. Study on water resources carrying capacity in Hefei City. Advanced Materials Research, 610-613: 2701-2704.

Hirose Y, Fujita T, Ishii T, et al. 2010. Antioxidative properties and flavonoid composition of Chenopodium quinoa seeds cultivated in Japan. Food Chemistry, 119(4): 1300-1306.

Hoekstra A Y, Chapagain A K. 2006. Water footprints of nations: Water use by people as a function of their consumption pattern. Water Resources Management, 21(1): 35-48.

Immonen A, Ovaska E, Kalaoja J, et al. 2016. A service requirements engineering method for a digital service ecosystem. Service Oriented Computing & Applications, 10(2): 151-172.

Jacobsen S E, Hill J, Stølen O, et al. 1996. Stability of quantitative traits in quinoa (Chenopodium quinoa). Theoretical and Applied Genetics, 93(1-2): 110-116.

Jensen C R, Jacobsen S E, Andersen M N, et al. 2000. Leaf gas exchange and water relation characteristics of field quinoa (Chenopodium quinoa Willd.) during soil drying. European Journal of Agronomy, 13(1): 11-25.

Jia Z, Cai Y, Chen Y, et al. 2018. Regionalization of water environmental carrying capacity for supporting the sustainable water resources management and development in China. Resources Conservation and Recycling, 134: 282-293.

Johnson M W, Christensen C C, Kagermann H. 2008. Reinventing your business model. Harvard Business Review, 87(12): 52-60.

Kasuga M, Miura S, Shinozaki K, et al. 2004. A combination of the Arabidopsis DREB1A gene and stress-inducible rd29A promoter improved drought and low-temperature stress tolerance in tobacco by gene transfer. Plant and Cell Physiology, 45(3): 346-350.

Kley F, CLerch C, Dallinger D. 2011. New business models for electric cars—A holistic approach. Energy Policy, 39(6): 3392-3403.

Kodama F. 2004. Measuring emerging categories of innovation: Modularity and business model. Technological Forecasting &Social Change, 71(6): 623-633.

Korotkova E I, Avramchik O A, Kagiya T V, et al. 2004. Study of antioxidant properties of a water-soluble Vitamin Ederivative-tocopherol monoglucoside (TMG) by differential pulsevol voltammetry. Talanta, 63(3): 729-734.

Linder J C, Cantrell S. 2000. Changing Business Models: Surveying the Landscape. Cambridge:Accenture Institute for Strategic Change.

Luo Y Y, Zhao X Y, Qu H, et al. 2014. Photosynthetic performance and growth traits in Pennisetum centrasiaticum exposed to drought and rewatering under different soil nutrient regimes. Acta Physiol Plant, 36: 381-388.

Mahadevan B. 2000. Business models for Internet-based e-commerce: Ananatomy. California Management Review, 42(4): 55-56.

Marcelo E, Vaughan B, Edward J. 2005. Ethanol as fuel: energy, crbon dioxide balances, and ecological footprint. BioScience, 55(7): 593-602.

Morris M, Schindehutte M, Allen J. 2005. The entrepreneur's business model: Toward a unified perspective. Journal of Business Research, 58(6): 726-735.

Mourad K A, Alshihabi O. 2016. Assessment of future Syrian water resources supply and demand by the WEAP model. Hydrological Sciences Journal, 61(2): 393-401.

Mugabe P H, Nyashanu R, Ncube S, et al. 2016. Storage quality and marketability potential of bagged silage for smallholder dairy farmers in Zimbabwe. African Journal of Range & Forage Science, 33(3):173-180.

Mundigler N. 1998. Isolation and determination of starch from Amaranth (*amaranthus cruentus*) and Quinoa (*Chenopodium quinoa*). Starc-Stärke, 50(2-3): 67-69.

Mwambo A E. 2015. Estimation of Cropland Ecological Footprint within Danish Climate Commissions 2050 Scenarios for Land use and Bioenergy Consumption. Student Thesis.

OECD. 2011. Towards Green Growth.Paris: OECD Publishing.

Oscar B T, Germán D M M, José L R O, et al. 1995. Evaluación forrajera de 18 variedades de quinua (Chenopodium quinoa Willd).en Montecillo, México. Forage evaluation of 18 varieties of quinua(Chenopodium quinoa Willd.) in Montecillo, Mexico. Revista Facultad Agronomía (LUZ), (12): 71-79.

Oshodi A A, Ogungbenle H N, Oladimeji M O. 1999. Chemical composition, nutritionally valuable minerals and functional properties of benniseed (Sesamum radiatum), pearl millet (Pennisetum typhoides) and quinoa (Chenopodium quinoa) flours. International Journal of Food Sciences and Nutrition, 50(5): 325-331.

Osterwalder A, Pigneur Y, Tucci C L. 2005. Clarifying business models: Origins, present, and future of the concept. Communications of the Information Systems, 16: 1-25.

Patrón R, Soikeso R. 1968. Empleo de las pajas de quinua y cebada en el engorde intensivo de ovinos con suplementación de antibióticos. Convención de Quenopodiáceas, Puno, Perú: Universidad Nacional Técnica del Altiplano.

Payne A F, Storbacka K, Frow P. 2008. Managing the co-creation of value. Journal of the Academy of Marketing Science, 36(1): 83-96.

Playne M J, McDonald P. 1966. The buffering constituents of herbage and silage. Sci. Food Agric, 17(6): 264-268.

Rad E B, Mesdaghi M, Ahmad N, et al.2015. Nutritional Quality and Quantity of Available Forages Relative to Demand: A Case Study of the Goitered Gazelles of the Golestan National Park, Iran. Rangelands, 37(2):68-80.

Randby A T, Nadeau E, Karlsson L, et al. 2019. Effect of maturity stage at harvest and kernel processing of whole crop wheat silage on digestibility by dairy cows. Animal Feed Science and Technology,253:141-152.

Rappa M. 2000. Managing the digital enterprise. Michael Rappa. http://digitalenterprise.org/models/models.html.[2001-5-30].

Rees W E. 1996. Revisiting carrying capacity: Area-based indicators of sustainability. Population & Environment, 17(3): 195-215.

Ruales J, Nair B M. 1992. Nutritional quality of the protein in quinoa (Chenopodiumquinoa, Willd) seeds. Plant Foods for Human Nutrition, 42(1): 1-11.

Shang W, Li Y Q, Zhao X Y, et al. 2017. Effects of Caragana microphylla plantations on organic carbon sequestration in total and labile soil organic carbon fractions in the Horqin Sandy Land, northern China. Journal of Arid Land, 9(05): 688-700.

Song X, Kong F, Zhan C. 2011. Assessment of water resources carrying capacity in Tianjin City of China. Water Resources Management, 25(3): 857-873.

Sosa Z V, Brito V, Fuentes F, et al. 2017. Phenological growth stages of quinoa (Chenopodium quinoa)based on the BBCH scale. Annals of Applied Biology, 171(1): 117-124.

Stewart D W, Zhao Q. 2000. Internet marketing, business models, and public policy. Journal of Public Policy & Marketing, 19(2): 287-296.

Tang Y, Li X H, Chen P X, et al. 2015. Characterisation of fatty acid, carotenoid, tocopherol/tocotrienol compositions and antioxidant activities in seeds of three Chenopodium quinoa Willd. genotypes. Food Chemistry, 174: 502-508.

Thoetkiattikul H, Mhuantong W, Laothanachareon T, et al. 2013. Comparative Analysis of Microbial Profiles in Cow Rumen Fed with Different Dietary Fiber by Tagged 16S rRNA Gene Pyrosequencing. Current Microbiology, 67(2):130-137.

Thomke S, von Hippe E. 2002. Customers as innovators: A new way to create value. Harvard Business Review, 80 (4): 74-81.

Timmers P. 1998. Business models for electronic markets. Journal on Electronic Markets, 8(2): 3-8.

Vargo S L, Lusch R F. 2004. Evolving to a new dominant logic for marketing. Journal of Marketing, 68(1): 1-17.

Vargo S L, Lusch R F. 2010. From repeat patronage to value co-creation in service ecosystems: A transcending conceptualization of relationship. Journal of Business Market Management, 4(4): 169-179.

Walsh C, O'Regan B, Moles R. 2009. Incorporating methane into ecological footprint analysis: A case study of Ireland. Ecological Economics, 68(7): 1952-1962.

Wang H X, Xu J L, Liu X J, et al. 2018. Study on the pollution status and control measures for the livestock and poultry breeding industry in northeastern China.Environmental Science and Pollution Research International, 25(5).

Wang S, Xu L, Yang F, et al. 2014. Assessment of water ecological carrying capacity under the two policies in Tieling City on the basis of the integrated system dynamics model. Science of The Total Environment, 472: 1070-1081.

Wang X, Li Z, Bai X, et al. 2018. Study on improving anaerobic co-digestion of cow manure and corn straw by fruit and vegetable waste: Methane production and microbial community in CSTR process. Bioresource Technology. 249: 290-297.

Weill P, Vitale M R. 2001. Place to space: Migrating to e-business models. Journal of Small Business and Enterprise Development, 11(3): 418-419.

Weinberg Z G, Muck R E. 1996. New trends and opportunities in the development and use of inoculants for silage. HYPERLINK "https://www.sciencedirect.com/science/journal/01686445"\ o "Go to FEMS Microbiology Reviews on ScienceDirect" FEMS Microbiology Reviews,19(1): 53-68.

Williander M, Stalstad C. 2013. New Business Models for Electric Cars. Barcelona: Electric Vehicle Symposium and Exhibition.

Yovanof G S, Hazapis G N. 2008. Disruptive technologies, services, or business models. Wireless

Personal Communications, 45(4): 569-583.

Zhang Z, Lu W X, Zhao Y, et al. 2014. Development tendency analysis and evaluation of the water ecological carrying capacity in the Siping area of Jilin Province in China based on system dynamics and analytic hierarchy process. Ecological Modelling, 275: 9-21.

Zott C, Amit R. 2010. Business model design: An activity system perspective. Long Range Planning, 43(2-3): 216-226.